普通高等教育经管类专业系列教材

# 国际金融

石冬莲　杨　欣　李春霄　编著

清華大学出版社

北　京

# 内 容 简 介

本书以国际货币体系作为起点，首先分析国际货币体系的历史演变，再过渡到国际金融中非常重要的基本知识：外汇与汇率及汇率制度与外汇管制、国际收支；在此基础上，阐述当今国际金融市场的基本情况及交易品种，包括国际金融市场、传统外汇交易、新型外汇市场，以及外汇风险管理，这些都属于实务性较强的知识；最后分析国际资本流动及国际金融危机。

本书结合国际金融改革与发展的需要，突出了理论性与实用性、前瞻性，吸收了国际金融领域最新的研究成果，既可作为高等院校金融学、经济学、国际经济与贸易、财务管理等经管类专业本科生的教材，也可作为金融从业人员和理论工作者研究宏观金融问题的重要参考书。

本书配套的电子课件、教案、教学大纲、授课计划、习题答案和国际金融电子小词典可以到 http://www.tupwk.com.cn/downpage 网站下载，也可以扫描前言中的二维码下载。

**图书在版编目(CIP)数据**

国际金融 / 石冬莲，杨欣，李春霄编著. —北京：清华大学出版社，2022.7
普通高等教育经管类专业系列教材
ISBN 978-7-302-61059-5

Ⅰ. ①国… Ⅱ. ①石… ②杨… ③李… Ⅲ. ①国际金融—高等学校—教材Ⅳ. ①F831

中国版本图书馆 CIP 数据核字(2022)第 096437 号

责任编辑：胡辰浩
封面设计：周晓亮
版式设计：孔祥峰
责任校对：马遥遥
责任印制：曹婉颖

出版发行：清华大学出版社
　　　　网　　　址：http://www.tup.com.cn，http://www.wqbook.com
　　　　地　　　址：北京清华大学学研大厦 A 座　　　　　　邮　　编：100084
　　　　社 总 机：010-83470000　　　　　　　　　　　　邮　　购：010-62786544
　　　　投稿与读者服务：010-62776969，c-service@tup.tsinghua.edu.cn
　　　　质 量 反 馈：010-62772015，zhiliang@tup.tsinghua.edu.cn
印 装 者：天津鑫丰华印务有限公司
经　　销：全国新华书店
开　　本：185mm×260mm　　　印　　张：21.25　　　字　　数：551 千字
版　　次：2022 年 7 月第 1 版　　　印　　次：2022 年 7 月第 1 次印刷
定　　价：79.00 元

产品编号：083776-01

# 前　言

　　基于对当前国际金融发展背景和现状的理解，我们编写了这本反映国际金融领域最新发展的教材，供广大学生和读者学习和参考。编写这本《国际金融》，目的是使学习者和参考者掌握国际金融相关理论的基本原理和基础知识，了解国际金融体系的产生与演变历程，提高对国际金融发展在全球经济中重要作用和地位的认识，了解外汇与汇率的基本要点，掌握汇率制度与外汇管制的基本知识，学习国际收支及收支平衡表的分析及失衡管理，了解国际金融市场的基本知识及主要类型，掌握外汇市场与外汇市场交易的类型及特点等基本知识点，懂得外汇风险管理的主要策略、国际资本流动的主要类型、国际金融危机爆发的特点及应对之策，培养学生从国际视角分析经济金融运行状况和发展趋势的基本能力。

　　本教材在借鉴同类教材成果的基础上，结合国际金融的最新发展动态，对这门学科的内容安排和结构设计做了有益的探索。全书共分为十章，分别是国际货币体系、外汇与汇率、汇率制度与外汇管制、国际收支、国际金融市场、传统外汇交易、新型外汇交易、外汇风险管理、国际资本流动和国际金融危机，每一章围绕各篇主题进行阐述，最终形成了一个较为完整的国际金融理论与实务的框架体系。

　　这本《国际金融》教材，突出了以下4个特点。

　　一是系统性。本教材借鉴同类教材的成果，对"国际金融"这门学科的内容安排和结构设计做了有益的探索，全面和系统地介绍了国际金融的理论体系，及时反映了当前国际金融的发展变化。全书的十章内容有机统一，缺一不可。

　　二是务实性。本教材在内容编排上不仅注重基本理论的讲述，而且注重案例教学法，结合国际金融的发展实际，相应地引入了大量的案例和专栏分析，使得理论学习更加生动直观，以便于培养学生对国际金融理论的理解和应用能力。同时，为了便于读者自学，每章开头均设有导读、学习重点等，结尾附有本章小结、本章主要概念、习题和案例分析等。

　　三是前瞻性。本教材注重当前国内外国际金融领域的新动态、新进展、新理论的介绍，以发展的眼光设计各章知识点和问题，引导学生思考国际金融发展面临的现实问题和发展趋势。例如，人民币汇率国际化的问题成为当前国际讨论的热点话题，欧洲债务危机的爆发使国际金融危机的管理面临很大挑战，以及数字人民币与人民币国际化、石油美元与石油人民币、新冠肺炎疫情背景下国际金融相关问题的重新认识等。

　　四是教学资源丰富。本教材配套提供相应的电子课件、教案、教学大纲、授课计划、习题答案和国际金融电子小词典，读者可以通过教学资源更好地理解和掌握课程内容。

各章编写人员及分工如下：第一章，李春霄；第二章、第三章，李继翠；第四章，毛毅；第五章，李善燊；第六章、第七章，杨欣；第八章，石冬莲；第九章，李继翠；第十章，李怡涵。各章PPT及课程其他教学资源由石冬莲制作，全书最后由石冬莲、杨欣、李春霄总纂统稿。

本教材的写作经过反复讨论和修改，数易其稿。在编写过程中，参考了很多同行的成果，包括同类教材、著作和期刊、网站等，限于篇幅，恕不一一列出，特作说明一并致谢。

由于编者水平有限，疏漏之处希望得到同行读者批评指正。我们的电话是010-62796045，我们的信箱是 992116@qq.com。

本书配套的电子课件、教案、教学大纲、授课计划、习题答案和国际金融电子小词典可以到 http://www.tupwk.com.cn/downpage 网站下载，也可以扫描下方的二维码下载。

编　者

2021 年 9 月

# 目　　录

**第一章　国际货币体系**⋯⋯⋯⋯⋯ 1

 第一节　国际货币体系概述⋯⋯⋯⋯ 1

  一、国际货币体系的含义⋯⋯⋯⋯ 2

  二、国际货币体系的类型⋯⋯⋯⋯ 3

  三、国际货币体系的内容⋯⋯⋯⋯ 4

 第二节　国际金本位制⋯⋯⋯⋯⋯ 4

  一、金本位制概述⋯⋯⋯⋯⋯⋯ 4

  二、国际金本位制的基本特征⋯⋯ 7

  三、国际金本位制的作用⋯⋯⋯⋯ 8

  四、国际金本位制的崩溃⋯⋯⋯⋯ 8

 第三节　布雷顿森林体系⋯⋯⋯⋯ 10

  一、布雷顿森林体系产生的背景⋯ 10

  二、布雷顿森林体系的内容⋯⋯⋯ 12

  三、布雷顿森林体系的作用⋯⋯⋯ 14

  四、布雷顿森林体系的缺陷与崩溃⋯ 15

 第四节　牙买加体系⋯⋯⋯⋯⋯ 17

  一、牙买加体系的内容⋯⋯⋯⋯ 17

  二、牙买加体系的特征⋯⋯⋯⋯ 18

  三、牙买加体系的利弊⋯⋯⋯⋯ 19

 第五节　区域货币合作⋯⋯⋯⋯ 21

  一、区域货币一体化的概念⋯⋯ 21

  二、区域货币合作的类型⋯⋯⋯ 21

  三、欧洲货币体系⋯⋯⋯⋯⋯ 24

  四、欧元启动对世界经济的影响⋯ 29

 本章小结⋯⋯⋯⋯⋯⋯⋯⋯⋯ 31

 本章主要概念⋯⋯⋯⋯⋯⋯⋯ 32

 习题⋯⋯⋯⋯⋯⋯⋯⋯⋯⋯⋯ 32

**第二章　外汇与汇率**⋯⋯⋯⋯⋯ 35

 第一节　外汇⋯⋯⋯⋯⋯⋯⋯ 35

  一、外汇的概念⋯⋯⋯⋯⋯⋯ 35

  二、外汇的特点⋯⋯⋯⋯⋯⋯ 36

  三、外汇的种类⋯⋯⋯⋯⋯⋯ 37

  四、主要国际货币的形成与发展⋯ 38

 第二节　汇率⋯⋯⋯⋯⋯⋯⋯ 41

  一、汇率的概念⋯⋯⋯⋯⋯⋯ 41

  二、汇率的标价方法⋯⋯⋯⋯⋯ 42

  三、汇率的分类⋯⋯⋯⋯⋯⋯ 44

 第三节　汇率的决定与变动⋯⋯⋯ 50

  一、金本位制下汇率的决定与变动⋯ 50

  二、布雷顿森林体系下汇率的决定与

   变动⋯⋯⋯⋯⋯⋯⋯⋯⋯ 51

  三、牙买加货币体系下汇率的决定

   基础⋯⋯⋯⋯⋯⋯⋯⋯⋯ 52

  四、牙买加货币体系下汇率的变动⋯ 52

  五、牙买加货币体系下影响汇率变动的

   主要因素⋯⋯⋯⋯⋯⋯⋯ 54

 第四节　汇率变动对经济的影响⋯⋯ 57

  一、汇率变动对国内经济的影响⋯ 57

  二、汇率变动对开放经济的影响⋯ 59

  三、汇率变动对国际经济关系的

   影响⋯⋯⋯⋯⋯⋯⋯⋯⋯ 62

 本章小结⋯⋯⋯⋯⋯⋯⋯⋯⋯ 63

 本章主要概念⋯⋯⋯⋯⋯⋯⋯ 63

 习题⋯⋯⋯⋯⋯⋯⋯⋯⋯⋯⋯ 64

**第三章　汇率制度与外汇管制** ……… 66
　第一节　汇率制度 ……………………… 66
　　一、固定汇率制度 ………………… 67
　　二、浮动汇率制度 ………………… 69
　　三、汇率制度选择考虑的因素 …… 71
　第二节　外汇管制 ……………………… 73
　　一、外汇管制的产生与发展 ……… 73
　　二、外汇管制对经济的影响 ……… 76
　　三、外汇管制的类型 ……………… 77
　　四、外汇管制的机构与对象 ……… 78
　第三节　人民币汇率制度改革与
　　　　　 人民币国际化 ……………… 78
　　一、人民币汇率制度改革的演变和
　　　　汇率政策的选择 ……………… 79
　　二、人民币汇率改革的历史经验 … 82
　　三、人民币汇率改革面临的问题 … 83
　　四、人民币国际化 ………………… 84
　本章小结 ………………………………… 86
　本章主要概念 …………………………… 87
　习题 ……………………………………… 87
　案例分析 ………………………………… 88

**第四章　国际收支** …………………… 91
　第一节　国际收支概述 ………………… 91
　　一、国际收支的概念 ……………… 91
　　二、国际收支平衡表的概念及记账
　　　　规则 …………………………… 93
　　三、国际收支平衡表的账户设置 … 94
　　四、国际收支平衡表的编制实例 … 101
　第二节　国际收支失衡分析 ………… 104
　　一、国际收支失衡的判断 ……… 104
　　二、国际收支失衡的原因 ……… 105
　　三、国际收支失衡的影响 ……… 107
　第三节　国际收支失衡的调节 ……… 108
　　一、国际金本位制度下的国际收支
　　　　自动调节机制 ……………… 109
　　二、纸币流通制度下国际收支的
　　　　自动调节机制 ……………… 109
　　三、国际收支失衡的政策调节 … 111

　　四、国际收支调整政策选择的原则 … 112
　第四节　国际储备 …………………… 113
　　一、国际储备概述 ……………… 113
　　二、国际储备的数量管理 ……… 116
　　三、国际储备的结构管理 ……… 118
　　四、中国的国际储备管理 ……… 119
　第五节　我国的国际收支 …………… 125
　　一、我国国际收支统计的历史
　　　　发展阶段 …………………… 125
　　二、2019年我国国际收支分析 … 127
　　三、2020年全球疫情蔓延下我国
　　　　经常账户运行分析 ………… 128
　本章小结 ……………………………… 130
　本章主要概念 ………………………… 130
　习题 …………………………………… 130

**第五章　国际金融市场** …………… 133
　第一节　国际金融市场概述 ………… 133
　　一、国际金融市场的概念 ……… 133
　　二、国际金融市场的形成与发展 … 134
　　三、国际金融市场的类型 ……… 136
　　四、国际金融市场的作用 ……… 139
　　五、国际金融市场发展的新趋势 … 140
　　六、2020年全球金融市场概况 … 142
　第二节　国际货币市场 ……………… 145
　　一、银行短期信贷市场 ………… 145
　　二、短期证券市场 ……………… 146
　　三、贴现市场 …………………… 147
　第三节　欧洲货币市场 ……………… 148
　　一、欧洲货币市场的含义 ……… 148
　　二、欧洲货币市场的历史变迁 … 149
　　三、欧洲货币市场的特点 ……… 151
　　四、欧洲货币市场的利弊分析 … 152
　第四节　国际资本市场 ……………… 153
　　一、银行中长期信贷市场 ……… 154
　　二、国际债券市场 ……………… 157
　　三、国际股票市场 ……………… 159
　　四、新冠肺炎疫情暴发以来的全球
　　　　股票市场 …………………… 161

第五节 国际衍生金融市场 ……… 161
　一、国际衍生金融市场的产生和
　　　发展 …………………… 162
　二、金融衍生工具的种类 …… 162
　三、金融衍生工具的基本特点 … 164
本章小结 ……………………… 164
本章主要概念 ………………… 165
习题 …………………………… 165

第六章　传统外汇交易 ………… 168
第一节 外汇市场 ……………… 168
　一、外汇市场的概念与特点 … 168
　二、外汇市场的类型 ………… 170
　三、外汇市场的作用 ………… 171
　四、外汇市场的构成 ………… 172
　五、世界主要外汇市场介绍 … 177
　六、我国外汇市场的发展 …… 179
第二节 即期外汇交易 ………… 182
　一、即期外汇交易的概念 …… 182
　二、即期外汇交易的实务操作 … 182
　三、即期外汇交易的作用 …… 187
第三节 远期外汇交易 ………… 188
　一、远期外汇交易概述 ……… 188
　二、远期外汇交易的作用 …… 190
　三、远期外汇交易的类型 …… 192
　四、远期外汇交易的实务操作 … 193
第四节 套汇与套利交易 ……… 198
　一、套汇交易 ………………… 198
　二、套利交易 ………………… 200
本章小结 ……………………… 201
本章主要概念 ………………… 202
习题 …………………………… 203

第七章　新型外汇交易 ………… 206
第一节 外汇期货交易 ………… 206
　一、外汇期货交易概述 ……… 206
　二、外汇期货合约的特点 …… 213
　三、外汇期货交易的功能 …… 214
　四、外汇期货交易和远期外汇交易的
　　　联系与区别 ……………… 215

　五、外汇期货交易的类型与实例 …… 216
第二节 外汇期权交易 ………… 219
　一、外汇期权交易概述 ……… 219
　二、外汇期权交易的特征 …… 222
　三、外汇期权交易的种类 …… 223
　四、外汇期权交易损益分析 … 226
　五、外汇期权交易的策略与实例 …… 227
第三节 互换交易 ……………… 230
　一、金融互换 ………………… 230
　二、利率互换 ………………… 232
　三、货币互换 ………………… 233
第四节 我国银行的外汇期权业务 … 234
　一、期权宝 …………………… 234
　二、两得宝 …………………… 235
本章小结 ……………………… 238
本章主要概念 ………………… 239
习题 …………………………… 239

第八章　外汇风险管理 ………… 242
第一节 外汇风险概述 ………… 242
　一、外汇风险的概念 ………… 242
　二、外汇风险的内涵 ………… 243
　三、外汇风险的构成要素 …… 244
　四、外汇风险的影响 ………… 245
第二节 外汇风险的种类 ……… 246
　一、交易风险 ………………… 246
　二、会计风险 ………………… 247
　三、经济风险 ………………… 249
　四、三种类型的外汇风险之间的
　　　对比 …………………… 249
第三节 外汇风险管理的原则与
　　　　策略 …………………… 250
　一、外汇风险管理应遵循的原则 … 250
　二、外汇风险管理的策略 …… 251
第四节 外汇风险管理的方法 ……… 252
　一、公司内部减少敞口头寸的方法 … 252
　二、利用合同条款防范汇率风险 … 253
　三、利用外汇市场交易工具防范
　　　风险 …………………… 255

四、利用金融市场防范汇率风险·······256
五、贸易融资法·······257
本章小结·······262
本章主要概念·······262
习题·······262
案例分析·······264

第九章　国际资本流动·······266
第一节　国际资本流动概述·······266
一、国际资本流动的内涵·······266
二、国际资本流动的历史发展·······267
三、国际资本流动的类型·······268
四、国际资本流动的特点·······270
第二节　国际资本流动的成因及
影响·······271
一、国际资本流动的成因·······272
二、国际资本流动对输出国的影响·····273
三、国际资本流动对输入国的影响·····275
四、国际资本流动对世界经济的
影响·······277
第三节　国际债务危机·······280
一、国际债务危机概述·······280
二、国际债务危机产生的原因·······282
三、历史上爆发的主要债务危机·······284
第四节　中国利用外资与对外
投资·······288
一、中国利用外资·······288

二、中国对外投资·······293
三、中国外债管理·······298
本章小结·······303
本章主要概念·······303
习题·······304
案例分析·······306

第十章　国际金融危机·······309
第一节　金融危机概述·······309
一、金融危机的概念·······309
二、金融危机的特点·······311
三、金融危机的类型·······312
第二节　重大金融危机的历史
回顾·······313
一、1720年英国南海泡沫事件·······313
二、1929年美国经济大萧条·······316
三、1997年亚洲金融危机·······318
四、2007年美国次贷危机·······320
第三节　国际游资与金融监管·······321
一、国际游资概述·······321
二、国际游资攻击的特点·······322
三、对国际游资的监管和防范·······323
本章小结·······324
本章主要概念·······325
习题·······325

参考文献·······327

# 第一章

# 国际货币体系

**【导读】**

　　随着世界经济一体化程度的不断加深，国际货币体系已经成为世界经济中一个非常重要且复杂的问题。国际货币体系的演变是一个自然的发展过程，曾先后经历从低级到高级、由单一到多元化、从实物货币到金属货币最后归于国际信用货币的过程。几百年来，先后产生了三大国际货币体系，即国际金本位制、布雷顿森林体系、牙买加体系。当今随着经济全球化一体化程度的不断加深，国际货币体系日益扮演更为重要的角色。

**【学习重点】**

　　掌握国际货币体系的历史变迁，分析三种国际货币体系的内容及利弊。

**【学习难点】**

　　现行国际货币体系的新"特里芬难题"，欧元启动对国际货币体系的影响。

**【教学建议】**

　　第一、二、三、四节以课堂讲授为主，第五节建议结合相关资料分析讨论欧元启动对世界经济及国际货币体系的影响。

## 第一节　国际货币体系概述

　　几百年来，国际货币体系经历了国际金本位制、布雷顿森林体系、牙买加体系三种不同的货币体系。自布雷顿森林体系产生以来，在美国的倡导下建立了国际货币体系中有利于保护美国利益的规则和惯例。国际货币体系的演变历程也是发达国家经济实力发生变动的体现，当世界经济格局出现重大调整时，国际货币体系才会发生重大变革。国际货币体系的确立一定与当时的国际经济发展水平是相适应的。一个好的国际货币体系，其汇率调节机制应该是稳定灵活的，更是公平公正的，能有效促进国际经济交往，世界各国均可从国际经济交往中实现最大的比较优势利益，推动世界经济的均衡快速发展。

# 一、国际货币体系的含义

国际货币体系(International Monetary System),是指国际货币制度、国际货币金融机构,以及习惯和历史沿革形成约定俗成的国际货币秩序的总和。它是由国际货币安排(国际资本流动及货币往来而引起的货币兑换关系),以及相应的国际规则、惯例组成的有机整体。我们也可以把国际货币体系解释为支配各国货币关系的规则和机构,以及国际上进行各种交易支付所依据的一套安排和惯例。概括地讲,国际货币体系主要涉及三个层次:①核心层,国际上汇率制度的选择;②紧密层,国际本位币的确定,国际储备货币的选择,国际收支不平衡的调节;③松散层,国际经济政策协调,即通过一定的机制促进各国经济政策合作与协商,它是国际货币体系的重要保障。

国际货币体系必须具备以下几个条件:①建立汇率的确定与调整的机制,形成良好的外汇交易市场;②建立国际收支失衡的调节机制,能够及时调整各国国际收支的不平衡;③提供充足的国际储备供应机制,国际储备资产的供应要与世界生产和国际贸易的增长相协调。换言之,国际货币体系是将各国经济结合在一起的"黏合剂"。它的作用就是确保外汇市场的有序与稳定、调节国际收支失衡,并且为遭遇破坏性危机的国家提供获得国际信用的便利。

诺贝尔经济学奖获得者罗伯特·蒙代尔对于国际货币体系与国际货币制度之间的区别与联系做了相关界定与分析:

首先,体系是多个实体(或单位或国家)的集合,它们根据某种规则进行交易和活动,彼此相互连接在一起。当我们谈论国际货币体系时,我们关心的是制约各国相互交易和活动的机制或规则,特别是制约各国货币和信用工具相互交易的机制或规则。各国外汇、资本、商品市场相互交易所依赖的就是这些货币和信用工具。交易的控制或规则的实施是通过各国政策的相互协调来完成的。对这种松散的监管架构,我们称为合作。

其次,制度与体系不同。制度是体系运转的框架和背景。它是一套法律、惯例、规则和规律,它是体系运转的背景,制度是体系运转的所有参与者共同理解的环境。货币制度之于货币体系,类似宪法之于政治或选举体系。我们可以将货币体系理解为货币制度的具体运作或运用。体系可以在我们毫无察觉的情况下发生变化。"货币制度"可能僵化,无法应付新体系的问题。

再次,国际货币制度相对僵化,而国际货币体系则相对易变,各种国际货币制度的总体构成了国际货币体系运行和演进的基本环境。比如,在布雷顿森林体系下,除美国外的其他各国货币需"钉住美元",这一汇率制度本身属于国际货币制度的范畴,其含义非常明确且不易变化,但体系内各国必须"钉住美元"且按照"双挂钩"的规则行事则属于国际货币体系的范畴;再如,在现行国际货币体系下,存在多种汇率制度安排(如独立浮动、管理浮动、货币局、钉住美元等),每种制度都属于国际货币制度的范畴,但《牙买加协议》规定各国可以在一定条件下自由选择适合本国的汇率制度,这种规定则属于国际货币体系的范畴。显然,国际货币制度和国际货币体系密不可分,即使制度的含义不发生变化,若体系内国家在汇率制度安排的选择上改变了,则可以理解为国际货币体系变化了;即使制度选择上没有变化,若国际合作与协调的模式和机制发生了变化,也可以理解为国际货币体系变化了。当然,如果制度变化了,就表明体系所处的环境变化了,从而体系也就变化了。

## 二、国际货币体系的类型

国际货币体系可以根据不同的分类标准进行划分。

### (一) 根据国际本位货币划分

国际货币体系可以分为纯粹商品本位、混合本位、纯粹信用本位。

#### 1. 纯粹商品本位

如金本位就是以黄金作为国际本位货币或国际储备货币，1914 年之前的本位制度主要是纯粹商品本位。

#### 2. 混合本位

如金汇兑本位就是同时以黄金和可直接自由兑换的货币作为国际本位货币或国际储备货币，1914—1944 年许多国家就实行了这种混合本位制，即变相的金本位制。

#### 3. 纯粹信用本位

纯粹信用本位主要是指不兑换纸币本位，就是以外汇作为国际本位货币或国际储备货币而与黄金无直接联系，如当今的货币体系就属于纯粹信用本位。

### (二) 根据汇率制度划分

国际货币体系可以分为固定汇率制度、浮动汇率制度。

#### 1. 固定汇率制度

固定汇率制度是指以本位货币或法定含金量作为确定汇率的基准，各国货币间的汇率基本固定，汇率波动限制在一定幅度之内的汇率制度，即由政府规定一国货币同他国货币的比价，并把两国货币比价的波动幅度控制在一定范围之内的汇率制度。

#### 2. 浮动汇率制度

浮动汇率制度是指政府对汇率不加以固定，也不规定上下波动的界限，外汇市场汇率波动完全取决于外汇的供求，市场自行决定本币与外币的汇率，以及介于二者之间有管理的浮动汇率制度。

### (三) 根据货币合作程度划分

国际货币体系可以分为单一货币体系和多元货币体系。

#### 1. 单一货币体系

国际货币体系中，由某一关键货币充当国际货币。如 1914 年之前的英镑本位制，1944—1971 年的布雷顿森林体系中采取美元本位制的单一货币体系。

#### 2. 多元货币体系

国际货币体系中，由两种以上的货币充当国际货币。进入牙买加货币体系后，信用本位制实施以来，尤其是欧元诞生以来，国际货币体系进入了多元货币体系时代。

## 三、国际货币体系的内容

### (一) 汇率制度安排

根据国际经济交易与国际支付的需要，各国货币兑换中首先需要确定兑换比价即汇率。由于汇率的确定与变动受到诸多因素的影响，采用什么方式或标准来确定汇率，以及采取什么措施来调整或维持汇率稳定都是国际货币体系非常重要的内容。

### (二) 国际储备资产的确定

为应付国际支付的需要，各国须保存一定数量并为世界各国所普遍接受的国际储备资产。各国用什么资产作为储备，不但取决于经济状况，而且取决于国际协调。确立储备资产后，整个国际社会需要多少储备资产、新的储备资产如何供应与创造等，都需要各国协商制定相应的规则和制度。

### (三) 国际收支的调节

国际收支能综合反映一个国家对外交往的总体情况，国际收支失衡经常发生，因此必须建立国际收支调节和约束机制，明确国际收支顺差国和逆差国应该承担的责任等。

### (四) 国际清算原则

各国对于汇率制定、国际收支调节、国际储备资产的供应、国际清算原则、黄金外汇流动的自由性等问题进行协商时，难免在经济及货币主权方面存在利益之争，因此需要建立国际货币事务的协调与管理机制。

# 第二节　国际金本位制

国际金本位制是国际经济交往中逐渐形成的第一个国际货币体系，是以一定成色及重量的黄金作为本位货币的一种货币制度。所谓本位货币是指作为一国货币制度基础的货币，如金币或银币。国际金本位制就是以各国普遍采用金本位制为基础的国际货币体系。

## 一、金本位制概述

金本位制的先驱是金银复本位制(Bimetallism)，复本位制可追溯到 16 世纪、17 世纪或更早时期。实行金本位制最早的国家是英国。它于 1819 年通过银行法规规范黄金的流出、流入及中央银行的业务，率先实行金本位制。金本位制在英国的确立，对金本位制在世界范围的发展起了很大的推动作用，随后各资本主义国家先后通过立法确立金本位制。到 19 世纪末和 20 世纪初，金本位制已在欧洲、南北美洲各国广泛流行，只有当时经济上比较落后的少数国家没有实行。

国际金本位制大约形成于 19 世纪 80 年代末，持续到 1914 年第一次世界大战爆发时结束。因此，当时的国际货币体系是以英镑为中心、以黄金为基础的资本主义国际货币体系。由于 20

世纪初英国已成为最大的殖民帝国，英国是"世界工厂"和国际金融中心，伦敦当时也成为世界贸易结算中心，因此，英镑在国际贸易和国际信用中起着重要的作用，当时已经成为国际货币领域的关键货币。

金本位制并非国际金本位体系，前者是后者的基础，只有西方国家普遍采用金本位制后，国际金本位体系才算建立。因此，尽管 1816 年英国就颁布了铸币条例，实行金本位制，但通常认为 1880 年为国际金本位体系的起始年，因为这一年欧美主要国家都已经实行了金本位制，见表 1-1。

表1-1 各国实行金本位制的年份

| 国别 | 年份 | 国别 | 年份 |
| --- | --- | --- | --- |
| 英国 | 1816 | 荷兰 | 1875 |
| 德国 | 1871 | 乌拉圭 | 1876 |
| 瑞典 | 1873 | 美国 | 1879 |
| 挪威 | 1873 | 奥地利 | 1892 |
| 丹麦 | 1873 | 智利 | 1895 |
| 法国 | 1874 | 日本 | 1897 |
| 比利时 | 1874 | 俄国 | 1898 |
| 瑞士 | 1874 | 多米尼加 | 1901 |
| 意大利 | 1874 | 巴拿马 | 1904 |
| 希腊 | 1874 | 墨西哥 | 1905 |

资料来源：IMF，International Financial Statistics(1950—1972)。

金本位制包括三种形式，即金币本位制、金块本位制和金汇兑本位制，其中金币本位制是金本位制的典型形式。在金币本位制下，流通中使用的是具有一定成色和重量的金币，金币可以自由铸造、自由兑换、自由输出输入。在金块本位制和金汇兑本位制下，流通中使用的是可以兑换为黄金的纸币——黄金符号，纸币与黄金的兑换要受数量或币种的限制。与金币本位制相比，金块本位制和金汇兑本位制是较弱的金本位制。

### (一) 金币本位制

金币本位制主要是在第一次世界大战前资本主义各国普遍实行。金币本位制的基本内容或主要特点包括以下几点。

#### 1. 本位货币的确定
由国家以法律规定铸造一定形状、重量和成色的金币，作为具有无限法偿效力的本位货币自由流通。

#### 2. 黄金自由输出输入
金币和黄金可以自由输出输入国境，数量不受限制。

#### 3. 金币自由铸造
金币可以自由铸造或由国家铸造机构代铸，同时可以将金币熔化为金条、金块。

### 4. 银行券与黄金的兑换

银行券可以自由兑换成金币或等量的黄金。

这些特点能够确保本位货币的名义价值和实际价值相等，国内外价值趋于一致，因此，它具有贮藏货币与世界货币的职能。金币本位制时期部分国家的货币制度类型及实行时段见表1-2。

表1-2　金币本位制时期部分国家的货币制度类型及实行时段

| 国家 | 货币制度类型 | 实行时段 |
|------|------|------|
| 英国 | 金币本位制 | 1774—1797 年<br>1821—1914 年 |
| 法国 | 金币本位制 | 1878—1914 年 |
| 德国 | 金币本位制 | 1871—1914 年 |
| 美国 | 金币本位制 | 1879—1917 年 |
| 阿根廷 | 金币本位制 | 1867—1876 年<br>1883—1885 年<br>1900—1914 年 |
| 巴西 | 金币本位制 | 1888—1889 年<br>1906—1914 年 |
| 智利 | 金币本位制 | 1895—1898 年 |
| 埃及 | 金币本位制 | 1885—1914 年 |
| 印度 | 金汇兑本位制 | 1898—1914 年 |
| 墨西哥 | 金币本位制 | 1905—1913 年 |
| 菲律宾 | 金汇兑本位制 | 1903—1914 年 |
| 秘鲁 | 金币本位制 | 1901—1914 年 |

资料来源：Vernengo(2003)。

### (二) 金块本位制

第一次世界大战后，在 1924—1928 年资本主义相对稳定时期，一些国家虽然名义上恢复了金本位制，但实际上没有财力支持，都实行了变相的金币本位制，即金块本位制，其特点有以下几点。

### 1. 金币的流通

金币作为本位货币，在国内不允许流通，只流通纸币，纸币有无限法偿权。

### 2. 发行货币的储备

国家储备金块，作为发行货币的储备。

### 3. 不允许自由铸造金币

规定纸币的含金量、黄金官价，各国货币通过含金量确定固定汇率。

**4. 银行券不能与黄金自由兑换**

纸币不能自由兑换金币，但在国际支付或工业使用黄金时，可以按规定限制数量(如当时英国规定为 400 盎司黄金以上)，用纸币向本国中央银行兑换金块，即纸币实行有条件地兑现黄金。

### (三) 金汇兑本位制

第一次世界大战以前，许多弱小的国家以及殖民地和附属国都实行这种制度，原来盛行于某些殖民地和附属国，它们的货币在钉住宗主国的货币基础上与金币本位保持着一定程度的联系。20 世纪 20 年代，在英、法等国实行金块本位制的同时，德国以及北欧国家也实行过金汇兑本位制。这种制度的特点有以下几点。

**1. 黄金退出货币流通领域**

国内不流通金币，而流通纸币，并规定含金量与某一关系密切的金币本位制或金块本位制国家的货币以固定比价相挂钩。

**2. 货币发行没有足额的黄金做准备**

货币发行的准备金除少量金块作保证外，主要是货币联系国的外汇，国内货币不能直接兑换黄金，只能兑换货币联系国或宗主国的外汇，并以其本国货币与黄金兑换间接发生联系。

**3. 货币制度依赖宗主国**

这种货币制度，实质上依附货币联系国或宗主国，所以汇率波动幅度比金币本位制或金块本位制大。

## 二、国际金本位制的基本特征

总体来看，国际金本位制具有统一性、松散性与自发性的特征，这些特征是与当时国际经济关系的状况相适应的。

### (一) 统一性

在国际金本位制下，各国所采取的措施大多相同。各国货币同黄金的联系，都有比较明确且比较一致的规定，黄金的国际支付原则、结算制度和运动规律都是统一的，均遵守大体相同的做法和惯例。

### (二) 松散性

在国际金本位制下，各国虽然都遵守一些共同做法，但其形成并不是在共同的国际组织领导和监督下出现的，也没有各国必须遵守的共同规章。它是一种各国自行规定其货币在国际范围内发挥世界货币职能的办法。所以，就组织监督管理来说，国际金本位制是相当松散的。

### (三) 自发性

在国际金本位制下，该体系的作用是自发地而不是各国通过各种政策而发挥出来的。比如国际收支的调节、汇率的变动、储备资产的确定等，基本上都是通过黄金在国际上的自由流动而进行的。

## 三、国际金本位制的作用

19 世纪金本位制快速在资本主义国家广泛流行,是与资本主义制度在世界范围内确立了统治地位相适应的。在金本位制下,金币的自由铸造具有调节货币流通量的作用,保证了物价水平的相对稳定;金币自由兑换也保证了黄金与其他代表黄金流通的金属铸币和银行券之间比价相对稳定;金本位制的国际收支自动调节机制促进了各国贸易收支平衡,减少了贸易冲突。

国际金本位制是一种比较稳定的国际货币体系,运行了近百年的时间,分析金本位制的作用主要以金币本位制,即以传统的金本位制为基础。

### (一) 推动国际贸易和国际投资的发展

在金本位制下,币值比较稳定,促进了商品的流通和信用的扩大。同时,汇率稳定,便于生产成本的计算及贸易报价,生产规模和固定投资规模不会因币值变动而波动,从而使国际贸易和国际资本流动有了准确的核算依据,有利于国际贸易的快速稳定增长。

### (二) 抑制通货膨胀

在金本位制下,一国货币当局有多少黄金,才能发行多少货币,货币的发行有足额的黄金储备,这种本位制能限制一国政府或中央银行无限制地发行纸币。

### (三) 协调各国的经济政策

在金本位制下,各国把对外平衡(国际收支平衡和汇率稳定)作为经济政策的首要目标,而把国内平衡(物价、就业和国民收入的稳定增长)放在次要地位,先服从于对外平衡的需要,因而国际金本位制也使主要国家有可能协调其经济政策,实行国际合作。

## 四、国际金本位制的崩溃

### (一) 国际金本位制崩溃的过程

第一次世界大战前夕,国际金本位制已经出现了崩溃的迹象,银行券的发行日益增多,黄金的兑换趋于困难,黄金的自由输出输入逐渐受到限制。第一次世界大战前,各国为了准备战争,都在世界范围内争夺黄金储备,导致黄金被少数军事经济实力强大的国家集中占有。到 1913 年末,绝大部分黄金已为少数强国所占有,英、美、法、德、苏五国已占有世界黄金存量的 2/3,国际黄金的分配日益不均,这就削弱了其他国家货币制度的基础。同时,一些国家为了准备战争,政府支出急剧增长,大量发行纸币,于是国内纸币兑换黄金日益困难,这就破坏了自由兑换的原则。黄金的跨国自由流动日益受到限制,加速破坏了黄金自由输出输入的原则。由于维持金本位制的一些必要条件逐渐遭到破坏,国际金本位制的稳定性也就失去了保证。第一次世界大战爆发后,各国停止了黄金兑换并禁止黄金出口,国际金本位制遂陷于瓦解。战争期间,各国实行自由浮动的汇率制度,汇价波动剧烈。

第一次世界大战结束后，欧洲各国试图重建金本位制，但由于黄金供给不足和分配不均等，传统的金本位制已无法恢复。1922 年 4 月在意大利热那亚召开了由苏、英、法、意、比、日等29 国参加、美国列席的世界经济与金融会议，会议决定了"节约黄金"原则，建议采用金汇兑本位制。此后，除美国仍实行原来的金币本位制外，英、法等国实行金块本位制，其他国家大都实行金汇兑本位制。虽然金块本位制与金汇兑本位制仍然保持了各种货币同黄金的固定联系，并对当时黄金供求严重失衡的尖锐矛盾起到了一定的缓解作用，但金本位制的基础已被严重削弱，黄金已不再自发地起到调节货币流通的作用。同金币本位制相比，金本位制有着更加明显的缺陷和不稳定性。这种脆弱的国际货币制度，经过 1929—1933 年世界经济大危机的袭击，终于全部土崩瓦解。英国 1931 年首先宣布废除金本位制，接着葡萄牙、爱尔兰、埃及、北欧各国、加拿大和日本宣布废除。美国于 1933 年，法国、瑞士、荷兰等国于 1936 年停止实行金本位制。至此，曾经在资本主义国家盛行一时的国际金本位制宣告彻底崩溃。

### (二) 国际金本位制崩溃的原因

金本位制运行了约 100 年，最终崩溃，其原因主要有以下三点。

#### 1. 黄金产量不能满足经济发展的需要

黄金产量的增长幅度远远低于商品产量增长的幅度，黄金不能满足日益扩大的商品流通需要，这就极大地削弱了金铸币流通的基础。

#### 2. 对黄金的占有日益不均

对黄金的争夺导致黄金存量在各国的分配极端不平衡。1913 年末，美、英、德、法、苏五国占有世界黄金存量的 2/3。黄金存量大部分为少数强国所掌握，必然导致金币的自由铸造和自由流通受到破坏，削弱其他国家金币流通的基础。

#### 3. 黄金自由输出输入受到限制

第一次世界大战爆发，黄金被参战国集中用于军备，各国政府停止黄金的国际自由流动和银行券兑现，从而最终导致金本位制的崩溃。

国际金本位制彻底崩溃的原因很多，除其自身的缺陷外，另有战争赔款对国际金融的影响、几个国际金融中心的出现、短期资本的流动和世界经济危机的袭击等。但最重要的直接因素则是金本位制的"比赛规则"[①]遭到破坏。从根本上来看，则是帝国主义时期资本主义各种矛盾和危机进一步激化在货币制度方面的反映。

### (三) 新货币集团的建立

第一次世界大战爆发后，国际金本位货币体系岌岌可危，各主要发达国家(英国、美国、法国)为了提高自身的国家竞争能力，便在各自原有的势力范围内分别建立了相互独立的货币集团，主要有英镑集团、美元集团、法郎集团。

---

① 在金本位制中，物价与黄金流入机能理论之所以能发挥功效，主要是因为实施金本位的各国均能遵守金本位制的比赛规则(Rules of the Gold Standard Game)：①各国中央银行须保证在某特定价格下，无限量买入或卖出黄金；②各国央行应保有一定的黄金，以作为通货发行之准备；③各国黄金与金币可自由买卖及进出口。金本位体系在运行过程中，其比赛规则逐步难以为各国接受，各国不可能忽视本国经济发展对货币的需求而保持充分的黄金准备，或听任金本位体系的自动调节，它们通常利用国际信贷、利率及公开市场业务等手段来解决国际收支困难，而不愿黄金频繁流动，金本位体系的自动调节机制是有限的。

### 1. 英镑集团

英镑集团是以英镑为中心所组成的排他性货币集团，它是在金融和贸易上控制英镑区内国家和殖民地的工具，目的是保护英镑区内市场势力范围，排挤他国以维护英镑国际地位。英镑集团超出了英国范围，瑞典、丹麦、埃及、伊拉克、阿根廷等也都参加了英镑集团。英镑集团内，货币可以自由兑换，贸易可以获得优惠，不采取歧视性的外汇管制和贸易限制，但对英镑区外则实行浮动汇率、外汇管制和歧视性的贸易限制。

### 2. 美元集团

美元集团是以美元为中心所组成的排他性货币集团。它是美国在金融和贸易领域控制美元区内国家的工具，主要目的是对抗英镑、法郎以便建立美元霸权。美元集团主要包括同美国经济具有十分密切关系的国家，以及同美国实行自由贸易区或者签署自由贸易协定的国家，以加拿大、拉美国家和澳大利亚为主要代表。

### 3. 法郎集团

法郎集团是以法国法郎为中心所组成的排他性货币联盟。它是法国在金融贸易领域控制法郎区内国家的工具，也是保护区域内市场、排挤区域外国家、维护法郎国际地位、对抗英镑和美元以争夺世界市场的武器。

20 世纪 30 年代的经济大危机直接导致国际金本位制崩溃，国际经贸中的贸易战、货币战愈演愈烈，第二次世界大战爆发后，国际货币体系较为混乱。

# 第三节　布雷顿森林体系

## 一、布雷顿森林体系产生的背景

### (一) 美英两国经济实力的变化

第二次世界大战使资本主义世界主要国家之间的实力对比发生了巨大变化。其中最主要的是美、英两国地位的变化。英国在战争期间受到巨大创伤，经济受到严重破坏，国内生产大幅下滑，出口锐减，外债上升，黄金储备下降到只有 100 万美元的低水平，但国际货币惯性使然，英镑仍是一种重要货币，在世界贸易结算中仍占相当大的比重。战争期间美国大发战争横财，发展成为资本主义世界最大的债权国和经济实力最雄厚的国家，其黄金储备在战后达 200 亿美元，占整个资本主义世界储备总量的一半以上。在经历了第二次世界大战期间各自为政的混乱金融关系之后，美、英分别从本国利益出发提出了新的国际货币制度方案，即美国的"怀特计划"和英国的"凯恩斯计划"。

### (二) 美英两国提出的货币体系改革方案

### 1. "怀特计划"

1942 年，美、英两国开始讨论战后经济重建问题，特别是设立稳定外汇市场和处理国际收支问题的国际机构。美国财政部官员怀特提出国际稳定基金计划，"怀特计划"的核心内容是建立国际货币基金组织，该组织按照存款原则缴纳基金，基金总额为 50 亿美元。其主要内容包括：

(1) 组织发行国际货币尤尼塔(Unita)，它可与黄金兑换，并可在成员国之间转移支付；

(2) 各国货币与尤尼塔保持固定比价关系，平价的变动要经过基金组织同意；

(3) 成员国发生国际支付困难，可用本币向基金组织兑换外汇，但是数量不能超过它认缴的份额；

(4) 成员国基本投票权取决于其认缴份额的大小，基金组织的办事机构设在拥有最多份额的国家；

(5) 取消外汇管制、双边结算和复汇率制等歧视性措施。

美国是当时世界上最大的债权国，该方案实际上是为了确定美元的霸权地位，由美国一手操纵和控制基金组织，从而获得国际金融领域的统治权。

"怀特计划"主要是维护美国的利益，它强调贸易权势，希望建立以美元、黄金为中心的国际货币体系，强调黄金权势，希望增加汇率变动的灵活性。

### 2. "凯恩斯计划"

"凯恩斯计划"即"国际清算同盟计划"，是由英国经济学家约翰·梅纳德·凯恩斯于 1944 年在美国新罕布什尔州布雷顿森林举行的联合国货币金融会议上提出的。凯恩斯的方案是从维护英国利益角度提出的。英国认为，美国方案对其他国家主权侵犯太大，同时他们反对给予美元以国际货币的特权，英国希望建立英镑的国际货币地位，其目的是维持和延续英镑的国际地位，削弱美元的影响力，并与美国分享国际金融领导权。

凯恩斯的这套全新的世界货币方案中提出由国际清算同盟发行统一的世界货币，货币的分配份额按照第二次世界大战前 3 年的进出口贸易平均值计算。按这种方式计算，整个英联邦包括殖民地将占有世界货币的 35%，其中英国将占有世界货币总份额的 16%。这样的分配有利于英国在耗尽黄金储备的条件下延续英镑的地位，同时削弱美元和美国黄金储备的影响力。这个计划实际上主张恢复多边清算，取消双边结算，暴露出英国企图同美国分享国际金融领导权的意图。其主要内容包括：

(1) 建立"国际清算同盟"，相当于世界银行；

(2) 会员国中央银行在"国际清算同盟"开立往来账户，各国官方对外债权债务通过该账户用转账办法进行清算；

(3) 顺差国将盈余存入账户，逆差国可按规定的份额向"国际清算同盟"申请透支或提存；

(4) "国际清算同盟"账户的记账单位为"班科"(Bancor)，以黄金计值。会员国可用黄金换取"班科"，但不可以用"班科"换取黄金；

(5) 各国货币以"班科"标价，非经"国际清算同盟"理事会批准不得变更；

(6) 会员国在"国际清算同盟"的份额，以第二次世界大战前 3 年进出口贸易平均额的 75% 来计算；

(7) "国际清算同盟"总部设在伦敦和纽约，理事会会议在美、英两国轮流举行。

由于历经第二次世界大战的英国经济军事实力严重衰退，而英国最有力的竞争对手美国实力空前膨胀，最终"凯恩斯计划"在美国提出的"怀特计划"面前流产。

### 3. 争论的结果

1944 年 7 月参加联合国货币金融会议的 44 国代表在美国新罕布什尔州布雷顿森林(Bretton Woods)召开会议讨论了这两个方案。在会上，美国凭借它的实力地位，展开了美元、英镑争夺国际货币地位的货币之战，美方认为凯恩斯极力反对外汇汇率稳定而大力主张通货贬值，膨胀信用。各方争论不休，主要是英国不愿意放弃英镑的国际货币地位，会议开了 20 多天，讨论无果；最终以各国投票的形式确立了以美元为中心的国际货币体系，美国迫使与会各国接受了"怀特计划"，通过了以该协定为基础的《国际货币基金组织协定》和《国际复兴开发银行协定》，这两个协定总称为《布雷顿森林协定》，这标志着第二次世界大战后以美元为中心的国际货币体系即布雷顿森林体系的正式建立。

## 二、布雷顿森林体系的内容

### (一) 建立国际金融机构

根据《国际货币基金组织协定》建立一个永久性的国际金融机构，即国际货币基金组织，对货币事项进行国际磋商。国际货币基金组织作为第二次世界大战后国际货币制度的中心，具有一定的任务和权力，它的各项规定，构成了国际金融领域的纪律，在一定程度上维护着国际金融与交易的秩序。同时，根据《国际复兴开发银行协定》建立国际复兴开发银行，即世界银行，目的是加强国际经济合作和稳定世界货币金融。按照规定，只有参加国际货币基金组织的国家，才能申请作为世界银行的成员国。根据 1944 年 7 月布雷顿森林会议的决定，世界银行(国际复兴开发银行)和国际货币基金组织于 1945 年 12 月 27 日同时成立，总部设在华盛顿。世界银行的主要业务是对发展中国家提供长期项目贷款，帮助其兴建某些建设周期长、利润率偏低的重要项目。国际货币基金组织的主要活动则是稳定国际汇兑，通过提供短期贷款，帮助成员国平衡国际收支。

改革开放后，我国积极参与国际金融合作。1945 年 12 月，国际货币基金组织成立时，中国是创始国之一。中华人民共和国成立后，中国在国际货币基金组织的席位一直由台湾当局占据。1980 年 4 月，中华人民共和国恢复了国际货币基金组织的合法席位。同年 9 月，国际货币基金理事会决定将中华人民共和国列为单独选区，并增加一名中国执行董事。中国人民银行行长为国际货币基金组织理事会理事，代表中国政府参加活动。中华人民共和国在国际货币基金组织合法席位得到恢复后，世界银行理事长麦克纳马拉等人专程来华商谈恢复中华人民共和国在世界银行代表权问题。经双方努力，在许多友好国家支持下，1980 年 5 月 15 日，世界银行执行董事会正式决定恢复中国在世界银行、国际开发协会和国际金融公司的代表权。财政部代表中国政府参与世界银行理事会事宜。

### (二) 确定国际储备资产

在国际储备资产确定方面，布雷顿森林体系实行的是黄金—美元本位制，它是一种以美元作为关键货币，美元同黄金直接挂钩、其他国家货币与美元挂钩的双挂钩体系。根据协定，美元直接与黄金挂钩，各国确认 1934 年美国规定的 35 美元折合 1 盎司黄金的官价，1 美元约合 0.888671 克黄金，各国政府或中央银行随时可用美元向美国政府按官价兑换黄金，其他国家的货币可与美元直接挂钩，以美元的含金量作为各国规定货币平价的标准，各国货币与美元的汇率，则按各国货币的含金量确定，或不规定含金量而只规定与美元的比价，间接与黄金挂钩。这样，其他国家的货币就"钉"在美元上面，美元等同黄金，成为布雷顿森林体系的关键货币(Key Currency)。这种美元与黄金挂钩、各国货币与美元挂钩的体制被称为"双挂钩"制度。这种制度使得美元不仅成了确定成员国货币币值的标准，而且成为等同于黄金的储备货币，形成了以美元为中心的国际货币体系，因此美元也有"美金"之称。

### (三) 实行可调整的固定汇率制

《布雷顿森林协定》规定，各国政府有义务干预汇率以维持汇率的稳定，各国货币对美元的汇率，一般只能在平价上下1%的幅度内波动。超过这个幅度，美国以外的别国政府有义务在外汇市场上进行干预，以维护汇率的稳定，通常美国政府不用干预汇率。成员国货币与美元的汇率，一经国际货币基金组织确定公布，就不得任意改变。只有当一国国际收支发生"根本性不平衡时"，才允许贬值或升值，但必须与国际货币基金组织协商后才能变更汇率。一般来说，若平价变更的幅度在10%以下，成员国可自行调整，事后只需通知国际货币基金组织确认即可。若平价变动的幅度达到或超过10%，则必须事先经过国际货币基金组织的批准，该国无权自行决定。这一汇率制度被称为可调整的钉住汇率制，即所谓战后的固定汇率制。这种手段只有一国在发生根本性国际收支失衡时才能动用，但到底什么才是"根本性失衡"，《布雷顿森林》协定并没有明文规定，这是美英两国互相妥协的结果。

### (四) 建立成员国资金融通机制

国际货币基金组织通过实行一系列的资金融通措施，提供辅助性的储备供应来源。《布雷顿森林协定》规定，成员国份额的25%以黄金或可兑换成黄金的货币缴纳，其余75%的部分则以本国货币缴纳。成员国在需要国际储备时，可用本国货币向国际货币基金组织按规定程序购买(借入)一定数额的外汇，并在规定的期限内用黄金或外汇购回本币的方式偿还这笔外汇基金。成员国在国际货币基金组织的借款能力，一般同其缴纳的基金份额相当。认缴份额越大，其借款能力也就越强，同时其投票权也就越大。国际货币基金组织的"普通资金"账户是最基本的贷款账户，它只限调节成员国国际收支中经常账户的逆差，并且对贷款的发放有严格的标准，且实行分档政策。如成员国在任何一年内借用普通资金都不能超过其份额的25%，5年之内累积不得超过其份额的125%。另外，国际货币基金组织还规定顺差国须共同承担调节其他成员国国际收支逆差的责任。

### (五) 建立国际收支调节手段

当一国发生国际收支逆差时，可用以下手段进行缓解或调整逆差。

#### 1. 向国际货币基金组织申请短期资金融通

国际货币基金组织是布雷顿森林会议后建立起来的一个永久性国际金融机构，对国际货币事务进行协商，它是第二次世界大战后国际货币制度的中心，对成员国融通资金，以稳定外汇市场，调节国际收支，扩大国际贸易。当成员国发生短期性国际收支失衡时可以向国际货币基金组织提出融资申请，用以对外支付以平衡国际收支，但融资的获得往往有一系列附带条件。

### 2. 动用特别提款权①以平衡国际收支

各国拥有的特别提款权是国际货币基金组织按各成员国在组织认缴的份额无偿分配的、主要用于补偿对外清偿能力的国际储备资产，这部分国际储备的获得与动用不附带条件。

### 3. 加强各国间的金融合作，其中较重要的是有关"稀缺货币条款"的规定

这一条款反映了顺差国和逆差国共同调节的责任，但没有真正实现，国际货币基金组织从未宣布过任何一种货币为"稀缺货币"。这也说明布雷顿森林体系仍然缺乏一个行之有效的调节机制。

### (六) 取消外汇管制

《布雷顿森林协定》规定，各成员国不得限制经常账户支付，不得采用歧视性的货币措施，要在兑换性的基础上实行多边支付，但以下三种情况除外：①允许对资本账户的交易采取管制措施；②成员国在第二次世界大战后过渡期，由于条件不具备，也可延迟履行货币兑换性义务，这类国家被列为"第十四条款国家"，而履行兑换性义务的国家被列为"第八条款国家"；③成员国有权力对"稀缺货币"采取临时性的兑换限制。

### (七) 稀缺货币条款

若一国国际收支持续大量盈余，国际货币基金组织可将它的货币宣布为"稀缺货币"。当这种货币在国际货币基金组织的库存下降到这个成员国的份额75%以下时，国际货币基金组织可按逆差国家的需要实行限额分配，其他国家有权对"稀缺货币"采取临时性的兑换限制。

由此可以看出，布雷顿森林体系的核心就是在国际货币基金组织的管理、协调和监督下实行"两个挂钩"及所采取的维护固定汇率的措施，"两个挂钩"构成了支撑布雷顿森林体系的两根支柱。

由此可见，布雷顿森林体系实际上也是一种国际金汇兑本位制，主要表现在如下几方面：一是国际储备的黄金与美元并重，且美元取代英镑成为举足轻重的国际储备资产，各国政府可以用美元向美国兑换黄金，但这种兑换是有条件的，所以是被削弱的金汇兑本位制；二是汇率确定仍以货币含金量作为平价标准，且有规定的波动范围，但这种汇率是可调节的，因此它是一种较松散的金汇兑本位制；三是国际收支调节手段多样化，除了国际金本位制下的国内调节方式，还有汇率调节、融资平衡、动用特别提款权等多种方式，因此它是一种较灵活的金汇兑本位制。

## 三、布雷顿森林体系的作用

布雷顿森林体系的建立和运转对恢复和发展世界经济起了巨大推动作用。在第二次世界大战后的最初 15 年里，布雷顿森林体系在许多方面都起到了积极的作用，对第二次世界大战后

---

① 特别提款权：国际货币基金组织在1969年9月建立的一种储备资产和记账单位，作为补充成员国原有普通提款权以外的一种使用资金的特别权利。它可以同黄金、美元一样作为成员国的国际储备，用于政府间的结算，或向其他成员国换取外汇等，故又称为"纸黄金"。其创设时含金量为0.888671克，与美元等值；美元停止兑换黄金后，曾以16个国家的货币作为定值标准；现简化为以美元、马克、法郎、日元、英镑5种货币按一定权数定值。特别提款权的定价：在创始之初，特别提款权的定价方法为1美元等于1特别提款权，或35特别提款权等于1盎司黄金。由于20世纪70年代以来黄金与国际货币制度的脱钩及美元币值的动荡不定，国际货币基金组织转而采用一种加权平均的方法来确定特别提款权的价值。国际货币基金组织目前选择了世界贸易中的5个主要国家(美国、德国、日本、英国、法国)，最近一次调整发生在2001年1月1日，鉴于欧元已启动货币篮子中的货币减少为4种。

经济的恢复发展及国际贸易的增长都产生过重大的影响。

### (一) 解决了战后国际清偿能力短缺的问题

世界各国严重缺乏资金和国际储备，黄金—美元本位制的实行，使得战后黄金产量增长停滞得到了大量美元供应的有力补充，这在一定程度上解决了国际储备的短缺。战后西欧经济的恢复和发展，与美国"马歇尔计划"大量的美元"输血"性供给是分不开的。储备的充足和汇率的稳定促进了国际贸易的发展和国际资本的流动，推动了世界经济的发展。

### (二) 形成了汇率稳定的调节机制

在布雷顿森林体系下，货币间汇率实行可调整的钉住，是一种相对稳定的汇率，一般情况下不会出现大的变动。这一体系通过建立货币平价，各国政府承担外汇市场稳定的义务，建立汇率变动的严格程序等措施，确实使各国货币汇率在一个相当长的时期内呈现较大的稳定性，避免了类似 20 世纪 30 年代出现的恶性竞争性货币贬值。汇率风险的降低有利于国际贸易、国际投资的稳步发展。

### (三) 提供了更多灵活多样的资金融通机制

国际货币基金组织的建立和运作，通过给成员国提供各种类型的贷款，在一定程度上稳定了国际金融局势，提供了一个国际货币合作的舞台，在促进各国在金融领域的合作和多边支付体系的建立等方面起了重要作用。事实上，国际货币基金组织在战后已成为世界经济发展的三大支柱之一，有力地推动了世界经济的恢复和发展。国际货币基金组织给成员国提供各种类型的短期和中期贷款，使有临时性逆差的国家仍有可能继续进行对外贸易，不必实施贸易管制，这有利于国际经济贸易的稳定增长。

## 四、布雷顿森林体系的缺陷与崩溃

### (一) 布雷顿森林体系的缺陷

布雷顿森林体系的建立和运作是以第二次世界大战后美国在世界经济、金融领域的绝对霸权为依托的。随着世界各国经济的发展和相对实力的消长，这一体系日益暴露出一些难以克服的缺陷。

#### 1. 布雷顿森林体系存在难以克服的"特里芬难题"

布雷顿森林体系以美元作为主要储备资产面临着这样两个问题：一方面，世界储备总量的增长有赖于美国向世界各国的美元供给，这要求美国在国际收支上处于逆差地位；另一方面，作为储备货币的发行者，美国有责任在国际收支上保持顺差来维持各国对美元储备的信心。这样就把美国和美元扔进了一个进退两难的困境，即所谓"特里芬难题"[①]。实际上，以任何一

---

[①] "特里芬难题(Triffin Dilemma)"来源于 1960 年美国经济学家罗伯特·特里芬的《黄金与美元危机——自由兑换的未来》。它是指"由于美元与黄金挂钩，而其他国家的货币与美元挂钩，美元虽然取得了国际核心货币的地位，但是各国为了发展国际贸易，必须用美元作为结算与储备货币，这样就会导致流出美国的货币在海外不断沉淀，对美国国际收支来说就会发生长期逆差；而美元作为国际货币核心的前提是必须保持美元币值稳定，这又要求美国必须是一个国际贸易收支长期顺差国。这两个要求互相矛盾，因此是一个悖论"。这一内在矛盾被称为"特里芬难题"。

国货币作为储备资产，都将面临以上难题。

### 2. 布雷顿森林体系不可避免会带来世界性通货膨胀

布雷顿森林体系实行的是一种可调整的固定汇率制，各国货币钉住在美元上，一则造成了各国货币对美元的依附关系，美国货币政策的变化对各国经济存在着重大影响，二则会加剧世界性通货膨胀。根据《布雷顿森林协定》的规定，在各国货币对美元的汇率超过规定的界限时，各国政府有义务在外汇市场上进行干预活动。如美元汇率下跌，其他国家的官方金融机构就要大量抛售本国货币，买进美元，促使美元汇率回升，结果这些国家的货币流通量增多，通货膨胀加剧。

### 3. 布雷顿森林体系下国际调节机制不健全

布雷顿森林体系下国际收支的调节手段主要有两类：短期失衡由国际货币基金组织融资解决，长期的根本性失衡则通过汇率调整来平衡，而根本性失衡的表述是很模糊的。在实际操作上国际收支调节仍然着重于国内政策的调整。国际货币体系的根本问题是建立一个有效的调节机制并提供足够的国际清偿力，在调节过程中减少国内调整的压力与对外部的依赖，这一点布雷顿森林体系显然还未能做到。

### (二) 布雷顿森林体系崩溃的过程

20 世纪 60 年代初，美国统治地位开始衰落，加之朝鲜战争、越南战争的爆发，导致美国军费开支剧增，财政收不抵支，因此美元地位亦由强转弱。60 年代开始以后，美元危机频繁爆发，1960—1973 年共爆发了 10 次。每爆发一次美元危机，美国政府总是要单独采取或迫使其他国家采取违反国际货币基金协定的措施，以维护美元霸权地位。促使美元危机频繁爆发，最终导致以美元为中心的资本主义国际货币体系彻底崩溃的主要原因有两个，即美国国际收支逆差的巨额积累和愈演愈烈的通货膨胀。

第二次世界大战结束以后，美国为了推行其在军事、政治和经济上控制世界的全球性战略计划，不得不支付巨额的海外军事和政治费用。1950—1974 年，在美国国际收支构成中占有重要地位的政府账户差额年年赤字。25 年的赤字积累总额高达 984.21 亿美元。"美元荒"逐渐演变为"美元灾"。美国政府推行的通货膨胀政策是激化美元危机的另一个重要原因。战后美国的货币供应量增长很快，其中信用膨胀是通货膨胀的重要组成部分。1950 年以来，美国公私债务急剧膨胀。1950 年，美国公私债务总额约 4800 亿美元，1975 年超过 26000 亿美元，25 年间美国公私债务增加了 4 倍。1960 年爆发了美国第二次世界大战后第一次美元危机，美国黄金储备降至 178 亿美元。美国为了减轻维持黄金官价的责任，于 1961 年联合西欧 7 个国家建立黄金总库，以稳定伦敦自由市场上的黄金价格。1968 年 3 月爆发了第二次美元危机，美国单方面废除了按 35 美元等于 1 盎司黄金对私人购买者提供黄金的规定。在积累了长期的国际收支逆差和财政赤字之后，1971 年又爆发了两次严重的美元危机。尼克松政府于 8 月 15 日宣布实行"新经济政策"，停止美元兑换黄金，并对进口增加 10%的附加税，压迫联邦德国和日本等实行货币升值，以改善美国国际收支状况。在极其混乱的背景下，西方国家经过长期磋商于 1971 年 12 月达成了"史密森协议"，主要内容是调整货币平价和扩大汇率波动范围：第一，美元对黄金贬值 7.89%；第二，一些国家货币对美元升值 2.76%~16.9%；第三，将市场外汇汇率的波动幅度从黄金平价上下的 1%扩大到平价上下各 2.25%。这个协议只是暂时应急措施。1972 年和 1973 年美元又两次贬值。1973 年 3 月，各国货币普遍对美元浮动，结束了《布雷顿森林协定》所规定的准固定汇率制，布雷顿森林体系彻底瓦解。

# 第四节　牙买加体系

1971 年 8 月 15 日，美国总统尼克松宣布美国停止履行美元可兑换黄金的义务，美元公开与黄金正式脱钩，标志着布雷顿森林体系的崩溃。1971—1973 年，虽然美元不和黄金挂钩，仍有很多国家对回到美元兑换黄金抱有幻想，继续执行本国货币和美元汇率挂钩的固定汇率制，到 1973 年，大多数国家放弃本国货币与美元汇率挂钩的机制，自此布雷顿森林体系彻底崩溃。随后各国为建立一个新的国际货币体系进行了长期的讨论和磋商，最终各方通过妥协就国际货币体系的一些基本问题达成共识，于 1976 年 1 月在牙买加首都签署了一个协议——《牙买加协定》，并于 1978 年 4 月 1 日生效。

针对新的国际货币体系该如何称谓，学者们有着不同的提法，如"牙买加体系""后布雷顿森林体系""多元化的国际货币体制"等，也有学者认为布雷顿森林体系之后世界进入"无体制""无体系"的时期。这些提法虽然不同，但从对现行国际货币体系的分析所涉及的主要问题来看基本上是趋于一致的。从历史发展的实际来看，现行国际货币体系基本上是在《牙买加协定》的基本框架基础上演进的。

## 一、牙买加体系的内容

牙买加体系在一定程度上解决了 20 世纪 70 年代初布雷顿森林体系崩溃给国际货币金融秩序带来的猛烈冲击，摒弃了以美元为中心的双挂钩体系，相对布雷顿森林体系在诸多方面都有重要的改变，牙买加体系的主要内容包括以下几点。

### (一) 浮动汇率合法化

成员国可以自由选择任何汇率制度，但各国的汇率政策应受国际货币基金组织的管理和监督。《牙买加协议》还规定实行浮动汇率制的国家应根据经济情况的变化逐步恢复固定汇率制。在将来世界经济出现稳定局面后，国际货币基金组织可经过总投票权 85% 的多数通过，决定实行稳定的但可调节的固定汇率制。

### (二) 实行黄金非货币化

取消原协定中有关黄金问题的一切条款，彻底割断黄金与货币的联系，让黄金成为单纯的商品。国际货币基金组织持有黄金中的 1/6 按市场价格出售，以其超过官价部分作为援助发展中国家的资金；另外 1/6 按官价退还各成员国；其余部分根据总投票权 85% 的多数通过的决议进行处理。

### (三) 增加成员国的基金份额

由原来的 292 亿特别提款权增加到 390 亿特别提款权，即增加 33.56%。各成员国应缴份额的比重也有所改变,主要是石油输出国的比重由 5%增加到 10%,其他发展中国家维持不变,主要西方国家除西德和日本略有增加外,其他各国都略有降低。提高特别提款权的国际储备地位,在未来的货币制度中,应以特别提款权作为主要的储备资产。

### (四) 扩大对发展中国家的资金融通

国际货币基金组织以出售黄金所得收益设立一笔信托资金,用于援助最贫穷的发展中国家,同时扩大国际货币基金组织信用部分贷款的额度,由占成员国份额的 100%增加到 145%,并放宽出口波动补偿贷款的额度,由占份额的 50%提高到 75%。

《牙买加协定》发表后,国际货币基金组织执行董事会即着手进行第二次修改基金协定的活动。1976 年 4 月,国际货币基金组织理事会正式通过了《国际货币基金协定第二次修正案》。1978 年 4 月 1 日,经修改的国际货币基金协定获得法定的 60%以上的成员国和 80%以上多数票的通过,从而正式生效。于是,国际货币制度进入一个新的阶段——牙买加体系。

## 二、牙买加体系的特征

### (一) 国际储备资产多元化

由于《牙买加协定》关于把特别提款权作为主要储备资产的设想难以实现,黄金—美元本位制又难以维持,国际储备资产出现了分散化趋势,黄金、美元、特别提款权,以及其他一些可兑换货币,如西德马克、日元、英镑、法郎、瑞士法郎、荷兰盾等都作为官方储备。在多元化的国际储备中,黄金的国际货币职能虽然经过推行"黄金非货币化"政策受到了严重削弱,但并没有完全消失。黄金在世界各国的储备资产中仍占有重要地位。1994 年 3 月,黄金占世界总储备资产的 24.53%,其中美国的国际储备资产中黄金占 56%,法国、瑞士、南非、俄罗斯等国的国际储备中黄金所占比重接近和超过 50%。这说明黄金仍然是主要的国际储备资产,仍然是最后的国际清偿手段和保值手段。美元虽地位下降,但仍是主要的国际货币,目前世界上约有 2/3 的进出口贸易用美元结算,在各国的官方外汇储备中美元所占比重在 60%左右,美元也是当前国际金融市场上外汇的重要手段和主要的市场干预货币。与此同时,其他关键货币的国际地位日益加强。

### (二) 灵活多样的浮动汇率制

1973 年以后,许多国家开始实行浮动汇率。《牙买加协定》对各国实行浮动汇率制从国际条约上给予了肯定。目前,世界上 100 多个国家基本上都实行了浮动汇率制。但各国所采取的汇率浮动的方式是多样的,既有单独浮动,又有钉住浮动,还有联合浮动。一般来说,发达国家多数采取单独浮动或联合浮动,但有的采取钉住自己选定的一篮子货币实行某种管理浮动汇率制度。发展中国家多数采取钉住汇率制,主要是选择钉住美元、法国法郎、英镑和复合货币,如特别提款权和欧洲货币单位,也有钉住本国选定的一篮子货币。

对于现行的多样化浮动汇率制,如果从自由浮动和管理浮动来看,现实生活中并不存在完全取决于市场供求关系而不受政府干预的"清洁浮动"。因此,广义地讲,现行多样的浮动汇率制事实上属于多种形式的管理浮动汇率制。

### (三) 建立灵活的国际收支调节机制

在布雷顿森林体系下，当成员国发生暂时性国际收支失衡时通过国际货币基金组织来调节，当成员国发生国际收支根本不平衡时，经过国际货币基金组织同意改变货币平价，通过汇率变动来调节。在现行国际货币体系下，各国的国际收支调节是通过多种渠道进行的，包括利用汇率机制和利率机制、国际货币基金组织的干预和贷款、国际金融市场融资、吸收外来投资、国内宏观经济政策的调整和变动外汇储备资产等。

### (四) 区域性货币集团迅速发展

布雷顿森林体系崩溃以后，世界的政治经济格局不断发生演变，表现在国际货币金融领域，就是区域性货币集团不断发展，其中最令人瞩目的是欧洲货币体系。欧洲货币体系于1979年3月正式成立，其目的是防止美元危机的冲击，保持欧洲主要货币的稳定，并为欧洲共同体各国的经济货币一体化创造良好的环境。在非洲、中东、拉美等地区，自20世纪60年代开始，先后建立了中非关税与经济同盟、东非共同体、西非国家经济共同体、阿拉伯货币基金组织及中美洲共同市场等，为各个地区实现货币一体化和实行货币集团创造了一定的条件。可以预见，在欧洲货币一体化成功发展的影响和示范下，区域性货币集团将会继续得到发展。应该指出的是，以上我们所分析的牙买加体系的基本特征，并不是各国共同认可并清楚规定的游戏规则的完全反映，而主要是在《牙买加协定》自由化和市场化原则的框架下市场机制自发作用的结果。

## 三、牙买加体系的利弊

### (一) 牙买加体系的积极作用

牙买加体系运行40多年来的实践表明它基本符合世界经济的发展状况，对维系国际经济运转和推动世界经济的发展具有一定的积极作用。

#### 1. 浮动汇率制能够比较灵敏地反映国际经济状况

多种方式的浮动汇率制能够比较灵敏地反映不断变化的国际经济状况，有利于世界经济的发展。其主要表现在：①货币汇率根据市场供求情况自动调整，从而使各国货币币值得到比较充分的体现，不会偏离实际价值太远；②宏观经济政策更具独立性和有效性，不再会被动地为了外部经济平衡而牺牲内部经济平衡；③各国减少为维持汇率稳定所必须保留的应急性外汇储备，减少这部分资金因脱离生产而造成的损失；④各国具有发展国际经济的主动性和积极性，从而有利于世界经济金融的创新和发展。

#### 2. 基本解决了"特里芬难题"

多元化的国际货币摆脱了早期对美元的过分依赖，基本上解决了"特里芬难题"，从而在世界经济繁荣时期，可以缓解国际清偿能力不足的状况，在世界经济衰退时期，也不会发生全部储备货币危机并影响整个体系的稳定。同时，多元化国际货币对分散汇率变动的风险、促进国际货币金融领域的合作与协调也起到了积极作用。

#### 3. 有利于调节国际收支失衡

对国际收支采取多种调节机制相互补充及综合运用的办法，缓和了布雷顿森林体系下国际收支调节的困难，同时也基本适应各国不同的经济环境和发展水平。在布雷顿森林体系下，调节国际收支的渠道有两条：一是国际货币基金组织(International Monetary Fund，IMF)提供短期或中长期贷款；二是成员国发生国际收支根本不平衡时改变汇兑平价。这两条渠道由于存在份额限制及需要付出高昂代价而作用有限，调节机制失灵。牙买加体系引进了国际金融市场、商业银行信贷和国际合作与政策协调，使国际收支的调节更有效、更及时。

### 4. 促进区域性货币集团的发展

区域性货币集团的发展，对区域内国家和地区的经济，对世界经济都有一定的促进作用。由于 IMF 成员国经济结构过于悬殊，工业国之间发展不平衡，货币一体化不能维持。自 20 世纪 80 年代以来，区域性货币一体化程度不断加深，尤其是欧洲货币一体化进展迅速，为货币一体化树立了榜样。

### (二) 牙买加体系的弊端

牙买加体系不是一个完美的体系，许多经济学家认为它是"无制度的体系"，牙买加体系至少存在以下四方面的弊端。

### 1. 浮动汇率制增加了汇率风险

多种方式的浮动汇率制在其发挥积极作用的同时，也给世界经济和金融带来了严重的后果。其主要表现在：①汇率的频繁波动使进出口商品的成本、利润难以计算，进出口商双方都容易蒙受外汇风险的损失，因而往往影响世界贸易的发展；②由于汇率频繁变动，在借贷关系上债权债务双方都容易受到损害，甚至引发国际债务危机，从而影响国际信用的发展；③汇率的频繁变动，会引起物价、工资的变动，并容易导致各国及世界性通货膨胀，从而引起货币贬值和通货膨胀的恶性循环；④汇率的频繁变动，在一定程度上助长外汇投机活动，加剧国际金融市场的动荡。比如 1994 年的墨西哥金融危机、1997 年的亚洲金融危机、2008 年的美国次贷危机引发的全球金融危机。

### 2. 缺少统一稳定的货币标准

多元化的国际货币，使得国际货币关系中缺少统一和稳定的货币标准。国际货币格局错综复杂，这是世界经济不稳定的因素之一，因为只要储备货币发行国中一个国家的经济或金融出现重大变动，国际金融市场就会产生严重动荡。多元化国际货币的这种内在不稳定性，对发展中国家尤其不利。因为国际储备体系是由支配世界经济的国家的货币所组成的，发展中国家的经济基础薄弱，又缺乏对付金融动荡的经验和物质准备，所以它们在国际贸易和储备资产方面遇到困难或国际金融动荡时所遭受的损失要大得多。

### 3. 国际收支调节机制仍不健全

国际收支多渠道的综合调节，虽然可以发挥相互补充和配合的作用，但由于缺乏一个内在统一协商机制，因此它们所起的调节作用是有限的，全球性的国际收支失衡问题一直不能得到妥善解决反而越加严重。长期以来，逆差国不能消除赤字，调节国际收支不平衡的责任往往完全落在逆差国身上，而对顺差国则没有限制条件。所以，现行国际收支调节机制是不健全、不完善的。

### 4. 加剧了国际金融领域的矛盾和冲突

众多区域性货币集团的出现和发展，将会削弱国际货币基金组织的作用，加剧国际金融领域的矛盾和冲突，从而给国际金融和世界经济带来新的问题。

# 第五节 区域货币合作

自 20 世纪 70 年代初布雷顿森林体系崩溃以来，区域货币合作的进程逐渐加快，货币集团化趋势越来越明显，当今区域货币合作已经成为一股方兴未艾的潮流，在国际金融领域也因而形成了各种各样的区域性货币组织。这一方面是随着区域货币合作不断深化，客观上也要求各成员国加强货币金融领域的合作与协商以巩固已取得的成果，并借此增强国际市场上的竞争力；另一方面是在当前浮动汇率制盛行的情况下，主要货币之间的汇率波动剧烈，影响了国际金融体系的稳定。

## 一、区域货币一体化的概念

区域货币一体化又称货币集团化，是国际货币体系改革的重要内容和组成部分，指一定地区内的有关国家和地区在货币金融领域实行协调与结合，形成一个统一体，最终实现统一的货币体系。在经济竞争日益全球化、区域化、集团化的大趋势中，统一货币是最有力的武器之一。欧盟从 1979 年建立欧洲货币体系以来，一直是区域经济一体化程度最高的区域集团，但对国际金融市场动荡的冲击仍然缺乏抵御能力。区域货币一体化，是在第二次世界大战后国际金融权力日益分散化、国际货币关系趋向区域化的背景下，一定地区的国家为建立相对稳定的货币区域而进行的货币协调与合作，其最终目标是组建一个由统一的货币管理机构发行单一货币、执行单一货币政策的紧密的区域性货币联盟。

区域货币一体化是一定地区内的有关国家为了货币金融合作而组成货币联盟，这种货币联盟具有三个基本特征：第一是汇率统一，即成员国国家之间实行固定汇率制；第二是货币统一，即发行单一的共同货币，这是区域货币一体化的最高表现形式；第三是形成统一的货币管理机构和货币政策，建立一个统一的中央银行，并由这个机构保存各成员国的国际储备、发行共同货币、决定统一的货币政策等。

## 二、区域货币合作的类型

区域性货币联盟主要有欧洲货币联盟、中美洲经济一体化银行、阿拉伯货币基金组织、中非和西非货币联盟等。

### (一) 欧洲货币联盟

1979 年 3 月，欧共体当时的 12 个成员国决定调整计划，正式开始实施欧洲货币体系(EMS)建设规划，1988 年后，这一进程明显加快。1991 年 12 月，欧共体 12 个成员国在荷兰马斯特里赫特签署了《政治联盟条约》和《经济与货币联盟条约》即《马斯特里赫特条约》。

《政治联盟条约》的目标在于实行共同的外交政策、防务政策和社会政策，《经济与货币联盟条约》规定最迟在 1999 年 1 月 1 日之前建立经济货币联盟(Economic and Monetary Union，EMU)，在该联盟内实现统一的货币、统一的中央银行及统一的货币政策。

《马斯特里赫特条约》经各成员国议会分别批准后，1993 年 11 月 1 日正式生效，与此同时，欧共体更名为欧盟。1994 年成立了欧洲货币局，1995 年 12 月正式决定欧洲统一货币的名称为欧元(Euro)。1998 年 7 月 1 日欧洲中央银行正式成立，1999 年 1 月 1 日欧元正式启动，1999—2001 年，是欧元启动的 3 年过渡期。2002 年 7 月，欧元成为欧元区唯一的合法货币。目前欧元区共有 19 个成员国，包括德国、法国、意大利、荷兰、比利时、卢森堡、爱尔兰、西班牙、葡萄牙、奥地利、芬兰、立陶宛、拉脱维亚、爱沙尼亚、斯洛伐克、斯洛文尼亚、希腊、马耳他、塞浦路斯，人口超过 3 亿 3 千万。

欧洲货币联盟主要包括以下几个方面。

(1) 欧元以 1∶1 的汇率取代欧洲货币单位(European Currency Unit，ECU)作为储备、投资、计价和结算货币，开始在货币市场、银行间同业拆借市场所有经济活动中享有与信用卡票、电子货币等交易工具同等的功能。2002 年 1 月 1 日，欧元纸币和硬币正式进入流通领域，各成员国货币与之混合流通半年后，即退出历史舞台。2002 年 7 月，欧元作为欧元区唯一法定货币在市场流通。

(2) 成立欧洲中央银行，履行制定统一货币政策的职责，维护欧元稳定，统一管理主导利率、货币储备及货币发行等，建立和完善货币政策机制。与此同时，各成员国中央银行自动成为欧洲中央银行的执行机构，而不再单独制定货币政策。欧元区内欧元实时自动清算系统与各成员国的实时清算系统连接起来并开始磨合运转，各成员国货币汇率与欧元固定下来。与此同时，逐步完善欧洲中央银行体系，即由欧洲中央银行牵头、各欧元区成员国中央银行参加的联席会议。所有欧元区成员国中央银行均须按本国人口和国民生产总值比例在欧洲中央银行认购股本，以奠定该行制定和实施货币政策的资金基础。

欧元的诞生是欧洲联合自强的必由之路，是区域经济一体化的需要，是欧洲货币体系发展的必然结果。欧元正式启动后对现行国际金融体制提出了挑战。

### (二) 中美洲经济一体化银行

中美洲经济一体化银行是中美洲共同市场的机构之一。1961 年 5 月，中美洲共同市场成员国在马那瓜签订条约，正式成立中美洲经济一体化银行，主要目的是协助解决成员国国际收支的暂时困难，并为其各种发展项目，特别是与工业化和基础结构有关的项目和共同市场的贸易提供资金，以促进成员国的经济一体化和各国间经济的平衡发展，组织机构是理事会和董事会。中美州经济一体化银行正式成立于 1960 年 12 月，成员国有危地马拉、萨尔瓦多、洪都拉斯和尼加拉瓜，1963 年 9 月，哥斯达黎加加入该行，使成员国扩大到五国。中美洲经济一体化银行设在洪都拉斯的首都，其宗旨在于促进本地区经济一体化成员国间经济的协调发展。为了实现这一目标，中美洲经济一体化银行设立了四种基金。①普通基金。其贷款对象为成员国的私人部门，用于工业、农业及服务业的基础设施。②中美洲经济一体化基金。其贷款对象为成员国政府，用于能源、交通、通信、水利、农业及旅游业的发展。③住房基金。其用于成员国中低收入地区的住房建设。④社会发展基金。其用于改善成员国的城乡教育、职业培训、医疗卫生、公用设施等。中美洲经济一体化银行致力于制定成员国共同的货币政策，加强金融管理，协调成员国的经济政策，从而巩固中美洲自由贸易及共同体的各项成果，加速中美洲经济一体化进程。中美洲经济一体化银行的权力机构为理事会，理事会由五国的财长和中央银行行长组成。理事会一年召开一次会议，决定银行的重大方针政策。董事会由成员国各指派一名官员组成，具体执行理事会的决定，并负责中美洲经济一体化银行的经营管理工作。

### (三) 阿拉伯货币基金组织

阿拉伯货币基金组织(Arab Monetary Fund，AMF)是阿拉伯伊斯兰国家平衡国际收支、促进阿拉伯经济一体化的区域性金融机构。1975 年 2 月在巴格达举行的阿拉伯各国中央银行行长全体会议和阿拉伯经济统一委员会中央银行行长第七次会议通过决议，决定成立该组织。其于1977 年 4 月在阿拉伯联合酋长国首都阿布扎比正式成立，成员国为阿拉伯国家联盟的 22 个成员国。阿拉伯货币基金组织的法定股本为 2.8 亿阿拉伯第纳尔(1 阿拉伯第纳尔=3SDRs)，1983年增资后已达 6 亿阿拉伯第纳尔，其中，沙特阿拉伯占有最大的股份，沙特阿拉伯、阿尔及利亚、埃及、伊拉克、科威特五国占总股份的 55%。总部原设在埃及开罗，1979 年 4 月埃及因与以色列签订和约而被冻结会员国资格后，总部迁至阿布扎比。其宗旨包括：向阿拉伯联盟成员国中国际收支有困难的国家提供援助；给财政上有赤字的国家提供优惠贷款；使所有成员国获得经济和社会的均衡发展；增加阿拉伯国家的财源，实现阿拉伯的经济一体化。该组织的最高权力机构是理事会，由成员国各指派 2 名理事组成，下设执行董事会，负责日常业务工作。资金主要用于向成员国发放中、短期贷款。成员国为平衡国际收支，有权提取数额为其实缴额 75%的贷款。如出现国际收支危机，借款数额可提高到其 100%。任何成员国一年中获得的贷款总数不超过实缴资本的 1 倍。贷款在 3 年内偿还，按统一的优惠利率(3%~7%)计息。

近年来，该基金会(AMF)与国际货币基金组织(International Monetary Fund，IMF)和世界银行(The World Bank)保持密切的合作，并与欧盟中央银行和美联储保持密切的联系。阿拉伯货币基金组织(AMF)的组织架构与国际货币基金组织(IMF)完全一致，也是由理事会、董事会、执行董事会构成。阿拉伯货币基金组织(AMF)的业务机构包括贷款、投资和行政管理 3 个常设委员会，以及研究、规划、营业、行政管理、会计、法律、财务、投资 8 个局。AMF 组织有 4 种贷款方式：还款期为 3 年的自动贷款和补偿贷款、还款期为 5 年的普通贷款及还款期为 7 年的中期贷款。这 4 种贷款的利率相同，而且都是优惠利率贷款。成员国发生国际收支逆差时，可以无条件地提取其实缴股份 75%的可兑换货币，还可申请其他种类的贷款。

### (四) 中非和西非货币联盟

中非货币联盟的标志为中非国家银行。中非国家银行成立于 1972 年 11 月，其前身为 1959年成立的赤道非洲国家及喀麦隆中央银行。中非国家银行设在喀麦隆首都雅温得，该行的成员国有六个：喀麦隆、中非、乍得、刚果、加蓬及赤道几内亚。中非国家银行是中非六国的中央银行，根据各国的经济发展需要发行共同货币——中非金融合作法郎，这些货币由法国担保，可以无限制兑换成法国法郎。中非国家银行还保持共同货币和合作基金中外汇储备总库，并制定共同的货币政策，协调成员国在货币兑换支付、信贷规模及银行业务方面的活动。中非货币联盟不仅通行统一的货币，还实行统一的贴现率，并把法语定为工作语言。中非国家银行的决策机构为董事会，董事会由 13 人组成，其中 10 人由成员国选派，3 人由法国政府任命。1982年 2 月，中非国家银行被 IMF 指定为 SDRs 的持有人之一，中非国家银行的财力及与外界的联系都得以增加。

与中非国家相似，西非六国也于 1962 年成立了西非国家中央银行，组成了西非货币联盟。西非国家中央银行发行自由流通货币 CFA 法郎，决定成员国的信贷规模，控制六国的通货膨胀率，协调成员国的利率，并开辟成员国银行间的货币市场，以促进本地区货币经济一体化的发展。法国参加西非国家中央银行的执行董事会，保存成员国的外汇储备，同时保证 CFA 法郎与法国法郎的自由兑换。

中非和西非货币联盟对法国的货币政策有较强的依赖性，独立性较差。

## 三、欧洲货币体系

欧洲货币体系是欧洲各国形成统一大市场后，建立在经济和货币联盟基础上的货币制度，是区域经济高度一体化的象征，它的代表性符号就是欧元。欧元的启动走的是一条从初级的经贸合作到高级的货币合作之路。欧元是欧洲一体化和欧盟单一市场建设的重要成果，也是仅次于美元的第二大国际货币，但在当前国际化进程中却面临诸多挑战。

### (一) 欧洲货币体系的产生

第二次世界大战以后，世界经济形势发生了巨大的变化，科学技术迅猛发展，国际分工不断加深，国际贸易持续上升，资本、技术、劳动力广泛流动。这些变化促使同一地区中两个或两个以上相邻近的国家实行经济联合，采取共同的经济方针、政策和措施，形成地区性的经济共同体。欧盟可以说是区域经济一体化最典型的代表。

#### 1. 欧洲经济一体化产生的背景

经济一体化从低级向高级发展，其形式大致可以分为如下四种：①自由贸易区；②关税同盟，即在自由贸易区的基础上，成员国对第三国实行共同关税税率；③共同市场，即除了要实现关税同盟外，还要求作为生产要素的资本和劳动力能够在经济区内部自由流动；④经济和货币联盟，即在共同市场的基础上，保持各国经济政策上的步调一致，在这一阶段要求各成员国货币一体化，各成员国的外汇储备联营，设立单一的中央银行，发行统一货币。目前，欧盟已经走到经济一体化的最高层次——经济和货币联盟和单一货币。

建立经济和货币联盟的计划在欧共体成立的纲领性文件《罗马条约》中并没有明确提出，最初加入欧共体的各国对共同体发展的前途莫衷一是，如果过多地涉及国家主权的经济与货币政策，条件也不成熟。然而货币一体化是经济一体化发展到一定阶段的产物，这是无法回避的。

20 世纪 70 年代以后，随着以美元为中心的布雷顿森林体系的崩溃，国际货币金融领域一片混乱，形成各异的汇率制度，频繁爆发的美元危机不但导致欧洲货币出现大幅波动，而且使欧洲货币之间发生剧烈的汇率波动，拉大了其差异。

从 1977 年开始，美元对马克、英镑和法郎连续下跌，特别是马克不断升值，使联合浮动制的存在也受到严重的威胁。因此，摆脱美元波动对他们经济的冲击，建立欧洲货币体系，成为共同体国家选择的对策。另外，世界性经济危机的爆发影响了各成员国的经济发展，制约了各成员国之间的贸易。因此，建立一个稳定的货币体系，促进各成员国贸易的发展，也成为推动经济复苏的一项重要措施。加上 20 世纪 70 年代末期，各成员国经济情况开始逐渐好转，通货膨胀率有了一定的减缓，为建立欧洲货币体系创造了有利条件。因此，欧共体成员国在货币初步合作的基础上，开始考虑采取更为求实的做法——建立欧洲货币体系。

### 2. 欧洲货币体系产生的三个阶段

1) 20 世纪 50 年代末至 70 年代末维尔纳计划的提出与夭折

从 20 世纪 50 年代欧洲建立煤钢联盟和经济、能源共同体到维尔纳计划，反映出欧共体早期为发展经济与货币联盟所做出的努力。维尔纳计划是指 1971 年 2 月欧共体理事会通过的以卢森堡首相兼财政大臣维尔纳为首的研究小组提出的"关于在欧共体内分阶段实现经济与货币联盟"的 10 年计划。该计划基本体现了后期欧洲货币联盟的内容。但是，由于各成员国经济发展差异较大，欧共体内部尚未完全形成商品、人员、劳务与资本的自由流动，以及该计划在政治联盟还不稳固的情况下过度要求各成员国让渡主权，最终导致计划的夭折。但该时期为后来欧洲货币体系的建立做了必要的准备。

2) 20 世纪 70 年代末至 90 年代初欧洲货币体系(EMS)的建立和发展

1978 年，联邦德国总理施密特和法国总统德斯坦基于本国国内的具体情况开始竭力策划发起建立欧洲货币体系，同年 7 月在不来梅首脑会议上，法国和联邦德国作为发起国向会议提出建立欧洲货币体系的正式建议，得到了与会成员国的支持，并达成了一项原则协议。欧共体终于在 1978 年 12 月的布鲁塞尔首脑会议上达成协议，决定于 1979 年 3 月 13 日正式建立欧洲货币体系。欧洲货币体系并不像维尔纳计划那样规定发行共同货币、组建联合中央银行等宏伟目标，其宗旨在于建立一个较为稳定的货币区，保证欧共体内部各成员国间双边汇率的稳定。作为新的货币一体化发展的阶段，它的成功为经济与货币联盟的进一步发展提供了宝贵的经验，也奠定了坚实的基础。

3) 1992 年以来货币联盟(EMU)发展阶段

欧共体成立货币联盟的前提是统一大市场。统一大市场是指欧共体内部实现商品、资本、劳务和人员的自由流动。大市场的建设贯穿了欧洲一体化的全过程，是一体化最具实质性的成果。其法律基础是 1986 年欧共体十二国签署的《单一欧洲法案》，法案于 1987 年 7 月 1 日正式生效。《单一欧洲法案》意味着统一大市场的建设前进了一大步，欧洲经济一体化进程明显加快。

1991 年 12 月，在荷兰小城马斯特里赫特召开的欧共体首脑会议是欧洲共同体发展的里程碑。马斯特里赫特会议通过了《政治联盟条约》和《经济与货币联盟条约》即《马斯特里赫特条约》。《马斯特里赫特条约》的签订，标志着货币一体化建设的最高目标——货币联盟的新启动，标志着欧共体进入一个新的历史阶段。相对于第一次货币联盟计划和欧洲货币体系的建立，它的产生具有更深刻、广泛的政治经济意义。《马斯特里赫特条约》是在 1986 年的《单一欧洲法案》之后对《罗马条约》的大幅修改和补充。它确定了建立欧洲经济与货币联盟和政治联盟的目标，标志着欧共体从初级的经济一体化向高级的经济与货币联盟迈进。

### 3. 货币联盟的计划进程

《马斯特里赫特条约》为经济与货币联盟的发展提出了具体的时间表，它规定货币联盟建设分三个阶段进行。

第一阶段，从 1990 年 7 月 1 日至 1993 年底，实现资本的自由流动，使所有欧共体成员国都加入欧洲货币汇率机制，扩大欧洲货币单位的应用范围。

第二阶段，从 1994 年初至 1996 年底或 1998 年底，各成员国加强汇率协调，尽可能强化欧洲货币汇率机制，缩小汇率波动幅度，建立未来欧洲中央银行的雏形——欧洲货币局(EMI)。

第三阶段，从 1999 年初至 2002 年 6 月底，建立欧洲中央银行体系，实现成员国之间不可逆转的固定汇率制，引进欧元，各国货币退出流通。

### (二) 欧洲货币体系的内容

1978 年 12 月的布鲁塞尔首脑会议，通过了法国和联邦德国提出的以欧洲货币体系代替欧洲货币联合浮动制的建议，并于 1979 年正式建立欧洲货币体系(EMS)。欧洲货币体系的主要内容包括如下几个方面。

#### 1. 创立欧洲货币单位(European Currency Unit，ECU)

ECU 是欧元的前身，是在原欧洲计算单位的基础上由欧洲货币体系各成员国的货币按一定比重构成的一篮子复合货币，最初由 9 国货币组成，后来随着希腊、西班牙、葡萄牙的加入，变成了由 12 国货币组成。它是欧洲货币体系中心汇率的确定标准，也是欧共体官方信贷的尺度指标，也是欧共体同其他国家间经济往来的核算指标，ECU 还是欧共体的储备手段。

#### 2. 各成员国货币汇率对内实行可调整的固定汇率，对外实行联合浮动

汇率运行机制是欧洲货币体系的核心。实现一个稳定的货币区，是该体系主要的目标。为达到此目的，欧洲货币体系的汇率运行有一套比"蛇行浮动"和布雷顿森林体系更严密和实用的规则。各成员国的货币之间保持一种可调整的固定汇率，而对体系之外的国家则实行自由浮动。汇率运行机制包括如下两项主要内容。

1) 中心汇率和波动幅度的确定

根据汇率运行机制的安排，成员国货币对 ECU 都有一个中心汇率，并且规定了中心汇率对 ECU 的偏离界限。成员国之间的双边中心汇率是根据中心汇率进行换算的。货币的波动可以围绕双边中心汇率在一定幅度内上下波动。例如，假定欧洲货币单位的中心汇率为 1ECU=2.5106 马克，1ECU=5.7983 法郎，则马克与法郎的中心汇率为 1 马克=2.3095 法郎。汇率运行机制规定，如果一国货币对 ECU 波动的界限偏离幅度过大，或者汇率波动偏离双边中心汇率过大，该国的货币当局有义务在外汇市场上进行干预。

汇率运行机制参加国的汇率可以围绕两国的双边中心汇率上下波动 2.25%，意大利的波动幅度可达上下 6%。

2) 汇率的调整

汇率的稳定是以干预的方法为主，当干预的方法不奏效时，允许成员国调整中心汇率，下浮货币贬值，上浮货币升值，达到新的稳定状态。中心汇率的调整是控制汇率波动的直接和最后的手段。

#### 3. 逐步建立欧洲货币基金

1973 年创立的欧洲货币基金是欧洲经济货币联盟的特色之一。基金作为欧共体的共同储备，向成员国提供信贷，以干预市场、稳定汇率及平衡国际收支。国际清算银行为其代理人。

1979 年 4 月，基金根据各成员国缴纳的 20%的黄金和 20%的美元外汇储备来发行 ECU。这些储备可用作各成员国中央银行为干预市场进行相互借贷的结算手段。到 1981 年，欧洲货币基金的总额达到 730 亿美元，合 540 亿 ECU，为扩大欧洲货币基金的贷款能力、加强对货币市场的干预，发挥了很大的作用。欧洲货币体系成立后，保持和加强了三种信贷：①极短期资金融通信贷，期限是 45 天，可延长到 3 个月；②短期货币支持信贷，期限 3 个月，可延长到 9 个月；③中期财政援助信贷，为期 2~5 年。从多年来欧洲货币体系的运行来看，欧洲货币基金确实促进了各成员国货币汇率稳定，对成员国内部贸易的增长、经济政策的协调提供了帮助。

### (三) 欧洲单一货币——欧元

#### 1. 实行单一货币的必然性

欧盟在 1992 年底建成允许商品、劳务、人员、资本自由流动("四大自由")的统一大市场后，就已经走上了一条统一货币的"不归路"。因为不实行单一货币制，就不能真正实现统一大市场。

欧盟在基本实现了"四大自由"后，内部仍然存在着一些不利于内部市场公平和效率的因素，而且汇率是影响欧洲统一大市场内部稳定和公平竞争的一个重要因素，汇率波动还会带来汇率风险问题。从欧盟内部统一市场的发展来看，要彻底消除汇率风险，只能将国与国之间的汇率完全固定，或者统一各国的货币。

美国等联邦制国家的经验也表明，在一个真正统一的大市场中，不能存在汇率波动的问题。美国是一个由 50 个州组成的国家，各个州都有很大的自主权，如立法权、征税权等。但美国又是一个统一的大市场，为了防止出现上述汇率问题，美国联邦政府控制着货币发行权，各州不能发行自己的货币，这就从根本上保证了美国作为一个统一大市场的稳定和效率。

欧洲货币体系中的汇率机制可以在一定程度上约束参加国的汇率政策，使汇率波动受到一定限制，但它并不是一个彻底的固定汇率制。成员国之间的货币汇率仍可以围绕双边中心汇率在一定幅度内上下波动，而且自 1993 年 8 月以后多数汇率机制参加国的汇率波动幅度被扩大到 15%上下，这实质上意味着欧洲货币体系在向背离固定汇率制的方向发展。另外，欧洲汇率机制允许参加国的货币在得到部长理事会同意的条件下贬值或者升值，从而使中心汇率本身成为一种可调整的汇率。1979—1987 年，比利时法郎、丹麦克朗、法国法郎、意大利里拉等货币对 ECU 中心汇率的调整达 30 次之多，1992—1993 年又发生了 5 次中心汇率的调整。

从理论上说，在固定汇率、资本自由流动的情况下，即使把货币政策的制定权留给各成员国，成员国的货币当局也无法独立地制定其货币政策。这就要求把货币发行权和货币政策的制定权交给一个单独的机构，不能留给成员国的中央银行，否则，很容易导致欧盟货币区内通货膨胀。

#### 2. 欧盟经济的趋同标准

成员国经济趋同的过程就是欧盟逐渐达到发行统一货币标准的过程。欧盟成员国的经济趋同是欧洲经济货币联盟建设的重要任务，它贯穿整个经济货币联盟的建设过程。它是按照《马斯特里赫特条约》规定的成员国要正式进入欧洲经济货币联盟的第三个阶段，就必须在经济上达到如下 4 项标准：

1) 物价稳定趋同标准

物价稳定是《马斯特里赫特条约》规定的最主要的经济趋同标准，它要求成员国的通货膨胀率不得高于欧盟内物价最平稳的三个成员国的平均通货膨胀率再加上 1.5%后的水平。在成员国的努力下，欧盟的通货膨胀率水平从 20 世纪 90 年代初开始一路下降。

2) 政府预算趋同标准

它要求成员国具有稳健的政府财政。成员国的政府预算赤字不能超过当年 GDP 的 3%，公债余额不能超过 GDP 的 60%。

3) 汇率趋同标准

《马斯特里赫特条约》要求所有成员国都要加入汇率机制。成员国要加入经济货币联盟，其在申请加入前的两年之内不能有自己主动贬值货币的行为，而且汇率波动要限制在规定的幅度内。

4) 长期利率标准

成员国的长期利率不能超过欧盟内三个价格最稳定的成员国的平均利率再加上 2%的水平。从实际情况看，各国长期利率确实出现了趋同的现象。1994 年底以来，成员国的长期利率开始趋于下降，差异也逐渐缩小。

为了达到欧盟要求的趋同标准，成员国做出了巨大的努力，准备参加欧洲统一货币的国家还为此制定了很多法律、法规。到 1997 年底和 1998 年初，欧盟各国的经济发展已经具备了很好的基础，特别是在 1997 年，准备参加欧元的国家各项经济指标都呈现出良好的发展态势，通货膨胀的平均水平只有 1.6%，预算赤字与国民生产总值之比为 2.4%；政府的债务仍保持在较高的水平，但是，向下调整的势头也较明显；各国的利率水平也维持在一个相对较低的水平。换句话说，正式启动欧洲经济货币联盟(第三阶段)的时机和条件基本成熟。

### 3. 欧元启动

欧元的启动从 1999 年 1 月 1 日开始，时间是 3 年。在此期间，依据各国立法规定：

(1) 欧元立即成为一种独立货币(不再是一篮子货币)，欧元以 1∶1 的比价取代欧洲货币单位 ECU，欧元各参加国货币与欧元确定了不可更改的永久性固定汇率。

(2) 欧洲中央银行与欧洲中央银行体系正式成立，采用欧元实施单一的货币政策与汇率政策。欧洲央行体系将通过欧元进行交易，包括确定短期利率、公开市场活动、各种短期交易等。并用欧元对外汇市场进行干预，用欧元发行新的政府债券，包括机构投资者的债券。

(3) 欧元区市场的所有行为者，包括银行、保险公司、投资机构等，通过货币市场与资本市场用欧元进行运作。

(4) 在欧元启动到 2002 年 1 月 1 日之间的货币转换时期，个人可以使用本国货币进行日常交易。到 2002 年 1 月 1 日后，欧元纸币、硬币投入流通，最迟到 2002 年 7 月 1 日，各成员国纸币和硬币将彻底退出市场。

经过三年多的过渡期，欧元 12 国顺利完成了新旧货币的交替，无论是大额的交易还是零星小额商品支付，唯一的价值尺度、流通手段和支付中介都是欧元。至此，欧洲正式迈入了"欧元时代"，时至今日已经有 19 个国家加入欧元区。

## 四、欧元启动对世界经济的影响

1999 年 1 月 1 日,欧元作为崭新的全球性货币和颇具竞争力势头的国际储备货币正式启动。欧元的诞生是欧洲区域经济一体化的必然结果,是欧盟从经济一极走向政治一极的具体表现,是欧盟总结多次金融危机经验教训的产物,是国际货币体系中诸多因素发展不平衡的结果,是欧盟成员国几代政治家锲而不舍努力的结果。欧元的诞生是世纪之交影响世界经济和政治发展格局的一件大事,对世界经济中各国间的相互依存关系、国际贸易格局和国际资本流动等方面产生极其深远的影响。欧元的启动为欧盟的一体化发展与长期扩张奠定了更好的发展基础,在政治上迅速扩大欧洲经济在全球经济中的影响力。

### (一) 欧元启动对国际贸易及国际投资的影响

欧洲一体化进程实质上分为两个部分:一是政治一体化,包括外交、安全及社会等方面的融合;二是经济与货币一体化。这两者是相辅相成的。欧元的实施将成为欧洲政治联合的强大基础,并在经济上为欧盟提供强有力的保障,从而提高欧盟在世界政治舞台上的地位。经济货币统一的欧洲,可以大大增强欧洲意识和作为欧洲人的认同感,并将增强欧盟各国的凝聚力。这对建设一个和平稳定的欧洲也是有利的,对世界经济和政治也是意义深远的。

欧洲联盟是当今世界上最大的对外投资主体和贸易集团,因此欧元的出现对国际贸易和国际投资的格局产生巨大影响。统一货币的使用将减少货币兑换的程序和商品成本,从而大大提高欧盟产品在全球市场的竞争能力。欧洲地区投资环境的改善和经济增长率的提高,使区域内各国之间的相互投资大量增加,并吸引大量区域外的资本流入。

欧元出现后,欧盟市场的变化会使其他国家和区域经济组织相应调整其国际贸易和国际投资策略,使国际经济贸易格局产生巨大变化。亚洲国家和美洲国家必然会采取相应的措施改善投资环境、优化产业结构来吸引国际投资并在全球市场上与欧盟的产品竞争。

### (二) 欧元启动对国际金融体制提出了挑战

欧元的诞生是欧洲联合自强的必由之路,是区域经济一体化的需要,也是欧洲货币体系发展的必然结果。欧元正式启动后对现行国际金融体制提出了挑战。

#### 1. 对美元在国际金融格局中的主导地位提出挑战

在现行牙买加协议国际货币体系中,美元仍然是关键货币。有关统计表明,美元在各国外汇储备总量中所占份额高达 59%,在国际金融交易总量中占 83%,在国际贸易计价和结算货币中占一半以上。然而,美国经济在世界经济中所占比重却不断缩小,国民生产总值仅占全球总额的 21%,在贸易领域所占比重仅为 18%。显然,美元在国际金融格局与美国的综合国力之间发生了极大的偏离。更为重要的是,从当前正在形成的经济全球化和知识经济发展趋势看,世界经济正越来越以美国意志为特征。这对于整体实力已经接近或超过美国的欧盟来说,是不愿接受的现实。正如德国前外长金克尔所说,欧洲欲按照自己的意愿影响全球化,单凭一国或几个国家的力量根本办不到,欧洲必须充分发挥统一货币的优势,完善和发展统一市场,并在此基础上采取进一步行动,在参与全球化的进程中提高效率,提升竞争力,加强欧盟的地位和作用。因此,欧元的出现在某种程度上是对美元地位的"纠偏"。

### 2. 对现行国际货币体系提出挑战

IMF 的救援措施越来越显得力不从心，因此，现行以美元为主导的国际货币体系必须尽快进行重大调整，乃至进行彻底的改革。学术界普遍认为，欧元的诞生标志着国际金融开始进入重大调整阶段，并将为现行国际货币体制改革乃至国际金融体制改革创造条件。欧元启动前，欧盟在 IMF 内以各国为单位缴纳份额，并且按各国所拥有的特别提款权数量进行表决。首批顺利加入欧洲经济与货币联盟的国家是德国、法国、意大利、荷兰、比利时、卢森堡、爱尔兰、西班牙、奥地利、葡萄牙、芬兰。该名单是 1998 年 5 月 2 日在布鲁塞尔召开的欧盟会议中决定的，欧盟 15 国中的英国、丹麦、瑞典拒绝首批加入欧元区，而希腊则由于债务与财政赤字过高，未能达到加入标准而错失良机。从 1999 年 1 月 1 日起，欧元逐渐代替欧元区内各国的货币。EUR 是欧盟多个国家的货币，是欧元区唯一合法的货币。时至今日，使用欧元的国家共有 25 个，除了欧盟中的 19 个成员国和地区以外，还有 6 个非欧盟的国家和地区。

### 3. 对传统的国家主权提出挑战

金融是一国经济的命脉，而货币发行权则不仅是一国经济主权的象征，而且是一国经济政策操作的核心。历史上货币的统一大都需要通过战争方得以实现。然而，在世界经济全球化条件下，欧元区国家在平等、互利的基础上，在政治主权没有合并的前提下，在区域集团利益的驱使下，主动提出放弃本国货币，创造了一个共同的货币。正如一些经济学家所说，这种"多国一制"的货币创新系人类文明史上的创举，是人类文明的一大进步。从传统的国家主权来看，欧元区各国放弃本民族钟爱的本币，追求一种颇具风险的统一货币，这是对各国经济主权的一次重大让渡。但从各国经济发展长远利益看，欧元区各国获得的将是超过本国领土疆界数倍乃至十几倍的货币疆界，为本国经济发展创造了前所未有的空间、更加充裕的生产要素、更多的市场份额。上述利弊与得失是显而易见的。

### 4. 欧元对其他区域经济集团的影响

欧洲是目前世界上经济最发达的地区之一，也是区域政治经济集团化的发源地。欧盟货币一体化的实现进一步加快了欧洲联盟政治经济一体化的进程。1997 年，欧盟国家又提出了"东扩"和"南扩"的设想，建立更大范围的欧洲联盟，进而提高欧洲整体的经济实力和政治影响力。2002 年 12 月，中东欧和地中海的 10 个国家成为欧盟的成员国，土耳其已经签署了加入欧元区的协议，北非的多数国家包括摩洛哥，以及以色列、南非，也在积极推进与欧元区的贸易合作协议，欧盟一体化的进程还推动了其他区域经济集团化的浪潮。

### 5. 欧元对国际金融市场的影响

1) 欧元已经成为与美元、日元抗衡的重要货币

由于欧元成为欧盟各国共同使用的单一货币，欧元行使了区域国际货币的职能，欧元与世界上其他地区的经济往来会全部用欧元结算，这大大提高了欧元的国际支付能力和国际储备地位，扩大了外界对欧元的需求。还有相当多的国家是将本国货币的汇率钉住欧元。欧元成为国际外汇市场上仅次于美元的第二大支付货币，并且世界各国都在考虑增加欧元外汇储备。

2) 欧元对资本和货币市场的影响

实行统一货币之前，欧元区各国的资本市场是相对割裂的，资金跨国流动时要进行外汇交易。采用欧元以后，各国金融市场统一了，大量资金可以自由地在区内不同国家的债券市场和

股票市场之间转移。资本自由流动将使资本作为重要的生产要素得到优化配置，促进经济增长和生产力的发展。统一的欧元资本市场规模巨大，超过日元资本市场，成为仅次于美元资本市场的全球第二大资本市场。欧元区货币市场的统一使市场容量迅速扩大，交易量上升，从而大大提高市场的流动性。大量的资金会根据美元、日元和欧元的汇率、利率及收益率曲线的变化在这三个市场中寻找合适的投资机会，从而使这三个市场的利率和汇率水平相互传导，这给有关国家中央银行货币政策的调控增加一定的难度。

3) 欧元对国际金融中心地位的影响

欧元区各国虽然拥有一些国际金融中心，如法兰克福、巴黎、米兰、布鲁塞尔等，但多数因为所在货币区域的经济金融实力和货币的国际地位不强，历史上也没有独特的地缘优势，所以无缘成为占主导地位的国际金融中心。随着欧元区国家总体经济金融实力的壮大，欧元区中央银行总部所在地法兰克福的金融中心地位得到提高，而且泛欧性质的金融中心在产生，欧元区内外证券交易所的联合和购并日益增多。

# 本 章 小 结

1. 国际金融体系是一个十分复杂的体系，其构成要素几乎囊括整个国际金融领域，如国际资本流动、国际汇率安排、国际收支协调、国际金融组织等。不过，从狭义上讲，国际金融体系主要是指国际货币体系，即国际上的货币安排，也就是由国际资本流动及货币往来而引起的货币兑换关系，以及相应的国际规则或惯例组成的有机整体。国际金融体系的核心是国际汇率体系。

2. 国际金本位体系有三个显著的特征。(1)黄金作为最终清偿手段，是"价值的最后标准"，充当国际货币。(2)汇率体系呈现严格的固定汇率制。在国际金本位体系盛行的35年间，英国、美国、法国、德国等主要资本主义国家汇率十分稳定，从未发生过升贬值波动。(3)这是一个松散、无组织的体系。国际金本位体系没有一个常设机构来规范和协调各国的行为，也没有各国货币会议宣告成立金本位体系，但是各国通行金本位制，遵守金本位的原则和惯例，因而构成一个体系。

3. 布雷顿森林体系的核心内容包括四个方面：(1)以美元为中心的汇兑平价体系；(2)美元充当国际货币；(3)多渠道调节国际收支不平衡；(4)由IMF全力维护布雷顿森林体系。

布雷顿森林体系崩溃的症结在于：(1)无法解决的"特里芬难题"；(2)僵化的汇兑体系不适应经济格局的变动；(3)IMF协调解决国际收支不平衡的能力有限。

4. 牙买加体系运行机制的特点是：(1)国际储备多元化；(2)汇率安排多样化，浮动汇率制与固定汇率制并存；(3)依赖国际上的政策协调和国际金融市场解决国际收支问题。

牙买加体系的积极作用表现在：(1)它打破了布雷顿森林体系的僵化局面；(2)国际储备多元化，解决了"特里芬难题"；(3)用综合机制共同调节国际收支，扩展了调节渠道。

牙买加体系不是一个完美的体系，许多经济学家认为它是"无制度的体系"，从而要求建立国际货币新秩序。牙买加体系至少存在三方面的弊端：(1)汇率体系极不稳定；(2)大国侵害小国利益，南北冲突更加尖锐；(3)国际收支调节机制不健全。亚洲金融危机和1999年美国贸易收支逆差持续扩大表明，自牙买加体系创建以来，全球范围内长期的国际收支不平衡并未得以根除。

5. 区域货币合作及货币集团化趋势越来越明显，区域货币合作取得了显著的效果，已经形成了各种各样的区域性货币组织。欧洲货币联盟是区域性货币合作的成功案例，其中欧元的启动对世界经济产生了重要的影响，欧元已经成为主要国际货币。

6. 欧元启动对世界经济产生的影响：(1)对国际投资及国际贸易产生了影响；(2)对现行国际金融体制提出了挑战；(3)对传统的国家主权提出了挑战；(4)对其他区域经济集团产生了影响；(5)对国际金融市场产生了影响。

# 本章主要概念

国际货币体系　国际金本位　布雷顿森林体系　牙买加体系　欧洲货币体系　铸币平价

# 习　　题

## 一、选择题

1. 最早实行金本位制的国家是(　　)。
　　A. 美国　　　　　　B. 英国　　　　　　C. 法国　　　　　　D. 中国
2. 布雷顿森林体系采纳了(　　)的结果。
　　A. 怀特计划　　　　B. 凯恩斯计划　　　C. 布雷迪计划　　　D. 贝壳计划
3. 意味着美元与黄金脱钩，标志布雷顿森林体系开始崩溃的是(　　)。
　　A. 《史密森协定》的签订　　　　　　B. 黄金双价制的实行
　　C. 美国"新经济"政策的实行　　　　D. 特别提款权的创建
4. "特里芬难题"中提及的一个基本矛盾在于(　　)。
　　A. 维持美元汇价与美国国际收支平衡的矛盾
　　B. 维持美元和黄金比价与维持美元和各国货币汇率之间的矛盾
　　C. 美元与黄金挂钩和各国货币与美元挂钩之间的矛盾
　　D. 浮动汇率与管制之间存在的矛盾
5. 欧元开始启动的时间是(　　)。
　　A. 2004年1月　　　B. 1999年1月　　　C. 2000年10月　　　D. 2002年3月
6. 布雷顿森林体系崩溃于(　　)。
　　A. 1969年　　　　　B. 1971年　　　　　C. 1976年　　　　　D. 1975年
7. 历史上第一个国际货币体系是(　　)。
　　A. 国际金本位制　　　　　　　　　　B. 国际金汇兑本位制
　　C. 布雷顿森林体系　　　　　　　　　D. 后布雷顿森林体系
8. 牙买加会议后国际货币体系的主要特点是(　　)。
　　A. 仍然实行固定汇率制　　　　　　　B. 日元成为主要国际储备资产
　　C. 以浮动汇率制度为中心　　　　　　D. 形成单一的国际收支调节机制

9. 当前国际货币体系的特点是(　　)。

　　A. 英镑再次成为主要国际货币

　　B. 基本上是以欧元为中心的国际货币体系

　　C. 形成多元化国际货币体系

　　D. 普遍采用钉住一种国际中心货币

10. 国际货币基金组织确认的美元对黄金的官价是(　　)。

　　A. 1盎司黄金=30美元　　　　　　　　B. 1盎司黄金=35美元

　　C. 1盎司黄金=100美元　　　　　　　 D. 1盎司黄金=20美元

## 二、判断题

1. 布雷顿森林体系下的国际货币制度是以美元—黄金为基础的国际金本位制。　　(　　)

2. 牙买加体系下,汇率可以通过自由浮动进行调整,对世界性通货膨胀有较好的隔离作用,促进国际货币体系的稳定。　　(　　)

3. 欧洲货币体系的目标是实现发达国家货币的一体化,其重点是稳定汇率机制。　　(　　)

4. 欧洲货币联盟、中美洲经济一体化银行、阿拉伯货币基金组织、中非和西非货币联盟都是区域性的国际金融机构。　　(　　)

5. 石油美元(Petro-Dollar)是指 20 世纪 70 年代初美国与苏联签订的销售石油用美元计价方式。　　(　　)

6. 金币本位制是金本位制的典型形式。　　(　　)

7. 国际金本位制有效抑制了通货膨胀。　　(　　)

## 三、填空题

1. 一般来说,国际货币体系包括_____、_____、_____。

2. 根据国际本位货币划分,国际货币体系可以分为_____、_____、_____。

3. 世界银行的主要业务是对_____提供长期项目贷款,帮助他们兴建某些建设周期长、利润率偏低的重要项目。

4. _____已经成为与美元、日元抗衡的重要货币。

## 四、名词解释

1. 国际货币体系　　2. 特里芬难题　　3. 区域货币一体化

## 五、简答题

1. 简述国际货币体系的内容。

2. 简述国际金本位制的内容及作用。

3. 布雷顿森林体系主要内容有哪些?如何评价布雷顿森林体系?

4. 牙买加体系的主要内容是什么?如何评价牙买加体系?

5. 简述欧洲货币体系的内容。

## 六、论述题

1. 试述欧元启动对世界经济的影响。
2. 试分析石油美元的产生及前景。

# 第二章

# 外汇与汇率

【导读】

所有的国际经济交易都会涉及外汇与汇率，外汇与汇率是国际金融课程中非常重要的两个概念，通过本章的学习，要求读者掌握外汇的概念、内涵、分类；学习汇率的标价方法、分类，不同汇率制度下影响汇率变动的因素，以及汇率变动对经济的影响。

【学习重点】

汇率的决定基础及影响汇率变动的因素。

【学习难点】

现行国际货币体系下汇率的变动对经济的影响。

【教学建议】

重点讲授汇率的决定基础、影响汇率变动的因素，结合实际分析人民币汇率升值对我国外贸的影响。

## 第一节　外汇

## 一、外汇的概念

外汇(Foreign Exchange)是国际汇兑的简称，它有动态和静态两种含义。由于各国货币制度不同，一国货币通常只能在本国流通，因此当清偿国际债权债务时，便需要进行国与国之间的货币兑换，这就是外汇的最初含义。外汇的动态含义指的是一种货币兑换活动，外汇的静态含义指的是一种金融资产。

目前国际货币信用领域所广泛使用的"外汇"概念，是外汇的静态含义，即以外国货币表示的可用于国际债权债务结算的各种支付手段。通常是货币行政当局以银行存款、财政部证券、长短期政府证券等形式所持有的国际收支逆差时可以使用的债权。它是国际贸易的产物，是国际贸易清偿的支付手段。

静态的外汇又有广义和狭义之分。广义的外汇概念通常用于国家的管理法令，泛指以不同形式表示的、能够进行偿付的国际债权。其不限于外币债权，也包括具有外币职能的本币债权。国际货币基金组织(International Monetary Fund，IMF)对外汇的定义是："外汇是货币行政当局(中央银行、货币机构、外汇平准基金组织和财政部)以银行存款、国库券、长短期政府债券等形式所保有的、在国际收支逆差时可以使用的债权。其中包括由于中央银行间及政府间协议而发行的在市场上不流通的债券，而不论其是以债务国还是债权国货币表示。"

在实践中，各国外汇管理法令所规定的外汇有所不同。我国于 2008 年 8 月 1 日实施了新修订的《中华人民共和国外汇管理条例》，规定外汇的具体范围包括：①外币现钞，包括纸币、铸币；②外币支付凭证或者支付工具，包括票据、银行存款凭证、银行卡等；③外币有价证券，包括债券、股票等；④特别提款权；⑤其他外汇资产。

我们通常所说的外汇，是指外汇的狭义概念，指可直接用于国际债权债务关系清算的支付手段。其前提条件有两个。第一，以外币表示的资产。空头支票、拒付的汇票因为不是国外能得到补偿的债权，不算作外汇。第二，可直接用于国际结算。以外币表示的有价证券不能直接用于国际结算，故不属于狭义的外汇；外币现钞也不能算作狭义的外汇，因为正常国际交易使用的是银行存款，不用现钞，外币现钞只有携带回发行国，并且存入银行账户，才能用于国际结算，而且数量比例很小。根据这一定义，狭义外汇的主体是在国外银行的外币存款，还包括对银行存款的索取权具体化了的外币票据，如银行汇票、支票等。

目前，在国际外汇市场上，大约有 30 多种交易活跃的货币。交易频繁、交易量较大的外汇有美元、欧元、日元、英镑等。

## 二、外汇的特点

一般说来，狭义的外汇主要具有三个特点。

### (一) 以外币表示

外汇必须是以外国货币表示的各种金融资产，比如，美元在美国以外的其他国家都是外汇，但在美国则不是。

### (二) 可自由兑换性

外汇能够自由地兑换成其他国家的货币或以其表示的支付手段进行多边支付，可兑换性取决于货币发行国对外汇管制的相关规定。

### (三) 普遍接受性

外汇必须在国际上可以得到偿付，在国际经济往来中能被各国普遍地接受和使用。目前被各国普遍接受的货币有 20 多种，使用比例最高的有美元、欧元、瑞士法郎、日元、英镑、人民币 6 种货币。

由外汇的上述特点可见，外汇的本质就是对外国商品和劳务的要求权，并非所有非本国货币都是外汇。不是所有的外币都是外汇，比如墨西哥比索、俄罗斯卢布对我国来说确实是外币，但一定不是外汇。因为这些货币在国际市场上币值不稳定，不能被普遍接受用来进行国际结算。像美元、欧元、日元、加拿大元、英镑、澳大利亚元、新加坡元、瑞士法郎等20多种货币被作为国际贸易、国际投资中常用的国际货币，目前使用比例较高的5种货币见表2-1。

表2-1 目前使用比例较高的货币符号及货币代码

| 货币名称 | 货币符号 | 货币代码 |
|---|---|---|
| 英镑 | £ | GBP |
| 欧元 | € | EUR |
| 美元 | $ | USD |
| 瑞士法郎 | SF. | CHF |
| 日元 | ¥ | JPY |

资料来源：中国人民银行官方网站。

## 三、外汇的种类

根据不同的标准可以对外汇进行如下分类。

### (一) 根据是否可以自由兑换，外汇可分为自由外汇和记账外汇

#### 1. 自由外汇(Free Convertible Exchange)

自由外汇指无须货币发行国批准便可以随时动用，或可以自由兑换成其他货币，直接向第三国办理支付的外汇。自由外汇的根本特征是可兑换货币(Convertible Currency)。目前，世界上有50多种货币是可兑现货币，如美元、欧元、英镑、日元、瑞士法郎、加拿大元、新加坡元等。

根据《国际货币基金组织协定》第八条"成员国的一般义务"规定，一国货币成为自由外汇，必须符合三个条件：

(1) 对本国国际收支中的经常往来项目(贸易和非贸易的付款)和资金转移不加限制；

(2) 不采取歧视性的货币措施或多种货币汇率；

(3) 在另一个成员国要求下，随时有义务购回对方经常往来项目中所结存的本国货币。

可自由兑换的货币在国际汇兑结算中被广泛使用，在国际金融市场可自由买卖，并可不受限制地兑换成其他国家的货币。在国际贸易中，用这些可自由兑换的货币结算的进出口贸易叫作现汇贸易。

自由外汇在国际经贸往来中发挥了重要的作用，即促进国际经济、贸易的发展。用外汇清偿国际债权债务，不仅能节省运送现金的费用，降低风险，缩短支付时间，加速资金周转，更重要的是运用这种信用工具，可以扩大国际信用交往，拓宽融资渠道，促进国际经贸的发展。

#### 2. 记账外汇(Exchange of Account)

记账外汇也称协定外汇或清算外汇，是指未经货币发行国批准不能自由兑换成其他货币或对第三国进行支付的外汇。记账外汇一般以双方国家中央银行互立专门账户的形式存在。在年终时，双方银行对进口贸易额及有关从属费用进行账面轧抵，结出差额。对差额的处理，既可

转入下一年度的贸易项目中去平衡，也可以使用双方预先商定的自由外汇进行支付清偿。由于它被记载在双方指定银行专门开设的清算账户上，故称为记账外汇。它是支付协定的产物，只能用于协定国之间，不能兑换成其他货币，也不能向第三方支付。例如，两个友好国家政府为了减少自由外汇(如美元)的使用，签订了一个用于双边贸易结算的双边支付协定，开设账户记载彼此间的债权和债务，并在一定时刻(如年终)集中冲销，以便结算贸易差额。对顺差国来说，顺差额被转入下一年度用于抵销其以后债务时，这一差额便是顺差国的外汇。20世纪50年代初中苏双方曾签订双边结算协定，中国的人民币曾用于购买苏联的商品，苏联的卢布曾用于购买中方商品，双方按照约定的汇率记账结算，这种做法主要是为了减少双方自由外汇的使用。

### (二) 根据外汇交易的交割日期，外汇可分为即期外汇和远期外汇

#### 1. 即期外汇

即期外汇又称现汇，是指在买卖成交后的2个营业日内办理交割手续的外汇。即期外汇是所有外汇交易的基础。

#### 2. 远期外汇

远期外汇又称期汇，是指买卖双方先按商定的汇率和数量签订买卖合同，约定在一定时间(如30天、60天、90天等)后办理交割手续的外汇。买卖期汇可以防范外汇汇率变动的风险。

### (三) 根据外汇的来源，外汇可分为贸易外汇和非贸易外汇

#### 1. 贸易外汇

贸易外汇是指通过货物出口取得的外汇，主要指来源于出口和支付进口的货款，以及与进出口贸易有关的从属费用，如运费、保险费、样品费、宣传费、推销费用等中的外汇。

#### 2. 非贸易外汇

非贸易外汇是指通过对外提供服务(如运输、保险、旅游等)、汇出投资收益(如利息、股息、利润等)和侨汇等途径取得的外汇，如进出口贸易以外收支的外汇，包括侨汇、旅游、港口、民航、保险、银行、对外承包工程等外汇收入和支出。对个别国家而言，非贸易外汇是其外汇收入的主要来源。

## 四、主要国际货币的形成与发展

随着国际贸易的发展，国际交换需要有充当媒介的货币，逐步诞生了国际货币。国际货币也称世界货币或国际储备货币，指被各国普遍接受、在国际商品流通中发挥一般等价物作用的货币，不仅是商品的价值尺度，还是国际支付手段、购买手段和财富转移手段。一个国家所发行的货币要想成为国际货币，必须具备以下条件：①货币发行国应具备强大的经济实力；②货币应具备相当大的稳定性；③须通过国际协议取得使用国的一致承认。历史上充当过国际货币的主要有以下几种。

### (一) 黄金

纵观货币发展史，真正意义上的国际货币最早应该出现于国际金本位制时期。在金币本位

制下，各国政府以法律形式规定货币的含金量，两国货币含金量的对比为决定汇率基础的铸币平价。各国货币可以自由兑换，自由流出流入国界，允许自由铸造和熔化。金币本位制的以上特点说明，金币在当时的世界经济中充当着国际货币的作用。黄金作为世界通行的结算货币保持了 100 多年，20 世纪初期，黄金生产量的增长幅度远远低于商品生产增长的幅度，黄金不能满足日益扩大的商品流通需求，这极大地削弱了金铸币流通的基础。另外，黄金存量在各国分配不平衡，1913 年末，美、英、德、法、俄五国占世界黄金存量的三分之二，其他大多数国家黄金储量较少。第二次世界大战之后，美国拥有全球 60% 以上的黄金。20 世纪 70 年代之后，黄金逐渐失去货币职能，不再作为主要的国家结算手段，但时至今日黄金仍然是比较重要的国际储备资产。

### (二) 英镑

英镑充当国际货币，开创了国际货币史上由主权货币作为国际货币的时代。英镑充当国际货币也是市场选择的结果。1815 年拿破仑战败，英国在国际政治和经济格局中确立了霸主的地位。1815—1914 年常被经济史学家称为"英国霸权"时期。工业革命的率先完成，极大地扩大了英国的经济实力，再加上一系列的军事扩张使得英国建立了空前巨大的"日不落"帝国，英国的触角几乎延伸到世界各地。英镑作为一种统治工具也被广泛地应用。英镑成为一种国际货币，主要原因在于它的坚挺性。由于英国具有强大的综合实力，黄金储备充裕，货币稳定，在国际贸易中各国自愿接受英镑作为支付工具，并将本国货币与英镑建立换算关系，同时将英镑作为与黄金同等地位的国家储备资产。

由此可见，当时的国际货币体系是以英镑为中心、以黄金为基础的国际金币本位制。而两次世界大战的爆发，使得英国的经济严重受挫，黄金储备不断流失。1929 年爆发的世界经济危机进一步削弱了英国的实力。1931 年 5 月，奥地利最大的商业银行奥地利信贷(Credit-Anstalt)银行宣布破产，英国在这家银行至少有 500 万英镑的存款。7 月 13 日，德国最大的银行之一达姆施塔特(Darmstadter)银行倒闭，大约 7000 万英镑的英国贷款被冻结。7 月 15 日，英镑对美元和法郎急剧贬值。从 7 月 13 日到 8 月 1 日，在短短两周半时间里，英格兰银行已经失去了价值 3300 万英镑的黄金、价值 2100 万英镑的外汇。1931 年，英国率先放弃金本位制，禁止黄金出口，实行英镑贬值。自此，英镑已无法再保持币值的稳定，其在国际上的接受程度日益下降，英镑的国际货币地位也日渐丧失，当今英镑由于国际货币地位的惯性仍然是主要国际货币，2019 年在全球外汇储备中的地位仅次于美元、欧元和日元。当然英国脱欧的一波三折，正在动摇国际社会对英镑的信心，并危及其主要国际储备货币的地位。

### (三) 美元

美国是两次世界大战最大的受益者。经过两次世界大战，英国遭受了重创，失去了昔日头号资本主义帝国的地位，而美国则一跃成为战后头号强国。第二次世界大战后，美国对外贸易额占世界贸易额总量的 1/3 以上，黄金储备更是从 1938 年的 145.1 亿美元增加到 1945 年的 200.8 亿美元，约占资本主义世界黄金储备的 59%，国外投资急剧增加，成为资本主义世界的最大债权国。这为美元成为国际货币打下了基础。

布雷顿森林体系确定了美元的国际地位。当时的货币体系制度可以表示为：黄金与美元挂钩，各国货币与美元挂钩。可以看出，布雷顿森林体系使得美元成为一种关键货币，它既是美国的法定货币，又作为国际货币，担负起国际结算与储备的职能。第二次世界大战后货币体系是以美元为中心、黄金为基础的国际金汇兑本位制。它与英镑为国际货币时期的货币体系的重要区别在于，以英镑为中心的国际金本位制是市场选择的结果，而以美元为中心的布雷顿森林体系是依托全球性货币汇率制度安排形成的。

但是，布雷顿森林体系存在着固有的内在缺陷——"特里芬难题"无法解决，因此布雷顿森林体系解体并最终被牙买加体系所取代。牙买加体系打破了美元独霸国际货币体系的格局，使国际货币步入多元化时代。美元、西德马克、日元、英镑、法国法郎等多种货币在全球或地区范围内发挥着国际货币或区域货币的作用，呈现出国际货币的垄断竞争态势。尽管如此，美元相对于其他国际货币而言，仍处于核心位置。

从历史来看，美元地位的下降是一个历史发展的过程。依据布雷顿森林体系建立的以美元为主导的全球金融和贸易货币体系，确定了美元的国际领导地位与金本位制。布雷顿森林体系瓦解之后，金本位制虽然解体，但美元依然是国际货币的领导者，以美元为核心的国际货币体系得以延续。与黄金脱钩的美元也成为现代信用货币的代表，其主导的国际金融体制的创新与发展也深刻地影响了世界。

随着新兴市场国家的兴起，美国在国际贸易和经济中的地位逐步降低，可以认为，美元的地位也必然随着下降。2008 年之后大规模的量化宽松，也使得美元主导的国际货币体系内在的脆弱性和隐含的系统性风险正逐步显现出来。2020 年新冠肺炎疫情以来，美国继续实行量化宽松政策，美国通过货币操纵，让其贸易伙伴接受美国的贸易政策和贸易需求，让美元变成"美国的美元"，不能保证国际贸易和金融交易所需要的币值稳定，让其他国家的经济利益受到损害。这些美元的"过度特权"越来越不符合国际贸易和金融交易的需求，这让世界各国有了摆脱美元的现实需要。

2020 年以来美元受到的挑战主要表现在以下几个方面：一是以欧元区的 INSTEX、人民币的 CIPS 及俄罗斯 SPFS 等为代表的货币结算系统的成立和发展，试图摆脱美元统治的 SWIFT 支付系统，削弱美元的"特权"；二是很多国家央行都在购买黄金以维持各自货币的稳定，有数据显示，全球央行 2018 年已购入黄金 651 吨，同比增加了 74%。有分析指出，央行对于黄金的关注，反映了对美元的"信任"出现问题；三是以跨国公司信用为代表的"数字货币"不断涌现，可能代替美元在国际贸易和金融体系中的作用。

虽然目前国际形势的变化，让美元的地位受到越来越多的侵蚀，但美元被取代仍是一个长期的过程。美元的强大，是因为第二次世界大战后美国在世界上的霸权地位。而美国的综合实力仍无可比拟，其必然会采取各种方式，阻止其"美元特权"的流失。如美国外交关系协会国际经济部主任本·施泰尔所言，现在看，对美国金融机构的信心、相对独立于美国政府的美联储及长期以来的惯性，使得美元地位不那么容易撼动。因此未来以美元为代表的"超主权货币"必然为地缘货币所取代，是未来国际货币体系发展的一个基本趋势。

## (四) 日元

日元国际化被认为是一条金融深化与发展的道路，即通过外汇自由化、贸易自由化、经常账户自由化、资本流动自由化、利率与金融市场自由化，日元成为国际经济活动中普遍使用的货币。

日元能成为国际货币与日元的国际信誉是分不开的。20 世纪 80 年代，日本经济迅速发展，日本的贸易顺差持续多年，国际储备积累丰厚，日元币值稳中趋升。日元的坚挺是国际社会愿意接受日元的主要原因。据统计,日元在世界各国外汇储备的比例从 1980 年的 4.4% 上升到 1987 年的 7.5%,到 1990 年这一比例上升到 9.1%。但是,日元国际化道路并没有走远。到 1999 年日元在世界各国外汇储备的比例下降到 4.9%,回到了 20 年前的水平,到 2007 年则进一步下降到 1.9%。

这一转变主要由日本经济萧条及泡沫破灭导致,也与日元汇率不稳定有关。1973—1995 年,日元兑美元汇率变动超过 10% 的情况出现过 8 次,1985—1986 年曾出现过日元一年升值 40.5% 的波动记录。1995 年之后,日元的汇率便开始急剧下滑,在不到三年的时间里贬值了 100%;在 2001 年底跌至 1 美元兑 130 日元左右后,又开始大幅升值。日元的这种极不稳定性使得持有日元的风险巨大,各国对日元的需求急速下降,实际上,这表明日元已经不再具备充当国际货币的条件。尽管现今日元仍被称为国际货币,但其重要性已经远不及以前。

### (五) 欧元

欧元的问世是世界经济史上首次出现区域集团整体放弃国家货币主权,通过统一货币结成货币联盟的尝试。欧元的形成标志着一个以美元、欧元、日元组成的国际货币寡头垄断时代的到来,也象征着国际货币体系步入以货币联盟为标志的后牙买加时期。截止到 2020 年欧元区国家从成立之初的 11 个发展到 19 个,包括德国、法国、意大利、荷兰、比利时、卢森堡、爱尔兰、西班牙、葡萄牙、奥地利、芬兰、立陶宛、拉脱维亚、爱沙尼亚、斯洛伐克、斯洛文尼亚、希腊、马耳他、塞浦路斯。欧元区的经济规模扩张了 72%,达到 11.2 万亿欧元。欧洲货币的统一,也肯定了欧洲对全球的影响力。在欧元的支持下,欧洲一体化进程推进,欧盟成为比肩美国的关键力量。

欧元成立之后在很长一段时间里,国际支付上的份额逐渐超过美元。但欧债危机之后,欧盟经济增长受到影响,欧元有所转弱,其国际支付的份额相应下滑,作为国际储备货币的占比下降更为显著。

# 第二节　汇率

## 一、汇率的概念

由于各国所用货币不同,国际上又没有统一的世界货币,而从事国际经济交往以及其他业务都要涉及本国货币与外国货币之间的兑换,汇率这一概念便由此产生。世界上绝大多数国家都有自己的货币,这些货币在本国可以自由流通,一旦跨越国界,它们便失去了这种特性。随着国际经济交往的增多,在开放经济条件下,汇率已经成为对外经济运行中的核心变量,现实经济生活中的宏观变量和微观因素都会通过各种途径使其发生变动,它的变动也反过来影响一国经济运行中的多个方面。

汇率(Exchange Rate)又称汇价,是两种不同货币之间的比价,也就是以一种货币表示的另一种货币的相对价格。

从外汇交易的角度看,外汇作为一种特殊的商品,可以在外汇市场上买卖,这就是外汇交易,进行交易的外汇必须有价格,因此汇率又被称为"汇价";由于外汇市场上的供求经常变化,汇率也经常发生波动,因此,汇率又被称为"外汇行市";在一些外汇市场上,本币兑换外币的汇率通常在银行挂牌对外公布,这时,汇率又被称为"外汇牌价"。

## 二、汇率的标价方法

汇率的概念本身并不具有方向性。也就是说,它可以是把本国货币折成外国货币,也可以是把外国货币折成本国货币。但是在实践中,折算两国货币时,首先要确定以哪一国货币为标准,由于确定的标准不同,存在着三种不同的标价方法,即直接标价法、间接标价法和美元标价法。

### (一) 直接标价法(Direct Quotation)

这种标价法是以一定的外国货币为标准,折算为一定数额的本国货币来表示汇率。或者说,以一定单位的外币为基准计算应付多少本币,所以它又称应付标价法(Giving Quotation)。在这种标价法下,外国货币数额固定不变,总是为一定单位(如一、百、万等),汇率涨跌都以相对的本国货币数额的变化来表示。一定单位外币折算的本国货币越多,说明外币汇率上涨,即外汇升值;反之,一定单位外币折算的本国货币越少,说明外汇贬值,本币升值。也就是说,在直接标价法下,汇率数值的变化与外汇价值的变化是同方向的,以直接标价法来表示汇率有利于本国投资者直接明了地了解外汇行情变化,成为目前绝大多数国家采用的标价方法(除英镑、欧元、美元外),因此市场上大多数的汇率都是直接标价法下的汇率,我国亦不例外。根据我国 2022 年 4 月 21 日的外汇牌价,100 美元=639.96 元人民币,表 2-2 为直接标价法的形式。

表2-2　人民币外汇牌价　(单位:人民币/100外币) 2022-4-21　08:32:11

| 货币名称 | 现汇买入价 | 现钞买入价 | 现汇卖出价 | 现钞卖出价 | 中行折算价 |
|---|---|---|---|---|---|
| 澳大利亚元 | 475.92 | 461.14 | 479.42 | 481.55 | 472.39 |
| 加拿大元 | 512.14 | 495.97 | 515.92 | 518.2 | 506.72 |
| 瑞士法郎 | 673.51 | 652.73 | 678.25 | 681.15 | 670.93 |
| 丹麦克朗 | 93.16 | 90.28 | 93.9 | 94.35 | 92.68 |
| 欧元 | 693.58 | 672.03 | 698.69 | 700.94 | 689.28 |
| 英镑 | 835.29 | 809.34 | 841.44 | 845.16 | 831.1 |
| 日元 | 4.985 | 4.8301 | 5.0217 | 5.0294 | 4.945 |
| 韩国元 | 0.5169 | 0.4988 | 0.5211 | 0.5402 | 0.5158 |
| 新西兰元 | 433.48 | 420.1 | 436.52 | 442.53 | 430.78 |
| 卢布 | 7.49 | 7.14 | 7.79 | 8.14 | 7.91 |
| 瑞典克朗 | 67.63 | 65.54 | 68.17 | 68.5 | 66.99 |
| 新加坡元 | 468.66 | 454.2 | 471.96 | 474.31 | 467.06 |
| 泰国铢 | 18.9 | 18.32 | 19.06 | 19.66 | 18.9 |
| 美元 | 640.67 | 635.46 | 643.39 | 643.39 | 639.96 |

资料来源:中国银行总行网站即期外汇牌价。

## (二) 间接标价法(Indirect Quotation)

这种标记法是以一定单位的本国货币为标准，折算为一定数额的外国货币来表示汇率，或者说，以本国货币为标准来计算应收多少外国货币，所以它又称应收标价法(Receiving Quotation)。在间接标价法下，本币金额总是为一定单位保持不变，汇率的涨跌都是以相对的外国货币数额的变化来表示。一定单位本币折算的外币越多，说明本币升值，外币贬值；反之，一定单位本币折算的外币越少，说明本币贬值，外汇升值。与直接标价法相反，在间接标价法下，汇率数值的变化与外汇价值的变化呈反方向关系。

目前世界各国中主要是英国和美国等少数国家采用间接标价法。英国采用间接标价法，一是因为英国资本主义发展比较早，当时伦敦是国际贸易和金融的中心，英镑也是国际贸易计价结算的标准，相应地，外汇市场的主要交易货币是英镑，在间接标价法下，汇率数值变化与外汇价值变化呈反方向关系，相反，与本币价值变化呈同方向关系，因而英国采用间接标价法能使国际外汇市场的投资者直接明了英镑的行情；二是因为英镑的计价单位太大，用1英镑等于若干外国货币，在计算上比较方便；三是因为英国的货币单位在1971年以前一直没有采取十进位制，而是二十进位制，用直接标价法表达汇率不直观，计算起来十分不便。由于长期以来的习惯，英国直至今日在外汇市场上仍然沿用间接标价法。美国过去采用直接标价法，后来由于美元在国际贸易中作为计价标准的交易增多，纽约外汇市场从1978年9月1日起改为间接标价法(仅对英镑、澳大利亚元汇率仍沿用直接标价法)，以便与国际上美元交易的做法一致，表2-3为间接标价法的形式。

表2-3 纽约外汇市场行情表(单位：1美元合外币)

| 币种 | 中间价 | 币种 | 中间价 |
|---|---|---|---|
| 日元 | 108.82 | 加元 | 0.8043 |
| 欧元 | 1.1062 | 坡元 | 0.7370 |
| 英镑 | 1.4136 | 纽元 | 0.7513 |
| 瑞士法郎 | 1.2322 | 瑞典克朗 | 0.1232 |
| 澳元 | 0.7987 | | |

资料来源：汇金网2019年11月26日外汇牌价。

## (三) 美元标价法

除了上述两种标价方法以外，在现实中还有一种美元标价法。这种标价法是以一定单位的美元为标准来计算应兑换多少其他各国货币的汇率表示法。这种标价法的特点是：美元的单位始终不变，汇率的变化通过其他国家货币量的变化来表现。20世纪50—60年代，国际金融市场美元外汇交易量猛增，为了便于国际上进行交易，银行之间报价时通常采用这种汇率来表示。目前，美元标价法已普遍使用于世界各大国际金融中心，这种现象在某种程度上反映了在当前国际经济中美元仍然是最重要的国际货币。美元标价法仅仅表现世界其他各国货币对美元的比价，非美元货币之间的汇率则通过各自对美元的汇率进行套算，美元标价法见表2-4。

表2-4 苏黎世外汇市场行情表(单位：1美元合非美元货币)

| 币种 | 中间价 | 币种 | 中间价 |
|------|--------|------|--------|
| 日元 | 110.13 | 加元 | 0.9040 |
| 欧元 | 1.3065 | 坡元 | 0.7490 |
| 英镑 | 1.2137 | 纽元 | 0.7614 |
| 瑞士法郎 | 1.1335 | 瑞典克朗 | 0.1314 |
| 澳元 | 0.8988 | | |

资料来源：汇金网 2019 年某日外汇牌价。

## 三、汇率的分类

从不同角度分析，汇率可以分为各种不同的类别。

### (一) 按制定汇率的方法不同，汇率可分为基本汇率与套算汇率

#### 1. 基本汇率

基本汇率(Basic Rate)是指本国货币与关键货币对比而制定出来的汇率。由于外国货币的种类很多，如果制定或报出本国货币与每一种外国货币之间的汇率，既不方便也无必要，因此，就选择出一种与本国对外往来关系最为紧密的货币即关键货币(Key Currency)，并制定或报出汇率。所谓关键货币(Key Currency)是指在国际贸易或国际收支中使用最多、在该国外汇储备中比重最大、自由兑换性最强、汇率行情最为稳定、为各国所接受的货币。

由于美元在国际上的特殊地位，目前各国一般都把美元当作制定汇率的关键货币，把本币与美元之间的汇率作为基本汇率。我国国家外汇管理局每天公布人民币对美元的汇率。

#### 2. 套算汇率

套算汇率(Cross Rate)又称交叉汇率，是各国在制定基本汇率后，参考主要外汇市场行情，推算出的本国货币与非关键货币之间的汇率。例如，我国某日制定的人民币与美元的基本汇率为：USD1= CNY 6.6553，而当时伦敦外汇市场英镑对美元的汇率为：GBP1=USD 1.5830，这样，就可以套算出人民币与英镑间的汇率为

$$GBP1= CNY(1.5830×6.6553)=CNY 10.5353 \qquad (2-1)$$

由于西方外汇银行报价时采用美元标价法，为了换算出各种货币间的汇率，必须通过各种货币对美元的汇率进行套算。例如，新加坡某外汇银行的外汇买卖报价是：USD1=EUR 0.7187，USD1=CHF 0.9607，据此可以套算出欧元和瑞士法郎之间的汇率为

$$EUR1=CHF(0.9607/0.7187)=CHF 1.3367 \qquad (2-2)$$

### (二) 按银行买卖外汇的角度不同，汇率可分为买入汇率、卖出汇率和中间汇率

外汇银行也是商业银行，需要盈利，因此外汇银行低价买入外汇，同时高价卖出外汇。

### 1. 买入汇率

买入汇率(Buying Rate)也称买入价(The Bid Rate)，是银行从同业或客户买入外汇时所使用的汇率。

### 2. 卖出汇率

卖出汇率(Selling Rate)也称卖出价(The Offer Rate)，即银行向同业或客户卖出外汇时所使用的汇率。

### 3. 中间汇率

中间汇率(Middle Rate)，指银行买入价和银行卖出价的算术平均数，即中间汇率=(买入价+卖出价)/2。报刊、电台、电视台通常报告的是中间汇率，它常用作汇率分析的指标。买入汇率和卖出汇率之间的差价就是银行买卖外汇的利润，一般相差 1～5 个千分点。银行同业之间买卖外汇时使用的买入汇率和卖出汇率也称同业买卖汇率(Inter Bank Rate)，实际上也就是外汇市场最常用的买卖价。在正常情况下，银行同业买卖汇率的差价比银行同一般客户的买卖差价小。

外汇银行所报的两个汇率中，前一个数值较小，后一个数值较大。在直接标价法下，较小的数值为银行买入外汇的汇率，较大的数值为银行卖出外汇的汇率；而在间接标价法下，较小的数值为银行卖出外汇的汇率，较大的数值为银行买入外汇的汇率。例如，某日巴黎外汇市场和伦敦外汇市场的报价如下：

| 巴黎 | USD1=EUR | 0.8145～0.8165 | (2-3) |

(直接标价法)(银行买入美元价)(银行卖出美元价)

| 伦敦 | GBP1=USD | 1.6782～1.6803 | (2-4) |

(间接标价法)(银行卖出美元价)(银行买入美元价)

### (三) 按外汇管制的松紧程度不同，汇率可分为官方汇率和市场汇率

### 1. 官方汇率

官方汇率(The Official Exchange)是指官方(如财政部、中央银行或外汇管理机构)规定的汇率。当今完全实行自由汇率的国家还没有，即便是发达国家也会通过干预市场影响汇率走向。

### 2. 市场汇率

市场汇率(The Market Rate)是指在外汇自由市场上自发形成的汇率。实行官方汇率与市场汇率并存的国家主要是一些外汇管制相对轻松、外汇市场不是特别完善的国家。官方汇率往往有行无市，实际外汇交易均按市场汇率进行。

### (四) 按外汇交易交割日不同，汇率可分为即期汇率和远期汇率

### 1. 即期汇率

即期汇率(Spot Exchange Rate)，也称现汇汇率，是指买卖双方成交后，在两个营业日(Working Day)以内办理交割所使用的汇率。除非特别说明，我们一般所说的汇率都是即期汇率，即期汇率见表 2-5。

表2-5 中国银行即期外汇牌价 (单位：人民币/100外币)

| 货币名称 | 现汇买入价 | 现钞买入价 | 现汇卖出价 | 现钞卖出价 | 中行折算价 | 发布日期 | 发布时间 |
|---|---|---|---|---|---|---|---|
| 澳大利亚元 | 473.55 | 458.84 | 477.03 | 479.15 | 477.1 | 2022-04-22 | 7:20:36 |
| 加元 | 510.79 | 494.66 | 514.56 | 516.83 | 513.01 | 2022-04-22 | 7:20:36 |
| 瑞士法郎 | 674.16 | 653.36 | 678.9 | 681.81 | 675.25 | 2022-04-22 | 7:20:36 |
| 丹麦克朗 | 93.56 | 90.68 | 94.32 | 94.77 | 93.47 | 2022-04-22 | 7:20:36 |
| 欧元 | 696.7 | 675.05 | 701.83 | 704.09 | 695.22 | 2022-04-22 | 7:20:36 |
| 英镑 | 837.74 | 811.71 | 843.91 | 847.64 | 837.37 | 2022-04-22 | 7:20:36 |
| 日元 | 5.0108 | 4.8551 | 5.0477 | 5.0555 | 5.0033 | 2022-04-22 | 7:20:36 |
| 韩元 | 0.5171 | 0.499 | 0.5213 | 0.5404 | 0.519 | 2022-04-22 | 7:20:36 |
| 新西兰元 | 432.57 | 419.22 | 435.61 | 441.6 | 434.62 | 2022-04-22 | 7:20:36 |
| 卢布 | 7.61 | 7.26 | 7.93 | 8.28 | 7.8 | 2022-04-22 | 7:20:36 |
| 瑞典克朗 | 67.56 | 65.47 | 68.1 | 68.43 | 67.84 | 2022-04-22 | 7:20:36 |
| 新加坡元 | 470.88 | 456.35 | 474.18 | 476.55 | 470.01 | 2022-04-22 | 7:20:36 |
| 泰铢 | 18.95 | 18.37 | 19.11 | 19.71 | 18.97 | 2022-04-22 | 7:20:36 |
| 美元 | 643.79 | 638.55 | 646.52 | 646.52 | 640.98 | 2022-04-22 | 7:20:36 |

## 2. 远期汇率

远期汇率(Forward Exchange Rate)，也称期汇汇率，是指买卖双方成交时，约定在未来某一时间(比如一个月后、3 个月后或六个月后的)进行交割所使用的汇率。一般而言，期汇的买卖差价要大于现汇的买卖差价，远期汇率见表 2-6。

表2-6 中国银行人民币远期外汇牌价 (单位：人民币/100外币)2022-04-22

| 货币名称 | 货币代码 | 交易期限 | 买入价 | 卖出价 | 中间价 | 汇率日期 |
|---|---|---|---|---|---|---|
| 英镑 | GBP | 一周 | 831.038367 | 839.868567 | 835.453467 | 2022-04-22 |
| 英镑 | GBP | 一个月 | 831.367511 | 840.540911 | 835.954211 | 2022-04-22 |
| 英镑 | GBP | 二个月 | 832.373609 | 841.595809 | 836.984709 | 2022-04-22 |
| 英镑 | GBP | 三个月 | 833.254934 | 842.531134 | 837.893034 | 2022-04-22 |
| 英镑 | GBP | 四个月 | 833.977841 | 843.232141 | 838.604991 | 2022-04-22 |
| 英镑 | GBP | 五个月 | 834.626158 | 843.886858 | 839.256508 | 2022-04-22 |
| 英镑 | GBP | 六个月 | 837.131246 | 846.556246 | 841.843746 | 2022-04-22 |
| 英镑 | GBP | 七个月 | 837.943123 | 847.540723 | 842.741923 | 2022-04-22 |
| 英镑 | GBP | 八个月 | 838.479929 | 848.517829 | 843.498879 | 2022-04-22 |
| 英镑 | GBP | 九个月 | 839.520763 | 849.341663 | 844.431213 | 2022-04-22 |
| 英镑 | GBP | 十个月 | 840.208021 | 849.968321 | 845.088171 | 2022-04-22 |
| 英镑 | GBP | 十一个月 | 840.463183 | 850.753183 | 845.608183 | 2022-04-22 |

(续表)

| 货币名称 | 货币代码 | 交易期限 | 买入价 | 卖出价 | 中间价 | 汇率日期 |
|---|---|---|---|---|---|---|
| 英镑 | GBP | 一年 | 841.206927 | 851.047627 | 846.127277 | 2022-04-22 |
| 美元 | USD | 一周 | 647.9244 | 651.0244 | 649.4744 | 2022-04-22 |
| 美元 | USD | 一个月 | 648.34 | 651.61 | 649.975 | 2022-04-22 |
| 美元 | USD | 二个月 | 649.2475 | 652.5175 | 650.8825 | 2022-04-22 |
| 美元 | USD | 三个月 | 649.88 | 653.2 | 651.54 | 2022-04-22 |
| 美元 | USD | 四个月 | 650.2884 | 653.6084 | 651.9484 | 2022-04-22 |
| 美元 | USD | 五个月 | 650.797 | 654.117 | 652.457 | 2022-04-22 |
| 美元 | USD | 六个月 | 651.44 | 654.76 | 653.1 | 2022-04-22 |
| 美元 | USD | 七个月 | 651.6609 | 655.1809 | 653.4209 | 2022-04-22 |
| 美元 | USD | 八个月 | 651.9404 | 655.4604 | 653.7004 | 2022-04-22 |
| 美元 | USD | 九个月 | 652.27 | 655.79 | 654.03 | 2022-04-22 |
| 美元 | USD | 十个月 | 652.36985 | 655.98985 | 654.17985 | 2022-04-22 |
| 美元 | USD | 十一个月 | 652.5144 | 656.1344 | 654.3244 | 2022-04-22 |
| 美元 | USD | 一年 | 652.67 | 656.29 | 654.48 | 2022-04-22 |
| 欧元 | EUR | 一周 | 697.82055 | 706.14425 | 701.9824 | 2022-04-22 |
| 欧元 | EUR | 一个月 | 698.82395 | 707.44215 | 703.13305 | 2022-04-22 |
| 欧元 | EUR | 二个月 | 700.8908 | 709.5014 | 705.1961 | 2022-04-22 |
| 欧元 | EUR | 三个月 | 702.8203 | 711.5142 | 707.16725 | 2022-04-22 |
| 欧元 | EUR | 四个月 | 704.70705 | 713.38645 | 709.04675 | 2022-04-22 |
| 欧元 | EUR | 五个月 | 706.5939 | 715.3342 | 710.96405 | 2022-04-22 |
| 欧元 | EUR | 六个月 | 708.88575 | 717.65595 | 713.27085 | 2022-04-22 |
| 欧元 | EUR | 七个月 | 711.0017 | 720.0086 | 715.50515 | 2022-04-22 |
| 欧元 | EUR | 八个月 | 712.94565 | 721.92505 | 717.43535 | 2022-04-22 |
| 欧元 | EUR | 九个月 | 715.31835 | 724.34335 | 719.83085 | 2022-04-22 |
| 欧元 | EUR | 十个月 | 716.78125 | 725.92705 | 721.35415 | 2022-04-22 |
| 欧元 | EUR | 十一个月 | 718.6538 | 727.8222 | 723.24 | 2022-04-22 |
| 欧元 | EUR | 一年 | 720.29995 | 729.47035 | 724.89 | 2022-04-22 |

资料来源：中国银行总行网站。

### (五) 按汇率制度不同，汇率可分为固定汇率和浮动汇率

#### 1. 固定汇率

固定汇率(Fixed Rate)是指政府运用行政或法律手段选择一个基本的参照物，并确定、公布和维持本国货币与该单位参照物之间的固定比价的汇率制度。这个参照物可以是某一种外国货币或某一组货币。当一国政府把本国货币固定在一组货币上时，我们称该货币钉住一篮子货币或钉在货币篮子上。固定汇率不是永远不改变的，在纸币流通条件下及经济形势发生较大变化

的时候，就需要对汇率水平进行调整。实际上，纸币流通条件下的固定汇率制是一种可调整的固定汇率制，或称为可调整的钉住制(Adjustable Peg)。

### 2. 浮动汇率

浮动汇率(Floating Rate)是指汇率水平完全由外汇市场的供求关系决定，政府不加任何干预的汇率制度。在当今世界上，各国政府对经济生活的干预日益加深，对于汇率水平也进行着或多或少的干预和指导，这种有干预的浮动汇率称为有管理的浮动汇率(Managed Floating Exchange Rate)。

### (六) 其他分类

#### 1. 从衡量货币价值的角度，汇率可分为名义汇率、实际汇率和有效汇率

1) 名义汇率

名义汇率(Nominal Exchange Rate)就是现实中的货币兑换比率，它可能由市场决定，也可能由官方制定。名义汇率是两种货币之间的双边汇率，运用名义汇率值的变化说明汇率的变动幅度和趋势存在一定的局限性。例如，在某一段时间内，美元对日元的汇率下跌，而美元对英镑的汇率上升，这时，任何一种名义汇率都不能全面反映美元汇率的变动幅度和趋势。下面介绍了名义汇率与实际汇率的计算公式，事实上这是学者们分析实际汇率的理想状态，现实中并不具有可操作性，各个国家的消费习惯、通货膨胀指标的计算、数据的获取等都有很大的难度。如何计算实际汇率目前仍然是国际金融领域的难题。

2) 实际汇率

实际汇率(Real Exchange Rate)是以不变价格计算出来的某国货币汇率，是将名义汇率中的物价因素扣除后得出的，其计算公式如下：

$$E=SP^*/P \tag{2-5}$$

其中，$E$ 为实际汇率，$S$ 为名义汇率，$P^*$为外国基期物价指数，$P$ 为本国基期物价指数。从上式可知，实际汇率比名义汇率更能真实反映一国货币在国外的购买力。

一般地，在本国货币相对于外国货币贬值，即 $E$ 变大时，如果其他条件不变，则本国商品的竞争力提高。但是，如果本国的相对价格上涨率大于本国货币对外贬值幅度，则本国的国际竞争力仍然下降。由于考虑到了两国价格水平的相对变动，实际汇率能够较好地反映本国商品的国际竞争力。实际汇率值越大，本国商品的国际竞争力越强。

3) 有效汇率

有效汇率(Effective Exchange Rate)是一种加权平均汇率，其权数取决于各国与该国经济往来的密切程度(如各国与该国的贸易额占该国总贸易额的比重)。有效汇率和双边汇率的关系类似价格指数和商品价格之间的关系，因此又称之为汇率指数。有效汇率能够更综合地反映一国货币汇率的基本走势。例如：

$$A币有效汇率=\sum_{i=1}^{n}A国货币对i国货币的汇率\times\frac{A国同i国的贸易值}{A国的全部对外贸易值} \tag{2-6}$$

**2. 按外汇的汇付方式不同，汇率可分为电汇汇率、信汇汇率和票汇汇率**

1) 电汇汇率

电汇汇率(Telegraphic Transfer Rate，T/T Rate)是以电汇方式买卖外汇时所使用的汇率。电汇是银行以电信(电报、电传等)方式通知国外分支行或代理行付款给收款人的汇款方式。国内银行以电汇方式卖出外汇时，由于付款快，不占用客户的资金，能减少客户的汇率波动风险，因此国际支付绝大多数用电汇方式。电汇汇率是外汇市场中计算其他各种汇率的基准。外汇市场上公布的汇率一般是指电汇买卖汇率。

2) 信汇汇率

信汇汇率(Mail Transfer Rate，M/T Rate)是以信汇方式买卖外汇时所使用的汇率。信汇是银行以信函方式通知国外分支行或代理行付款给收款人的汇款方式。因为信汇方式所需的邮程长，银行可以在一定时期内占用客户资金，所以信汇汇率比电汇汇率要低些，其差额大致为邮程利息，视邮程天数和利率情况而定，现在信汇方式使用较少。

3) 票汇汇率

票汇汇率(Draft Rate)是以票汇方式买卖外汇时所使用的汇率。票汇是银行在卖出外汇时，开立一张命令其国外分支行或代理行付款的汇票(Draft)，并将其交给汇款人，由汇款人自带或寄往国外取款的方式。显然，从汇票开出到付款也有一定间隔时间，银行占用了客户资金，因此，票汇汇率也比电汇汇率低一些。汇票有即期汇票和远期汇票两种。远期票汇汇率(Future Draft Rate，或 Long Bill Rate)比即期票汇汇率(Demand Draft Rate 或 Sight Bill Rate)低，票汇在国际贸易中使用最为广泛。

随着互联网技术的快速发展，大多数外汇买卖汇兑都是即时汇兑，用信函汇兑的方式已经比较少了，票汇仍然是国际贸易中比较重要的汇兑方式。

**3. 按是否适用于不同的来源和用途，汇率可分为单一汇率和多种汇率或复合汇率**

1) 单一汇率

单一汇率(A Single Currency Rate)是指一国货币对某种货币仅有一种汇率，各种收支都按该汇率结算。

2) 复合汇率

复合汇率(Composite Currency Rate)也称多种汇率，是指一国货币对某一种外国货币的比价因用途及交易种类的不同而规定有两种或两种以上的汇率。

**4. 按银行营业时间的不同，汇率可分为开盘汇率和收盘汇率**

1) 开盘汇率

开盘汇率(Opening Rate)又称开盘价，是经营外汇业务的银行在每一个营业日最初报出的汇率，它一般根据前一个交易日的收盘价确定。

2) 收盘汇率

收盘汇率(Closing Rate)又称收盘价，是外汇银行在一个营业日外汇交易终了时使用的汇率。

**5. 按外汇买卖对象的不同，汇率可分为同业汇率和商业汇率**

1) 同业汇率

同业汇率(Inter-Bank Rate)又称银行间汇率，指银行与银行之间买卖外汇所使用的汇率。

2) 商业汇率

商业汇率(Commercial Rate)又称商人汇率，指银行与客户之间买卖外汇所使用的汇率。

# 第三节　汇率的决定与变动

汇率作为两种货币之间的交换比率，其本质是两国货币各自所具有或代表的价值比率，亦可视为一个国家的货币对另一种货币的价值。在不同的国际货币体系下，汇率由不同的平价关系来决定，汇率的变动幅度及方式也有所不同。

## 一、金本位制下汇率的决定与变动

### (一) 金本位制汇率的决定基础

金本位制是指以黄金作为基础的货币制度，各国货币宣布含金量，其含金量之比——铸币平价就是汇率的决定基础。在金本位制下，单位货币价值等同于若干重量的黄金(货币含金量)；当不同国家使用金本位制时，国家之间的汇率由它们各自货币的含金量之比——金平价来决定。

实施金本位制的国家其货币必须具有较为稳定的含金量作为支撑，货币才能够在国际上获得良好的声誉，保持币值的坚挺。在实施金本位制的同时，如果该国的经济具备一定的规模，积极参与国际经济交往，那么该国的货币就能够逐步提高或稳固其在国际货币体系中的地位，被其他国家储备持有，从而成为流通范围广、币值坚挺的国际货币。

### (二) 金本位制汇率的变动

在金本位制下，虽然汇率是固定的，但固定不一定是不变，也会因为供求关系的变化出现小范围的波动，波动的幅度取决于黄金的运费。

#### 1. 影响汇率波动的因素是外汇供求关系

当某种货币供不应求时，即出口增加，贸易顺差累积时，其汇率会上涨，超过铸币平价；当某种货币供大于求时，即进口增加，出口减少，有大量的贸易逆差时，其汇率会下跌，低于铸币平价。

#### 2. 金本位制下汇率变动是黄金输送点

1) 黄金输出点

黄金输出点是指当外汇汇率上涨达到或超过某一界限时，本国债务人用本币购买外汇的成本(汇率)会超过直接输出黄金支付的成本(输出黄金的运输费、保险费、包装费及改铸费等)，于是商人会选择直接带黄金去国外进口商品，即引起黄金输出，引起黄金输出的这一汇率界限就是"黄金输出点"。黄金输出点所处的汇率等于铸币平价加上两国之间运输黄金所需要的运输费、保险费、包装费及改铸费等额外费用。

2) 黄金输入点

黄金输入点是指当外汇汇率下跌，达到或低于某一界限时，本国拥有外汇债权者用外汇兑换本币所得会少于用外汇在国外购买黄金再输送回国内所得，从而引起黄金输入，引起黄金输入的这一汇率界限就是"黄金输入点"。黄金输入点所处的汇率等于铸币平价减去两国之间运输黄金所需要的运输费、保险费、包装费及改铸费等额外费用，金本位制汇率的波动范围见图2-1。

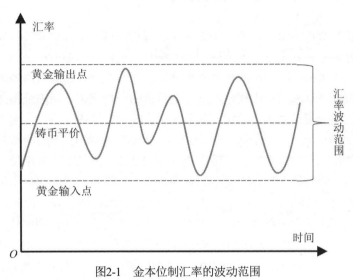

图2-1　金本位制汇率的波动范围

## 二、布雷顿森林体系下汇率的决定与变动

### (一) 布雷顿森林体系下汇率的决定

第二次世界大战结束以后，资本主义各国为了稳定汇率，在 1944 年建立了布雷顿森林货币制度，该货币制度是在国际货币基金组织的监督下以美元为中心的固定汇率制，其核心是双挂钩：一是美元与黄金挂钩，确定 1 盎司黄金等于 35 美元的黄金官价；二是其他国家货币与美元挂钩，或者不规定含金量而规定与美元的比价，直接与美元挂钩，或者规定含金量，同时按美元的含金量与美元建立固定比价，间接与美元挂钩。在这种货币制度下，各国货币的价值分别通过黄金或美元来表示。由于这一货币制度是在国际货币基金组织的监督下协调运转的，因此，国际上把各国单位货币的美元价值或黄金价值称为国际货币基金平价(IMF Parity)，简称基金平价。汇率的决定由各国货币基金平价的比值来决定，即汇率决定的基础是基金平价。

### (二) 布雷顿森林体系下汇率的变动

布雷顿森林体系下实行可调整的固定汇率，《国际货币基金协定》规定，各国货币对美元的汇率，一般只能在法定汇率上下各1%的幅度内波动。若市场汇率超过法定汇率1%的波动幅度，各国政府有义务在外汇市场上进行干预，以维持汇率的稳定。各国政府或中央银行有权可以随时用美元向美国按官价兑换黄金。其他各国货币与美元挂钩，即各国确定本国货币对美元的金平价，有义务维持对美元的固定汇率。该平价一经确认便不得随意变更，其波动幅度要维持在货币平价±1%的范围内。实际上，在这种双挂钩制度下，各国货币通过美元与黄金建立起了联系，使得美元取得了等同黄金的世界货币地位。布雷顿森林体系下的货币制度实质上是一种以美元——黄金为基础的国际金汇兑本位制，其汇率制度则是钉住美元的固定汇率制度。

## 三、牙买加货币体系下汇率的决定基础

随着布雷顿森林货币制度的崩溃，资本主义各国纷纷放弃了与美元的固定比价，普遍实行浮动汇率制。在这种汇率制度下，各国货币基本与黄金脱钩，即不再在法律上规定货币的法定含金量。汇率已经不再由各国货币的基金平价或含金量来决定，而应当由各国纸币所代表的实际价值来决定。根据马克思的货币理论，纸币是价值的一种代表，两国纸币之间的汇率可用两国纸币各自所代表的价值量之比来确定。纸币所代表的价值量或纸币的购买力及购买力平价是决定汇率的基础。换言之，一国货币的对内价值决定其汇率(对外价值)的基础。而货币的对内价值是由其国内物价水平反映的。受纸币流通规律的制约，流通中的货币量若与客观需要的合理货币流通量相等，则物价平稳，即货币的对内价值稳定；若流通中的货币量超过了客观需要的合理货币流通量(通货膨胀)，则物价上涨，即货币的对内价值下降，此时，若汇率仍保持不变，则表现为高估本国货币的对外价值。本国货币的对外价值不能长期高估，若长期高估，则必然影响本国的国际收支。到一定时候，就不得不对其进行调整，使之与国内购买力基本一致。因此，在纸币制度下，一国货币的对内价值(物价)是该货币汇率(对外价值)的基础。

## 四、牙买加货币体系下汇率的变动

牙买加货币体系下各国中央银行不再承担汇率稳定的义务，汇率虽然取决于购买力平价，但由于大多数国家都在实行通货膨胀政策，有些国家甚至经常出现恶性通货膨胀，各国货币含金量就失去了实际意义。经济生活中有很多因素会引起汇率的变动，汇率变动又会反作用于经济的运行，对一国的国内经济和国际经济产生影响。正因为如此，汇率成为各国宏观经济调控的重要经济杠杆之一。要充分发挥汇率的经济杠杆作用，必须首先把握货币价值和汇率变动的基本方向，如升值(Revaluation)与贬值(Devaluation)、上浮(Appreciation)与下浮(Depreciation)、高估(Overvaluation)与低估(Undervaluation)等。

### (一) 法定升值与贬值

#### 1. 法定升值

法定升值是指政府通过提高货币含金量或明文宣布的方式，提高本国货币对外的汇价，是由政府主动进行的。例如，1961年3月6日，联邦德国政府宣布"二战"后西德马克升值5%，每马克含金量由0.211588克提高为0.222168克纯金，汇率也由1美元合4.2马克改为4马克。法定升值的主要目的在于抑制外国资本的大量流入，调节国际收支顺差及缓和国内通货膨胀。

法定升值主要有国内外两方面的原因。

1) 内部原因

从国内原因看，一国的国际收支若出现持续的巨额顺差，本国货币日趋坚挺，势必成为国际金融市场上的抢购对象，需求压力剧增。为此，该国政府必须增发本国货币，收购外国货币，以阻止外国货币的日趋疲软和减轻本国货币的需求压力。但外国货币的源源流入和本国货币的大量抛出，无疑会加剧本国的通货膨胀，使国内工资、物价轮番上涨，从而大大削弱本国商品

的出口竞争能力。因此，在迫不得已的情况下，该国唯有求助于货币升值，力避国际游资对本币的冲击，减轻国内通货膨胀的压力。

2) 外部原因

从国外原因看，一国长期保持国际收支顺差，意味着必然存在长期处于国际收支逆差的国家。持续性国际收支逆差会导致其国际收支危机，因此，为维护本国利益，逆差国会千方百计施压于顺差国，迫使顺差国实行货币升值的措施。同时，顺差国为照顾与本国经贸关系密切国家的利益也需要采取货币升值的措施。可见，迫于国内外的压力，长期处于国际收支顺差的国家只有做出货币升值的抉择。

**2. 法定贬值**

法定贬值也称货币贬值，是货币法定升值的对称。一国政府可宣布降低本国货币的含金量，或直接降低本国货币对外国货币的法定汇率的措施。例如，1971 年 12 月美国宣布美元对黄金贬值 7.89%，美元的法定含金量由原来的 0.888671 克降为 0.818513 克。由于当时英镑的含金量未变，因此，美元对英镑的汇率由原来的 2.40 美元兑 1 英镑降为 2.6057 美元兑 1 英镑。

法定贬值主要有国内外两方面的原因。

1) 内部原因

从国内情况分析，主要是国内通货膨胀严重、纸币不断贬值。国内企业大量倒闭、失业问题严重。

2) 外部原因

从外部经济分析，主要是出口贸易受阻，造成国际收支逆差。

货币贬值的目的和作用是扩大出口、缩减进口，改善国际收支，缓解国内矛盾。但货币贬值会降低本国货币的国际地位，而且会招致其他国家的报复。同时货币贬值对改善国际收支的作用存在一定的时滞，且当国内商品的价格上涨到与货币贬值相同的幅度时，该作用即消失。

**(二) 上浮与下浮**

汇率的上浮与下浮是货币相对价值变动的一种现象，即货币汇率随外汇市场供求关系的变化而上下浮动，但其法定平价并未调整。汇率上升，称为上浮；汇率下降，则称为下浮。需要指出，在自由浮动汇率制下，货币的汇率主要取决于外汇市场供求，这时汇率的波动严格地说，不是升值或贬值，而是上浮或下浮。当外汇供不应求时，其汇率上浮；当外汇供过于求时，其汇率下浮。外汇汇率上浮意味着该国货币贬值，外汇汇率下浮意味着该国货币升值。

人民币汇率代表人民币的对外价值，由国家外汇管理局在独立自主、统一性原则基础上，参照国内外物价对比水平和国际金融市场汇率浮动情况统一制定、调整，逐日向国内外公布。作为一切外汇收支结算的交换比率，它是官方汇率，没有市场汇率，其标价方法采用国际上通用的直接标价法，即以固定单位(如 100、10000、100000 等)的外币数折合若干数额的人民币，用以表示人民币对外币的汇率，固定单位的外币数大小须视该外币的价值大小而定。人民币对主要货币有升有贬。

例如，2021 年第二季度，人民币兑美元汇率呈现出"V"形走势。2021 年 3 月 31 日至 6 月 30 日，美元兑人民币由 6.5713 上升为 6.4601，升值了 1.69%；人民币兑 CFETS 篮子指数由 96.88 上升为 98.00，升值了 1.16%。2021 年 5 月 28 日，美元兑人民币汇率中间价突破了 6.40

这一关口，达到 6.3858，创下 2018 年 6 月以来的新高。同期，美元指数呈现先跌后升的趋势，总体上略微贬值。2021 年 3 月 31 日至 6 月 30 日，美元指数由 93.1 降至 92.3，贬值 0.86%。美元指数走势可划分为两个阶段：第一阶段是 2021 年 3 月 31 日至 2021 年 5 月 25 日，美元指数由 93.1 降至 89.6，贬值 3.76%；第二阶段是 2021 年 5 月 25 日至 2021 年 6 月 30 日，美元指数由 89.6 上升至 92.3，升值 3.01%。

### (三) 汇率的高估与低估

汇率的高估与低估是指货币的汇率高于或低于其均衡汇率。在固定汇率制下，官方汇率如能正确反映两国之间的经济实力对比和国际收支状况，就等于或接近均衡汇率。在浮动汇率制下，外汇市场上的供给与需求平衡时，两国货币的交换比率便是均衡汇率。当官方确定的汇率或市场现行汇率高于或低于均衡汇率时，汇率就是被高估或被低估了。2000 年以来，中国经济强劲增长，使得美国、日本、欧盟等经济体感到恐慌，多次施压逼迫人民币升值，2005 年中国政府实施汇改，调整人民币汇率，人民币由 1 美元兑换 8.27 的汇率调整为 8.11，美元兑人民币贬值。人民币升值即对人民币低估汇率的调整，美元贬值意味着对美元汇率高估的调整。

## 五、牙买加货币体系下影响汇率变动的主要因素

汇率作为一国货币对外国货币兑换的价格，既要受经济因素的影响，又常常受政治和社会因素的影响。汇率的变动主要取决于外汇的供求是否发生变化。影响外汇供求变动的因素很多，既有直接因素，也有间接因素；既有长期因素，也有短期因素；既有国内因素，也有国际因素；既有经济因素，也有社会和政治因素。这些因素相互影响、相互制约。随着世界政治、经济形势的发展，各种因素所占的影响权重也不尽相同，而且一种因素对于不同的国家，在不同的时间影响大小也不一样。因为影响汇率的因素很多，这里只选取一些相对重要的因素，分析它们对汇率变动的影响。

### (一) 影响汇率变动的长期因素

#### 1. 国际收支

国际收支直接影响外汇供求，国际收支顺差时一国外汇供应增加，必然导致本币升值、外币贬值；国际收支逆差时一国外汇需求增加，必然导致本币贬值、外币升值。当然，这也是假设其他因素不变的情况下。国际收支状况并非一定会影响到汇率，这主要看国际收支顺(逆)差的性质。短期的、临时性的、小规模的国际收支差额，可以轻易地被国际资金的流动、相对利率和通货膨胀率的变动、政府在外汇市场上的干预及其他因素所抵消。不过，长期的、巨额的国际收支逆差，一般必定会导致本国货币贬值。因此无论是顺差还是逆差，国际收支是都是影响汇率走势的长期因素。

1997 年的泰国金融危机最终引发东南亚国家发生金融危机，其中不容忽视的一个原因是泰国等东南亚国家当时国际收支状况都呈现巨额逆差，1997 年 6 月索罗斯等国际炒家进行外汇炒作时，引发市场恐慌，投资者大量抛售泰铢抢购美元，导致金融危机彻底爆发。

### 2. 相对通货膨胀率

货币对外价值的基础是对内价值。如果货币的对内价值持续降低，其对外价值必然随之下降。自从纸币在全世界范围内取代金属铸币流通后，通货膨胀几乎在所有国家都发生。因此，在考察通货膨胀对汇率的影响时，不仅要考察本国的通货膨胀率，还要比较他国的通货膨胀率，即要分析相对通货膨胀率。

一般地说，相对通货膨胀率持续较高的国家，由于其货币的国内价值下降相对较快，则其货币相对于外国货币也会贬值。通货膨胀是影响汇率变动的一个长期、主要而又有规律性的因素。在纸币流通条件下，两国货币之间的比率，从根本上说是由其所代表的价值量的对比关系来决定的。因此，在一国发生通货膨胀的情况下，该国货币所代表的价值量就会减少，其实际购买力也就下降，对外比价也会下跌。当然，如果对方国家也发生了通货膨胀，并且幅度恰好一致，两者就会相互抵消，两国货币间的名义汇率可以不受影响，然而这种情况非常少见。一般来说，两国通货膨胀率是不一样的，通货膨胀率高的国家，货币汇率下跌；通货膨胀率低的国家，货币汇率上升。

### 3. 经济增长率差异

经济增长率差异也可以理解为经济发展态势，是影响汇率波动的基本因素。根据凯恩斯学派的宏观经济理论，国民生产总值的增长会引起国民收入和支出的增长。收入增加会导致进口产品的需求扩张，继而扩大对外汇的需求，推动本币贬值。总需求与总供给增长中的结构不一致和数量不一致，也会影响汇率。

在经常账户下，如果总需求中对进口的需求增长快于总供给中出口供给的增长，本国货币将贬值。如果总需求的整体增长快于总供给的整体增长，满足不了的那部分总需求将转向国外，引起进口增长，从而导致本国货币贬值。也就是说当一国经济增长率提高时，一方面，反映该国经济实力增强，其货币在国际外汇市场上的地位提高，从而使该国货币汇率有上升趋势；另一方面，由于经济高速增长，该国国民收入增加，从而促使该国进口需求上涨，如果该国出口不变，那么就会使该国国际收支经常项目产生逆差，最终导致本币汇率下降。反之，如果该国经济是以出口导向型为主，那么经济的增长就意味着出口的增加，使经常项目产生顺差，最终导致本币汇率上升。

在资本与金融账户下，当总需求的增长快于总供给的增长时，因财政赤字引起的而财政赤字又导致利率上升时，可能会引起资金内流，从而本国货币升值或本币汇率上升。与此同时，由于该国经济走强，其货币利率也往往处于上升状态，会吸引外资流入该国进行投资，进而改善国际收支的资本账户。因此，一般来说，高经济增长率在短期内不利于本币在外汇市场的行市，但从长期看，有着支持本币汇率走势的强劲势头。因此，总需求与总供给相互关系变化对汇率的影响究竟如何，要视具体情况来进行分析。

### (二) 影响汇率变动的短期因素

### 1. 相对利率

利率是金融资产的价格，也会对汇率水平产生影响。在开放经济条件下，利率的变化通过作用于资本流出流入而影响汇率的变化。当本国利率较高时，本币持有者不愿意将本币兑换为外币，外汇市场上本国货币供应相对减少，同时，外币持有者则愿意将外币兑换为本币以获取较高收益，外汇市场上本国货币的需求相对增加，这就使得外汇市场上本币的供需关系发生了变化，推动本国货币升值；反之亦然。

但是，如前所述，我们在考察利率变动的影响时，也要注意比较。一是比较外国利率的情况，二是比较本国通货膨胀率。如果本国利率上升，但其幅度不如外国利率的上升幅度，或其幅度不如国内通货膨胀率的上升幅度，则不能导致本国货币升值。与国际收支、通货膨胀、总需求等因素不同，利率在很大程度上属于政策工具的范畴，具有被动性，因而它对短期汇率产生较大的影响，对长期汇率的影响是十分有限的。也就是说，必须考虑两国利率的差异与汇率预期变动率之间的关系，只有当外国利率加汇率的预期变动率之和大于本国利率时，把资金投入国外市场才会有利可图。这就是国际资金套利活动的"利率平价原理"。值得注意的是，这里的利率是指实际利率，计算实际利率时通常采用长期政府债券利率减通货膨胀率的方法。

### 2. 市场预期

自20世纪70年代以来，预期被引入汇率的研究领域。预期有时候能对汇率造成重大影响。预期多种多样，包括经济的、政治的和社会的。就经济方面而言，预期包含对国际收支状况的预期，对相对物价水平和通货膨胀率的预期，对相对利率或相对资产收益率的预期，以及对汇率本身的预期等。预期通常是以捕捉刚刚出现的某些信号来进行的。因此，有意地或无意地发出一些与之相对冲的信号，有时可以改变预期的方向。

影响人们心理预期的因素主要有3个方面：一是与外汇买卖和汇率变动相关的数据资料信息；二是来自电视、电台等的经济新闻和政治新闻，以及自媒体、移动互联网的一些消息；三是社会上人们相互传播未经证实的消息。这些因素都会通过影响外汇市场交易者的心理预期进而影响汇率。有时虚假的经济新闻或信息也会导致汇率的变动。另外，外汇市场的参与者和研究者，包括经济学家、金融专家和技术分析员、资金交易员等，每天致力于汇市走势的研究，他们对市场的判断、对市场交易人员心理的影响及交易者自身对市场走势的预测都是影响短期波动的重要因素。

预期有稳定型和破坏稳定型之分。稳定型预期，是指人们预期一种货币汇率不会再进一步下跌时，就会买进该货币，从而减少该货币汇率下跌程度；反之，人们预期一种货币汇率不会再进一步上升时，就会抛出该货币，从而降低该货币升值幅度。显然，按这种预期心理进行的外汇买卖行为有助于汇率的稳定。破坏稳定型预期则相反，按照这种预期心理进行的外汇买卖，会在汇率贬值时进一步抛出该货币，在汇率升值时进一步买入，从而导致汇率暴涨暴跌，加剧汇率的不稳定。当市场预计某种货币下降时，交易者会大量抛售该货币，造成该货币汇率下浮的事实；反之，当人们预计某种货币趋于坚挺时，又会大量买进该货币，使其汇率上扬。公众预期具有投机性和分散性的特点，加剧了汇率短期波动的震荡。

### 3. 财政政策与货币政策

一国的财政与货币政策也是影响市场汇率的重要因素。一般说来，扩张性的财政与货币政策如果造成巨额的财政赤字和通货膨胀，就会使本国货币对外贬值；紧缩性的财政与货币政策如果减少财政支出，稳定通货，则会使本国货币对外升值。财政赤字的增加或减少，也会影响汇率的变动方向。财政赤字往往导致货币供应增加和需求增加，因此，赤字的增加将导致本国货币贬值。但如国际收支等其他因素一样，赤字增加对货币汇率的影响并非绝对的。如果赤字增加同时伴随着利率上升，那么它对货币汇率的影响就很难说了。

此外，一国中央银行是货币政策的制定和执行者，不论是在固定汇率制度下，还是在浮动汇率制度下，中央银行都会被动地或主动地利用相应货币政策干预外汇市场，稳定外汇汇率，以避免汇率波动对经济造成不利影响，实现自己的政策目标。这种通过干预直接影响外汇市场供求的情况，虽无法从根本上改变汇率的长期走势，但对汇率的短期走向会有一定的影响。所以作为一国政策代言人的某些政府官员，其言论备受市场瞩目。

综上所述，在现代外汇市场上，汇率变化常常是十分敏感的，一些非经济、非市场因素的变化往往也会波及外汇市场。一国政局不稳定、有关国家领导人的更替、战争的爆发等都会导致汇率暂时性或长期的变动。各大因素对汇率的影响不是绝对的、孤立的。它们本身可能反方向地交叉起来对汇率产生影响。影响汇率变化的因素众多，从而使分析汇率变动的任务困难化和复杂化。上述各大因素对汇率的实际影响，只有在假定"其他条件都不变"的情况下，才能显示出来。

### 4. 国际储备

国际储备，特别是外汇储备的多少，能表明政府干预外汇市场、稳定货币汇率的实力强弱。充足的外汇储备能加强市场对本国货币的信心，因而有助于本国货币升值；反之，储备下降则会引发本国货币的贬值。1994 年墨西哥金融危机爆发后，墨西哥政府外汇储备短缺，市场汇率巨幅波动，最终爆发了墨西哥金融危机；1997 年东南亚国家爆发金融危机，同样也是由于这些国家的外汇储备都很少，出现汇率波动时政府没有充足的外汇储备来平抑市场。

# 第四节　汇率变动对经济的影响

汇率是反映一国宏观经济的重要变量，它与多种经济、政治因素有着错综复杂的关系。一方面，影响汇率变动的因素很多，有长期因素、短期因素；另一方面，汇率变动后反过来会对宏观经济的很多方面造成不同程度的影响，尤其是当今浮动汇率制度下，影响更为复杂，汇率的频繁波动对各国经济的冲击日益深刻。汇率政策及汇率的调整日益成为各国经济政策的重要组成部分。汇率变动对经济、政治很多方面的影响都有所不同。

## 一、汇率变动对国内经济的影响

### (一) 汇率变动对产业结构的影响

根据产业结构与汇率变动的关系是否密切，可以将一国国内产业结构划分为国际贸易部门和非国际贸易部门两大部分。国际贸易部门的产品主要用于国际贸易，非国际贸易部门的产品主要用于国内消费。汇率的变动对这两部分的影响程度并不完全相同，从而导致生产资源在两个部门的重新配置，进而影响一国的产业结构。

首先，一国货币对外贬值后，出口产品在国际市场上的竞争力提高，出口规模扩大，出口部门即国际贸易部门利润增加，由此导致生产资源由非国际贸易部门向国际贸易部门转移。这样，一国产业结构会倾向于国际贸易部门，国际贸易部门在整个经济体系中对经济的贡献增加，本国对外开放程度加大。

其次，如果一国货币持续对外贬值会鼓励国内高成本、低效益的出口产品和进口替代品的生产，在一定程度上具有保护落后产业、扭曲资源配置的可能。

最后，由于国外先进技术进口时本币价格相对较高，一些需要这些先进技术的企业就要承担过重的经济负担，不利于本国产业结构的升级，造成产业扭曲；反之，一国货币对外升值，会产生相反的产业资源配置扭曲现象。

### (二) 汇率变动对价格的影响

一般来说，一国货币贬值，有利于扩大出口、抑制进口，可以使一国进口替代业和出口产业得以扩展，从而带动国内生产和就业的增加。但在现实经济生活中，货币汇率贬值的结果并非那么理想。下面以本币汇率贬值为例来分析其对国内物价水平的影响。如果本币汇率上升，则影响是相反的。

在需求弹性较高的情况下，本币汇率下浮可以提高进口商品的国内价格，降低出口商品的国外价格，通过这种相对的价格变化，进口减少，从而使生产进口替代品的国内产业得以扩张；出口增加，从而使生产出口商品的产业得以扩张。从这两个方面，汇率下浮可以带动国内产量和就业的增长。但是，在实践中，本币汇率下浮并不一定能够达到上述良好的理想结果。

#### 1. 进口商品价格上涨对国内物价水平的影响

进口商品有两类：一类是生活消费品，其价格的上涨将直接推动国内整体物价水平的上涨；另一类是投入生产过程中的资本性货物、原材料等中间投入品，其价格的上涨将以成本推动的方式推动国内整体物价的上涨。从生产成本机制来看，当进口的原材料及其设备等资本货物投资再生产后，尤其是当它们构成出口产品的重要组成部分时，货币贬值会导致出口商品价格上涨，并可能使本国贸易收支最终恶化。

#### 2. 汇率下浮对国际贸易的影响

汇率下浮之后，出口商可以获取更多的利润，出口积极性增加，为了多出口，出口商可以提高出口商品的国内采购价格。获利空间的增加可以使出口商降低出口商品的国外销售价格，刺激出口量的增加。这就会形成一个需求拉上型的物价上涨。但如果本国进口商品和出口商品的需求弹性较小，汇率下浮之后，进口不能有效减少，出口不能扩张。在这种情况下，本国的外汇支出增加，外汇收入减少，这将导致本国贸易条件的恶化和物价的上涨。当然，汇率贬值是否会引起物价上涨，不仅仅取决于进出口商品的需求弹性，还取决于整个经济制度、经济结构和人们的心理因素。一国经济越开放，货币工资收入者和企业对生活费用的上涨越敏感。可以说，任何较大程度的货币汇率贬值，都会或多或少地引起国内物价上涨。总之，本国货币汇率下跌，在进出口商品供应需求弹性较大的情况下，会影响国内物价的变动，在供应需求弹性较小的情况下对物价影响不大。

#### 3. 汇率下浮对通货膨胀的影响

出口的增加促使出口商和出口部门扩大生产规模，在这个过程中，提高出口部门从业人员的工资收入水平会使生产成本和生活费用进一步上涨，并最终使出口商品和进口替代商品甚至整个经济的物价上涨。由此可见，货币对外贬值有助长通货膨胀并抵消贬值带来好处的倾向。而通货膨胀本身又是引起本币贬值的一个重要原因。工资收入的示范效应和工资收入水平刚性机制，会推动全社会工资水平的上涨预期。

### (三) 汇率变动对通货膨胀的影响

在开放经济中汇率对国内通货膨胀有重要影响。汇率变动可以通过直接或间接渠道影响国内物价水平。首先，汇率变动通过影响进口最终消费品的本币价格直接影响以消费者价格指数衡量的通货膨胀；其次，汇率变动会影响进口原材料和中间产品的本币价格，最终影响本国产品的生产成本，从而产生通货膨胀；最后，汇率变动改变了本国产品和外国产品的相对价格，从而影响本国和外国经济主体对本国产品的需求，通过总需求渠道间接影响本国的通货膨胀。因为汇率变动全面地影响国内价格，所以汇率是一国货币当局制定货币政策时应当考虑的一个重要因素，尤其对于那些将稳定物价作为货币政策目标的国家。

汇率变动对国内通货膨胀的影响程度与汇率对国内价格的传递率和传递速度密切相关。国外大量的实证研究发现，汇率对进口价格的传递是不完全的，并且存在一定的时滞，即汇率变动只是部分反映在进口价格上。这意味着汇率对国内生产者价格和消费者价格等其他价格的传递同样是不完全的，而且存在时滞。

## 二、汇率变动对开放经济的影响

### (一) 汇率变动对贸易收支的影响

汇率变化的一个最为直接的影响就是对贸易收支的影响，这种影响有微观和宏观两个层面。从微观层面，汇率变动会改变进出口企业成本、利润的核算；从宏观层面，汇率变动因对商品进出口产生影响而使贸易收支差额甚至国际收支差额发生变化。

汇率变化对贸易收支产生的影响一般表现为：一国货币对外贬值后，有利于本国商品的出口，不利于外国商品的进口，因而会减少贸易逆差或增加贸易顺差；一国货币对外升值后，则有利于外国商品的进口，不利于本国商品的出口，因而会减少贸易顺差或增加贸易逆差。

以本币贬值为例，本币贬值后，对出口会产生两种结果：第一，等值本币的出口商品在国际市场上会折合比以前(贬值前)更少的外币，使国外销售价格下降，竞争力增强，出口扩大；第二，出口商品在国际市场上的外币价格保持不变，则本币贬值会使等值的外币兑换成比以前(贬值前)更多的本币，国内出口商品的出口利润增加，从而促使国内出口商积极性提高，出口数量增加。这就是说，本币贬值或者会使出口商品价格下降，或者会使出口商品利润提高，或者二者兼而有之，这都会使出口规模扩大。如果出口数量增加的幅度超过商品价格下降的程度，则本国出口外汇收入净增加。

但是，汇率的变动对贸易收支的影响不是在任何条件下都能发挥作用的，还需要满足一定的条件。

### 1. 马歇尔-勒纳条件(Marshall-Lerner Condition)

汇率的变动能否影响贸易收支主要取决于进出口商品的供给和需求弹性。我们以贬值为例，根据马歇尔-勒纳条件，本币贬值改善贸易收支逆差需要具备的条件是进出口需求弹性之和大于 1，即$(dx+dm)>1$($dx$ 和 $dm$ 分别代表出口需求弹性和进口需求弹性)。本币贬值对贸易收支会产生两方面作用：在数量上，本币贬值后会使出口增加、进口减少；在价格上，会使出口的外币价格降低、进口的本币价格提高，导致贸易条件恶化。只有在对数量方面的影响超过了对价格方面的影响时，即出口数量增加的幅度超过出口价格下降的幅度，进口数量下降的幅度超过进口价格提高的幅度，贸易收支才会改善。

### 2. J曲线效应

本币贬值后对出口的刺激和对进口的抑制作用，不会在货币贬值后立竿见影地表现出来，从一国汇率的变动到贸易收支的变动还有一个时滞。本币对外币贬值后，出口商品以外币表示的价格下降，外国对该国商品的需求会增加，但是本国并不能立即增加供给，因为企业扩大生产还需要一个较长的过程，所以出口的增加会有一个时滞。同样，对于进口而言，因为原来已经签订的合同还要继续执行，所以货币贬值后进口不会立即减少。货币贬值后常常会出现这种现象，即在货币贬值的初期，出口商品的数量增加缓慢(以外币表示的价格已降低)，进口商品的外币价格不变而数量未见减少，贸易收支反而恶化。只有经过一段时间的调整，贸易收支才能够得以改善，这就是所谓的"J曲线效应"，调整时间大约为 9 个月至一年，J 曲线效应见图 2-2。

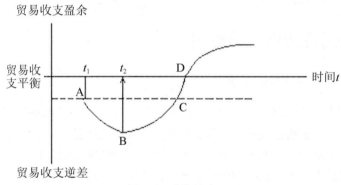

图2-2　J曲线效应

### (二) 汇率变动对非贸易收支的影响

一国货币汇率的变动对国际收支经常项目中交通、旅游和其他劳务收入状况的影响也是非常大的。在国内物价水平保持稳定的情况下，本国货币贬值，外国货币在国内的购买力就相对增强，本国的商品、劳务、交通和旅游等费用就变得相对少，这就增加了对外国旅客的吸引力，促进该国旅游和其他收入的增加；反之，如果一国货币升值，即本币汇率上升，则该国商品、劳务、旅游等的相对价格将会大大提高，外国游客考虑到旅游成本的增加，将会减少对该国旅游的需求，因此会降低该国旅游、劳务等非贸易收入。

此外，汇率的变动对一国的对外劳务支出和单方面转移收支也会产生影响。本国货币贬值，国外的旅游和其他劳务开支对该国居民来说相对提高，进而抑制了该国的对外劳务支出。同样，贬值对该国的单方面转移也可能产生不利影响。以外国侨民赡家汇款收入为例，贬值后，一单位的外币所能换到的本国货币数量增加，对侨民来说，以本币表示的一定数量的赡家费用就只需少于贬值前的外币来支付，从而使本国的外币侨汇数量下降，当然，汇率对非贸易收支的影响同样也存在供求弹性的制约和时滞问题。

### (三) 汇率变动对资本流动的影响

汇率变动对资本流动的影响表现为两个方面：一是本币对外贬值后，单位外币能折合更多的本币，这样就会促使外国资本流入增加，国内资本流出减少；二是如果出现本币对外价值将贬未贬、外汇汇价将升未升的情况，则会通过影响人们对汇率的预期，进而引起本国资本外逃。

国际资本的流动是由于国际货币交易而产生的货币转移行为，外汇市场中的汇率变动对国际资本流动，特别是短期资本流动影响很大。因为短期资本流动性和套现能力强，一旦贬值使金融资产的相对价值降低，便会产生"资本抽逃"的现象。例如，一国货币贬值时，该国资本持有者或外国投资者为避免损失，就会在外汇市场上把该国货币兑换成坚挺的外币，将资金调往国外；同时，货币贬值会造成一种通货膨胀预期，影响实际利率水平，打破"利率平价"关系，进而诱发投机性资本的外流。在贬值后的一段时间内，短期资本流出的规模一般都大于短期资本流入的规模。从这个意义上讲，贬值不利于改善国际收支平衡表中的资本项目。

对国际上的长期资本流动来说，汇率变动造成的影响比较小，因为长期资本流动遵循的是"高风险，高收益；低风险，低收益"的决策原则，注重投资环境总体的好坏，汇率变动所造成的风险只是诸多环境因素中的一个，而且不起决定性作用，更何况由汇率变动引起的汇率风险在很大程度上是可以防范和克服的。当然，汇率变动也有一定的影响力。例如，在其他条件不变的情况下，贬值使得外国货币的购买力相对上升，有利于吸收外商到货币贬值国进行新的直接投资；在意外发生严重通货膨胀的情况下，当该国货币汇率的下跌幅度大于通货膨胀的幅度，贬值后的新汇率扣除通货膨胀因素之后又低于基期汇率时，贬值可能降低长期投资的赢利水平。若一国货币升值，则情况正好与此相反。

### (四) 汇率变动对外汇储备的影响

一国汇率变动包括本币汇率变动和外汇汇率变动。

#### 1. 本币汇率变动

本币汇率变动会直接影响本国外汇储备数额的增减。一般来讲，一国货币汇率稳定，外国投资者能够稳定获得利息和红利收入，有利于国际资本的投入，从而有利于促进该国外汇储备的增长；反之，本币汇率不稳，则会引起资本外流，使该国外汇储备减少。同时，当一国本币汇率贬值使其出口额增加并大于进口额时，则该国外汇收入增加，外汇储备相对增加；反之，情况相反。

#### 2. 外汇汇率变动

外汇是一国国际储备的主要内容，由本国对外贸易及结算中的主要货币组成。储备货币的汇率发生变动会直接影响一国持有储备的实际价值，如果某种储备货币汇率下浮，那么持有国的储备就要遭受汇率损失，而这种货币的发行国通过转嫁这种损失减轻了本国的债务负担；相反，若某种储备货币汇率上浮，持有国获得汇率上升的收益，发行国则增加了债务负担。

在第二次世界大战以后的布雷顿森林体系下，美元是各国外汇储备的主要币种。20 世纪70 年代以后，各国外汇储备逐渐走向多元化，如今，美元、欧元、日元、英镑等货币是主要储备货币。由于储备货币的多元化，汇率变动对外汇储备的影响也多样化。有时外汇市场汇率波动较大，但因储备货币中升值、贬值货币的力量均等，外汇储备就不会受到影响；有时虽然多种货币汇率下跌，但占比重较大的储备货币汇率上升，外汇储备总价值也能保持稳定或略有上升。国际储备货币多元化加之汇率变化的复杂性，使国际储备管理的难度加大，各国货币当局因而都随时注意外汇市场行情的变化，进行相应的储备货币调整，以避免汇率波动给外汇储备造成损失。

# 三、汇率变动对国际经济关系的影响

汇率变动使得各国货币汇率频繁、不规则波动，不仅给各国的国内经济造成深刻影响，而且影响各国之间的经济关系，乃至整个国际货币体系。

## (一) 加剧发达国家与发展中国家的矛盾

一国货币汇率变动，会通过商品竞争能力、出口规模、就业水平和社会总产量等方面的相对变化，直接影响该国与贸易伙伴国之间的经济关系。大量事实表明，一国货币贬值带来的国际收支状况改善和经济增长加快，很可能使其贸易伙伴国的国际收支状况恶化和经济增长放慢。如果一国为摆脱国内经济衰退而实行本币贬值，就很可能是把衰退注入其他国家，因为除汇率外，生产、成本、效率等其他条件并没有改变。出于一国狭隘私利而进行的贬值，往往会激起国际社会的强烈不满，或引起各国货币的竞相贬值，或招致其他国际贸易保护主义政策的报复，其结果是恶化国际经济关系。第二次世界大战后美元的两次贬值，使初级产品生产国家的外汇收入遭受损失；而它们的美元债务，由于黄金保值条款，丝毫没有减轻，至于其他非美元债务，有的则相对加重，从而加剧发达国家与发展中国家的矛盾。

## (二) 加剧发达国家之间的矛盾，促进区域经济集团的建立与加强

一国货币汇率的下跌，必然会加剧发达国家之间争夺销售市场的斗争。20 世纪 80 年代以前，美元汇率急剧下跌，日元与联邦德国马克的汇率日益上升，资本主义世界货币十分动荡。美国政府对美元汇率日趋下降的现象放任不管，其目的就在于扩大本国的出口，迫使日本及西欧等工业发达国家采取刺激本国经济发展的措施，以扩大从美国进口。美元汇率的一再下降，加剧了西欧共同体国家的困境，使这些国家陷入经济增长缓慢、失业现象严重，以及手中持有的美元价值日益下跌的困难处境。因此，当时欧洲共同体 9 国决定建立欧洲货币体系，确定成员国之间汇率波动界限，建立欧洲货币基金，并创设欧洲货币单位。欧洲货币体系的建立，固然是共同体实现财政经济联合、最终走向货币一体化的必然过程，但美元日益贬值，美元汇率急剧下降则是促进欧洲货币体系加速建立的一个直接原因。此外，20 世纪 90 年代初，在欧洲共同体内部，德国马克借其强大的经济实力和高利率而步步升值，给整个欧洲货币体系造成了巨大压力，其他国家货币(如意大利里拉、法国法郎等)在其强势之下大幅贬值，西欧联合浮动汇率机制终于支持不住而扩大了浮动的界限。

## (三) 使得国际贸易环境更为复杂

某些国家以促进出口、改善贸易逆差为主要目的进行货币贬值，必然引起其他国家货币的相对升值，给这些国家的出口形成压力，从而遭到这些国家的反对与报复。货币竞相贬值以促进各自的商品出口是国际上比较普遍的现象，由此造成的不同国家之间的分歧和矛盾层出不

穷，加深了国际经济关系的复杂化。

历史上英镑、美元的不断贬值致使其原有的国际储备货币地位被严重削弱，继而出现了日元、德国马克等货币与其共同充当国际货币的局面。1999 年 1 月 1 日启动的欧元又使得国际货币体系的发展向前迈进了一步。汇率的巨幅波动给国际贸易、国际资本流动带来很大的不确定性，增加了交易的风险，同时也加剧了国际投机，容易引发汇市波动，甚至产生金融危机。

# 本 章 小 结

1. 狭义的外汇是指以外币表示的用于国际结算的支付手段，各国外汇管理法令中所称的外汇一般是广义的外汇。

2. 外汇的特点主要有三个：必须是以外国货币表示的资产；必须是在国外能够得到补偿的债权；必须是以可兑换货币表示的支付手段。

3. 直接标价法是以一定单位的外国货币为基准，用折算成若干本国货币来表示汇率的标价方法。间接标价法是以一定单位的本国货币为基准，用折合多少外国货币来表示汇率的标价方法。非本币之间的汇价往往是以一种国际上的主要货币或关键货币为基准的。第二次世界大战以后，各国外汇市场上公布的外汇牌价均以美元为基准，即美元标价法。

4. 汇率又称汇价，是两种不同货币之间的比价，也就是以一种货币表示的另一种货币的相对价格。汇率的标价方法有 3 种：直接标价法、间接标价法和美元标价法。

5. 可以从不同的分析角度对汇率进行分类。例如，买入汇率、卖出汇率、中间汇率，基础汇率、套算汇率，官方汇率和市场汇率，即期汇率和远期汇率等。

6. 在不同的货币制度下，汇率决定的基础不同。在金本位制下，汇率决定的基础是铸币平价，汇率波动的界限是黄金输送点。在纸币制度下，一国货币的对内价值(物价)是该货币汇率(对外价值)的基础。

7. 在纸币制度下，两国货币之间的汇率取决于它们各自在国内所代表的实际价值。

8. 在纸币制度下，影响汇率变动的主要因素有一国的财政经济状况、国际收支状况、利率水平、财政与货币政策、重大的国际政治因素等。

9. 汇率变动对经济的影响是广泛而深远的，其中包括对国际收支、物价水平、国民收入、国内资源配置及国际经济关系等方面的影响。

10. 汇率变动对一国经济发展的影响程度和波及范围，取决于以下几个条件：一国对外开放的程度；一国商品生产是否多样化；与国际金融市场的联系程度；通货的可兑换性。

# 本章主要概念

外汇 动态的外汇 静态的外汇 狭义的外汇 汇率 直接标价法 间接标价法 美元标价法 买入汇率 卖出汇率 中间汇率 基础汇率 套算汇率 官方汇率 市场汇率 即期汇率 远期汇率 名义汇率 实际汇率 有效汇率 固定汇率 浮动汇率 铸币平价 绝对购买力 相对购买力 利率平价

# 习 题

## 一、选择题

1. 有关外汇不正确的说法是(　　)。
   A. 外汇是一种金融资产
   B. 外汇必须以外币表示
   C. 用作外汇的货币一定是币值比较稳定的货币
   D. 外币一定是外汇

2. 在金本位制下,(　　)是决定汇率的基础。
   A. 铸币平价　　　B. 物价水平　　　C. 利率　　　D. 国际收支

3. 在金本位制下,汇率波动的界限是(　　)。
   A. 黄金输出点　　B. 黄金输入点　　C. 铸币平价　　D. 黄金输入点和输出点

4. 在浮动汇率制度下,汇率由(　　)决定。
   A. 货币含金量　　　　　　　　　B. 波动不能超过规定幅度
   C. 市场供求　　　　　　　　　　D. 国际货币基金组织

5. 购买力平价理论表明,决定两国货币汇率的因素是(　　)。
   A. 含金量　　　　B. 价值量　　　C. 购买力　　　D. 物价水平

6. 布雷顿森林体系下汇率是由各国货币的(　　)决定的。
   A. 基金平价　　　　　　　　　　B. 美元购买力
   C. 各国货币购买力之比　　　　　D. 各国货币含金量之比

7. 自由外汇指无须(　　)批准便可以随时动用,或可以自由兑换成其他货币,直接向第三国办理支付的外汇。
   A. 国际货币基金组织　　　　　　B. 货币发行国
   C. 世界银行　　　　　　　　　　D. 美国

8. 北京某银行外汇报价:1 美元=6.4925~6.4965 人民币,这是(　　)。
   A. 直接标价法　　B. 间接标价法　　C. 美元标价法　　D. 单向标价法

9. 以下属于影响汇率长期变动的因素是(　　)。
   A. 市场预期　　　B. 国际游资　　　C. 外汇管制　　　D. 国际收支

10. 法定升值是指(　　)通过提高货币含金量或明文宣布的方式,提高本国货币对外的汇价。
   A. 中央银行　　　　　　　　　　B. 国际货币基金组织
   C. 世界银行　　　　　　　　　　D. 政府

## 二、判断题

1. 固定汇率制是指汇率在某一点上固定不变的一种汇率制度。　　　　　　　　(　　)
2. 在浮动汇率制度下,汇率受黄金输送点的限制。　　　　　　　　　　　　　(　　)

3. 浮动汇率制度下两种货币的含金量对内价值是形成汇率的基本依据。　　（　　）

4. 在直接标价法下，一定单位的外币折算的本国货币增多，说明本币汇率上升。（　　）

5. 在间接标价法下，一定单位的本国货币折算的外币数量增多，说明本币升值。（　　）

6. 印尼卢比属于国际货币。　　（　　）

7. 根据是否可以自由兑换，外汇可分为自由外汇和关键外汇。　　（　　）

### 三、填空题

1. 汇率的标价方法有_____、_____、_____。

2. 从银行买卖外汇的角度来分，汇率的报价有_____、_____、_____、_____。

3. 根据汇率制定的角度不同，汇率分为_____和_____。

4. 当一国国际收支逆差时，通常会出现本币_____、外币_____。

5. 相对通货膨胀率较高的国家一般会出现本币币值_____。

### 四、名词解释

1. 外汇

2. 汇率

3. 直接标价法

4. 间接标价法

5. 固定汇率制度

### 五、简答题

1. 金本位制汇率的变动有什么特点？

2. 牙买加货币体系下影响汇率变动的因素有哪些？

3. 汇率有哪些分类？

4. 汇率变动对国内经济有什么影响？

5. 汇率变动对开放经济有什么影响？

### 六、论述题

论述人民币升值对中国经济的影响。

# 第三章

# 汇率制度与外汇管制

【导读】

汇率制度是影响一国对外经济交往顺利运行的重要因素,选择适合的汇率制度直接影响一国的国际贸易及国际资本流动。各国在对外经济交易中首先涉及本国汇率制度的制定,汇率制度经历了金本位固定汇率制、布雷顿森林体系的固定汇率制、牙买加体系的浮动汇率制,本章主要介绍汇率制度的内容、汇率制度的选择、外汇管制及人民币汇率制度改革。

【学习重点】

掌握浮动汇率制的类型,学习固定汇率与浮动汇率的利弊。

【学习难点】

人民币国际化的现状及趋势。

【教学建议】

第一、二节以课堂讲授为主,第三节建议结合案例教学和引导学生查阅课外相关资料进行分析并撰写课程小论文。

## 第一节 汇率制度

汇率制度(Exchange Rate System)是指一国货币当局对本币与外币的比价所做出的安排与规定。通常一国的汇率制度主要包括三个方面的内容:一是制定汇率制度的原则与依据;二是汇率的形成机制及调节方法;三是汇率波动的幅度。

汇率制度主要有两种,即固定汇率制和浮动汇率制。固定汇率制经历了两个阶段:第一个阶段是第一次世界大战之前,主要发达国家实行黄金作为本位货币的固定汇率制;第二个阶段从 1945 年到 1971 年,建立的是以美元为中心的固定汇率制。浮动汇率制是指 20 世纪 70 年代之后建立的以多种货币为储备货币、汇价由外汇市场供求关系自发决定的一种汇率体系。当今主要发达国家的汇率是自由浮动的,发展中国家的汇率主要是本币钉住关键货币,与其他非关键货币自由浮动。

# 一、固定汇率制度

固定汇率制(Fixed Rate System)包括金本位制和布雷顿森林体系下的固定汇率制。

## (一) 固定汇率制的类型

固定汇率制可以分为 1880—1914 年金本位制度下的固定汇率制和 1944—1971 年布雷顿森林体系下的固定汇率制(也称以美元为中心的固定汇率制)两个阶段。

### 1. 金本位制下的固定汇率制

在金本位制下,铸币平价是决定两种货币汇率的基础,市场上的实际汇率,由于外汇供求关系的变动,会围绕铸币平价上下波动,波动的界限是黄金输送点。金本位制有三种类型,其中金本位制下的固定汇率制是比较典型的固定汇率制度。

18 世纪初期,英国率先承认其纸币与黄金的兑换性,由此建立了第一个金本位制。到 19 世纪末,主要工业国家都实行了金本位制。但是第一次世界大战期间,各国政府印发了大量纸币来为战争筹资,金本位暂停,结果便产生了恶性通货膨胀。战争期间是国际经济体系瓦解的时期,随后到来的 1929 年大萧条,加速了国际金本位制的崩溃。许多在战前实行金本位制的国家在战后都不时地将本币贬值,相对于黄金贬值也就是相对于其他货币贬值。这些贬值的目的都在于使本国生产的货物更有竞争力,也就是说,对国外买家来说更便宜。与此同时,很多国家也采取了贸易保护政策,提高本国产品的国际竞争力。此时国际合作和经济政策的相互协调日益减少,国际关系变得十分紧张。

总之,金本位制不需要政府过多干预,市场自动调节汇率,外汇市场汇率是稳定的,波幅有限,因此是一种比较理想的汇率制度。

### 2. 布雷顿森林体系下的固定汇率制

1944 年,在国际协议《布雷顿森林协定》(Bretton Woods Agreement)下诞生了国际货币基金组织(IMF)。这份协议的名字来源于它的签署地——美国新罕布什尔州的布雷顿森林。参与签订协议的国家一致同意建立一种汇率制度,将它们的汇率与美元联系起来,美元本身则维持在固定的黄金平价上(1 盎司兑 35 美元)。

布雷顿森林体系确立了以美元为中心的固定汇率制,这一汇率制度的最大特征就是确立了"双挂钩"原则,即美元与黄金直接挂钩,各国货币含金量与美元的含金量之比确定,称为黄金平价。国际货币基金组织有统一的规定,汇率可以围绕黄金平价上下各浮动 1%。超过此幅度,各国政府有义务进行干预,使汇率回到规定的幅度内。这种制度由于产生之日就带有不公平性及原罪,使得"特里芬难题"无法解决。因此,这种汇率制度注定最终走向崩溃。

布雷顿森林体系需要美国以外的其他国家政府维持汇率的稳定,即使用某些方法以维护固定汇率制度——将实际汇率维持在允许波动的区间内。

一国政府维持其汇率在所宣布的区间内一般有四种基本方法。一是政府直接干预外汇市场,以维持或影响市场实际汇率。二是政府可实施某些形式的外汇管制,通过限制市场供给与需求来维护或影响汇率(关税或配额两种贸易保护措施的作用与此极为类似)。三是通过调节利率影响短期资本流动,进而影响外汇市场供求,维持汇率稳定。这种方法通常用在发生金融危机的情况下,选用这种方式比较谨慎。四是政府实施宏观调控,调整货币政策及财政政策,如提高或降低关税、出口退税政策、进出口许可证、限制政府采购政策等。

### 3. 两种固定汇率制的区别

金本位制下的固定汇率制与布雷顿森林体系下的固定汇率制，有着本质上的不同。

1) 汇率制度形成的机制不同

金本位制下的固定汇率是由铸币平价决定的，汇率完全由市场自发决定，波动范围不超过黄金运费；而布雷顿森林体系下的固定汇率制则是通过国际上的协议(《布雷顿森林协定》)人为建立的，是美国控制国际货币、国际金融的体现。

2) 货币与黄金的联系方式不同

在金本位制下，黄金与外汇直接发生联系，互相兑换自由，互相替补自由。而在布雷顿森林体系下，各国货币通过美元间接与黄金发生联系，而且在一定条件下实现美元与黄金的兑换，即兑换只限于各国政府所持有的美元，并且能否兑换还要受美国黄金储备的约束。

3) 汇率波动的调节机制不同

在金本位制下，汇率的波动是由黄金的运费决定的，政府不干预汇率波动幅度，市场汇率进行自动调节。汇率波动幅度不会超过黄金的运费，一旦超过贸易方就会用黄金进行贸易结算。在布雷顿森林体系下，汇率波动的幅度及其维持都是人为的，即汇率波动超过一定幅度时，通过各国政府或中央银行的直接干预或国内经济政策措施调整，把汇率稳定在较小的范围内。

## (二) 固定汇率制的优缺点

### 1. 固定汇率制的优点

1) 有利于国际贸易的发展

固定汇率制汇率稳定，使得进出口贸易商能减少合同货币的汇率风险，同时由于汇率的相对稳定，国际贸易和投资者便于进行商品报价，核算进出口贸易的成本利润，减少汇率波动带来的风险损失，对世界经济贸易发展起到了一定的促进作用。

2) 有利于国际金融市场的稳定

由于政府有稳定汇率的承诺，当汇率波动有可能超过上下限时，投资者将预期政府会干预外汇市场。国际游资和国际金融投机者就难于通过外汇市场大量买卖某种货币进行投机，在一定程度上抑制了外汇投机活动，有利于稳定国际金融市场。

### 2. 固定汇率制的缺点

1) 影响一国宏观经济政策的有效性

因为在固定汇率制下各国货币汇率不能随意变动，所以各国政府不能将汇率当作调整国际收支的政策工具，只能依靠调整国内经济政策来调整国际收支。当一国国际收支失衡而政府采取紧缩性或扩张性财政货币政策时，就有可能使国内经济增长受到抑制，或者加剧通货膨胀，即一国很难实现内外均衡。

2) 可能导致外汇储备大量流失

由于政府需要维持汇率的稳定，就必须保有充足的外汇储备，一旦出现汇率巨幅波动，中央银行有义务干预市场维持汇率稳定，这就需要有大量外汇储备作保障。

3) 对黄金存在过度依赖

随着国际贸易量的迅速发展，客观上要求黄金产量同步增长，但事实上黄金的产量有限，远远不能满足国际贸易快速增长的需求。

## 二、浮动汇率制度

浮动汇率制度是指政府对汇率不加以固定，也不规定上下波动的界限，外汇市场汇率波动完全取决于外汇的供求，市场自行决定本币与外币的汇率。自 1971 年以美元为中心的固定汇率制度崩溃后，主要西方国家普遍实行了浮动汇率制度。1976 年 1 月，国际货币基金组织正式承认浮动汇率制度。1978 年 4 月，国际货币基金组织理事会通过《关于第二次修改协定条例》，正式废止以美元为中心的固定汇率制度。至此，浮动汇率制度在世界范围内取得了合法的地位，当今世界所有国家都实行浮动汇率制度，只是浮动汇率制的类型不同。

到目前为止，对汇率制度分类的标准，经济学家之间还存在较大的争议。从布雷顿森林体系建立以来，国际货币基金组织就对汇率制度进行了分类，并且随着时间而不断改变它的分类体系和标准。

### (一) 1982年之后国际货币基金组织(IMF)对汇率的分类

#### 1. 1983—1996年IMF的汇率安排

(1)钉住汇率制：钉住美元、英镑、法郎、其他货币或组合货币；(2)有限弹性浮动汇率制：有单一盯住的有限弹性浮动汇率和联合浮动汇率；(3)较大弹性浮动汇率制：根据一组指标进行汇率调整；(4)独立浮动汇率制。

#### 2. 1997—1998年IMF的汇率安排

(1)钉住汇率制：钉住单一货币或组合货币；(2)有限浮动汇率制；(3)管理浮动汇率制；(4)独立浮动汇率制。

#### 3. 1999年到现在IMF的汇率安排

(1)没有自己法定货币的汇率安排；(2)货币局安排；(3)传统钉住汇率制安排；(4)在水平波幅带内的钉住汇率制；(5)爬行钉住汇率制；(6)爬行带汇率制；(7)没有事先宣布汇率路线的管理浮动汇率制；(8)独立浮动汇率制。

### (二) 浮动汇率制度的类型

根据相关标准可以将浮动汇率制度从以下几个方面进行分类。

#### 1. 根据政府是否干预汇率分为自由浮动和管理浮动

1) 自由浮动

自由浮动(Free Floating)又称"清洁浮动"(Clean Floating)，指货币当局对外汇市场不加任何干预，完全听任汇率随外汇市场供求状况的变动而自由涨落。浮动汇率制度与固定汇率制度是相对的，是指一国货币对另一国货币在外汇市场上根据供求关系自由波动的汇率。当供过于求时，汇率就下浮；当供不应求时，汇率就上浮。

2) 管理浮动

管理浮动(Managed Floating)又称"肮脏浮动"(Dirty Floating)，指货币当局对外汇市场进行干预，以使市场汇率朝有利于本国的方向浮动。目前多数市场经济国家所实行的基本上是管理浮动，绝对的自由浮动纯粹是理论上的假设而已。

### 2. 根据汇率浮动方式分为单独浮动、联合浮动、钉住浮动和联系汇率制

1) 单独浮动

单独浮动(A Separate Floating)即一国货币不与其他国家货币发生固定联系，其汇率根据外汇市场的供求变化而主动调整。美元、欧元、英镑、瑞士法郎、日元等货币均属单独浮动。

2) 联合浮动

联合浮动(Joint Floating)又称共同浮动，是指由几个国家组成货币集团，集团内部各自货币之间保持固定比价关系，而对集团外的其他国家则共同浮动。欧元启动之前，加入欧洲货币联盟国家的货币汇率就是区域内固定、区域外浮动。

3) 钉住浮动

钉住浮动(Pegged Floating)是指一国货币与另一种货币保持固定汇率，随后者的浮动而浮动。大多数发展中国家由于本国货币不是关键货币，本国货币自由兑换还没有完全放开，为了引进外资，给国际贸易、国际资本流动提供稳定的汇率环境，通常采取的是钉住汇率，即本国货币钉住某一种货币的汇率或一篮子货币的汇率。

(1) 钉住单一货币。钉住单一货币，是指有些国家由于历史因素，对外经济往来主要集中于某一发达国家，或主要使用某种外国货币，为了使这种贸易关系、金融关系得到稳定发展，这些国家通常使本国货币钉住该发达国家的货币，如巴哈马货币钉住美元等。

(2) 钉住合成货币。部分国家为了摆脱本币受到某一种货币支配的状况，将本币与一篮子货币挂钩。一篮子货币或是复合货币单位，或是以贸易额为权数确定出来的与本国经济联系最为密切的国家的一篮子货币组合。例如，缅甸、以色列、沙特阿拉伯和阿联酋货币钉住特别提款权，2005 年我国汇改时宣布人民币汇率钉住一篮子货币汇率。

4) 联系汇率制

联系汇率制是一种货币发行局制度。其货币基础的流量和存量取决于外汇储备的十足支持，即货币基础的任何变动必须与外汇储备的相应变动一致。

### (三) 浮动汇率制度的优缺点

#### 1. 浮动汇率制度的优点

1) 具有自动调节国际收支不平衡的机制

国际收支不平衡有顺差和逆差，当一国国际收支持续逆差，出口贸易小于进口贸易，外汇供应减少，该国货币汇率呈下降趋势时，外汇汇率上升，本币汇率下跌。本币汇率下跌就会刺激出口，进而增加出口贸易，增加外汇供给，进口减少，减少外汇需求，最终使得国际收支平衡。这意味着该国出口商品价格下降，将利于出口，抑制进口，从而扭转国际收支逆差。相反，当一国国际收支持续顺差，出口贸易大于进口贸易，外汇供给增加，外汇汇率下跌、本币汇率上升，进而刺激进口、减少出口，最终使得国际收支平衡。

2) 减少对外汇储备需求抑制投机

浮动汇率制度下汇率没有严格的波动幅度，政府也没有义务干预外汇市场。因此，当本国货币在外汇市场上被大量抛售时，该国政府不必为稳定的汇率动用外汇储备大量抛售外币、吸购本币。相反，当本国货币在外汇市场上被大量抢购时，该国政府不必大量抛售本币、购买外币。

3) 有利于执行独立的货币政策

浮动汇率制度下各国政府没有义务维持本国货币的固定比价，因而可以根据本国经济发展周期是处于繁荣、萧条、危机、复苏的不同阶段灵活采取财政货币政策。同时，由于在浮动汇率制度下，为追求高利率的投机资本往往受到汇率波动的打击，因此减缓了国际游资对一国的冲击，从而使其货币政策能产生一定的预期效果。由于各国没有维持固定汇率的义务，在浮动汇率制度下，一定时期内的汇率波动不会立即影响国内的货币流通，国内紧缩或宽松的货币政策从而得以贯彻执行，国内经济则得以保持稳定。

**2. 浮动汇率制度的缺点**

1) 汇率波动增加了国际经济交易的汇率风险

在浮动汇率制度下，即便是关键货币，如美元、欧元、日元、英镑等，其汇率也随时都有可能暴涨暴跌，使得进行国际贸易、国际资本流动随时都面临汇率风险。例如，在以外币计价结算的贸易中，出口商要承受外汇汇率下跌而造成结汇后本币收入减少的损失；相反，进口商品则要承受外汇汇率上涨而造成进口成本加大的损失。在对外投资中，对外投资面临投资合同货币汇率波动风险。

2) 浮动汇率加剧了外汇市场的波动

在浮动汇率制度下，汇率的波动取决于外汇市场的供求关系，汇率波动频繁，波动幅度大，外汇投机者就有机可乘。甚至有些商业银行、国际投资商都参与其中。外汇买卖双方随时在外汇市场上低买高卖，牟取暴利。在浮动汇率制度下，汇率的自由升降虽可阻挡国际游资的冲击，但容易因投机或谣言引起汇率的暴涨暴跌，造成汇率波动频繁和波幅较大的局面。在浮动汇率制度下，汇率波动极为频繁和剧烈，有时一周内汇率波动幅度能达到10%，甚至在一天内就能达到 8%。这进一步促使投机者利用汇率差价进行投机活动，来获取投机利润。但汇率剧跌，也会使他们遭受巨大损失。因投机亏损而引起的银行倒闭之风，在 20 世纪 80 年代至 90 年代曾严重威胁着西方金融市场，银行因投机亏损而倒闭的事件时有发生。在 1994 年的墨西哥金融危机及 1997 年的亚洲金融危机中，汇率波幅巨大，最终发生危机的所在国损失惨重。

由此看来，浮动汇率制度的利弊互见，优缺点并存。尽管它不是最理想、最完善的国际汇率制度，但仍不失为一种适应当今世界经济的适时、可行的汇率制度。

# 三、汇率制度选择考虑的因素

当今各国都实行不同类型的浮动汇率，各国应根据自身的经济发展状况决定采用什么汇率制度，做到扬长避短，使得汇率制度能够保障一国的对外交往，避免发生金融危机，给对外交往提供良好的外汇市场环境。1978 年《国际货币基金组织协定》第二次修正案对成员国自由选择汇率制度的合法性已做了认可。一国汇率制度的选择和演变过程不仅仅是一种经济现象，也体现了该国经济状况、政治体制、外交地位、法律基础、历史轨迹、社会环境，甚至决策者对现实经济与政治环境的理解。汇率制度演进中的每一步都会受到国内外特定经济条件和政治环境的约束，并且要适应这些条件和环境的变化而不断改革。

自布雷顿森林体系崩溃以来，国际货币基金组织给予成员国自主选择汇率制度的权利。国际学术界关于浮动汇率制度和固定汇率制度的优劣之争从未停息，唯一可以达成共识的是没有任何一种汇率制度适合所有的国家或经济体，即使选择同样的汇率制度，由于各国政治制度、经济基础、对外贸易自然禀赋等都有很大的差异，在具体汇率制度安排上不可能也没有必要是完全相同的。因此汇率制度的选择已成为世界各国面临的重大政策问题，通常一个国家选择汇率制度应考虑以下几个因素。

### (一) 经济因素

经济因素中经济规模是影响一国汇率选择的一个重要因素，经济规模(以 GDP 衡量)较大、经济实力较强的国家倾向于独立自主，不愿意因采用固定汇率而放弃国内政策目标，即经济规模较大的国家宁愿选择浮动汇率；经济开放程度是影响汇率选择的另一个重要因素。一国经济越开放，所受到的冲击越大，开放程度较高的国家倾向于选择固定汇率。

经济规模较大的国家，一般以实行浮动性较强的汇率制度为宜，因为大国的对外贸易多元化，很难选择一种基准货币实施固定汇率；同时，大国经济内部价格调整的成本较高，并倾向于追求独立的经济政策。经济规模较小的国家，较适宜采用固定性较高的汇率制度，因为这一类的国家一般与少数几个大国的贸易依存度较高。汇率浮动会给它的国际贸易带来不便，而且其经济内部价格调整的成本较低。

根据购买力平价理论，物价水平是决定汇率的基础。因此，当一国通货膨胀率与他国存在较大差异时，维持固定汇率是很困难的。换句话讲，高通货膨胀率的国家倾向于选择浮动汇率或爬行钉住汇率制。当一国贸易主要集中于另一个国家时，该国倾向于让自己的货币钉住这一主要贸易伙伴国的货币，从而使贸易保持稳定。例如，海地的贸易有 60%集中于美国，因此，它采用了钉住美元的做法。

总之，一国汇率制度的选择主要由经济方面的因素来决定。这些因素包括经济规模、经济开放程度、相对的通货膨胀率、进出口商品的地域分布状况、国内金融市场的发达程度、资本的流动性、劳动力市场的灵活性和中央银行的信誉等。

### (二) 政治因素

不同的汇率制度对于政府控制通货膨胀有不同的影响，主要表现在以下几个方面。第一，固定汇率制有利于控制国内的通货膨胀。在政府面临高通胀问题时，如果采用浮动汇率制往往会产生恶性循环。例如，本国高通胀使本国货币不断贬值，本国货币贬值通过成本机制、工资收入机制等因素反过来进一步加剧了本国的通货膨胀。而在固定汇率制下，政府政策的可信性增强，在此基础上的宏观政策调整比较容易收到效果。再如，一国为防止从外国输入通货膨胀而往往选择浮动汇率政策。因为浮动汇率制下的一国货币政策自主权较强，从而赋予了一国抵御通货膨胀于国门之外、同时选择适合本国通货膨胀率的权利。可见，政策意图在汇率制度的选择上也发挥着重要的作用。又如，出口导向型与进口替代型国家对汇率制度的选择也是不一样的。第二，一国与他国经济与政治合作。一国与其他国家的经济合作情况也对汇率制度的选择有着重要的影响。例如,当两国存在非常密切的贸易往来时,两国间货币保持固定汇率比较有利于相互间经济关系的发展,尤其是在区域内的各个国家,其经济往来的特点往往对其汇率制度选择有着非常重要的影响。第三,国内外环境因素。一国在选择汇率制度时还必须考虑国际国内条件的制约。例如,在国际资金流动数量非常庞大的背景下,对于一国内部金融市场与外界联系非常紧密的国家来说,如果本国对外汇市场干预的实力因各种条件限制而不是非常强,采用固定性较强的汇率制度难度无疑是相当大的。进出口商品结构与外贸地域分布多元化的国家,一般倾向于让其货币单独浮动。

### (三) 国际经济合作情况

一国与其他国家开展的经济合作也对汇率制度的选择有重要的影响。如果两国政府之间建立了良好的经济往来,采用固定汇率制更为有利,以便防范汇率风险,为国际投资构建良好的金融环境。

# 第二节  外汇管制

外汇管制(Foreign Exchange Control)也称外汇管理,是指一个国家为了平衡国际收支、减缓国际收支危机、减少本国黄金外汇储备的流失,而对外汇买卖,外汇资金调拨、移动,以及外汇和外汇有价物等进出国境直接加以限制,以控制外汇的供给和需求,维持本国货币对外汇的稳定所实施的政策措施。外汇管制是当今世界各国调节外汇和国际收支的一种常用的强制性手段,其目的就是谋求国际收支平衡,维持货币汇率稳定,保障本国经济正常发展,以加强本国在国际市场上的经济竞争力。

一般认为,外汇管制是不得已的金融管制,但现实经济中因为各种环境约束及条件的限制外汇管制被广泛使用。根据国际货币基金组织对各国官方政策的统计,至今仍有 50 多个发展中国家实行比较严格的外汇管制政策,管制内容包括上缴出口收入、限制国际金融资产组合投资,还有相当大数量的国家实行程度较轻的外汇管制。例如,有 46 个其他国家对资本交易实行相当大程度的控制。其中的许多国家,在应对持续性的国际收支赤字时,广泛采取政策管制措施,对本国居民购买外国货物及服务、出国旅游、进行海外投资等加以限制,以维持固定汇率。

## 一、外汇管制的产生与发展

### (一) 两次世界大战期间的外汇管制

外汇管制最早出现在 17 世纪的英格兰,现代意义上的外汇管制是在 1917 年以后才被第一次世界大战的参战国普遍实施的。第一次世界大战爆发后,不少参战国都发生了巨额的国际收支逆差,黄金大量外流,本币的对外汇率发生了剧烈波动,引起大量资本外逃。政府为了集中资源应对战争,减缓本国货币汇率的波动及防止本国资本外流,所有参战国在战时都取消了外汇自由买卖的规定,禁止黄金输出,对外汇的收、支、存、兑实行人为的干预和控制。

第一次世界大战结束后，各资本主义国家进入了一个相对稳定的时期，随着经济的恢复与发展，为了扩大对外贸易，恢复和争夺海外市场，各国先后实行了金块本位制和金汇兑本位制。因此，这些国家原来实行的外汇管理都先后取消，基本恢复了外汇的自由买卖，但是一些经济实力较弱的国家仍然实行不同程度的外汇管制。1929 年世界性经济危机发生后，一些实力较强的国家急速把资金从各金融市场大量撤回，导致大部分国家的国际支付无法维持。因此，很多国家为了稳定汇率，维持国际收支平衡，先后采取了各种措施来控制外汇交易。第二次世界大战期间，参战国同样为了应付巨额的战争开支，再次实行更为严格的外汇管制，纷纷禁止外汇的自由交易，这一阶段的外汇管制主要是防止资本外逃并限制资本与金融账户的投机行为。

### (二) 第二次世界大战后的外汇管制

第二次世界大战结束后，大部分国家遭受战争的严重创伤，经济急需恢复，而外汇与黄金储备又非常短缺，布雷顿森林体系的实施使得很多国家美元急缺，因此不得不实行外汇管制。在此期间，美国曾利用其雄厚的经济实力抬高美元汇率，大量输出资本，占领国际市场，并一再施压，迫使英国、德国、法国、日本等国放松外汇管制。到了 20 世纪 50 年代后期，西欧和日本的经济快速发展，美国的朝鲜战争及越南战争都使得美国的经济实力逐渐减弱，于是以法国、德国、英国为首的欧洲 14 国实行了有限度的货币自由兑换。在这一阶段，外汇管制的范围逐渐扩大，从资本与金融账户扩大到经常账户，一切外汇交易都要经过外汇管理部门的批准。进行全面外汇管制的最终目的是调整国际收支以使其达到均衡。

### (三) 20世纪60年代逐渐放宽的外汇管制

从 20 世纪 60 年代开始，资本主义国家的贸易和资本自由化有了巨大发展，对外汇管制逐渐放开。德国实行了全面的货币自由兑换，日本实行部分货币自由兑换，英国撤销原有的外汇管理条例，意大利、法国、瑞士等国继续放松外汇管制。从 1990 年 7 月 1 日起，欧共体决定其成员国原则上完全取消外汇管制。日本在第二次世界大战后初期制定一项新的修正法案，目的是改变之前既定的外汇汇率，逐步放松外汇管制，走向市场化，将日元推向国际化。因此，之后东京外汇市场得到迅猛发展，几乎可以接近纽约外汇市场的规模。1998 年 4 月，日本修改《外汇和对外贸易法》，使外汇交易更加自由，并开始允许个人投资者进行外汇保证金交易。

1997 年亚洲国家发生金融危机以来，许多国家又实施了较严格的外汇管制，尤其是资本项目的外汇管制。中国政府 70 年代末实施改革开放以来，经济强劲增长，到 1993 年中国政府有了 200 多亿美元的外汇储备，1994 年 1 月 1 日实施了结售汇制，经常项目交易实施可自由兑换。

### (四) 2015年以来中亚新兴经济体国家强化外汇管制的措施

中亚国家金融体系发展整体较为落后，外汇市场相对不发达，货币汇率波动较大，长期以来与其他国家跨境结算集中以美元为主，本币及其他货币结算占比极低，央行外汇储备亦主要由美元构成，抵御外部风险能力较弱。调查显示，2015 年以来，中亚国家央行(或外汇监管部门)通过窗口指导、强化汇兑真实性审核监管、提高银行汇款手续费、加强外币现钞出境管理、收紧进口免报关申报及免税政策和降低对公对私购汇规模等一系列间接或直接手段，强化实施了不同程度的限制本国外汇资金流出的管制措施，中亚五国外汇管制主要措施见表3-1。

表3-1　中亚新兴经济体国家强化外汇管制的措施

| 国家名称 | 外汇管制评价 | 对私限制措施 | 对公限制措施 |
|---|---|---|---|
| 哈萨克斯坦 | 宽松 | 1. 降低个人兑换外汇业务需要提供身份证明资料金额下限,将自然人购买外汇业务需要出示身份信息的标准由等额200万坚戈以上降低至等额100万坚戈以上;<br>2. 禁止境内居民个人办理货物贸易项下的境外汇款;<br>3. 加大对居民个人携带外币现钞出境的管理力度 | 1. 要求银行加强对企业购汇业务的实需审核力度,对单笔10万美元以上的外汇兑换,要求审核合同正副本等单证,且合同必须经银行指定的公证机关公证;<br>2. 强化银行需严格遵守原每笔汇款向央行报备的规定;<br>3. 大幅收紧进口免报关申报及免税政策 |
| 吉尔吉斯斯坦 | 较为宽松 | 1. 规定个人每月购汇限额控制在10万美元以内,超过规定额度个人需补缴高额税款或罚款;<br>2. 从2016年开始,要求个人缴纳社会保障金15000索姆以上,才能在银行开立个人账户并用于外汇买卖;<br>3. 规定个人禁止携带大额美元现钞出境,凡发现携带大额美元现钞出境者均进行没收处理 | 1. 要求银行办理对公大额购汇(额度由央行动态调整)的客户仅限于与该国建立"较好合作关系"的企业(名单由政府掌握);<br>2. 对于其他未建立友好关系的企业,根据汇款金额的大小,采取拖延汇款、拆分汇款、拒绝汇款,甚至国家安全部门介入企业真实性调查等多种方式,严控美元外汇流出 |
| 乌兹别克斯坦 | 较为严格 | 规定每人每季度仅允许按官方汇率用本国货币兑换一次美元,金额不超过2000美元,且兑换外汇仅允许在国外使用 | 1. 允许企业在当地设立外汇账户后可以汇进汇出,但从严要求企业外贸合同的事前备案审批手续,且对外兑换支付需要银行配额和提前预约;<br>2. 限制货币兑换必须在乌兹别克斯坦国际银行办理,其他银行暂时不能受理货币兑换和外汇业务 |
| 塔吉克斯坦 | 较为严格 | 关停所有非银行系统的外币兑换点,规定外币交易只能在银行系统分支机构和借贷机构总部进行 | 控制每天向商业银行售出规模来调节外汇市场,并严格限制商业银行投机买卖外汇,一经查处将从严处罚直至吊销执照 |
| 土库曼斯坦 | 极为严格 | 从2015年8月起,限制居民购买外汇规模由此前每人每天不超过1000美元调整至每人每月不得超过1000美元;10月中旬,调整个人年购汇上限为8000美元;12月,规定其首都阿什哈巴德只能凭政府发放的购汇券购买美元和欧元外汇 | 与以往相比无明显变化 |

资料来源:综合整理我国驻中亚五国参赞处网站信息,以及对部分设计中亚五国结算的外汇指定银行和出口企业的调查信息。

## 二、外汇管制对经济的影响

### (一) 外汇管制的积极影响

外汇管制是在两次世界大战期间产生的，对当时各国在非常时期也产生了很多积极的作用。

#### 1. 防止资本外逃

在自由外汇市场下，资金大量外移会造成国家外汇储备锐减，引起汇率剧烈波动。因此，为制止一国资金外逃，避免国际收支危机，必须采取外汇管制，直接控制外汇的供求。

#### 2. 维持汇率稳定

汇率的大起大落，会影响国内经济和对外经济的正常运行，所以通过外汇管制，可严格控制外汇供求，稳定汇率水平，防止汇率出现经常性的大幅波动。

#### 3. 避免本币受到投资冲击

实行外汇管制，可以阻断本币与外币的交易、联系，维持本币在国内流通领域的地位，增强国内居民对本币的信心，防止外部风潮对本币的冲击。

#### 4. 保护民族工业

发展中国家工业基础薄弱，一般工业技术有待发展完善，如果不实行外汇管制及其他保护贸易政策，货币完全自由兑换，则发达国家的廉价商品就会大量涌入，从而使其民族工业遭到破坏与扼杀。实行外汇管制，一方面可管制和禁止那些可能摧残本国新型工业产品的外国商品输入，另一方面可鼓励进口急需的外国先进技术设备和原材料，具有发展民族经济的意义。

#### 5. 便于稳定物价、节约外汇

实行外汇管制，可集中外汇资产用于最急需的部门和产业，一定程度上可提高货币的对外价值、增强本国货币的币值，加强一国的国际经济地位。

### (二) 外汇管制的消极影响

#### 1. 会造成社会福利降低

政府通常不公开进行外汇拍卖，而是按照更为复杂的规则以较低的官方汇率分配外汇购买权。为了得到外汇购买权，人们必须通过规定的申请程序申明买外汇的用途，并希望获得优先受理。因停工待料或开工不足而急需进口物品的工厂往往可以优先得到外汇，而进口非重要物品或奢侈消费品的用汇，或在外国银行办理私人存款的用汇则不在优先之列。现实中的外汇管制往往导致更大的管理成本，以及由此引发的与之相关更大私人福利的损失。此外，因为信息不对称，一些不重要的用汇可能会被批准，而一些更为重要的用汇反而得不到批准。政府不一定能满足处于紧急需求的外汇需求者对外汇的需求，因此外汇管制有时会造成社会整体效益的降低。

#### 2. 会造成大量利益相关者逃避管制

未被批准购买外汇的人会感到不满和沮丧，尽管其愿意支付的外汇价格要高于外汇收入者向政府出售外汇的价格。这些未能如愿的外汇需求者将另寻其他途径得到外汇。进行实际外汇管制的成本如此之大，这种管制固定了本币的外币价值，从而降低了经济的不确定性。从积极方面看，外汇管制使得政府管理效益提高，因为他们可以利用外汇管制强化对资源配置的决定权。从消极方面看，政府官员把外汇管制看作强化个人权力并从中渔利的一个机会。此外，外汇黑市和其他违反外汇管制的行为，使人们对管制的真正效果产生了怀疑。

### 3. 对稳定汇率有消极的影响

影响汇率稳定的因素很多，单纯依靠外汇管理措施很难实现汇率稳定，通过法定汇率的确定，虽可使汇率在一定时期和一定范围内保持稳定，但有可能对其他方面有消极的影响。

### 4. 影响国际贸易的发展

由于实施严格的管制后，多数国家的货币无法与其他国家的货币自由兑换，必然限制多边贸易的发展。另外，官方对汇率进行干预和控制，汇率不能充分反映供求的真实状况，常出现严重高估或低估的现象，汇率高估对出口不利，汇率低估对进口不利，汇率水平不合理会影响进出口贸易的均衡发展。

总之，实行外汇管制是与外汇交易市场化相违背的，但目前各国由于一些原因，都有程度不同的外汇管制，当今完全不实施外汇管制的国家几乎不存在。

## 三、外汇管制的类型

以是否实行全面的或部分的外汇管制为标准，外汇管制大致可以分为以下三个类型。

### (一) 严格外汇管制的国家和地区

对于国际收支的三大项目，有些国家和地区对经常项目收支和资本项目收支都实行严格的外汇管制。比较而言，发展中国家大都实行比较严格的外汇管制。通常经常项目外汇管制较松，资本项目外汇管制较严。

### (二) 部分外汇管制的国家和地区

发达国家对于经常项目交易管制较松，甚至完全放开管制，也遵守《国际货币基金组织协定》的第八条款，即不对经常项目的收支加以限制，不采取有歧视性的差别汇率或多重汇率，但对于资本项目仍有程度不同的管制。

### (三) 名义上取消外汇管制的国家

少数发达国家对国际收支的三大项目都不实行普遍的和经常性的限制，但偶尔从政治和外交需要出发，对某些特定项目或国家采取包括冻结外汇资产和限制外汇交易等制裁手段。总之，一个国家外汇管制范围的大小和程度的宽严，主要取决于该国的经济、贸易、金融和国际收支状况。由于世界各国的经济处于不断发展变化之中，因此其外汇管制也是在不断发展和变化的，其总体趋势是工业化国家和地区的外汇管制逐步放松，发展中国家和地区的外汇管制则有松有紧。

## 四、外汇管制的机构与对象

### (一) 外汇管制的机构

外汇管制的机构一般由政府授权财政部、中央银行或另外成立专门机构。例如，1939 年英国实施外汇管制后指定英国财政部为决定外汇政策的权力机构，英格兰银行代表财政部执行外汇管制的具体措施；美国的外汇管理由其财政部负责；日本由大藏省负责外汇管制工作；意大利设立了外汇管制的专门机构——外汇管制局。除官方机构外，有些国家还由其中央银行指定一些大商业银行作为经营外汇业务的指定银行，并按外汇管制法令集中办理一切外汇业务。外汇管制机构负责制定和监督执行外汇管制的政策、法令和规定条例，并有权随时根据具体情况变化的需要，采取各种措施，对外汇的收、支、存、兑进行控制。

### (二) 外汇管制的对象

外汇管制的对象是指外汇管制所作用的客体，分为对人的管制、对物的管制和对地区的管制。

#### 1. 对人的外汇管制

对人的外汇管制即对自然人和法人的管制。自然人是指在民事上享有权利和义务的公民；法人是指根据法律在本国境内设立的具有法人地位的组织。自然人和法人按其居住地及国籍的不同又可细分为居民与非居民。各国对居民与非居民的外汇管制松紧程度是不一样的。由于居民的外汇收支涉及本国国际收支问题，故多数国家对居民实行较为严格的外汇管制，而对非居民的外汇管制较松。

#### 2. 对物的外汇管制

对物的外汇管制即对外汇收支中所用各种支付手段及外汇资产的管制。其具体包括外币、现钞、外汇支付工具、外币有价证券、贵金属等。另外，本国货币的携出入境也属于外汇管制的范围，涉及经常项目、资本项目、金融账户、储备账户。

#### 3. 对地区的外汇管制

对地区的外汇管制指在一国境内实施外汇管制，但对国内不同的地区(如经济特区、经济开发区、自贸区等)实行有别于其他地区的外汇管制措施。

# 第三节　人民币汇率制度改革与人民币国际化

人民币的发行始于 1948 年 12 月 1 日，和这个新生货币同时出现的是新的中央银行——中国人民银行的成立。在人民币汇率制度形成以后相对短暂的历史上，人民币汇率从来没有像今天这样引起如此广泛的关注。中国国内外有关汇率制度的争论由来已久，争论的主要问题包括：人民币是否应该升值？什么是人民币汇率的合理水平？人民币汇率的变化对中国经济与其主要贸易伙伴国甚至整个世界经济将会带来什么样的影响？人民币汇率制度的选择与改革的主要依据是什么？

# 一、人民币汇率制度改革的演变和汇率政策的选择

对于中国政府自 1949 年至今 70 余年人民币汇率制度演进阶段的划分,是以不同阶段经济、政治、国内外环境变化后所表现的不同特征为基础的。从 1953 年我国建立统一的外汇体系开始,人民币汇率制度几经演变;特别是改革开放之后,人民币汇率经历了从固定汇率到双重汇率再到有管理的浮动汇率制度。回顾几十年来人民币汇率制度改革的演变轨迹,其间虽有曲折和反复,但始终坚守市场化的改革方向,人民币汇率的市场化程度和双向浮动的弹性显著加强。以 1994 年汇改、2005 年"7·21 汇改"和 2015 年"8·11 汇改"这三次重要的汇率制度改革为时间节点,我们可以将人民币汇率制度的演变历程分为四个阶段。

## (一) 1978年经济体制改革前的汇率制度

中华人民共和国成立之后的 1953 年,我国开始建立统一的外贸和外汇体系,人民币实行单一的固定汇率制度,当时人民币兑美元的汇率为 2.62。两年后,经过币制改革,人民币兑美元汇率被调整至 2.46,固定汇率的制度安排一直延续至布雷顿森林体系瓦解之前。1973 年,布雷顿森林体系崩溃,我国开始实行钉住一篮子货币的固定汇率制度,以对各国的贸易量计算相应篮子货币的权重。1973—1978 年,人民币兑美元汇率逐步从 2.5 上升至 1.5 左右。这一阶段出口企业获得 1 美元所对应的换汇成本大约为 2.75 元人民币,人民币汇率被严重高估。在这种情况下,外贸企业出口及外资进入的意愿都受到打击,从而导致我国的外汇储备量难以增加。

1949—1978 年,我国处于计划经济时期,经济体制与贸易体制基本上沿用苏联等国家模式,并以和这些国家的贸易协定汇率为标准来进行贸易结算,汇率制定的基础是中国和主要贸易伙伴国对特定产品的物价对比指数。经济体制改革前人民币汇率制度见表 3-2。

表3-2 经济体制改革前人民币汇率制度

| 年份 | 汇率政策目标 | 对外贸易政策 | 汇率制度特征 |
| --- | --- | --- | --- |
| 1949—1952 | 奖出限入、考虑侨汇利益 | 以私人贸易公司为主 | 联系国内外物价稳定汇率(物价对比法);变动频繁 |
| 1953—1972 | 长期稳定 | 国有专业进出口公司主导 | 钉住美元;非贸易汇率——与苏联以及其他社会主义国家的协定会议;1968 年后采用人民币标价和结算 |
| 1973—1978 | 保持人民币趋强,外汇收入与支出平衡 | 国有专业进出口公司主导 | 钉住货币篮子 |

## (二) 1978年对外开放后至1994年的汇率并轨

这一阶段国内外政治经济环境都比较宽松,中国政府积极发展对外贸易关系,引进外资,

进行外汇管理体制和外贸经营体制改革。为了鼓励外贸企业出口创汇、支持我国经济发展，我国于1981年开始实行双重汇率制度，即官方汇率与贸易体系内部结算价并存的双重汇率模式，前者适用于非贸易部门，对应人民币兑美元汇率维持在按一篮子货币计算的1.5左右；后者用于贸易部门结算，汇率根据市场实情调整至2.8左右。这样一来，外贸企业的盈利大幅上升，带动外汇储备增至1983年的89亿元。但与此同时，未被纳入外贸体系的企业出口面临的亏损日益严重，由此导致外汇储备在1984年不升反降，外汇体制需要进一步改革。

1985年，我国取消了贸易体系内部结算价的设置，同时实施外汇留成制度，为企业出口提供便利，最初企业可保留10%左右的外汇。此外，国家还建立了外汇调剂市场，企业或个人可以在该市场上将自己留成的外汇进行交易，价格由交易双方商定，由此便形成了一种新的"官方汇率+调剂市场汇率"两轨并行的双重汇率制度。随着外汇调剂市场交易规模的日益扩大，这种汇率制度的弊端开始显现。民间调剂市场的外汇交易量逐步超过官方市场，到1993年，80%以上的外汇交易都发生在调剂市场，外汇储备更多集中在私人部门，"藏汇于民"的情况使得政府对外汇市场的控制力受到挑战。此外，两市场间汇差显著拉大，1993年，官方汇率基本维持在5.8左右，而调剂市场上人民币兑美元汇率则一度超过了11。在外汇管制的条件下，两市场间巨大的汇差使得寻租腐败现象日益猖獗，1979—1993年的汇率政策见表3-3。事实上，伴随着当时国家市场经济改革决心和力度的加大，一场真正意义上的汇率市场化改革正在酝酿。

表3-3　1979—1993年的汇率政策

| 年份 | 汇率政策目标 | 对外贸易政策 | 汇率制度特征 |
|---|---|---|---|
| 1979—1984 | 奖出限入 | 外贸公司专业承包合同制 | 钉住货币篮子<br>双重汇率制度(官方汇率与内部结算价格) |
| 1985—1993 | 奖出限入 | 鼓励外来直接投资<br>培育国内出口企业竞争环境 | 双重汇率制度(官方汇率与内部结算价格) |

### (三) 1994年汇率并轨至2005年汇率改革

这一阶段经济持续增长，我国在世界经济中逐渐发挥重要的作用，在各大国际政治经济组织中的话语权也逐渐提升。我国经济的快速发展逐渐创造了良好的对外贸易环境，然而其间不乏与世界主要贸易伙伴国，尤其是发达国家之间的贸易与货币摩擦。总体而言，中国从传统的钉住汇率制度转向有管理的浮动汇率制度，经受住了亚洲金融危机的考验，人民币汇率制度及其形成机制的改革逐渐走向成熟，向着更为灵活的汇率制度转变。

1994年汇率制度改革如期而至，成为我国汇率市场化改革过程中的里程碑事件。这次汇率改革主要包括三方面内容。第一，实现汇率并轨，形成以市场供求为基础、单一的、有管理的浮动汇率制度。人民币汇率随之从之前的5.7跳贬至8.7，并在之后的10年里维持在8.3左右的水平。第二，取消外汇留成和上缴制度，转为实行强制结售汇制度，中资企业需要将出口所得外汇悉数到银行进行结汇。第三，建立全国统一的、规范性的外汇市场。不同于此前的外汇调剂市场，外汇市场的交易主体是银行，"私人部门—银行—央行"这样的结售汇闭环形成，使得央行的货币政策与贸易、汇率等因素的关联得以加强。这次汇率改革符合国际货币基金组织的要求，同年实现了经常项目的人民币有条件可兑换，1996 年中国接受《国际货币基金组织协定》第八条款，实现了经常项目下人民币的可自由兑换。

1994 年汇率改革取得了明显的效果：首先，经常账户逆差得以逆转，汇率改革当年我国经常账户就实现 54 亿美元的顺差；其次，外商直接投资明显增加，经常账户与外商直接投资顺差之和占 GDP 的比重从 1993 年的 4.8% 增长至 1995 年的 8.2%，由此带动外汇储备规模的显著增长，到 1997 年末我国的外汇储备存量达到 1050 亿美元。这为我国应对 1997 年亚洲金融危机和 2001 年加入 WTO 提供了强有力的储备基础，人民币汇率制度开始向真正的浮动汇率制度迈进。进入 21 世纪，我国经济运行面临的国内外形势都发生了显著变化。一方面，2001 年我国正式加入世贸组织，我国的贸易出口量随之大规模增长，经常账户顺差由 2000 年的 205 亿美元增长至 2005 年的 1324 亿美元，国内经济进入高速增长阶段，GDP 平均增速为 10%；另一方面，美国经济受到 "9·11" 事件和互联网金融泡沫破灭的冲击，美联储在 2001 年连续降息 11 次，此后一直维持低利率水平。在这种情况下，境内外利差拉大，外资开始大举进入我国市场，导致我国金融账户顺差显著增加，国际收支双顺差的格局带来外汇储备的迅猛增长。此时，人民币汇率却依旧维持在 8.27 的水平，人民币面临较大的升值压力。

### (四) 2005—2014 年实行钉住一篮子货币的人民币汇率机制

2005 年 7 月 21 日，中国启动了新一轮汇率制度改革，实行以市场供求为基础、参考一篮子货币进行调节、有管理的浮动汇率制。人民币汇率不再钉住单一货币美元，而是按照中国对外经济发展的实际情况，选择若干主要货币，赋予相应权重，组成一个货币篮子。同时根据国内外经济金融形势，以市场供求为基础，参考一篮子货币计算人民币多边汇率指数的变化，对人民币汇率进行管理和调节，维护人民币汇率在合理均衡水平上的基本稳定。

2005 年的汇率形成机制，主要包括三个方面：第一，实行以市场供求为基础、参考一篮子货币调节、有管理的浮动汇率制度，人民币汇率从 8.27 一次性升值 2.1% 至 8.11；第二，人民币汇率中间价的形成参考上一交易日的收盘价，但维持汇率 0.3% 的日浮动区间不变；第三，为配合汇率制度改革，我国进一步丰富了外汇市场的交易品种和主体，包括增加外汇远期和互换业务，扩大外汇远期结售汇业务的试点范围。到 2006 年 1 月 4 日，我国对中间价形成机制进行了进一步的调整，引入询价模式和做市商制度，即做市商在每日开市之前，向中国外汇交易中心报价，当日汇率中间价由去掉做市商报价中的最高、最低报价后加权平均得到。

2005 年 "7·21 汇改" 使得人民币汇率回到有管理的浮动模式，但市场整体平稳。人民币兑美元汇率在此后进入上升通道，但从启动汇改当天到 2005 年末，人民币汇率仅升值 0.5%，未出现大规模的波动。此外，在单边升值预期下，我国的国际收支情况并未出现恶化，反而有所改善，2005 年下半年，金融账户产生 520 亿美元顺差，外汇储备增加 1262 亿美元。

自 2005 年汇改以来，国际贸易快速发展，到 2014 年国际收支呈现 "双顺差"，2014 年，我国国际收支总顺差 2579 亿美元，其中，经常项目顺差 2197 亿美元，资本与金融项目顺差 382 亿美元，外汇储备 38430 亿美元，外汇储备快速增长。

### (五) 2015—2021 年人民币汇率逐步实现双向浮动

2015 年 8 月 11 日，中国人民银行宣布优化人民币兑美元汇率的中间价报价机制。"8·11 汇改" 的启动是我国汇率市场化改革进程中的重要一步。在市场对人民币由升值转向贬值预期的状况下，启动汇率改革，下调人民币汇率，是纠正被高估的人民币兑美元汇率、缓解贬值预期的合理选择。此外，"8·11汇改"重点优化了人民币汇率中间价形成机制，使得中间价的形成主要由外汇市场供求情况决定，做市商报价来源更为透明，很大程度上缩小了央行对汇率中间价的操控空间；同时"8·11汇改"也是促进人民币加入SDR、推动人民币国际化进程的重要助力。6年来，人民币汇率双向走势的效果更加明显，改变了以往单边升贬值的情况。人民币汇率的改革呈现出两个方面的变化：一是人民币汇率的参考范围变广且更加灵活；二是人民币汇率中间价形成机制更加跟随市场供求变动反应，且机制更加透明。

从长期来看，我国贸易投资便利化、汇率市场化、金融国际化的趋势将逐步深化。随着我国深度参与国内国际双循环，金融市场开放有序推进，人民币国际化稳步发展，未来在内外形势相对稳定的时候，应考虑择机加大中间价形成的市场化决定程度，提高一篮子货币权重，扩大汇率浮动区间，进一步推进汇率市场化改革。

# 二、人民币汇率改革的历史经验

回顾人民币汇率改革40余年的历程，有以下四点经验值得总结和借鉴。

## (一) 坚持汇率市场化改革

1994年汇率并轨之前，人民币官方汇率是螺旋式贬值，因为官方汇率制定的重要基础是出口换汇系统，要从企业搜集信息。这种方式有两个弊端：一是信息搜集有迟滞性；二是信息不对称情况下存在逆向选择和道德风险。如果企业知道它的成本会影响汇率，它就没有控制成本的动力，而更愿意虚报成本。结果，官方刚把汇率调整完，企业成本就又上升了，进而造成汇率进一步调整的压力，而外汇调剂市场汇率的走势不尽相同。在1994年以前，中国总体是外汇短缺、供不应求。在1988年9月建立的外汇调剂市场上，其汇率是自由浮动、随行就市的。自由浮动的后果是外汇调剂市场汇率是有涨有跌的。1994年汇率并轨以后，出口企业一直给有关部门施加压力希望人民币贬值，但有关部门一直坚持汇率应该顺应供求关系，这导致过去20多年人民币汇率保持坚挺的走势，倒逼国内企业外贸发展方式的转变。

## (二) 汇率改革必须经历从量变到质变的过程

汇率改革经历了循序渐进、小步快走的过程，但改革到了一定程度，必须有关键性的突破。人民币汇率中间价改革就是人民币汇率形成市场化的核心环节。特别是2015年"8·11汇改"，如果人民币汇率中间价还不够市场化，人民币汇率改革就没办法继续推行。因为仅仅扩大汇率浮动区间，其结果是让人民币的交易价格相对于中间价进一步偏离，涉嫌构成双重汇率安排，违背国际货币基金组织章程。

## (三) 汇率改革要注意把握时机和做好政策储备

改革往往是两害相权取其轻的选择，改革没有后悔药，没有所谓最佳时机。形势好的时候改革风险较小，形势不好的时候要更加周密谋划。任何改变都会带来不确定性。面对诸多不确定性，必须拟定预案，从最坏处打算，争取最好的结果。

### (四) 人民币汇率改革是一项系统工程

汇率政策对于促进国际收支平衡确实非常重要，但要和其他政策配合协调好，不能单兵出击。例如，如果前期我们及时改革劳动力市场，让社会财富分配更多向居民倾斜，早一点提高居民工资，就不会遇到 2008 年金融危机之后内部紧缩和外部紧缩的双碰头情况。

经过 40 多年的改革开放，中国逐渐成长为一个经济大国，汇率体制经历了从单一固定汇率到双轨汇率，再到以市场为基础的、单一的、有管理的浮动汇率制度的转变。目前，有管理的浮动汇率制度是适合中国国情的汇率制度。汇率作为资本市场上重要的价格指标，在调节市场供求、资源配置等方面起着重要的作用。人民币汇率制度的改革路径整体是朝着市场化方向进行的，从单一的固定汇率制度到参考一篮子货币、有管理的浮动汇率制度，汇率在逐步拓宽的波动区间实现双向浮动。在人民币汇率的形成过程中，政府逐步退出常态化的干预，转为让市场发挥更大的作用。深化汇率制度的市场化改革、增强汇率形成过程中市场的决定作用，有利于市场形成合理的预期，减少因预期变化对市场造成的冲击；此外，提高汇率双向波动的弹性，有助于货币的升值或贬值压力通过汇率变动被及时、自发消化，平滑市场波动，使汇率发挥自动稳定器的作用。

## 三、人民币汇率改革面临的问题

我国金融国际化程度日益加深，更加需要市场化的汇率制度与之相匹配，未来需要进一步深化汇率制度的市场化改革。当然，改革是一个循序渐进的过程，需要做的是从当前汇率制度存在的问题出发，由浅入深，逐步扩大汇率波动弹性，增强汇率形成过程中市场的决定性作用，最终实现汇率的自由浮动。深化汇率市场化改革将是长期的路径选择，最终实现人民币汇率的自由浮动，政府仅在特殊情况下加以适度调节，在我国现行的汇率形成机制下，汇率实现自由浮动的条件还不成熟。

### (一) 人民币汇率中间价未完全反映市场供求状况

对于中间价报价这一机制而言，中间价作为外汇市场的每日开盘价，本身并非直接由市场交易产生，并未真正反映市场状况。特别是逆周期因子的引入，实质上进一步加大了央行对汇率中间价的调控空间。

### (二) 汇率波动幅度限制仍然存在

目前对国际收支项下的金融项目仍进行一定的管理，资本项目没有完全放开，使得外汇市场供求关系受到一定的制约，不能全面、真实地反映市场主体对外汇的供求关系。虽然人民币汇率的波动幅度在逐步扩大，但是受到汇率波动区间的限制，人民币汇率的灵活性受到较大的制约。

### (三) 外汇市场避险工具单一，不能满足微观主体防范风险的需求

人民币汇率的弹性浮动区间加大使从事国际贸易的市场主体所承受的外汇风险呈现加大之势，在我国目前外汇期货等衍生交易工具比较匮乏的情况下，会增加微观市场主体的汇率风险。

(四) 金融市场的完善和汇率市场化改革仍需时日

如果中国实行完全自由浮动汇率制度，将无法享受到浮动汇率制度带来的好处，可能要承担在浮动汇率制度下汇率波动剧烈造成的损失。

# 四、人民币国际化

## (一) 货币国际化的含义及标准

### 1. 货币国际化的含义

货币国际化是指一国货币突破国家和主权的限制，在国际范围内发挥交换媒介、价值尺度和储藏手段的职能，成为国际货币的过程。

### 2. 货币国际化的标准

一国货币是否国际化，一般主要有以下几个标准：

(1) 该国货币在国际支付中所占的比重；

(2) 该国货币是否发挥执行价格标准、国际清算货币的作用；

(3) 该国货币在国际投资中所占的比重；

(4) 该国货币是否发挥国际储备资产的职能(国际储备货币)；

(5) 该国货币在国际借贷活动中所占的比重；

(6) 该国货币是否具有国际干预货币的作用；

(7) 该国货币是否在世界范围内发挥价值尺度功能。

## (二) 人民币国际化的含义及目标

### 1. 人民币国际化的含义

人民币国际化是指人民币能够跨越国界，在境外流通，成为国际上普遍认可的计价、结算及储备货币的过程。尽管目前人民币境外的流通并不等于人民币已经国际化了，但人民币境外流通的扩大最终必然导致人民币的国际化，使其成为世界货币。

人民币国际化的含义包括三个方面：第一，人民币现金在境外享有一定的流通度；第二，也是最重要的，以人民币计价的金融产品成为国际各主要金融机构包括中央银行的投资工具，为此，以人民币计价的金融市场规模不断扩大；第三，国际贸易中以人民币结算的交易要达到一定的比重。这是衡量货币包括人民币国际化的通用标准，其中最主要的是后两点。当前国家间经济竞争的最高表现形式就是货币竞争。如果人民币对其他货币的替代性增强，不仅将现实地改变储备货币的分配格局及其相关的铸币税利益，而且会对西方国家的地缘政治格局产生深远的影响。

### 2. 人民币国际化的目标

1) 人民币成为主要国际储备货币

人民币可以作为国际储备货币，不仅可以作为各国政府或中央银行干预外汇市场的手段，而且应在特别提款权中占有一定的比例。

2) 人民币成为主要国际结算货币

在国际贸易结算时可以采用人民币作为支付货币,甚至在一些未采用人民币作为计价货币的国际贸易中,也可以经买卖双方同意后采用人民币支付。

3) 人民币成为国际外汇市场自由交易货币

人民币汇率完全自由浮动,成为国际外汇市场自由交易货币,当天汇率由国际外汇市场人民币对美元、欧元、日元和其他主要货币的交易价格来决定。

4) 人民币自由兑换,取消外汇管制

人民币应该可以在境内和境外自由兑换成外币,可以在境外银行中开设人民币账户,在境外使用以人民币为基础的信用卡和借记卡,在个别情况下还可以小规模地直接使用人民币现金。

5) 人民币最终拥有与美元及欧元并驾齐驱的地位

中国经济必须成为全球经济的引擎,有足够的经济增长实力,维护人民币币值稳定。人民币国际化的最终目标应该是在国际货币体系中。

📖 **专栏3-1**

### 《人民币国际化报告(2020)》

中国银行业协会发布《人民币国际化报告(2020)》(以下简称《报告》)。这是中国银行业协会连续第五年发布该报告。《报告》总结了2020年人民币国际化相关政策,介绍了人民币跨境业务发展情况和人民币国际化面临的挑战,阐述了"双循环"新发展格局、"一带一路"建设、中国市场加速开放等一系列利好因素给人民币国际化发展带来的新机遇,提出了推动贸易投资便利化、支持特殊经济区发展、深化贸易金融中人民币影响力等促进人民币国际化发展的策略及建议,具有重要的现实指导意义。

《报告》显示,在人民币国际化政策进展方面,2020年,我国跨境人民币政策不断优化,人民币跨境使用便利化程度又上新台阶。中国人民银行等部门积极出台跨境人民币政策,体现了多部门协同推进人民币国际化的新思路。大湾区、上海自贸区、海南自贸港等地均立足各自区域发展,推出跨境人民币重点创新业务区域性政策试点。

在人民币跨境业务发展方面,2020年,人民币跨境结算规模保持持续快速增长态势;人民币在跨境收支中的使用比例创历史新高;跨境人民币收支更加均衡;证券投资领域跨境结算规模实现快速增长,在全部跨境结算中占比继续提升。同年,全国人民币跨境收付金额合计28.38万亿元,同比增长44.3%。其中收款14.1万亿元,同比增长40.7%;付款14.28万亿元,同比增长48.1%。收付比为1:1.01,净流出1857.87亿元,2019年净流入3605.28亿元,跨境收支更加均衡。人民币跨境收付占同期本外币跨境收付总金额的比重为47.4%,创历史新高,较上年增长9.28个百分点。

《报告》同时指出,2020年以来,全球经济受到新冠肺炎疫情蔓延的影响,陷入严重衰退,全球金融市场动荡,贸易保护主义抬头趋势明显,疫情影响下的人民币国际化进程受到来自内外部的多方挑战。不过,在"双循环"新发展格局下,我国主动调整方向,以经济内循环为主,减轻我国对外依赖性,使得我国经济基本面更加稳定,国内经济的强劲增长带动越来越多的企业将人民币运用到跨境贸易中去,使得人民币币值更加趋于稳定,在国际结算和交易中更受青睐。同时，在"双循环"格局中，我国以内循环为主将推动更高水平的对外开放，立足内循环的发展，我国有望能够更加主动地参与到全球价值链中，产业得以进一步升级，经济在应对外部冲击时将更加有韧劲，有利于确保稳定可持续的经济增长。实体经济的真实发展需求和综合国力的进一步提升将为人民币国际化奠定现实基础。"一带一路"建设的稳步推进，为人民币离岸市场发展创造了有利条件。

《报告》建议，参照外汇政策管理方式按不同业务场景形成跨境人民币业务的政策指引汇编，更好地促进办理跨境人民币业务市场主体合规意识的形成和业务合规办理；建议继续按照"本币优先"原则优化相关政策，在制度建设中更多设置币种转换因子和汇率风险因子，在额度、期限等方面给予人民币便利，引导市场主体尽量使用人民币办理跨境结算和投融资业务；建议考虑为中资金融机构设定跨境人民币专项贷款规模，以鼓励开展跨境人民币贷款；建议以场景带动人民币跨境循环使用，在国际贸易中增加使用人民币结算的协定条款；建议不断完善我国人民币大宗商品期货交易品种，加快国内商品期货市场开放；建议"十四五"期间考虑设计、推广并使用"新能源+跨境人民币"模式等。

发布时间：2020-08-20　08:31　工人日报社

# 本 章 小 结

1. 汇率制度是指一国货币当局对本国货币汇率变动的基本方式所做的一系列安排或规定。按照汇率变动的幅度，汇率制度可分为固定汇率制度和浮动汇率制度。

2. 目前，世界各国汇率制度呈现多样化的局面，国际货币基金组织将当前各国的汇率制度分为四大类。

3. 没有一种汇率制度可以在所有的时候适用于所有的国家。每个国家(地区)都应该根据自己的实际情况选择适合自己的汇率制度。影响一国汇率制度选择的主要因素有经济规模和经济结构、对外开放程度、金融市场的发展程度、区域经济合作情况。

4. 一个国家或地区为了平衡国际收支，维持货币汇率，对外汇买卖、外汇资金流动及外汇进出国境加以限制，为控制外汇的供求采取的一系列政策措施，就是外汇管制。

5. 外汇管制的手段是多种多样的，主要是从数量管制和价格管制两方面入手。数量管制就是对外汇交易的数量进行限制，包括对贸易外汇收支、非贸易外汇收支、资本输出输入、黄金和现钞输出输入的管制，价格管制主要是针对汇率的管制。

6. 改革开放以前，由于外汇资源短缺，我国一直实行比较严格的外汇管制。1978年实行改革开放以来，外汇管理体制改革沿着逐步缩小指令性计划、培育市场机制的方向，有序地由高度集中的外汇管理体制向与社会主义市场经济相适应的外汇管理体制转变。

7. 从1994年1月1日起，人民币汇率进行并轨，实行以市场供求为基础的、单一的、有管理的浮动汇率制度。

8. 自2005年7月21日起，我国开始实行以市场供求为基础、参考"一篮子货币"进行调节、有管理的浮动汇率制度。人民币汇率不再钉住单一美元，形成更富弹性的人民币汇率机制。

9. 随着我国经济的发展及与世界经济依存度的不断提高，今后的人民币汇率制度将从以市场供求为基础的、参考"一篮子货币"管理浮动起步，最终实现人民币的自由兑换，并不断推进人民币的国际化进程。

# 本章主要概念

汇率制度　固定汇率制度　浮动汇率制度　自由浮动　管理浮动　单独浮动　联合浮动　钉住货币汇率　联系汇率制　外汇管制

# 习　题

## 一、选择题

1. 属于固定汇率制的国际货币体系有(　　)。
   A. 欧洲货币体系　　　　　　　　　　B. 布雷顿森林体系
   C. 牙买加体系　　　　　　　　　　　D. 联合浮动

2. 根据政府是否干预，汇率分为自由浮动和(　　)。
   A. 管理浮动　　　　B. 联合浮动　　　　C. 钉住浮动　　　　D. 单独浮动

3. 钉住汇率分为盯住单一货币和钉住(　　)。
   A. 美元　　　　　　B. 欧元　　　　　　C. 黄金　　　　　　D. 复合货币

4. 外汇管制是当今世界各国调节外汇和国际收支的一种常用的(　　)。
   A. 强制性手段　　　　　　　　　　　B. 自由选择的手段
   C. 美国施加给各国的手段　　　　　　D. IMF要求的管理手段

5. 汇率制度选择考虑的因素包括(　　)。
   A. 经济因素　　　　B. 政治因素　　　　C. 文化因素　　　　D. 国际经济合作

6. 货币国际化是指一国货币突破国家和主权的限制，在国际范围内发挥(　　)的职能，成为国际货币的过程。
   A. 交换媒介　　　　B. 价值尺度　　　　C. 储藏手段　　　　D. 结算工具

7. 人民币国际化的目标包括(　　)。
   A. 储备货币　　　　　　　　　　　　B. 结算货币
   C. 与黄金挂钩的货币　　　　　　　　D. 与美元及欧元并驾齐驱的地位

8. 以下有关数字人民币说法准确的是(　　)。
   A. 数字货币电子支付　　　　　　　　B. 与微信、支付宝相同功能的货币
   C. 法定货币　　　　　　　　　　　　D. 可以跨境使用

9. 外汇管制包括(　　)。
   A. 对人的管制　　　B. 对物的管制　　　C. 对地区的管制　　D. 对国家的管制

10. 汇率浮动方式可划分为(　　)。
   A. 单独浮动　　　　B. 联合浮动　　　　C. 钉住货币汇率　　D. 联系汇率制

## 二、判断题

1. 在布雷顿森林体系下，各国货币直接与黄金发生联系。　　　　　　（　　）
2. 浮动汇率制度增加了国际经济交易的汇率风险。　　　　　　　　（　　）
3. 联系汇率制度是一种货币发行局制度。　　　　　　　　　　　　（　　）
4. 自由浮动又称清洁浮动，这种汇率制度的灵活性最大，目前实行浮动汇率制度的国家大都属于该种汇率制度。　　　　　　　　　　　　　　　　　　　　　（　　）
5. 数字人民币可以躲过 SWIFT 结算系统。　　　　　　　　　　　（　　）

## 三、填空题

1. 一国货币当局对本国汇率变动的基本方式所做的一系列安排或规定，被称为＿＿＿＿＿。
2. 固定汇率制度可以分为 1880—1914 年＿＿＿＿＿体系下的固定汇率制和 1994—1973 年＿＿＿＿＿体系下的固定汇率制(也称为以美元为中心的固定汇率制)两个阶段。
3. ＿＿＿＿＿汇率制度有利于国际金融市场的稳定。
4. ＿＿＿＿＿即一国货币不与其他国家货币发生固定联系，其汇率根据外汇市场的供求变化而主动调整。
5. ＿＿＿＿＿年＿＿＿月＿＿＿日开始，我国实行汇率并轨，形成以市场供求为基础的有管理的浮动汇率制。

## 四、简答题

1. 汇率制度主要包括哪些内容？
2. 试比较固定汇率制度和浮动汇率制度的优缺点。
3. 人民币国际化的积极意义是什么？
4. 外汇管制有哪几种类型？

## 五、论述题

人民币汇率改革面临的问题有哪些？

# 案 例 分 析

### 波兰汇率市场渐进与经济改革休克兼容

波兰的经济改革以"休克疗法"闻名于世，但作为经济改革的重要组成部分，波兰的汇率市场化改革和资本项目可兑换却分别采取了"主动渐进"和"积极审慎"模式。波兰的实践证明，在经济改革的最终目标和基本原则确定之后，渐进与休克能够兼容。

#### 一、波兰的经济改革：休克疗法

波兰的经济改革始于 1990 年。改革前的波兰经济落后、商品匮乏、物价高企，1989 年通货膨胀高达 2000%。1989 年 9 月，波兰政府选择了激进的经济改革方案，即"休克疗法"，并在此基础上制定了经济改革纲领：

一是减少价格补贴，放开物价管制。除食品、水、电、煤、药品、公共交通等 13 种商品和服务仍然由国家统一定价外，其余商品的价格全部放开。

二是调整汇率政策，促进出口。1990 年 1 月，波兰将兹罗提对美元汇率由改革之前的 210 大幅贬值为 9500，与当时的黑市价格基本持平。与此同时，建立钉住美元的汇率制度，政府负责维持 1 美元兑 9500 兹罗提的汇价。通过兹罗提大幅贬值，促进出口增长。

三是成立所有制改造部，推进私有化。波兰的私有化计划分为"小私有化计划"和"大私有化计划"两部分。其中，前者的目标是中小国有企业，后者的目标是大型国有企业。全部私有化计划 5 年完成。

波兰的"休克疗法"改革取得一定成效，长期困扰经济的恶性通货膨胀得到了控制，市场力量开始发挥作用，市场总供求趋于平衡，长期短缺的商品市场出现初步繁荣。但是，"休克疗法"也产生了一定的消极后果，包括产出下降、经济增长放缓和失业率上升等。

### 二、波兰的汇率市场化：主动渐进

与经济改革的"休克疗法"不同，波兰的汇率市场化改革选择了"主动渐进"模式，1990—2000 年，波兰尝试了几乎所有类型的汇率制度，较为平稳地完成了从钉住制度向浮动汇率的转变，成为转轨国家中汇率渐进改革的一个经典案例。

钉住美元。1990 年 1 月到 5 月，在转轨初期，波兰建立了单一钉住美元的汇率制度，并以此作为反通胀的"名义锚"，同时建立了汇率平准基金，并在此基础上，对兹罗提大幅贬值。

钉住一篮子货币。1991 年 5 月到 10 月，波兰实行了"钉住一篮子货币"的汇率制度。篮子货币由美元、德国马克、英镑、法郎和瑞士法郎等 5 种货币组成，它们在货币篮子中的权重分别为 45%、35%、10%、5%、5%。篮子汇率的计算方法为：将前一天的兹罗提对篮子货币的汇率，折算成兹罗提对美元的汇率，再根据权重计算当天的篮子汇率。

爬行钉住一篮子货币。1991 年 10 月至 1995 年 5 月，波兰实行"爬行钉住一篮子货币"的汇率制度。"爬行钉住一篮子货币"的特点是在钉住篮子汇率的基础上，允许兹罗提名义汇率在一定的区间爬行浮动，爬行率根据波兰与其主要贸易伙伴国的通胀差决定。1991 年，波兰中央银行规定，兹罗提的月爬行区间为 ±0.5%；1992 年，月爬行区间扩大为 ±1.6%；1995 年，月爬行区间进一步扩大为 ±2%。

"爬行钉住+浮动区间"。1995 年 5 月，波兰政府开始实施更加灵活、更具弹性的"爬行钉住+浮动区间"制度。"爬行钉住"是指兹罗提汇率爬行钉住一篮子货币；"浮动区间"是指兹罗提汇率可以在规定的区间自由浮动。为了增强市场力量在汇率形成和变动中的作用，波兰中央银行不断扩大浮动区间，并承诺只利用市场工具来维护浮动区间的上限和下限。1995 年，兹罗提的浮动区间为 ±7%，1998 年扩大到 ±10%。

自由浮动。1998 年 2 月至 1999 年 3 月，波兰将兹罗提的浮动区间从 ±10% 扩大至 ±15%，达到国际上公认的宽幅浮动标准。2000 年 4 月，波兰政府宣布，放弃"爬行钉住+浮动区间"的汇率制度，实行浮动汇率制度。

### 三、波兰的资本账户开放：积极审慎

1990 年，波兰在启动经济改革的同时，也拉开了资本账户可兑换的序幕。波兰的资本市场

开放采取了"积极审慎"的方式，并且坚持"先流入、后流出，先长期、后短期"的顺序。

1990 年，波兰允许非居民在波兰交易兹罗提和外汇，允许居民出国换汇。1991 年，出台了吸引外商直接投资的法案，允许外商投资企业将利润汇回国内，并且提供了 3 年期免税的优惠政策。1994 年允许非居民进入国内股票市场，1995 年实现了经常项目可兑换，随后，波兰放开了对大部分资本项目的外汇管制，对资本项目的管制仅限于短期资本。

1995 年，波兰政府规定，在波兰注册的外国企业可以在波兰银行开设外汇账户，用于进出口结算；年度财务决算核准后的企业利率(包括外方股东红利)以及有公司出具证明的个人合法收入在依法纳税后可以自由汇往国外。1996 年，波兰允许国外直接投资国内的绝大部分行业，取消了对经合组织成员的直接投资限制，允许居民对外提供信用担保和贷款担保。1997 年，允许居民购买国外长期证券，提供非居民在国内市场发行和交易证券的最高限额，开放居民在经合组织资本市场上的证券操作。1999 年，除抵押债券外，向所有居民和非居民开放证券市场，允许非居民为居民提供保证和担保，允许居民在境外进行本外币兑换。2000 年，放开国内证券投资的管制。2002 年，波兰实行新的外汇法，取消了最后的外汇管制，允许波兰公民在国内开设银行账户，允许波兰企业在国际市场进行债券交易。

## 四、分析

与波兰经济改革的"休克疗法"不同，波兰的汇率市场化采取了"主动渐进"模式；波兰的资本项目可兑换坚持了"积极审慎"原则。每一次汇率制度改革和资本市场开放都顺应了当时国际、国内经济形势变化，解决了当时国民经济中面临的困难和难题，如通货膨胀、实际有效汇率升值、国际收支失衡，以及货币政策目标与汇率政策目标的冲突等，具有"帕累托改进"的效果，被国际货币基金组织誉为汇率平稳转型的典范。

在汇率市场化改革中，波兰政府用了 10 年时间，尝试了几乎所有类型的汇率制度形式：从"单一钉住美元"到"钉住一篮子货币"；从"钉住一篮子货币"到"爬行钉住一篮子货币"；从"爬行钉住一篮子货币"到"爬行钉住+区间浮动"，最后实现了兹罗提汇率的自由浮动。其中，波兰中央银行首先用 5 年时间实行了较为保守的爬行钉住，使市场有一个适应过程；接着又用 5 年的时间逐步扩大爬行率和浮动区间，增强汇率弹性；随着兹罗提爬行率和浮动区间的不断扩大，最后波兰政府彻底放开了汇率管制，实现兹罗提汇率的自由浮动。在整个过渡时期，兹罗提的中心汇率和爬行率定值较为合理，很少出现汇率超出规定的爬行和浮动区间的现象，避免了兹罗提汇率"超调"。

波兰的资本项目可兑换采取了相似的做法，1990—2002 年，波兰根据"先流入、后流出，先长期、后短期"的逻辑顺序，逐步放开对资本市场的管制。到 2002 年，当波兰政府决定彻底取消资本管制时，市场已经有了较为充分的预期，资本项目可兑换得以较为顺利实现。

**问题：**

1. 一国政府的经济政策在外汇管制方面所起的作用巨大，那么你认为一国的货币是自由兑换还是严格管制对经济的发展更有利？

2. 波兰的外汇体制改革在哪些方面值得我国借鉴？

# 第四章

# 国 际 收 支

## 【导读】

国际收支是一国对外经济交往的综合反映，国际收支平衡表是一国宏观经济政策的主要观测点。本章主要学习国际收支的概念、内涵，国际收支平衡表的构成，了解国际收支失衡的原因及失衡的影响，学习调节国际收支失衡的措施。此外学习国际储备的基本知识，了解我国国际收支的历史发展及近年来我国国际收支的分析。

## 【学习重点】

掌握国际收支概念、国际收支平衡表的构成及内容分析、国际收支失衡的原因及调节方法。

## 【学习难点】

运用国际收支的相关内容分析各国国际收支状况及调节措施，这些分析需要建立在对国际收支平衡表全面深入理解的基础上，因而有一定的难度。

## 【教学建议】

第一节以课堂讲授为主，第二节至第五节建议结合案例教学和引导学生查阅课外相关资料进行分析。

## 第一节　国际收支概述

### 一、国际收支的概念

#### (一) 国际收支的产生与发展

国际收支是指一国居民与外国居民在一定时期内各项经济交易的货币价值的系统记录。它有狭义和广义两层含义。狭义的国际收支是建立在现汇基础(Cash Basic)上的，即一个国家或地区在一定时期内，由于经济、文化等各种对外交往而发生的必须立即结清的外汇收入与支出。由于这一概念仅包含已实现的外汇收支，因此称为狭义的国际收支。广义的国际收支是指一国或地区居民与非居民在一定时期内全部经济交易的货币价值之和，它以交易为基础，不仅包括贸易收支和非贸易收支，还包括资本的输出输入，既包括已实现外汇收支的交易，也包括尚未实现外汇收支的交易。只有建立在全部经济交易基础之上的广义国际收支才能完整反映一国对外经济总体的状况。由于国际收支反映的对象——国际经济活动的内容和形式随着世界经济的发展而不断发展，国际收支概念的内涵也在不断发展。

国际收支概念最早出现于 17 世纪初期。当时在西方经济理论中占主导地位的是重商主义思想。重商主义者的贸易差额论导致当时把国际收支只简单地解释为一个国家的对外贸易收支。在国际金本位制崩溃以后，国际经济交易多数是用外汇进行的。各国经济交易只要涉及外汇收支(Balance of Foreign Exchange)，无论是贸易、非贸易，还是资金借贷或单方面资金转移，都属于国际收支范畴，这就是目前所称的狭义的国际收支。

第二次世界大战以后，国际经济交易的内容和范围不断扩大，那些没有引起外汇收付的交易如补偿贸易、记账贸易、易货贸易和无偿援助等也被纳入国际收支的范畴。于是国际收支概念又有了新的发展，当今世界各国开始普遍采用广义的国际收支概念，即指一个国家在一定时期内(通常为一年)的全部对外经济交易的系统记录。

### (二) 国际收支的内涵

国际收支这一概念包含以下几个要点。

#### 1. 国际收支记录的是居民与非居民之间的交易

判断一项交易是否应列入国际收支，是依据交易是否发生在本国居民与非居民之间。各国居民与非居民的概念界定都有不同，现实中实际上对于大额的交易统计部门会及时统计登记，有很多小的交易甚至边境贸易、现钞交易并没有完全记录进来。

#### 2. 国际收支反映的内容是以货币记录的交易

国际收支是以交易为基础的，那么不涉及货币收支的交易就须折算成货币加以记录。

国际收支统计的交易包含：

1) 交换

交换即一个交易者向另一个交易者提供一定的经济价值并从对方得到价值相应的回报。经济价值可概括为实物资源(货物、服务)和金融资产，如进出口、货物运输、对外投资等。

2) 转移

转移即一个交易者向另一个交易者提供经济价值，但并未从对方得到任何补偿，如捐赠、援助、侨民汇款等。

3) 移居

移居即一个人把住所从一个经济体搬迁到另一个经济体的行为。移居后，其原有的资产、负债发生转移，从而使原居住经济体与移居地经济体的对外资产负债关系发生变化，这一变化应反映在国际收支中。

4) 其他根据推论而存在的交易

如对外直接投资收益的再投资，尽管并未有实际资金的流动，但可以推论确定交易的存在，进而计入国际收支。

### 3. 国际收支是一个流量概念

国际收支是一定时期内(通常是一年)的交易的总计。与之密切相关的一个存量概念是国际借贷,也称国际投资头寸,是指一国在一定时点上经济体对世界其他地方的资产与负债的价值与构成。国际借贷由商品的进出口、劳务的输出入和资本的流出入而引起,所以国际上的债权债务关系变动,必然要记入国际收支,但两者又是不同的概念。国际收支是一定时期内有关变量变动的数值,是流量。国际借贷是一定时点上存在的变量数值,是存量。另外,国际收支既包括产生债权、债务的国际经济交往,又包括不产生债权、债务的国际经济交往,如无偿援助、赠予、侨民汇款等。国际借贷则只包括产生债权、债务的国际经济交往。

### 4. 国际收支是"事后"概念

定义中的"一定时期"通常是指过去的一个会计年度,故它是对已发生事实进行的记录。在具体分辨一项交易所属的会计年度时,认定的方法是交易标的物是否完成所有权变更。

### (三) 国际货币基金组织关于国际收支的概念界定

国际货币基金组织(IMF)在其所编的《国际收支手册》中将广义的国际收支概念定义为"国际收支是一定时期的统计报表",它着重反映:

(1) 一国与其他国家之间商品、劳务和收入的交易;

(2) 该国货币、黄金、特别提款权,以及对其他国家债权、债务的所有变化和其他变化;

(3) 无偿转移支付,以及根据会计处理的需要,平衡前两项没有相互抵消的交易和变化的对应记录。目前世界各国一般都采用这一概念。

## 二、国际收支平衡表的概念及记账规则

### (一) 国际收支平衡表的概念

国际收支平衡表是指按照复式簿记原理,运用货币计量单位以简明的表格形式总括地反映一个国家或地区在一定时期内(通常为一年)全部对外经济交易活动的报告文件。编制国际收支平衡表的主要目的是要使本国政府全面、及时了解本国的对外经济状况,制定合理的对外经济政策。

### (二) 国际收支平衡表的记账规则

国际收支平衡表是根据"有借必有贷、借贷必相等"的复式簿记原理编制的,即每笔国际经济交易都是由两笔价值相等、方向相反的账目表示,进行记账。

根据复式记账的原理,无论是实际资源还是金融资产,借方表示该经济体资产(资源)持有量的增加,贷方表示资产(资源)持有量的减少。

### 1. 记入借方的账目

记入借方的账目包括:①反映进口实际资源的经常账户;②反映资产增加或负债减少的资本与金融账户。

### 2. 记入贷方的账目

记入贷方的账目包括：①反映出口实际资源的经常账户；②反映资产减产或负债增加的资本与金融账户。

具体包括：①进口商品计入借方项目，出口商品计入贷方项目；②非居民为本国居民提供服务或从本国取得收入计入借方项目，本国居民为非居民提供服务或从外国取得收入计入贷方项目；③本国居民对非居民的单方向转移计入借方项目，本国居民收到非居民的单方向转移计入贷方项目；④本国居民获得外国资产计入借方项目，非居民获得本国资产计入贷方项目；⑤本国居民偿还非居民债务计入借方项目，非居民偿还本国居民债务计入贷方项目；⑥官方储备增加计入借方项目，官方储备减少计入贷方项目。

## 三、国际收支平衡表的账户设置

根据《国际收支手册》第六版，国际收支平衡表包括经常账户、资本与金融账户、净误差与遗漏。经常账户可细分为货物和服务、初次收入、二次收入。金融账户可细分为非储备性质的金融账户和储备资产，如图 4-1 所示。

| 1. 经常账户 | 2. 资本与金融账户 |
| --- | --- |
| · 货物和服务<br>　　货物<br>　　服务<br>· 初次收入<br>　　雇员报酬<br>　　投资收益<br>　　其他初次收入<br>· 二次收入 | · 资本账户<br>· 金融账户<br>　　非储备性质的金融账户<br>　　　　直接投资<br>　　　　证券投资<br>　　　　金融衍生工具(储备除外)和雇员认股权<br>　　　　其他投资<br>　　储备资产<br>　　　　货币黄金<br>　　　　特别提款权<br>　　　　在国际货币基金组织的储备头寸<br>　　　　外汇储备 |
| 3. 净误差与遗漏 | 　　　　其他储备资产 |

图4-1　国际收支平衡表的项目构成

### (一) 账户构成

根据国际收支平衡表的编制规则，按照复式记账原理和借贷记账法记账，其平衡表见表 4-1。

表4-1 国际收支平衡表

|  | 贷方 | 借方 |
|---|---|---|
| **经常账户** | | |
| (一) 货物和服务 | | |
|   1. 货物 | | |
|     国际收支统计口径的一般商品 | | |
|     转手买卖货物的净出口 | | |
|     非货币黄金 | | |
|   2. 服务 | | |
|     对他人拥有的实物投入的制造服务(加工服务) | | |
|     别处未涵盖的维护和修理服务 | | |
|     运输 | | |
|     旅行 | | |
|     建设 | | |
|     保险和养老金服务 | | |
|     金融服务 | | |
|     别处未涵盖的知识产权使用费 | | |
|     电信、计算机和信息服务 | | |
|     其他商业服务 | | |
|     个人、文化和娱乐服务 | | |
|     别处未涵盖的政府货物和服务 | | |
| (二) 初次收入 | | |
|   1. 雇员报酬 | | |
|   2. 投资收益 | | |
|     直接投资 | | |
|     证券投资 | | |
|     其他投资 | | |
|     储备资产 | | |
|   3. 其他初次收入 | | |
|     租金 | | |
|     生产税和进口税 | | |
|     补贴 | | |
| (三) 二次收入 | | |
|   1. 个人转移 | | |
|   2. 其他经常转移 | | |
|     对所得、财富等征收的经常性税收 | | |
|     社保缴款 | | |
|     社会福利 | | |

（续表）

| | 贷方 | 借方 |
|---|---|---|
| 非寿险和标准化担保净保费 | | |
| 非寿险索赔和标准化担保下的偿付要求 | | |
| 经常性国际合作 | | |
| 其他经常转移 | | |
| **资本与金融账户** | | |
| （一）资本账户 | | |
| 　1. 非生产非金融资产的取得(借记)/处置(贷记) | | |
| 　　自然资源 | | |
| 　　契约、租约和许可 | | |
| 　　营销资产 | | |
| 　2. 资本转移 | | |
| 　　债务减免 | | |
| 　　其他 | | |
| （二）金融账户 | | |
| 　1. 非储备性质的金融账户 | | |
| 　　直接投资 | | |
| 　　证券投资 | | |
| 　　金融衍生工具(储备除外)和雇员认股权 | | |
| 　　其他投资 | | |
| 　2. 储备资产 | | |
| 　　货币黄金 | | |
| 　　特别提款权 | | |
| 　　在国际货币基金组织的储备头寸 | | |
| 　　外汇储备 | | |
| 　　其他储备资产 | | |
| （三）净误差与遗漏 | | |

资料来源：国际货币基金组织《国际收支和国际投资头寸手册》(第六版)。

国际收支平衡表具体项目的含义如下所述。

### 1. 经常账户

经常账户包括货物和服务、初次收入和二次收入。

1) 货物和服务

其包括货物和服务两部分。

(1) 货物：指经济所有权在我国居民与非居民之间发生转移的货物交易。贷方记录货物出口，借方记录货物进口。货物账户数据主要来源于海关进出口统计，但与海关统计存在以下主要区别：一是国际收支中的货物只记录所有权发生了转移的货物(如一般贸易、进料加工贸易等贸易方式的货物)，所有权未发生转移的货物(如来料加工或出料加工贸易)不纳入货物统计，而纳入服务贸易统计；二是计价方面，国际收支统计要求进出口货值均按离岸价格记录，海关出口货值为离岸价格，但进口货值为到岸价格，因此国际收支统计从海关进口货值中调出国际运保费支出，并纳入服务贸易统计；三是补充部分进出口退运等数据；四是补充海关未统计的转手买卖下的货物净出口数据。

(2) 服务：包括加工服务，维护和维修服务，运输，旅行，建设，保险和养老金服务，金融服务，知识产权使用费，电信、计算机和信息服务，其他商业服务，个人、文化和娱乐服务，以及别处未提及的政府服务。贷方记录提供的服务，借方记录接受的服务。

① 加工服务：又称"对他人拥有的实物投入的制造服务"，指货物的所有权没有在所有者和加工方之间发生转移，加工方仅提供加工、装配、包装等服务，并从货物所有者处收取加工服务费用。贷方记录我国居民为非居民拥有的实物提供的加工服务，借方记录我国居民接受非居民的加工服务。

② 维护和维修服务：指居民或非居民向对方所拥有的货物和设备(如船舶、飞机及其他运输工具)提供的维修和保养工作。贷方记录我国居民向非居民提供的维护和维修服务，借方记录我国居民接受的非居民维护和维修服务。

③ 运输：指将人和物体从一地点运送至另一地点的过程及相关辅助和附属服务，以及邮政和邮递服务。贷方记录居民向非居民提供的国际运输、邮政快递等服务，借方记录居民接受的非居民国际运输、邮政快递等服务。

④ 旅行：指旅行者在其作为非居民的经济体旅行期间消费的物品和购买的服务。贷方记录我国居民向在我国境内停留不足一年的非居民及停留期限不限的非居民留学人员和就医人员提供的货物和服务。借方记录我国居民境外旅行、留学或就医期间购买的非居民货物和服务。

⑤ 建设：指建筑形式的固定资产的建立、翻修、维修或扩建，工程性质的土地改良、道路、桥梁和水坝等工程建筑，相关的安装、组装、油漆、管道施工、拆迁和工程管理等，以及场地准备、测量和爆破等专项服务。贷方记录我国居民在我国经济领土外提供的建设服务，借方记录我国居民在我国经济领土内接受的非居民建设服务。

⑥ 保险和养老金服务：指各种保险服务，以及同保险交易有关的代理商的佣金。贷方记录我国居民向非居民提供的人寿保险和年金、非人寿保险、再保险、标准化担保服务及相关辅助服务，借方记录我国居民接受非居民的人寿保险和年金、非人寿保险、再保险、标准化担保服务及相关辅助服务。

⑦ 金融服务：指金融中介和辅助服务，但不包括保险和养老金服务项目所涉及的服务。贷方记录我国居民向非居民提供的金融中介和辅助服务，借方记录我国居民接受非居民的金融中介和辅助服务。

⑧ 知识产权使用费：指居民和非居民之间经许可使用无形的、非生产、非金融资产和专有权，以及经特许安排使用已问世的原作或原型的行为。贷方记录我国居民向非居民提供的知识产权相关服务，借方记录我国居民使用的非居民知识产权相关服务。

⑨ 电信、计算机和信息服务：指居民和非居民之间的通信服务以及与计算机数据和新闻有关的服务交易，但不包括以电话、计算机和互联网为媒介交付的商业服务。贷方记录本国居民向非居民提供的电信服务、计算机服务和信息服务，借方记录本国居民接受非居民提供的电信服务、计算机服务和信息服务。

⑩ 其他商业服务：指居民和非居民之间其他类型的服务，包括研发服务，专业和管理咨询服务，技术、贸易相关等服务。贷方记录我国居民向非居民提供的其他商业服务，借方记录我国居民接受的非居民其他商业服务。

⑪ 个人、文化和娱乐服务：指居民和非居民之间与个人、文化和娱乐有关的服务交易，包括视听和相关服务(电影、收音机、电视节目和音乐录制品)，其他个人、文化娱乐服务(健康、教育等)。贷方记录我国居民向非居民提供的相关服务，借方记录我国居民接受的非居民相关服务。

⑫ 别处未提及的政府服务：指在其他货物和服务类别中未包括的政府和国际组织提供和购买的各项货物和服务。贷方记录我国居民向非居民提供的别处未涵盖的货物和服务，借方记录我国居民向非居民购买的别处未涵盖的货物和服务。

2) 初次收入

初次收入指由于提供劳务、金融资产和出租自然资源而获得的回报，包括雇员报酬、投资收益和其他初次收入三部分。

(1) 雇员报酬：指根据企业与雇员的雇佣关系，因雇员在生产过程中的劳务投入而获得的酬金回报。贷方记录我国居民个人从非居民雇主处获得的薪资、津贴、福利及社保缴款等。借方记录我国居民雇主向非居民雇员支付的薪资、津贴、福利及社保缴款等。

(2) 投资收益：指因金融资产投资而获得的利润、股息(红利)、再投资收益和利息，但金融资产投资的资本利得或损失不是投资收益，而是金融账户统计范畴。贷方记录我国居民因拥有对非居民的金融资产权益或债权而获得的利润、股息、再投资收益或利息，借方记录我国因对非居民投资者有金融负债而向非居民支付的利润、股息、再投资收益或利息。

(3) 其他初次收入：指将自然资源让渡给另一主体使用而获得的租金收入，以及跨境产品和生产的征税和补贴。贷方记录我国居民从非居民获得的相关收入，借方记录我国居民向非居民进行的相关支付。

3) 二次收入

二次收入指居民与非居民之间的经常转移，包括现金和实物。贷方记录我国居民从非居民处获得的经常转移，借方记录我国向非居民提供的经常转移。

**2. 资本与金融账户**

其包括资本账户和金融账户。

1) 资本账户

资本账户指居民与非居民之间的资本转移，以及居民与非居民之间非生产、非金融资产的取得和处置。贷方记录我国居民获得非居民提供的资本转移，以及处置非生产、非金融资产获得的收入，借方记录我国居民向非居民提供的资本转移，以及取得非生产、非金融资产支出的金额。

2) 金融账户

金融账户指发生在居民与非居民之间、涉及金融资产与负债的各类交易。根据会计记账原则，当期对外金融资产净增加记录为负值，净减少记录为正值；当期对外负债净增加记录为正值，净减少记录为负值。金融账户细分为非储备性质的金融账户和储备资产。

(1) 非储备性质的金融账户包括直接投资、证券投资、金融衍生工具(储备除外)和雇员认股权、其他投资。

① 直接投资：以投资者寻求在本国以外运行企业获取有效发言权为目的的投资，包括直接投资资产和直接投资负债两部分。相关投资工具可划分为股权和关联企业债务。股权包括股权和投资基金份额，以及再投资收益。关联企业债务包括关联企业间可流通和不可流通的债权和债务。

a. 直接投资资产：指我国作为直接投资者对在外直接投资企业的净资产，作为直接投资企业对直接投资者的净资产，以及对境外连属企业的净资产。

b. 直接投资负债：指我国作为直接投资企业对外国直接投资者的净负债，作为直接投资企业对直接投资者的净负债，以及对境外连属企业的净负债。

② 证券投资：包括证券投资资产和证券投资负债，相关投资工具可划分为股权和债券。

股权包括股权和投资基金份额，记录在证券投资项下的股权和投资基金份额均应可流通(可交易)。股权通常以股份、股票、参股、存托凭证或类似单据作为凭证。投资基金份额指投资者持有的共同基金等集合投资产品的份额。

债券指可流通的债务工具，是证明其持有人(债权人)有权在未来某个(些)时点向其发行人(债务人)收回本金或收取利息的凭证，包括可转让存单、商业票据、公司债券、有资产担保的证券、货币市场工具及通常在金融市场上交易的类似工具。

a. 证券投资资产：记录我国居民投资非居民发行或管理的股权、投资基金份额的当期净交易额。

b. 证券投资负债：记录非居民投资我国居民发行或管理的股权、投资基金份额的当期净交易额。

③ 金融衍生工具(储备除外)和雇员认股权：又称金融衍生工具，用于记录我国居民与非居民金融工具交易和雇员认股权交易情况。

a. 金融衍生工具(储备除外)和雇员认股权资产：又称金融衍生工具资产，用于记录我国居民作为金融衍生工具和雇员认股权资产方与非居民的交易。

b. 金融衍生工具(储备除外)和雇员认股权负债：又称金融衍生工具负债，用于记录我国居民作为金融衍生工具和雇员认股权负债方与非居民的交易。

④ 其他投资：指除直接投资、证券投资、金融衍生工具和储备资产外，居民与非居民之间的其他金融交易，包括其他股权、货币和存款、贷款、保险和养老金、贸易信贷、其他(资产/负债)、特别提款权负债。

a. 其他股权：指不以证券投资形式(上市和非上市股份)存在的、未包括在直接投资项下的股权，通常包括在准公司或非公司制企业中的、表决权小于 10%的股权(如分支机构、信托、有限责任和其他合伙企业，以及房地产和其他自然资源中的所有权名义单位)及在国际组织中的股份等。资产项记录我国居民投资非居民的其他股权。负债项记录非居民投资我国居民的其他股权。

b. 货币和存款：货币包括由中央银行或政府发行或授权的有固定面值的纸币或硬币。存款是指对中央银行、中央银行以外的存款性公司，以及某些情况下其他机构单位的、由存单表示的所有债权。资产项记录我国居民持有的外币及开在非居民处的存款资产变动。负债项记录非居民持有的人民币及开在我国居民处的存款变动。

c. 贷款：指通过债权人直接借给债务人资金而形成的金融资产，其合约不可转让。贷款包括普通贷款、贸易融资、透支、金融租赁、证券回购和黄金掉期等。资产项记录我国居民对非居民的贷款债权变动。负债项记录我国居民对非居民的贷款债务变动。

d. 保险和养老金：又称保险、养老金和标准化担保计划，主要包括非人寿保险技术准备金、人寿保险和年金权益、养老金权益及启动标准化担保的准备金。资产项记录我国居民作为保单持有人或受益人所享有的资产或权益。负债项记录我国作为保险公司、养老金或标准化担保发行者所承担的负债。

e. 贸易信贷：又称贸易信贷和预付款，是因款项支付与货物所有权转移或服务提供非同步进行而与直接对手方形成的金融债权债务。例如，相关债权债务不是发生在货物或服务的直接交易双方，即不是基于商业信用，而是通过第三方或银行信用形式发生，则不纳入本项统计，而纳入贷款或其他项目统计。资产项记录我国居民与非居民之间因贸易等发生的应收款或预付款。负债项记录我国居民与非居民之间因贸易等发生的应付款或预收款。

f. 其他(资产/负债)：除直接投资、证券投资、金融衍生工具、储备资产、其他股权、货币和存款、贷款、保险准备金、贸易信贷、特别提款权等负债外的对非居民的其他金融债权或债务。资产项记录债权，负债项记录债务。

g. 特别提款权负债：指作为基金组织成员国分配的特别提款权，是成员国的负债。

(2) 储备资产：指我国中央银行拥有的对外资产，包括货币黄金、特别提款权、在国际货币基金组织的储备头寸、外汇储备及其他储备资产。

① 货币黄金：指我国中央银行作为国际储备持有的黄金。

② 特别提款权：是国际货币基金组织根据成员国认缴的份额分配的，可用于偿还国际货币基金组织债务、弥补成员国政府之间国际收支赤字的一种账面资产。

③ 在国际货币基金组织的储备头寸：指在国际货币基金组织普通账户中成员国可自由提取使用的资产。

④ 外汇储备：指我国中央银行持有的可用作国际清偿的流动性资产和债权。

⑤ 其他储备资产：指不包括在以上储备资产中的、我国中央银行持有的可用作国际清偿的流动性资产和债权。

### 3. 净误差与遗漏

国际收支平衡表采用复式记账法，由于统计资料来源和时点不同，会形成经常账户与资本与金融账户不平衡，形成统计误差项，称为净误差与遗漏。

### (二) 国际收支差额

根据复式记账原则及借贷记账法记账，一国国际收支账面上永远都是平的，收支相等，国际收支平衡表的余额为零。就具体项目而言，仍会出现借方与贷方不相等，存在差额。深入分析国际收支平衡表，就可从这些不同的差额入手，下面是各项目差额的含义及其之间的关联。

### 1. 贸易差额

贸易差额包括商品进出口的收支差额与服务输出入的收支差额。贸易差额在传统上经常作为整体国际收支的代表，因为有些国家的贸易收支占整体国际收支比重较大，同时经由海关收集统计的商品贸易收支能更及时、更快地反映一国的对外经济交往概况。更重要的是贸易差额可综合反映一国的产业结构、产品质量和劳动生产率状况，反映该国产业在国际上的竞争能力和在国际分工中的地位，是一国对外经济交往的基础，影响和制约着其他项目的变动。因而，即使是美国、日本等资本与金融项目比重较大的国家，仍然十分重视贸易收支的差额。但随着经济一体化和金融全球化的推进，贸易差额很难代表国际收支的整体。比如，当今美国等发达国家贸易收支在整个国际收支中的比例较小，资本流动、金融投资发展迅速，已经成为一国国际经济交易的主要项目。

### 2. 经常账户差额

经常账户不仅包括贸易账户，还包括收入账户和经常转移账户。经常账户差额与贸易差额较大的不同主要体现在收入账户余额上。由于收入账户涉及因对外金融资产和负债而取得的收入与支出，因此收入账户和资本与金融账户具有密切的联系。例如，当一国贸易账户平衡时，该国有大量的净海外资产，如果来自海外净资产的初次收入和二次收入比重较大，经常账户为顺差，反之，则为逆差。

国际经济协调组织如同际货币基金组织特别重视各国经常项目的收支状况，经常采用这一指标对成员国经济进行衡量，经常项目的交易具有不可逆转性。

### 3. 资本与金融账户差额

资本与金融账户差额就是资本账户和金融账户的净余额，透过资本与金融账户，可以了解一国资本市场的开放程度和金融市场的发达程度，对一国货币政策和汇率政策的调整提供有益的借鉴。由于各国在利率市场化、金融市场成熟度、经济发展程度和货币稳定等方面存在较大差异，资本与金融账户差额往往会产生较大的波动。

资本与金融账户具有较为复杂的含义，需要将其与经常账户进行综合分析。另外，该账户可为经常账户融资，所以资本与金融账户余额可反映一国经常账户的情况和融资能力。若暂不考虑错误和遗漏账户，经常账户和资本与金融账户的余额应该为零，就是经常账户出现赤字，对应着资本与金融账户有相应盈余，这意味着一国利用金融资产的净流入为经常账户赤字融资。影响金融资产流动的因素复杂而多样，如利率、各种投资的收益率、预期汇率、税收和政治风险等，随着国际金融一体化的发展，这种关联正在发生变化。

### 4. 总差额

总差额是指经常账户和资本与金融账户中的资本转移、直接投资、证券投资、其他投资账户所构成的余额，也就是将国际收支账户中的官方储备账户剔除后的余额。综合差额必然导致官方储备的反方向变动，因此可利用它来衡量国际收支对一国储备造成的压力。这对采用固定汇率制的货币当局更重要，因为货币当局有义务维持稳定的汇率，政府须动用官方储备介入外汇市场以实现外汇供求平衡。另外，这一概念比较综合地反映了自主性国际收支的状况，是衡量和分析国际收支平衡与否的指标。

## 四、国际收支平衡表的编制实例

### (一) 记录各项交易

某国 2020 年对外经济活动的资料如下：

(1) A 国从该国进口 180 万美元的纺织品。该国将此笔货款存入美联储银行；

(2) 该国从 B 国购入价值 3600 万美元的机器设备，由该国驻 B 国的银行机构以美元支票付款；

(3) 该国向 C 国提供 8 万美元的工业品援助;

(4) 该国动用外汇储备 60 万美元, 分别从 A 国和 D 国进口小麦;

(5) E 国保险公司承保(2)、(4)两项商品, 该国支付保险费 2.5 万美元;

(6) 该国租用 F 国的船只运送(2)、(4)两项商品, 运费 12 万美元, 付款方式同(2);

(7) 外国游客在该国旅游, 收入为 15 万美元;

(8) 该国在海外的侨胞汇回本国 25 万美元;

(9) 该国对外承包建筑工程 30 万美元, 分别存入所在国银行;

(10) 外国在该国直接投资 1500 万美元;

(11) 该国向 G 国出口 25 万美元商品, 以清偿对 G 国银行的贷款;

(12) 该国在国外发行价值 100 万美元的 10 年期债券, 该笔款项存入国外银行;

(13) 该国向国际货币基金组织借入短期资金 30 万美元, 以增加外汇储备;

(14) 据年底核查, 该国外汇储备实际增加了 75 万美元。

### (二) 根据记账原则进行数据分析

A 国从该国进口 180 万美元的纺织品。该国将此笔货款存入美联储银行(收入记入贷方(1)贸易出口项目, 同时这笔货款支出由 A 国在国外的银行支付给该国, 引起该国短期资本的增加, 故应记入借方(12)短期资本的资产增加项目)。

该国从 B 国购入价值 3600 万美元的机器设备(收入记入借方(1)贸易进口项目, 同时这笔货款支出由该国在国外的银行支付, 这是短期资本的减少, 故应记入贷方(12)短期资本的资产减少项目), 由该国驻 B 国的银行机构以美元支票付款。

该国向 C 国提供 8 万美元的工业品援助(借方, 无偿转移支出; 贷方, 贸易出口)。

该国动用外汇储备 60 万美元, 分别从 A 国和 D 国进口小麦(借方, 贸易进口; 贷方, 储备资产的减少)。

E 国保险公司承保(2)、(4)两项商品, 该国支付保险费 2.5 万美元(借方, 非贸易输入; 贷方, 短期资本的资产减少)。

该国租用 F 国的船只运送(2)、(4)两项商品, 运费 12 万美元, 付款方式同(2)(借方, 非贸易输入; 贷方, 短期资本的资产减少)。

外国游客在该国旅游, 收入为 15 万美元(借方, 储备资产的增加; 贷方, 非贸易输出)。

该国在海外的侨胞汇回本国 25 万美元(贷方, 无偿转移收入, 借方, 储备资产的增加)。

该国对外承包建筑工程 30 万美元, 分别存入所在国银行(贷方, 非贸易输出; 借方, 短期资本的资产增加)。

外国在该国直接投资 1500 万美元(借方, 非贸易输入; 贷方, 长期资本的负债增加)。

该国向 G 国出口 25 万美元商品, 以清偿对 G 国银行的贷款(贷方, 贸易出口; 借方, 长期资本的负债减少)。

该国在国外发行价值 100 万美元的 10 年期债券, 该笔款项存入国外银行(借方, 短期资本的资产增加; 贷方, 长期资本的负债增加)。

该国向国际货币基金组织借入短期资金 30 万美元, 以增加外汇储备(借方, 储备资产的增加; 贷方, 短期资本的负债增加)。

据年底核查, 该国外汇储备实际增加了 75 万美元。

### (三) 编制国际收支平衡表

#### 1. 编制草表

编制的草表见表4-2。

表4-2　国际收支平衡表(草表)　　　　　　　　　　　　　　　　单位：万美元

| 借方 | | 贷方 | |
|---|---|---|---|
| (1) 贸易进口 | 3600 | (2) 贸易出口 | 180 |
| | 60 | | 8 |
| | | | 25 |
| (3) 非贸易输入 | 2.5 | (4) 非贸易输出 | 15 |
| | 12 | | 30 |
| | 1500 | | |
| (5) 无偿转移支出 | 8 | (6) 无偿转移收入 | 25 |
| (7) 长期资本的资产增加 | | (8) 长期资本的资产减少 | |
| (9) 长期资本的负债减少 | 25 | (10) 长期资本的负债增加 | 1500 |
| | | | 100 |
| (11) 短期资本的资产增加 | 180 | (12) 短期资本的资产减少 | 3600 |
| | | | 2.5 |
| | 30 | | 12 |
| | 100 | | |
| (13) 短期资本的负债减少 | | (14) 短期资本的负债增加 | 30 |
| (15) 储备资产的增加 | 30 | (16) 储备资产的减少 | 60 |
| | 15 | | |
| | 25 | | |
| | 65 | | |
| (17) 净误差与遗漏 | | (18) 误差与遗漏 | 65 |
| (19) 合计 | 5652.5 | (20) 合计 | 5652.5 |

#### 2. 编制国际收支平衡表

编制国际收支平衡表见表4-3。

表4-3　国际收支平衡表　　　　　　　　　　　　　　　　　　单位：万美元

| 项目 | 借方 | 贷方 | 差额 |
|---|---|---|---|
| 国际收支总额 | 5622.5 | 5622.5 | 0 |
| 一、经常项目收支合计 | 5182.5 | 283 | -4899.5 |
| (1) 贸易收支 | 3660 | 213 | -3447 |
| (3) 非贸易收支 | 1514.5 | 45 | -1469.5 |
| (5) 无偿转移收支 | 8 | 25 | 17 |
| 二、资本往来项目合计 | 335 | 5244.5 | 4909.5 |

(续表)

| 项目 | 借方 | 贷方 | 差额 |
|------|------|------|------|
| (1) 长期资本往来 | 25 | 1600 | 1575 |
| (2) 短期资本往来 | 310 | 3644.5 | 3334.5 |
| 三、净误差与遗漏 | —— | 65 | 65 |
| 四、储备资产 | 135 | 60 | −75 |

### (四) 结果分析

以上结果的平衡关系如下：

1. 国际收支贷方与借方差额等于 0：

$$5622.5-5622.5=0(万美元)$$

2. 经常项目收支合计贷方与借方差额：

$$283-5182.5=-4899.5(万美元)$$

表明该年经常项目收支不平衡，出现赤字，即经常项目逆差 4899.5 万美元。

3. 资本往来项目收支合计贷方与借方差额：

$$5244.5-335=4909.5(万美元)$$

表明该年资本输入大于输出，导致资本负债增加，即资本项目顺差 4869.5 万美元。

4. 误差与遗漏贷方与借方差额：

$$65-0=65(万美元)$$

5. 储备资产贷方与借方差额：

$$60-135=-75(万美元)$$

以上平衡关系表明该国 2020 年经常项目收支不平衡，出现赤字。之所以最终国际收支能达到平衡，储备资产也增加 75 万美元，主要是因为吸收外资的结果。需要注意的是：虽然该年达到了平衡，但由于外来资金的增加，同时导致该国长期资本负债增加和短期资本资产的减少，不能不对该国下一年度以至未来的发展产生负面影响。

# 第二节　国际收支失衡分析

国际收支失衡有两种，一是国际收支顺差，二是国际收支逆差，通常国际收支顺差比较容易调整，或对外投资，或大量购买国外商品，或鼓励对外旅游、留学等，而国际收支逆差相对难调整，因此，本章所讲的国际收支失衡主要特指国际收支逆差。

## 一、国际收支失衡的判断

在国际收支平衡表里，国际收支最后总是平衡的，这种平衡是会计意义上的平衡。但在实际中，国际收支经常存在不平衡，即出现不同程度的顺差或逆差，这就是国际收支失衡

(Disequilibrium)的含义。国际经济交易反映到国际收支平衡表上有若干项目，各个项目都有各自的特点，按其交易的性质可分为自主性交易和调节性交易。理论上讲，国际收支失衡是指自主性交易的不平衡。

### (一) 自主性交易

自主性交易也叫事前交易，指经济主体纯粹出自经济上的目的或自身利益考虑而自主进行的交易。例如，商品和劳务输出入、政府间的贷款和投资及私人直接投资等，具有自发性和分散性特点；出国旅游求学、侨民汇款都是出于自身利益考虑而进行的交易。在国际收支平衡表中的经常项目、资本与金融账户项目中的长期资本项目及部分短期资本项目就属于自主性交易。

### (二) 调节性交易

调节性交易也叫补偿性交易或事后交易，为了弥补自主性交易缺口而进行交易。例如，为了弥补国际收支逆差，一国货币当局向外国政府或国际金融机构借款、动用官方储备等，具有集中性和被动性等特点。这就是国际收支平衡表中部分短期资本和官方储备项目的有关内容。金融危机发生期间，政府向别国政府申请短期贷款干预汇市，避免投资炒家进行投机活动，这种交易就是典型的调节性交易。1997年金融危机期间亚洲很多国家都申请过外国政府贷款以平衡国际收支。

### (三) 平衡的理解

自主性交易是一个国家或地区国际收支中最主要的内容，也体现一个国家或地区的对外经济能力。如果一定时期自主性交易能自动平衡，则意味着国际收支达到实质性平衡；反之，一个国家或地区自主性交易失衡，需要通过调节性交易才能实现国际收支平衡，这只是形式上的平衡，是一种暂时的、不稳定的平衡。当然，就具体项目而言，国际收支失衡还应该涉及5种不平衡的口径分析内容，即贸易收支失衡、经常项目失衡、自主性交易失衡、官方结算项目失衡和综合项目失衡。因此，必须分清失衡的项目和性质，才能对国际收支失衡的概念有全面的理解。

## 二、国际收支失衡的原因

国际收支失衡的原因多种多样，下面是国际收支失衡的主要原因。

### (一) 结构性因素

结构性因素是指一国的产业结构不能适应世界市场的变化而发生的国际收支失衡。世界各国由于自然资源和其他生产要素禀赋的差异形成一定的国际分工格局，这种格局随要素禀赋和其他条件的变化而变化，任何国家都不能永远保持既定的比较利益。如果一国的产业结构不能随国际分工格局的变化而得到及时调整，便会出现结构性国际收支失衡。例如，随着国际市场的变化，产品的质量、性能、款式、商业模式、技术等不断创新，如果该国的生产结构不能随着形势的变化而加以调整，那么就会失去原来的贸易竞争优势，如近年来出现的互联网技术及电子商务，有些国家产业没有及时调整，跟不上产业发展的需要，就很快退出国际市场，失去竞争力。目前欧洲的电子商务相比中国而言还比较落后，基础设施还不健全，这就影响了商品的交易效益，直接降低了产业竞争力；另外，一些发展中国家产业结构单一、出口产品的需求收入弹性低，或出口需求的价格弹性高而进口需求价格弹性低等，同样会引起国际收支失衡。例如，英国近年来的"去工业化""产业空心化"及服务业的快速发展导致英国产业结构日益"软化"。金融危机后，英国更加暴露出产业结构的失衡态势及以服务业为主导的产业发展的脆弱性。英国产业结构不能适应国际市场的需求，导致产业国际竞争力下降，国际收支状况恶化，结构性因素对国际收支的影响见图4-2。

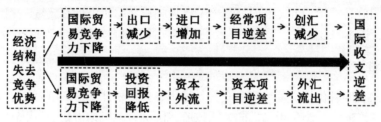

图4-2　结构性因素对国际收支的影响

## (二) 周期性因素

周期性因素是指由于经济周期的波动而引起的国际收支失衡。在市场经济国家，由于一国所处的商业周期阶段不同，给经济造成的影响不同。经济周期中的萧条、复苏、繁荣和衰退四个阶段频繁循环，在周期的不同阶段，一国的总需求、进出口贸易和收入等受到影响而引发国际收支失衡。例如，在经济繁荣时期，各国资源能够得到充分利用，生产加快，出口增加，资本流入加速，从而使国际收支发生顺差；反之，国际收支会出现逆差。中国改革开放以来，尤其是 2000 年以来，经济强劲增长，外贸出口竞争力不断提高，使得国际收支持续顺差，周期性因素对国际收支的影响见图 4-3。

图4-3　周期性因素对国际收支的影响

## (三) 货币性因素

货币性因素是指因一国币值发生变动而引发的国际收支失衡。一国无论是发生通货膨胀还是通货紧缩，都会引起货币价值变动，从而使该国物价水平与他国比较发生相对变动，由此引起国际收支失衡。例如，当一国物价普遍上升或通胀严重时，出口产品成本提高，在国际市场上竞争力下降，出口利润减少，抑制出口、刺激进口，外汇供应短缺，外汇市场上外汇供不应求，这就必然发生国际收支逆差。在其他条件不变的情况下，其经常项目收支状况恶化，造成国际收支逆差。货币性因素对国际收支的影响见图 4-4。

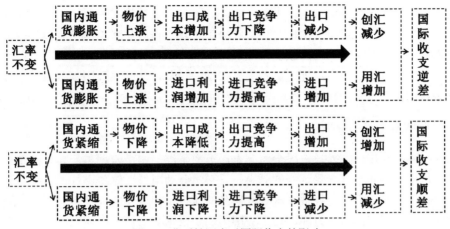

图4-4 货币性因素对国际收支的影响

#### (四) 季节性、偶然性因素

一些产业的生产和消费都会受到季节性因素的影响,受季节性影响较大国家的进出口都会随着季节变化出现不平衡,因而造成国际收支季节性失衡。例如,出口产品结构以农产品为主的国家或地区,在农业生产时期需要进口农业机械、化肥、农药及燃料等,出现季节性逆差。有些农业大国,在收获季节大量农产品出口,这些国家或地区的国际收支常常出现顺差,这些国家就表现为季节性失衡,变化十分明显。

也会有一些短期的、非确定性的或偶然因素引起国际收支失衡,这叫偶然性失衡,如洪灾、震灾、疫情等自然灾害,以及外部市场因素的变化所引起的国际收支失衡等。这种失衡程度一般较轻,持续时间不长,且带有可逆性。在固定汇率制下,只要动用官方储备就能够对其进行调整;在浮动汇率制下,市场汇率的波动就可以将其纠正,一般都不需要采取政策措施。2020年的新冠肺炎疫情暴发使得很多国家外向型国家国际收支持续恶化,尤其是以旅游、航空等服务产业为主的国家国际收支恶化程度更为严重。例如,西班牙、埃及、泰国、菲律宾、越南等都不同程度出现了严重的国际收支失衡。季节性、偶然性因素对国际收支的影响见图4-5。

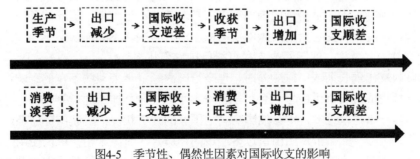

图4-5 季节性、偶然性因素对国际收支的影响

## 三、国际收支失衡的影响

### (一) 国际收支顺差的影响

一国的国际收支出现顺差,可以增大其外汇储备,加强其对外支付能力,但也会产生如下

不利影响。第一，一般会使本币汇率上升，而不利于其出口贸易的发展，从而加重国内的失业问题。第二，如果该国为维持汇率的稳定，在外汇市场上进行干预，则会使本币供应量增长，加重通货膨胀。第三，一国的国际收支发生顺差，意味着有关国家国际收支发生逆差，必然会影响其他国家的经济发展，有可能遭到贸易伙伴国的报复，从而导致国际摩擦。第四，国际收支顺差如果是由出口过多所导致，则意味着国内可供使用资源的减少，不利于本国经济的发展。

### (二) 国际收支逆差的影响

一国的国际收支出现逆差，一般会引起本币汇率下浮，如逆差严重，则会使本币汇率急剧跌落。该国货币当局如不愿接受这样的后果，就必然会动用外汇储备进行调整和干预，即抛售外汇和收进本币。这一方面会导致本国外汇储备的减少，甚至会造成外汇储备的枯竭，从而严重削弱其对外支付能力；另一方面则会形成国内的货币紧缩形势，促使利率水平上升，影响本国经济的增长，从而引起失业的增加和国民收入增长率的相对与绝对下降。从国际收支逆差形成的具体原因来说，如果是由贸易收支逆差所致，将会造成国内失业的增加；如果是由资本流出大于资本流入所致，则会造成国内资金的紧张，从而影响经济增长。

一般来说，一国的国际收支越是不平衡，其不利影响也越大。虽然国际收支逆差和顺差都会产生种种不利影响，但相比之下，逆差所产生的影响更为严重，因为它会造成国内经济的萎缩、失业的大量增加和外汇储备的枯竭，因而对逆差采取措施更为紧迫些。对顺差的调节虽不如逆差紧迫，但从长期来看也还是需要采取措施加以调节的。

# 第三节　国际收支失衡的调节

在对外开放的背景下，一国的国际收支不平衡，势必影响到国内经济。在各个国家，国际收支均衡作为对外经济目标，与充分就业、物价稳定和经济增长等国内经济目标并驾齐驱。不论国际收支顺差还是逆差，都会通过各种传递机制给国内经济造成不利影响，妨碍内部均衡目标的实现。一国国际收支赤字会造成国内经济萎缩，就业不足，带来国际储备的枯竭，故各国对此更为重视，而国际收支盈余对一国的压力则相对轻一些，不必那么急于调节。但从长期来看，各国都必须采取措施，使国际收支尽可能保持均衡状态。

一国国际收支出现长期或巨额顺差时，也会给国内经济带来某些不良的影响，因为累积的国际储备增加所造成的货币供应增长会带来物价水平的上升，加剧通货膨胀。同时一国盈余意味着他国赤字。一国盈余过多，则必然影响其他国家的经济状况，引起国际摩擦，不利于国际经济关系。如果国际收支盈余是由出口过多造成的，那么本国在这期间可供使用的生产资源就会减少，长期如此势必影响本国的经济发展速度。因此国际收支失衡的调节就显得尤为重要。在不同的汇率制度下，国际收支具有一定的自动调节机制。国际收支的调节方法可分为两类：一类是自动调节机制；一类是调节政策。

## 一、国际金本位制度下的国际收支自动调节机制

在国际金本位制度下，国际收支的自动调节是通过大卫·休谟所揭示的物价—现金流动机制来实现的。如果一国出现国际收支逆差，黄金就会外流，使得国内货币供应量减少，进而使国内物价下降，这样就可以促进出口，减少进口，逐渐使国际收支出现顺差。如果一国的国际收支出现顺差，则可以通过上述机制的作用使之恢复平衡。

大卫·休谟根据上述理论，认为任何国家都不会发生黄金持续流出，以致黄金储备流尽，而不能维持金本位制度的现象，这就是物价—现金流动机制理论。该理论的政策含义是：市场机制能够自发地调节国际收支，因而政府无须采取调节国际收支的政策措施。

大卫·休谟提倡的金本位制下国际收支自动均衡的理论，在当时是一种进步，打破了当时在英国具有支配地位的重商主义理论的桎梏。重商主义者认为，黄金本身就是国家的财富，所以主张国家采取各种措施使对外输出增加而形成贸易顺差，使黄金流入，增加黄金存量。大卫·休谟根据黄金流出与流入对物价水平所产生的作用，提出物价—现金流动机制理论，驳斥重商主义的贸易差额说，使其发生根本动摇。另外，大卫·休谟的理论提倡自由贸易和政府不干预主义，这在当时迎合了资本主义处于上升时期所需要的自由放任思潮，因此，大卫·休谟的理论受到资本主义的欢迎。金本位制度下国际收支的自动调节机制见图4-6。

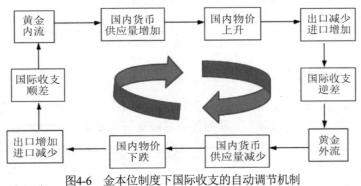

图4-6 金本位制度下国际收支的自动调节机制

## 二、纸币流通制度下国际收支的自动调节机制

在纸币流通制度下，国际收支的自动调节机制是利率、汇率、收入、价格四种调节机制。

### (一) 利率的自动调节机制

利率的自动调节机制是指一国国际收支不平衡会影响利率的水平，而利率水平的变动反过来又会对国际收支不平衡起到一定的调节作用，主要从经常账户和资本账户两个方面进行调节。

一国国际收支出现逆差，表明该国银行所持有的外国货币存款或其他外国资产减少，负债增加，因此产生了银行信用紧缩，使国内金融市场的银根趋于紧张，利率水平逐渐上升。利率的上升表明本国金融资产的收益率上升，从而对本国金融资产的需求相对增加，对外国金融资产的需求相对减少，资本内流增加、外流减少，资本项目逆差逐渐减少，甚至出现顺差。另一

方面，利率上升使国内投资成本上升，消费机会成本上升，因而国内总需求下降，对国外商品的进口需求也随之减少，出口增加，这样，贸易逆差也会减少，整个国际收支趋于平衡。反之，国际收支盈余会通过货币供应量的上升和利率水平的下降，导致本国资本外流增加，外国资本流入减少，国内总需求上升，使其国际收支盈余减少甚至消除。利率机制对国际收支的自动调节过程如图4-7所示。

图4-7 利率机制的自动调节过程

### (二) 汇率的自动调节机制

在浮动汇率制下，当一国国际收支失衡时，在外汇市场上会对本币产生一定的压力，促使汇率产生变动，这种变动反过来又影响国际收支，使其自动恢复平衡。其具体原理是：当一国国际收支出现逆差，外汇市场上对本币的需求减少，导致本币汇率下降。如果该国满足马歇尔—勒纳条件，则本币贬值将有利于扩大出口，减少进口，使国际收支趋于平衡；反之，当一国出现国际收支顺差时，本币汇率的自发上升也会使该国的国际收支自发趋于平衡。汇率机制对国际收支的自动调节过程如图4-8所示。

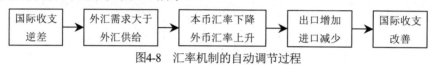

图4-8 汇率机制的自动调节过程

### (三) 收入的自动调节机制

收入机制指当一国国际收支发生逆差，表明该国的国民收入水平下降，国民收入的下降引起社会总需求的下降，进口需求减小，从而使贸易收支得到改善。国民收入的下降除了对贸易收支产生影响以外，还会使外国劳务和金融资产的需求有不同程度的下降，其影响是多方面的，从而使整个国际收支得到改善。与此相反，当一国发生国际收支顺差，引起国民收入水平上升，会引起进口需求的增加，这就部分抵消了出口的变动，从而减少了该国国际收支顺差的程度。收入机制对国际收支的自动调节过程如图4-9所示。

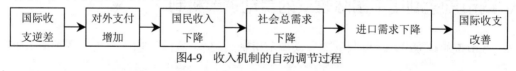

图4-9 收入机制的自动调节过程

### (四) 价格的自动调节机制

价格的变动在国际收支自动调节机制中也发挥着重要的作用。由于一国国际收支失衡会引起该国流通中的货币存量发生变化，货币存量的变化必然引起价格变量的变化，而这些变量本身的变化又会起到改变国际收支的作用，这就是价格机制。其具体运作机制如下：假如一国国际收支出现逆差，容易导致国内信用紧缩，该国的基础货币供应量随之减少，这将导致本国商品的价格下降，当本国的价格水平相对于外国较低时，这有助于本国商品出口，并在一定程度上阻止进口增加，这样使经常项目收支发生扭转，从而改善国际收支。价格机制对国际收支的自动调节过程如图4-10所示。

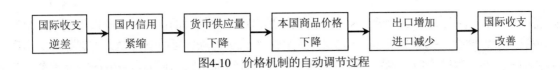

图4-10 价格机制的自动调节过程

# 三、国际收支失衡的政策调节

政策调节指一个国家或地区的政府为了自身经济发展的目标，或因来自外部市场的压力等因素，通过制定宏观的经济政策，或采取国际上经济合作，甚至是直接管制的措施，对本国的对外经济活动进行管理和干预，来实现本国国际收支平衡。这也是当今世界各国宏观经济政策的主要目标之一。

## (一) 财政政策

财政政策指一国政府采取适当的财政支出和税收政策来平衡国际收支。例如，当出现国际收支逆差时，政府就实行紧缩性的财政政策，减少财政预算，提高税率，降低社会总需求，迫使物价下降，传递到进出口方面使产品的国际竞争力增强，从而改善国际收支逆差，在进出口税收和补贴政策方面可进行出口退税、出口免税、进口增税、财政补贴等，改善出口条件，增加外汇收入，平衡国际收支。当一国出现国际收支顺差时，采取相反的政策措施，以达到减少国际收支顺差的目的。

## (二) 金融政策

### 1. 汇率政策

汇率政策指一国政府通过调整汇率来改变外汇的供求关系，由此影响进出口商品的价格和资本流出流入的规模，从而达到改善国际收支的目的。在固定汇率制下，一国货币当局公开宣布本币法定升值或贬值，以改变本国货币的对外价值，达到调节国际收支的目的。例如，当一国发生国际收支逆差，货币当局将本币法定贬值，降低本币汇率，提高外币汇率，这样扩大了本国出口商品在国际市场上的降价空间，有利于提高本国出口商品的国际竞争力，带动出口规模的扩大；而相对地，外国商品在本国市场上以本币表示的价格相对提高，在一定程度上抑制进口，扭转国际收支逆差。在浮动汇率制下，货币当局一般通过外汇平准基金来进行公开市场业务，人为地改变汇率来平衡国际收支。例如，当一国国际收支发生逆差时，货币当局在外汇市场上公开买进外汇，卖出本币，促使本币汇率下降，进而达到扩大出口、抑制进口的目的。

汇率政策的实施是否能够达到预期的目标，还要看一个国家的自然条件及进出口商品的供给和需求弹性。如果一国资源贫乏，进出口商品的供给和需求弹性较低，则本币贬值使出口商品价格降低，但不能带动出口量的扩大；同样，由于资源限制和商品弹性因素，本币贬值后进口商品的量可能不会明显减少。因此，选择汇率政策应根据一国的实际情况综合考虑。

### 2. 利率政策

利率政策指中央银行通过调节货币供应量与利率来影响宏观经济活动水平的经济政策，其主要工具是公开市场业务、再贴现和法定准备金率。当出现国际收支逆差，政府采取紧缩的货币政策，提高利率，以增加融资成本来限制货币需求的膨胀，并吸引外资流入；提高贴现率和法定准备金率，以紧缩信贷规模，从而达到制约进出口规模的目的；实行公开市场业务，政府在市场上出售债券，以调节货币需求规模，从而减少直至消除国际收支逆差。当国际收支出现较大的顺差时，政府采取扩张性的货币政策，如在公开市场上买入债券，降低法定准备金率和贴现率；利率下降，投资就会增加，从而经济扩张，外汇支出增加，使国际收支盈余减少。

### 3. 资金融通政策

资金融通政策指一国使用官方储备和国际信贷来调节国际收支失衡的一种政策。一国的外部均衡调控包括临时性的和长期的，本政策的使用关键是区分这两种失衡类型。例如，出现临时性的国际收支逆差，就动用外汇储备或对外举债等融资方式弥补外汇市场上的超额外汇需求，以此稳定汇率来平衡国际收支；如果国际收支失衡是由中长期因素引起的，则该政策的使用会加大失衡的积累，为经济发展留下隐患，所以要运用相关政策配合进行调整。

### (三) 其他政策

### 1. 贸易管制政策

在某种情况下，一国政府对国际经济交易采取直接的行政管制来干预国际收支，主要方法有外汇管制和贸易管制。例如，当一国发生国际收支逆差，政府为减少外汇支出、防止资本外逃，往往采取严格的外汇使用申请措施；在贸易方面采取"奖出限入"政策，如使用出口信贷、出口补贴政策来促进出口，提高进口关税，实行进口配额制和进口许可证制等，以改善贸易收支逆差。直接管制的特点是只要政策运用得当，能够迅速达到预期目标，并且不影响整个经济的运行，比较方便灵活。但是，这种政策也存在一些缺点，首先是干扰市场机制的功能，尤其是市场价格机制，这不利于自由竞争和有效配置资源；其次是政策实施比较明显，容易招致他国的报复。

### 2. 国际经济合作政策

上述政策措施都存在一个共同的特点，就是每个政策都是以本国利益为出发点，那必定会引起各国间的摩擦与冲突，爆发利率战、汇率战和贸易战等，其不仅损害了各国自己的利益，也破坏了正常的国际经济秩序。因此，建立健全国际经济金融合作的新秩序势在必行。具体措施包括：加强国际金融组织和区域性金融组织或经济机构之间的联系与合作；加强清算，争取信贷，增加贸易自由，消除国际贸易障碍和资本流动障碍；加强和完善国际货币基金组织等国际金融组织的职能和作用，协调各国贸易政策的实施，帮助成员国消除国际收支失衡及由此引发的货币、债务危机等，从而推动国际经济均衡发展。

总之，有关国际收支失衡的调节政策有很多种，各国应根据本国的实际情况选择一种或多种加以综合运用，充分发挥政策的优势功能，避免弱点，以达到预期的政策目标。

## 四、国际收支调整政策选择的原则

国际收支不平衡的调节方式很多，但是每一种调节方式都有自己的特点，对国际收支不平衡调节的侧重点也不同，因此在具体调节一国国际收支不平衡时选择适当的调节措施非常重要，一般应遵循以下原则。

### (一) 根据国际收支失衡的原因选择适当的调节方式

国际收支不平衡产生的原因是多方面的，根据其产生原因的不同应选择适当的调节方式。例如，一国国际收支不平衡由经济周期波动所致，说明这种不平衡是短期的，因而可以用本国的国际储备或通过从国外获得短期贷款来弥补，达到平衡的目的，但这种方式用于持续性巨额逆差的调整不能收到预期效果。如果国际收支不平衡是由货币性因素引起的，则可采取调整汇率即货币比价的方式。如果国际收支不平衡是因为总需求大于总供给而出现的收入性不平衡，则可实行调节国内支出的措施，如实行财政金融的紧缩性政策。如果发生结构性的不平衡，就采取贸易、外汇管制措施，或利用国家的财政、货币政策干预，为长期的结构调整创造条件。

### (二) 兼顾内部均衡与外部均衡

国际收支是一国宏观经济的有机组成部分，调整国际收支势必对国内经济产生直接影响。一般来说，要达到内外均衡是很困难的，往往调节国际收支的措施会对国内经济产生不利影响，而谋求国内均衡的政策又会导致国际收支不平衡。因此，必须按其轻重缓急，在不同的时期和经济发展的不同阶段分别做出抉择。当然，最一般的原则是尽量采用国内平衡与国际收支平衡相配合的政策。

### (三) 避免与别国发生冲突

在选择调节国际收支的方式时，各国都以自身的利益为出发点，各国利益的不同必然使调节国际收支的对策对不同国家产生不同的影响。有利于一国调节国际收支的措施往往可能有害于其他国家，从而导致这些国家采取一些报复措施，不仅会影响国际收支调节的效果，而且会不利于国际经济关系的发展。因此，在选择调节国际收支的方式时，应尽量避免采取损人过甚的措施，最大限度地降低来自他国的阻力。

# 第四节　国际储备

国际储备是国际金融领域中的重要内容之一，也是第二次世界大战后国际货币体系改革的核心议题。外汇直接管制的程度如何及汇率制度的灵活程度都与一个国家外汇储备的多少有紧密的联系。

## 一、国际储备概述

### (一) 国际储备的概念

国际储备是一国货币当局持有的，在国际上被普遍接受的用于弥补国际收支逆差、维持其货币汇率和作为对外偿债保证的各种形式对外金融资产的总称。从以上定义可看出，作为国际储备的资产必须具有以下三个特征。

#### 1. 政府持有

政府持有指非官方机构、企业和个人等持有的资产都不能包括在国际储备资产中，也正是基于这一点，国际储备通常又被称为官方储备。

### 2. 普遍接受

作为国际储备的资产，必须为世界各国普遍接受，否则它也就不能用来弥补国际收支逆差、维持汇率的稳定了。这也就是储备资产的安全性，价值的稳定性。

### 3. 流动性

只有具有充分的流动性，才能在发生国际收支困难时，迅速地动用这些资产予以弥补。

具体哪些资产构成国际储备，是随着历史的发展而不断发展的。第二次世界大战前，黄金和可兑换成黄金的外汇构成了各国的储备资产。第二次世界大战后，IMF 又先后为成员国提供了两种资产形式，用以补充各成员国的储备资产。目前，国际货币基金组织成员国的国际储备资产主要包括四种类型，即黄金储备、外汇储备、在 IMF 的储备头寸和特别提款权。

### (二) 国际储备的构成

### 1. 黄金储备

黄金储备是指一国货币当局持有的货币性黄金，即一国货币当局作为金融资产所持有的黄金。任何企业和个人等所持有的各种形式的黄金是非货币性黄金，并不属于黄金储备的范畴。在典型的国际金本位制度下，黄金是最重要的国际储备资产形式，它执行世界货币的职能，充当国际支付的最后手段。在第二次世界大战后的布雷顿森林体系下，黄金仍是货币汇率的基础，具有一般支付手段的职能，因此仍是很重要的国际储备形式。但是其在国际储备资产中的比重不断下降。这是因为，黄金的开采量受自然条件的限制，黄金日渐难以满足世界贸易和国际投资的扩大对国际储备的需要，而且持有黄金储备不仅不能生息还要支付仓储费，它的收益率较低，再加上从 20 世纪 70 年代中期以来，国际货币基金组织实行黄金非货币化政策，即货币当局将其持有的黄金拍卖，而使货币用途的黄金转为非货币用途的黄金。虽然如此，黄金并未失去其国际储备的身份，主要原因是黄金本身是有价值的实体，长期以来一直被人们认为是一种最后的支付手段，它的贵金属特性使它易被人们所接受。由于黄金市场的存在，各国货币当局可通过向该市场出售黄金获取外汇，以平衡国际收支差额。所以，目前世界上并没有一个国家完全放弃和废除黄金储备。

### 2. 外汇储备

它是一国货币当局持有的对外流动性资产，其形式主要为国外银行存款(包括能索取这些存款的外币票据和凭证)与外国政府债券。第二次世界大战后外汇储备增长很快，在世界国际储备总额中所占的比例越来越大，进入 20 世纪 80 年代后已成为国际储备中最主要的储备资产形式。这不仅表现在它所占的比重远远超过了其他类型的国际储备资产形式，更为重要的是，外汇储备流动性强，风险较小，还可以获得利息、投资收益，因此外汇储备在实际中使用的频率最高、规模最大。当今外汇储备是最重要的储备资产，对它的管理也是国际储备管理中最重要的内容。

### 3. 在IMF的储备头寸

在 IMF 的储备头寸，亦称普通提款权，是指成员国在 IMF 的普通资金账户中可自由提取和使用的资产，成员国在 IMF 的储备头寸包括：

(1) 向 IMF 认缴份额中 25% 的黄金或可兑换货币部分；

(2) IMF 为满足成员国借款需要而使用的本币；

(3) IMF 向该成员借款的净额，也构成该成员对 IMF 的债权。

对大多数成员来说，在 IMF 储备头寸的三个构成部分中，以第一部分为最多。

### 4. 特别提款权

特别提款权是 IMF 为弥补成员国国际储备的不足，在 1969 年 9 月正式决定创造的一种储备资产形式。它是 IMF 根据份额多少无偿分配给成员国的、可用来归还 IMF 贷款和成员国政府之间偿付国际收支赤字的一种账面资产。由于它是成员国原有的普通提款权以外的提款权利，故称特别提款权。这种无形货币与其他储备资产形式相比，有着明显的区别，表现在：

第一，它不具有内在的价值，是 IMF 人为创设的一种账面资产。

第二，特别提款权只能在 IMF 及成员国政府之间使用，可同黄金、外汇一起作为储备资产，并可用于成员向其他成员换取可兑换货币外汇，支付国际收支差额，偿还 IMF 的贷款，但任何私人企业不得持有和运用，不能直接用于贸易与非贸易支付。

第三，它是由 IMF 根据份额的大小向成员国政府无偿分配的。

与黄金储备、外汇储备相比，储备头寸及特别提款权比例较小，实践中很难发挥重要的作用。所以多数国家非常关注外汇储备、黄金储备，对另外两项管理的重视程度要受到一些影响。

对于以上四种国际储备资产而言，由于黄金货币属性逐渐减弱，在国际货币基金组织的储备头寸和特别提款权份额非常有限，相对于一国经济的快速发展和平衡国际收支而言，最重要的仍然是外汇储备。

### (三) 国际储备的作用

#### 1. 弥补国际收支逆差

这是一国持有国际储备的首要作用和目的。当一国发生国际收支逆差时，可以通过动用外汇储备、减少在 IMF 的储备头寸和特别提款权持有额或在国际市场上出售黄金来弥补国际收支逆差所造成的外汇供求缺口，能够使国内经济免受政策调整产生的不利影响，有助于国内经济目标的实现。当然，一国的储备是有限的，它应付国际收支困难的能力也是有限的。对于暂时性的国际收支失衡可以动用国际储备来平衡，而不必采取调整国内经济的措施，从而使国内经济免受外部冲击。对于长期的、根本性国际收支困难，虽然动用国际储备不能从根本上解决问题，但它可以起到一种缓冲的作用，减轻采取紧急的调整措施对国内经济造成的冲击，同时为政府赢得一定的时间，有步骤地进行国际收支的调整。

#### 2. 维持本国货币稳定

一国持有储备的多少表明一国干预外汇市场和维持汇率稳定的实力。国际储备资产可用于干预外汇市场，影响外汇市场上的外汇供求，从而将汇率维持在一国政府所希望的水平。一国拥有雄厚的国际储备不仅为当局客观上提供了干预资产，而且通过增强国外市场人士心理上对本国货币的信心，维持本币在外汇市场的坚挺走势。

#### 3. 作为偿还外债的保证

一国在必要时，可将其外汇储备通过兑换或直接用于支付对外债务。因此，国际储备可作为偿还外债的保证，它的多少成为衡量一国对外资信的一个重要指标。国际金融机构和银行在提供贷款时，通常要事先调查借款国偿还债务的能力。一国持有的国际储备状况是资信调查、评价国家风险的一个重要指标，它的多少成为衡量一国对外资信的重要指标。

## 二、国际储备的数量管理

国际储备对一国的经济发展具有重要的意义，一国应保持多大规模的国际储备，对该国的国际贸易、国内经济发展具有重要的作用。如果一国持有的国际储备过少，就不能满足其对外贸易和经济发展的需要，但持有的储备也不能过多，因为国际储备是财富和购买力的代表，它可以被用于生产经营活动，所以持有国际储备是有机会成本的。确定合理的国际储备，就要对影响国际储备需求和供给的因素进行分析，对国际储备进行科学管理。一国国际储备的管理包括两个方面：一方面是国际储备水平的管理，以求得适度的储备水平；另一方面是国际储备结构的管理，以求得合理的储备结构。

就一个国家来说，持有多大规模的国际储备水平才算是适度的呢？目前没有一个普遍适用的统一标准。一国应持有的适度的国际储备与持有国际储备的成本和收益有密切的关系，因此，我们就从一国对国际储备的需求及其供给两个方面进行分析。

### (一) 国际储备的需求

决定一国对国际储备需求量的因素主要有以下几个。

#### 1. 对外贸易状况

一国外贸在其国民经济中处于重要地位，对外贸依赖程度较高的国家，需要较多的国际储备；反之，则需要较少的国际储备。一个在贸易条件上处于不利地位、其出口商品缺乏竞争力的国家，需要较多的国际储备；相反，则需要较少的国际储备。对外贸易状况之所以是决定一国需要国际储备多寡的重要因素，是因为贸易收支往往是决定其国际收支状况的重要因素，国际储备的最基本作用也是弥补国际收支逆差。

#### 2. 持有国际储备的成本

国际储备代表着一国对外国实际资源的购买力，它们若得到利用，就可以增加国内投资和加快经济的发展。因此，一国持有的国际储备，实际是将这些实际资源储备起来，牺牲和放弃利用它们来加快本国经济发展的机会。这是一种经济效益的损失，是持有国际储备的机会成本，即国外实际资源进行投资的投资收益率的损失。它表明一国持有国际储备所付出的代价。但是，一国持有的国际储备中生息的储备资产(在国外的银行存款和外国政府债券)还会有一定的利息收益。这样，一国持有国际储备的成本，便等于投资收益率与利息收益率之差。这个差额大，表明持有国际储备的成本高；差额小，则表明持有国际储备的成本低。受经济利益的制约，一国对国际储备的需求量，会同其持有国际储备的成本呈相反方向变化：持有国际储备的成本越高，对国际储备的需求量越少；反之，对国际储备的需求量越大。

#### 3. 对外借款的保障

一国借用国外资金的能力较强，其国际储备水平可低些，因为该国的国际清偿能力不会因其储备水平较低而降低；反之，一国借用国外资金的能力较弱，则需要较高水平的国际储备。

### 4. 直接管制的程度

当一国发生国际收支逆差时，既不靠外汇资金来融通，也不靠进行经济调整来扭转，而是通过直接管制来增加外汇收入和限制外汇支出，从而实现国际收支的平衡。这些管制越严格，需要的储备就越少；管制越松，需要的储备就越多。当然，一国实行的管制越严格，就越反映该国国际储备的短缺。

### 5. 汇率制度

维持汇率稳定是国际储备的作用之一。国际储备需求与汇率制度存在着密切的关系，如果一国实行固定汇率制度和稳定汇率的政策，为干预外汇市场和平抑汇率，对国际储备需求的数量就较大；反之，如果一国实行浮动汇率制度，则对国际储备需求的数量较小。但从实际情况看，20 世纪 70 年代布雷顿森林体系瓦解，主要西方国家采用浮动汇率制度以来，国际储备的需求不仅没有减少，反而在不断增加。这是因为西方各国实行的浮动汇率制度从根本上讲是有管理的浮动汇率制度，在这种汇率制度下，对国际储备的需求取决于一国货币当局外汇干预的程度，而且随着短期资本流动的规模越来越大，外汇市场的稳定性大大降低，这就使得各国为稳定汇率进行的外汇干预比以前不是减少了而是加强了。

影响一国对国际储备需求的因素有很多，因此，确定一国国际储备的适度规模是很复杂的，目前并没有一个统一的标准，各国应根据本国的具体情况综合考虑上述因素来决定本国所持有的国际储备量。

### (二) 国际储备的供给

一国的国际储备水平，不仅取决于它对国际储备的需求量，还取决于它的国际储备的供给数量。前述的黄金储备、外汇储备、在 IMF 的储备头寸和特别提款权这四种储备资产形式，后两者是一国不能主动增减的。这是因为，在国际货币基金组织的储备头寸同份额紧密相联，而成员国缴纳给国际货币基金组织的份额又是以该成员的经济实力为基础的，在其经济实力无明显变化或在 IMF 未调整份额的情况下，该成员持有的在 IMF 的储备头寸就不会增减。特别提款权是国际货币基金组织根据成员国份额的多少分配给成员国的储备资产，也不是成员国想增加就能增加的。这样来说，一国国际储备的增减，主要取决于其黄金储备与外汇储备的增减。

### 1. 黄金储备

一国黄金储备的增加是通过黄金的国内外交易实现的。就黄金的国际交易来说，储备货币发行国若用本币在国际市场购买黄金，该国的国际储备可随之扩大，非储备货币发行国只能动用其外汇储备在国际市场购买黄金，其结果只能改变该国国际储备的构成，并不能扩大其国际储备的总量。但是，若从黄金的国内交易来说，不论是储备货币发行国，还是非储备货币发行国，中央银行以本币在国内收购黄金，亦即所谓的"黄金货币化"，都可增大它们的黄金储备。当然，靠这种办法来增大黄金储备量，是有一定限度的，因为这受黄金产量等条件的制约。

### 2. 外汇储备

一国增加其外汇储备的渠道主要有以下几种。

1) 国际收支顺差

国际收支顺差是一国增大其外汇储备最稳定、最可靠的来源。由于经常账户收支顺差往往是形成一国国际收支顺差的主要因素，经常账户收支顺差便成为一国外汇储备的一个主要来源。当然，资本金融账户收支顺差也是一国外汇储备的一个来源。但是，资本金融账户收支顺差并不是一国外汇储备最稳定、最可靠的来源。因为即使长期资本项目收支顺差，如果没有新资本流入，发生外国资本抽回投资，长期资本项目收支顺差就将消失。至于短期资本项目收支顺差就更不稳定了，因为短期资本具有转移不定的特性。

2) 干预外汇市场

这是指一国中央银行在干预外汇市场时，通过抛售本币和收进外国货币，将新增的外汇列入外汇储备。

3) 国外借款

它是一国政府直接从国际金融市场或国际金融机构借入贷款来补充外汇储备。

# 三、国际储备的结构管理

## (一) 国际储备结构管理的基本原则

一国所持有的国际储备不仅在水平上要适度，而且需要拥有合理的储备结构。概括地说，国际储备结构管理的基本原则是统筹兼顾各种储备资产的安全性、流动性与营利性。

安全性原则是指储备资产有效、可靠和价值稳定。流动性原则是指储备资产应具有较高的变现能力，一旦有对外支付和干预市场需要时，能随时转化为直接用于国际支付的支付手段。营利性原则是指在具备安全性和流动性的基础上，应尽可能地使储备资产增值、创利。

## (二) 国际储备结构管理的内容

国际储备结构管理不仅包括具体确定黄金储备、外汇储备、在 IMF 的储备头寸和特别提款权在国际储备中的比重，而且包括外汇储备的币种结构管理及外汇储备资产形式的选择。在 IMF 的储备头寸和特别提款权这两种国际储备资产是一国不能主动增减和进行调整的，因而国际储备结构管理主要是指黄金储备与外汇储备的结构管理、外汇储备的货币结构管理与外汇储备资产形式的结构管理三个方面。但自《牙买加协定》推行黄金非货币化以来，外汇储备的数量大幅增加，已成为国际储备中各国最重要的一种资产形式。在浮动汇率制下，汇率的频繁波动使各国外汇储备的风险加大，因此，为防范外汇风险和提高外汇储备的价值，加强外汇储备结构的管理就成为国际储备结构管理的重要内容。

### 1. 黄金储备与外汇储备的结构管理

在当代，黄金由于不能直接用于国际支付，且金价波动较大，其流动性和安全性较低，此外，持有黄金既不能生息又需较高的仓储费，因而营利性也较差。因此，许多国家对黄金储备采取了保守的数量控制政策。除了数量控制之外，黄金储备的管理还有买卖的决策和买卖时机选择两个方面。国际市场上黄金的供求，受主要储备货币的汇率、国际金融市场的利率、世界通货膨胀的状况及国际政治局势等因素的影响。因此，一国货币当局对本国黄金储备不宜做过多的调整。外汇储备在国际储备中居绝对优势地位，其本身又有流动性和安全性的优势，营利性一般也高于黄金储备。这使许多国家货币当局采取了减少或基本稳定黄金储备而增加外汇储备的政策。

### 2. 外汇储备币种的结构管理

外汇储备币种结构就是指储备币种的选择，以及其在外汇储备中所占比重的确定。储备币种结构的管理在遵循安全性、流动性和营利性的前提下，还应考虑以下原则。

1) 储备币种结构与国际贸易和国际债务币种相匹配

储备币种结构应尽可能地与一国国际贸易结构和国际债务结构相匹配。这可以使该国在一定程度上避免兑换风险，节约交易成本，保证储备使用的效率。

2) 储备币种应与干预外汇市场所需要的货币保持一致

外汇储备的一个重要职能就是干预外汇市场，维持汇率的稳定，因此，一国所持有的储备币种的选择应与干预外汇市场所需的外汇相一致。

3) 应考虑各种货币的营利性

因为各种货币的汇率、利率和通货膨胀率等存在着差异，不同币种的收益率不同，所以外汇币种的选择在充分考虑安全性和流动性的前提下，还应考虑各种货币的营利性。

### 3. 外汇储备资产形式的结构管理

外汇储备资产形式结构管理的目标是确保流动性和营利性的恰当结合。由于国际储备的主要作用是弥补国际收支逆差，因此在流动性和营利性中，各国货币当局更重视流动性。按照流动性的高低，外汇储备资产可分为以下三个部分。

1) 一级储备

其流动性最高，但营利性最低，包括在国外银行的活期存款、外币商业票据和外国短期政府债券等。其中，在国外银行的活期存款，可随时开出支票进行对外支付，流动性最高。由于储备货币发行国一般都有发达的二级市场，短期政府债券和商业票据容易变现，但是，这些流动性很高的资产的营利性是非常低的。鉴于这种情况，货币当局需要根据季节或特定时期短期对外支付的需要安排一定数量的一级储备，但要控制其在外汇储备资产中所占的比重。

2) 二级储备

其营利性高于一级储备，但流动性低于一级储备，如2~5年期的中期外国政府债券。二级储备是在必要时弥补一级储备不足以应付对外支付需要的储备资产。准确预测短期对外支付的金额是难以完全做到的。任何一国货币当局必须持有一定数量的二级储备。

3) 三级储备

其营利性高于二级储备，但流动性低于二级储备，如外国政府长期债券。此类储备资产到期时可转化为一级储备。如提前动用，将会蒙受较大损失。一国货币当局可根据对外债务的结构持有一定数量的三级储备，可提高持有外汇储备资产的营利性。

## 四、中国的国际储备管理

1979年以后，随着改革开放政策的深入贯彻，对外经济交往在国民经济中的作用和地位不断提高，我国对外贸易和利用外资的数额及国际储备出现了前所未有的增长，国际储备问题日益重要。同时，金融外汇体制的改革也给我国国际储备及管理带来了新的问题。

### (一) 中国国际储备的构成及特点

我国于 1980 年正式恢复了在国际货币基金组织和世界银行的合法席位，和世界大多数国家类似，目前我国的国际储备资产同样由外汇储备、在国际货币基金组织的储备头寸、特别提款权、货币黄金、其他储备资产几个部分组成，见表 4-4。

表4-4　中国国际储备的基本结构(2015年-2020年)　　　　　　　　　　　　单位：亿元

| 项目 | 2015年 | 2016年 | 2017年 | 2018年 | 2019年 | 2020年 |
|------|--------|--------|--------|--------|--------|--------|
| 储备资产 | 0 | 0 | 0 | 0 | 0 | 0 |
| 货币黄金 | -3 | 3 | -7 | 0 | -5 | 1 |
| 特别提款权 | 9 | -53 | 22 | -7 | 0 | -19 |
| 在国际货币基金组织的储备头寸 | 3423 | 4487 | -930 | -182 | 198 | -262 |
| 外汇储备 | 0 | 0 | 0 | 0 | 0 | 0 |
| 其他储备资产 | -2018 | -2186 | -2066 | -1774 | -1292 | -1681 |

数据来源：国家外汇管理局官网

由于我国在 IMF 中所占份额较低，特别提款权和储备头寸在我国国际储备的比例极小。在储备资产管理中，这两类资产各国都无法主动调整。整体来看，我国国际储备呈现以下特点。

### 1. 黄金储备数量稳定

我国实行的是稳定的黄金储备政策，一定时期内的黄金储备数量也是比较稳定的。进入 21 世纪以来我国的黄金储备总量调整过五次，分别为 2001 年 12 月由 1267 万盎司调整为 1608 万盎司，2002 年 12 月由 1608 万盎司调整为 1929 万盎司，2009 年 4 月由 1929 万盎司调整为 3389 万盎司，2015 年调整到 5666 万盎司，2016 年调整为 5929 万盎司(图 4-11)。国家外汇管理局 2021 年 8 月 7 日公布的数据显示，我国 2021 年 7 月末黄金储备为 6264 万盎司，与 2021 年 6 月末持平。

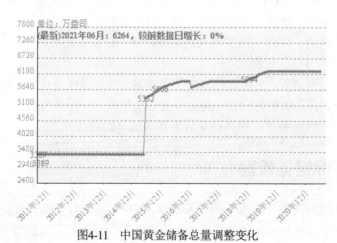

图4-11　中国黄金储备总量调整变化

### 2. 外汇储备快速增长

我国从 1983 年开始对外公布国家外汇储备数额。当时由于处于改革开放初期，我国对外贸易"量入为出",出口额较小,进口也受到严格限制。当时,人民币牌价由官方决定,无须干预外汇市场,因此外汇储备规模很小。1980 年,国家外汇库存亏空 12.96 亿美元,中国银行外汇结存也只有 35.58 亿美元,主要是吸收国外存款,本质上属于对外负债。

从 1993 年起,为与 IMF 统计口径接轨,我国将外汇储备的统计口径改为仅指国家外汇库存。1991—1993 年我国外汇储备规模略有减小,其原因正在于此。1994 年初,我国外汇管理体制进行了重大改革:取消了企业外汇留成、实行了银行结售汇制度,实现了汇率并轨,建立了银行间统一的外汇市场。1995—1996 年,尽管政策变动因素逐步减弱,但储备涨势依然强劲。受亚洲金融危机影响,加之出口增长缓慢及利用外资增速放缓等多种因素的影响,1998—2000 年我国外汇储备进入了一个缓慢增长时期,三年总计仅增加 257 亿美元。2001 年以来,受中国预期入世及最终入世的影响,加之中国开放步伐不断加快、人民币预期升值等因素的影响,我国利用外资量、进出口总额等同比出现幅度较大的增长,外汇储备于 2001 年突破 2000 亿美元大关。随后逐年增加,2011 年底已超过 3 万亿美元,于 2014 年达到最高峰 38430.18 亿美元,随后两年虽有所下降,但也均超过 3 万亿美元。

截至 2020 年,我国外汇储备规模保持相对稳定。从月度变动情况上看,2020 年我国外汇储备规模有 4 个月环比回落,有 8 个月环比上升。过往数据显示,截至 2019 年 12 月末,我国外汇储备规模为 31079 亿美元;截至 2020 年 12 月末,我国外汇储备规模为 32165 亿美元,全年外汇储备规模增加 1086 亿美元,反映出我国外汇储备具有较为坚实的稳定基础,具体见表 4-5。

表4-5 我国国家外汇储备规模

单位:亿美元

| 年度 | 金额 | 年度 | 金额 | 年度 | 金额 |
|---|---|---|---|---|---|
| 1979 | 8.40 | 1993 | 211.99 | 2007 | 15282.49 |
| 1980 | -12.96 | 1994 | 516.20 | 2008 | 19460.30 |
| 1981 | 27.08 | 1995 | 735.97 | 2009 | 23991.52 |
| 1982 | 69.86 | 1996 | 1050.29 | 2010 | 28473.38 |
| 1983 | 89.01 | 1997 | 1398.90 | 2011 | 31811.48 |
| 1984 | 82.20 | 1998 | 1449.59 | 2012 | 33115.89 |
| 1985 | 26.44 | 1999 | 1546.75 | 2013 | 38213.15 |
| 1986 | 20.72 | 2000 | 1655.74 | 2014 | 38430.18 |
| 1987 | 29.23 | 2001 | 2121.65 | 2015 | 33303.62 |
| 1988 | 33.72 | 2002 | 2864.07 | 2016 | 30105.17 |
| 1989 | 55.50 | 2003 | 4032.51 | 2017 | 31399 |
| 1990 | 110.93 | 2004 | 6099.32 | 2018 | 30727 |
| 1991 | 217.12 | 2005 | 8188.72 | 2019 | 31079 |
| 1992 | 194.43 | 2006 | 10663.44 | 2020 | 32165 |

资料来源:国家外汇管理局官网。

中国国家外汇管理局 2021 年 8 月 7 日公布的数据显示，截至 2021 年 7 月末，中国外汇储备规模为 32359 亿美元。此外，中国黄金储备为 6264 万盎司；按 SDR(特别提款权)计，中国外汇储备为 22648.06 亿 SDR。

### 3. IMF中的储备头寸和SDR在我国国际储备中不占重要地位

这是因为，第一，外汇储备在我国国际储备中占有特别重要的地位，在 1995 年 6 月所占比重高达 96.5%；第二，我国经济实力不够强大，向 IMF 缴纳的份额也不多，从而决定了我国持有的储备头寸与分配的 SDR 数量均不大。1995 年 6 月这两项资产在我国国际储备总额中所占比重仅为 2.4%。2001 年 2 月 5 日，IMF 通过决议，将中国份额增至 63.692 亿特别提款权，占总份额的 3%，在所有 183 个成员国中排第 8 位。2006 年、2008 年 IMF 进行了两次特别增资，中国在 IMF 的份额排名从并列第 8 位上升到第 6 位。2010 年 11 月，G20 首尔峰会就 IMF 份额和治理改革方案达成共识，承诺向有活力的新兴市场和发展中国家转移约 6 个百分点的份额，欧洲发达国家让出两个执董会席位，随后 IMF 执董会于 2010 年 11 月 5 日通过了改革最终方案。中国在 IMF 的份额权重将上升 2.398 个百分点，达到 6.394%，排名从第六位上升至第 3 位。2020 年我国在国际货币基金组织的储备头寸为 132 亿人民币。

世界银行及国际货币基金组织(IMF)的数据显示，中国的总储备资产(包括黄金)自 2006 年超越日本起，连续 15 年稳居世界第一。

### (二) 中国国际储备的规模管理

由于我国国际收支中双项顺差(尤其是资本项目顺差)的持续性，外汇储备供给在相当长的时期内是绝对充裕的。我国外汇储备供给曲线呈水平走势，即在外汇储备价格(相当于国内投资收益率)不变的情况下，外汇储备供给可以持续增加，而外汇需求处于动态的发展进程中。较为全面地考察我国国际储备的适度规模，要考虑如下问题。

### 1. 在今后相当长的时期内，我国的外汇储备将会保持较高水平

我国现行有管理的浮动汇率制度虽然可以针对国际收支的日常变化进行自动经常性调整和浮动，但由于外贸在我国经济发展中占有重要位置，而汇率水平对外贸的影响又较大，故在相当长的时期内，我国将努力维持合理且相当稳定的汇率水平。随着中国国际地位的不断提高及中国出口贸易的不断发展，加之外资进入中国的数量呈快速增长趋势，人民币面临升值的压力越来越大，人民银行通过外汇市场干预汇率的可能性亦大幅增加，从而外汇储备增加的趋势亦将维持一段时间。人民币完全自由兑换后，在升值压力加大的情况下，人民银行通过外汇市场购进的外汇亦可能大幅增加，从而为外汇储备的增加提供市场基础。

### 2. 中国外汇储备的合理规模是一个动态概念

外汇储备的合理规模随国家宏观经济运行相应变化。每年进口额、外债余额和对外直接投资(FDI)余额各自不同，导致外汇储备规模的基准值不断变动。实际上，对不同国家而言，由于其货币在不同国家的地位不同，以及所采取的汇率制度、面临的问题不同，外汇储备的合理规模也不尽相同。

### 3. 中国持有较大规模的外汇储备有利于经济发展

从经济快速发展的角度来看，我国持有较大规模的外汇储备是必要的。具体而言，第一，我国国际收支不稳定，需要较高的外汇储备。1980 年以来，我国的国际储备总体上做到了"收支平衡，略有节余"，这在一定程度上说明我国没有必要维持太多的国际储备。但是，作为国际收支经常项目主要收入来源的外贸出口结构仍然十分不合理，出口产品仍然属于附加值较低的初级加工品和初级制成品，这些产品在国际市场的竞争能力受到很大的限制。第二，为吸引外资，维持人民币汇率的稳定，需要较高的国际储备水平。目前利用外资在经济发展中占有重要的地位。为增强外资的信心，维持人民币汇率的稳定成为较为迫切的任务，保持稳中有升的人民币汇率，显然有利于外资的流入。随着资本市场的逐步开放、QFII(合格的境外机构投资者)制度的推行，外资流入中的游资(短期资本)部分将增加。这部分资金可能对我国经济造成重大影响。这就决定了我国在制定今后的国际储备政策时，必须考虑到上述不利的影响，适当增加国际储备数量。

### (三) 中国国际储备的结构管理

#### 1. 管理对象

我国的国际储备包括黄金储备、外汇储备、SDR 和在 IMF 的储备头寸，其中黄金和外汇储备是我国国际储备的主要构成要素。因为黄金储备相对稳定，不是导致我国国际储备总体规模和结构变化的主要因素，所以从一般意义上说，我国国际储备结构管理的对象仍是黄金、外汇、SDR 和在 IMF 的储备头寸四个部分之间的构成比例和运行安排问题，但外汇储备的管理是结构管理的核心，在 1993 年前，我国的外汇储备由国家外汇库存和中国银行外汇结存两部分构成。从 1993 年起，为与 IMF 统计口径接轨，我国将外汇储备的统计口径改为仅指国家外汇库存。因此，当前我国外汇储备结构管理对象主要是外汇库存。

我国目前执行的是较为严格的结汇、售汇制，这使我国外汇储备结构管理有一定的特殊性。按现行外汇管理规定，我国绝大部分的贸易、非贸易外汇收支必须直接通过国家办理。在这种结汇制度下，我国外汇储备中的国家外汇库存部分实际上是我国国际收支的结余，它的变化包含国家主动的对外汇储备的调节及收汇用汇部门被动的经常性外汇收支变化两个方面的因素，即我国经常性外汇收支的变化，直接表现在外汇储备数量的增减上。受经常性外汇收支变化因素的直接作用，我国外汇储备的变化幅度一直较大，国家主动调节的余地则较小。相对而言，西方国家没有严格的外汇管制，也不实行国家结汇制度。其收汇用汇经常性的外汇收支，一般是通过国内商业银行进行的，结余并不构成国家外汇储备。这些国家的外汇储备通常是指官方持有的、用于调节国际收支逆差的官方储备，其变化与国际收支差额没有直接的因果关系，而是由官方主动调节的结果。

#### 2. 管理内容

1) 外汇储备的安全性管理

外汇储备的安全性管理主要是指为了防止外汇储备面临各种风险和实现外汇储备的保值而对以货币形式和投资形式所持有的外汇储备资产的币种结构进行管理。

2) 外汇储备的流动性管理

外汇储备的流动性管理主要是指为了保证国际收支的正常进行，同时防止外汇储备面临短期风险，对各种形式的外汇储备资产期限结构进行组合管理。

3) 外汇储备的营利性管理

外汇储备的营利性管理主要是指在确定外汇储备总的币种结构和期限结构时，通过对外汇储备资产各种形式(债券投资或存款)的收益率或利率进行分析比较，在保证外汇储备所必要的安全性和流动性的基础上，适当考虑储备资产的收益结构或利率结构，使外汇储备资产能够在保值的基础上实现一定的盈利。

### (四) 我国国际储备结构管理中存在的问题

#### 1. 进行管理决策时，全面性、系统性欠缺

我国货币当局对国际储备、国际收支、对外贸易和对外举债之间的关系尚缺乏完整性和系统性的认识。在进行国际储备管理决策时，往往只抓住某一点，而忽视其余的方面。具体地说，决策部门往往只重视对外贸易而忽略了其他三个部分，同时，在管理中过分强调强制性的行政手段。

#### 2. 币种结构管理相对单一

在确定外汇储备时，虽然采取的是一篮子货币法，但在具体操作中，由于受"购买力平价论"的影响，在选择货币的币种结构时，往往忽视诸如出口收汇及非贸易外汇收入的主要货币的比重、进口用汇及偿还外债的支付货币比重等因素的作用。这种单从购买力决定汇率的角度出发所选择的外汇储备的币种结构，往往脱离我国国际收支的实际状况，造成我国外汇储备币种结构一定程度上的不合理，即美元所占比重太大，我国外汇储备面临的美元波动的风险较大。

#### 3. 多元化的管理机构影响了效率

我国的 SDR 和储备头寸一直由中国人民银行国际司的国际货币基金组织处管理，黄金管理由中国人民银行黄金管理司负责，国家外汇管理局代管国际外汇储备和外汇移存事宜，于是出现如下情况：国家外汇管理局掌握着国家每年出售黄金所得款项和各专业银行移存过来的外汇额，而中国人民银行仍掌握国家外汇储备的主要部分，二者共同管理国家的外汇储备。因此，中国目前还不存在统一的储备管理机构，使各类的管理缺乏协调性。例如，外汇储备的经营应与黄金储备的经营紧密结合起来，随市场金价与汇价的变动，适时地调整外汇与黄金的比例，达到资产保值和盈利的目的。国际市场瞬息万变，各类资产管理之间缺乏统一协调，必然会延误时机。

此外，我国在国际储备结构管理上还存在其他一些问题，如风险防范技术落后，缺乏完善的外汇储备调整机制，缺少对外汇储备币种结构的必要管理手段，缺乏专门的国际储备经营管理人才等，2015—2021 年中国官方储备见图 4-12。

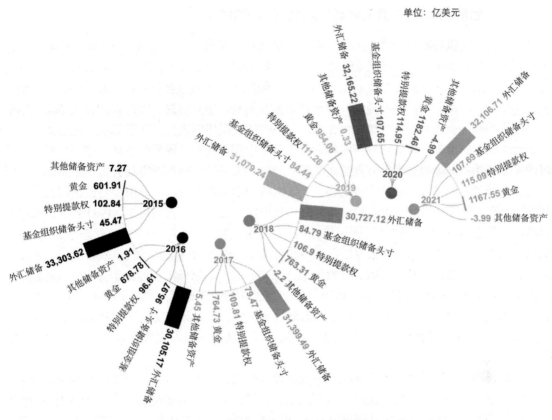

图4-12 2015—2021年中国官方储备
注：2015—2020年为12月数据，2021年为1月数据
(数据来源：国家外汇管理局)

# 第五节 我国的国际收支

## 一、我国国际收支统计的历史发展阶段

### (一) 改革开放之前的国际收支萌芽阶段(1949—1979年)

这一时期尽管闭关锁国导致外汇收支规模小，但长达30年的外汇收支统计，为20世纪80年代国际收支统计工作的开展奠定了方法论基础。20世纪50年代，我国就开始编制外汇收支统计报表。当时，由于国家实行高度集中的计划经济体制，国家对外经济活动比较单一，主要集中于商品进出口贸易和华侨汇款业务，相应构成外汇收支的主要项目只有进出口贸易及以侨汇为主的非贸易等项下的收支；此外，对外交流的不发达和对外援助的无偿性使得转移支付规模不大，国内市场的严重封闭性使得外商投资、外国政府和国际金融机构来华投资呈现空白，资本项目外汇收支未发生，因而进出口贸易收付汇的现汇统计和海外华侨的侨汇统计成为我国对外经济资金流方面统计的重点内容，为20世纪80年代开展国际收支统计积累了历史经验。

### (二) 入世前国际收支的建立发展阶段(1980—2001年)

这一阶段可以按照国际收支的建立和发展分为两个阶段，建立阶段为 1980—1994 年，发展阶段为 1995—2001 年。在建立阶段，我国开始编制国际收支平衡表，定期公布国际收支状况，社会公众开始关注国际收支状况，统计信息披露逐渐形成社会化特征。从 1978 年开始，我国由于实行改革开放，对外经济发展迅速，商品贸易、服务贸易、收益和转移及资本金融账户等项目的外汇收支规模逐步扩大，尤其是 1980 年我国相继恢复了在国际货币基金组织和世界银行中的合法地位，肩负着每年向国际货币基金组织提交有关国际收支状况资料的职责，此时国家才开始对国际收支平衡状况给予关注。当年，国家进出口管理委员会提出着手制订国际收支计划及建立国际收支统计制度的建议，国家统计局组织有关部门草拟和修改国际收支统计制度，国家外汇管理局会同中国银行具体负责我国国际收支平衡表的试编。1981 年，国家进出口管理委员会、国家外汇管理局、国家统计局和中国银行四个部门在国家外汇管理局编制的《国家外汇收支存表》的基础上，根据国际通行统计方法，结合我国实际情况，联合制定和下发了国际收支统计制度，召开了全国国际收支统计工作会议。国家外汇管理局于 1985—1987 年先后正式公布了我国 1982—1984 年、1985—1986 年的国际收支概览；此后于 1988—1990 年，又先后公布我国 1987 年、1988—1989 年的国际收支平衡表。国际收支统计信息的定期公布，有利于国际社会加深对我国对外经济发展实力的了解，从而为我国大规模利用外资开辟广阔的前景。

在发展阶段，我国的国际收支统计申报制度开始实施，国际收支统计监测系统全面上线，我国国际收支统计数据采集方法逐步走向规范化，采集手段逐渐实现电子化。1995 年 8 月 30 日，我国发布了《国际收支统计申报办法》，规定自 1996 年 1 月 1 日起，中国居民与非居民进行的交易，都必须及时、准确、全面地进行国际收支申报。当年，我国开始按照国际货币基金组织《国际收支手册》第五版的原则编制和公布国际收支平衡表。1997 年在金融机构进行国际收支申报基础上，我国又增加了直接投资、证券投资、金融机构对外资产及损益、汇兑统计等四项申报内容，使得我国国际收支申报体系变得更加完善。随后我国相继发布一系列有关实施细则、业务操作规程及配套政策措施，使得从 20 世纪 90 年代中期以来我国国际收支统计数据采集逐渐步入规范化的轨道。1998 年国家外汇管理局开发并向全国推广国际收支统计监测系统，初步扭转国际收支统计手工操作的落后局面。1999 年后国家外汇管理局先后多次对统计监测系统进行维护和升级，不仅大大提高国际收支统计效率，减少成本，而且初步实现统计数据生成电子化。

### (三) 入世后国际收支统计的完善阶段(2002—2018年)

我国国际收支统计与分析产品不断推出，贸易信贷调查、企业出口换汇监测、边境贸易汇率监测和外汇金宏系统等多系统开发与推广，国际收支统计信息的监测预警功能不断发挥，服务宏观决策功能不断增强。2002 年我国加入国际货币基金组织数据公布通用系统(GDDS)，2002 年 4 月 15 日，在国际货币基金组织网站上正式发布我国数据公布通用系统的"数据诠释模板"英文稿，并将国际收支数据诠释模板在国家外汇管理局国际互联网站公布。2003 年国家外汇管理局正式开始运行国际收支风险预警系统，按季对我国国际收支风险状况进行评估，从而有效监测我国国际收支状况，及时发出预警信号，为宏观经济调控提供决策依据。2004 年建立贸易信贷抽样调查制度，通过对 4000 多家中外资贸易企业的调查，测算出了我国贸易信贷存量，从而为分析判断国际收支形势奠定了基础。2005 年我国首次公布中国国际收支报告，并实施出口换汇成本监测制度，开展边贸地区人民币汇兑、清算、支付及流通等情况监测，由此建立了点面结合的统计监测制度。2006 年 5 月，我国首次向社会发布 2004 年末和 2005 年末中国国际投资头寸表，标志着我国对外部门统计信息的完整发布。2006 年 12 月，国家外汇管理局推出新版国际收支统计监测系统，2008 年又组织对全国国际收支统计一系列制度和法规进行重新修订，2009 年全面推广外汇金宏系统，监测跨境资金异常流动极为便利，大大提高了国际收支统计工作效率。

在这一阶段，我国的国际收支交易从小变大、由弱变强，实现巨大飞跃。2001—2008 年，对外贸易进入高速发展期，年均增速达 26%；2009—2017 年，对外贸易在波动中逐步趋稳，年均增长 10%；2018 年上半年，对外贸易同比增长 15%。从国际比较看，2017 年我国货物和服务进出口总额为 4.64 万亿美元，在全球范围内居第 2 位。近年来，"沪港通""深港通""债券通"等渠道不断丰富，各类跨境投融资活动日益频繁。以直接投资为例，20 世纪 80 年代国际收支统计的外国来华直接投资年均净流入二三十亿美元，90 年代升至每年几百亿美元，2005 年开始进入千亿美元，中国逐步成为全球资本青睐的重要市场。对外直接投资在 2005 年之前年均不足百亿美元，2014 年突破千亿美元，体现了国内企业实力的增强和全球化布局的需要。国际投资头寸表显示，自 2004 年有数据统计以来，我国对外金融资产和负债规模年均增长 17%，2017 年末规模合计 12.04 万亿美元，2017 年末我国对外金融资产和负债规模在全球排第 8 位，并成为全球第三大净债权国；2018 年 6 月末进一步上升至 12.34 万亿美元。

## 二、2019年我国国际收支分析

从国家外汇管理局公布的 2019 年我国国际收支平衡表的数据可以看出，我国国际收支状况良好，整体保持平衡。

### (一) 经常项目状况分析

经常账户顺差增加较多，总体依然保持基本平衡。2019 年，我国经常账户顺差为 1775 亿美元，较上年增长 2.62 倍；与 GDP 之比为 1.2%，较上年上升 0.9 个百分点。经常账户各子项收支状况均有改善，货物和服务贡献最多。2019 年，我国货物贸易顺差为 4628 亿美元，较上年增长 17.1%，贡献了经常账户顺差增加额的 52.7%；服务贸易逆差为 2615 亿美元，减少 10.5%，贡献了经常账户顺差增加额的 24.0%；货物和服务贸易顺差合计 2013 亿美元，增加 95.6%，与 GDP 之比为 1.4%，较上年上升 0.4 个百分点。初次收入(含职工报酬和投资收益)逆差 340 亿美元，减少 33.4%；二次收入(含赡家汇款等经常转移)由逆差转为顺差 102 亿美元。

### (二) 资本项目收支状况分析

资本净流出规模扩大，国际收支自主平衡格局进一步巩固。2019 年，我国资本账户(含净误差与遗漏)逆差 1968 亿美元，较上年增长 5.52 倍。这主要是因为央行基本退出外汇市场常态干预，在经常账户顺差增加的情况下，资本外流的对冲压力加大。近年来我国综合国力大幅增长，抵御资本流动冲击风险的能力随之明显增强。

直接和证券投资净流入均下降较多，二者规模大体相当。2019 年，我国跨境直接投资顺差 591 亿美元，较上年减少 44.8%，贡献了资本账户逆差增加额的 28.8%。直接投资顺差减少不是因为对外投资增加，而是因为外来投资减少。其中，对外直接投资逆差 976 亿美元，增加 1.1%；外来直接投资顺差 1566 亿美元，减少 23.0%。同期，我国跨境证券投资顺差 600 亿美元，减少 43.7%，贡献了资本账户逆差增加额的 28.0%。证券投资顺差减少是因为对外投资增加，而外来投资减少。其中，对外证券投资逆差 900 亿美元，增加 68.2%；外来证券投资顺差 1500 亿美元，减少 6.3%。2015—2019 年，我国直接投资顺差年平均值为 441 亿美元，仅约相当于 2005—2014 年平均水平的 1/3。在我国直接投资净流入趋势性减少的同时，跨境证券投资大进大出、波动较大，因此需要对资本账户总体平衡状况加强监测分析。

### (三) 外汇储备状况分析

外汇储备资产减少，外汇储备余额增加主要来自正估值贡献。2019 年，我国剔除估值影响后的外汇储备资产减少 198 亿美元，为 2017 年以来首次；2019 年央行的外汇储备余额为 31079 亿美元，较上年年末增加 352 亿美元，其中正估值效应 551 亿美元(主要反映了因主要经济体货币政策重回宽松，全球债券价格上涨)，贡献了外汇储备余额增加的 156.4%。

央行增持黄金储备，但并非从国际市场购买。2019 年，我国央行新增黄金储备 308 万盎司，黄金储备余额增加 191 亿美元，但同期国际收支口径的货币黄金资产变动为零。

### (四) 人民币汇率走势对贸易谈判的影响

2019 年，人民币汇率走势深受我国对外经贸谈判进程的影响。第一季度，经贸磋商进展顺利，人民币汇率上升，当季短期资本净流出规模与基础国际收支顺差之比为 87.9%，环比下降 49.1 个百分点。第二季度，5 月初经贸磋商陷入僵局，当月人民币汇率跌去前 4 个月所有涨幅，当季短期资本净流出规模与基础国际收支顺差之比为 113.9%，环比上升 28.5 个百分点。第三季度，8 月初经贸磋商再度反复，人民币汇率应声"破 7"，当季短期资本净流出规模与基础国际收支顺差之比为 135.0%，环比上升 21.1 个百分点。第四季度，10 月中旬起经贸磋商取得阶段性进展，人民币汇率企稳回升，"破 7"重回，当季短期资本净流出规模与基础国际收支顺差之比为 109.1%，环比下降 25.9 个百分点。可见，短期资本流动与基础国际收支差额之比，能够较好地反映外汇市场压力。2007 年第一季度至 2019 年第四季度，该比例与季均美元兑人民币汇率环比变动的相关性为-0.683，表明随着美元升值(即人民币贬值)，以基础国际收支顺差衡量的国内短期资本外流压力加大。而理论上讲，短期资本流动主要受市场情绪影响，容易出现汇率超调和多重均衡。

## 三、2020 年全球疫情蔓延下我国经常账户运行分析

2020 年，新冠肺炎疫情全球蔓延，世界经济出现严重衰退，国际金融市场大幅波动。国内经济稳定恢复，高水平双向开放稳步推进，人民币汇率弹性增强，外汇市场保持平稳运行。2020 年，国际收支基本平衡，外汇储备规模稳定在 3.2 万亿美元左右。经常账户顺差增加，与国内生产总值(GDP)之比为 1.9%，继续处于合理均衡区间。其中，货物贸易顺差较 2019 年增长 31%，呈现先抑后扬走势；服务贸易逆差收窄 44%，主要是旅行支出萎缩。跨境双向投融资

活跃。一方面，外资投资国内市场的信心依然较强，各类投资合计5206亿美元，较2019年增长81%；另一方面，居民多元化配置境外资产的需求增加，我国对外各类投资5983亿美元，增长1.1倍。2020年末，我国对外金融资产和负债较2019年末分别增长11%和18%，对外净资产2.2万亿美元。

### (一) 疫情蔓延对全球主要经常账户顺差国产生不同影响

#### 1. 2020年我国经常账户顺差规模逆势扩大，在全球表现相对稳健

近年来全球经常账户顺差和逆差国分布集中度较高，美国、英国、加拿大、法国等发达国家是主要的经常账户逆差国，德国、日本、中国是主要的经常账户顺差国。疫情背景下，2020年，我国经常账户顺差2740亿美元，较2019年增长1.7倍，其中货物贸易顺差增长31%；德国经常账户顺差2674亿美元，较2019年收窄8%，其中货物贸易顺差收窄13%。

#### 2. 我国经常账户顺差与GDP之比仍处于合理区间，低于其他主要的经常账户顺差国

近年来，我国经常账户顺差从较高规模逐步趋向基本平衡，与GDP之比由2007年的9.9%降至2019年的1%左右，体现了国内经济结构的合理优化，也为全球经济再平衡做出积极贡献。2020年，我国经常账户顺差与GDP之比小幅升至1.9%，仍低于德国(7.0%)、韩国(4.6%)、意大利(3.6%)、日本(3.3%)、俄罗斯(2.2%)等主要的顺差国，说明当前我国经常账户保持平衡的内部基础依然稳固。

### (二) 贸易结构和出口市场差异决定了主要国家经常账户顺差的不同走势

#### 1. 我国率先实现复工复产，有效填补全球供需缺口

2020年2月我国制造业采购经理指数(PMI)出现短暂回落，从3月起总体运行在荣枯线上方；同时，全球疫情蔓延影响国外生产和经济活动，3月日本、德国PMI出现衰落，直至8月至9月份才逐步恢复。我国具有生产供给能力领先恢复的时间优势，使得部分外贸订单向我国集中转移。2020年，德国、日本货物贸易出口受疫情冲击分别回落9%和11%，而我国出口逆势增长4%。我国出口商品种类齐全、产业链条完备，抗冲击能力较强。从出口商品结构看，电脑、手机、纺织服装、家具家电等生活必需品占我国商品总出口的近四成，这种结构与疫情背景下全球防疫物资和"宅经济"需求攀升吻合，相关商品2020年出口增长9%，成为拉动出口增加的主要因素。同时，近年来我国机电、电子、高新技术产品等出口也稳步提升，充分说明国内产业门类齐全，韧性和稳定性较强。相比而言，德国、日本的汽车、机械等主要出口商品全球需求萎缩，且生产依赖全球产业配套，受影响较大。

#### 2. 我国出口市场更加多元化，可以更好地分散外部环境变化的影响

我国前三大出口市场为美国、欧盟、东盟，2020年相关出口占我国总出口的比例分别为17%、15%和15%。德国近70%的出口集中在法国、荷兰、意大利等欧洲国家，美国作为其第二大出口市场，占比为10%左右。受疫情全球蔓延影响，2020年德国对美国和欧洲出口分别下降14%和9%，而我国对美国、欧盟、东盟出口则分别增长8%、7%和7%。

#### 3. 跨境出行受限对我国服务贸易逆差收窄的影响更突出

旅行逆差是我国最主要的服务贸易逆差项目，2020年旅行逆差由2019年的近2200亿美元

下降至 1100 多亿美元，对经常账户顺差增加的影响比较明显。德国旅行逆差规模较小，相关变动对其经常账户顺差的影响有限。日本是旅行净收入国家，跨境出行受限降低其旅行收入，拉低经常账户顺差。未来，如果境外疫苗接种范围扩大并且效果显现，全球生产活动逐步恢复，世界经济平稳复苏，将进一步改善国际贸易环境；同时，我国经济结构调整持续推进，加快构建新发展格局，经常账户运行在合理区间的基础将更加巩固。

# 本 章 小 结

1. 国际收支是一个国家或地区在一定时期内(通常为一年)同外国进行经济交易的货币价值的全部系统记录。这一概念目前被世界各国普遍采用。

2. 国际收支是一个流量的概念，与之相关联的国际借贷则是一个存量的概念。

3. 各国国际收支平衡表的内容有所差异，但主要项目基本一致，根据《国际收支手册》(第五版)中的规定，国际收支平衡表分为经常账户、资本与金融账户、误差和遗漏账户 3 类。

4. 国际收支平衡表是各国经济分析的重要工具。国际经济交易反映到国际收支平衡表上有若干项目，各个项目都有各自的特点，按其交易的性质可分为自主性交易和补偿性交易。理论上讲，国际收支不平衡是指自主性交易的不平衡。

5. 根据国际收支失衡的原因，可以把国际收支失衡划分为结构性失衡、周期性失衡、货币性失衡、季节性与偶然性失衡等类型。

6. 国际收支的调节措施主要从自动调节机制和政策调节机制两个方面展开。自动调节机制包括利率、汇率、收入和价格调节机制。政策调节机制包括财政政策、金融政策和其他政策。

7. 我国国际收支统计的发展历程大致分为三个阶段。我国的国际收支出现连续多年的双顺差。

8. 我国国际收支继续呈现自主平衡格局，并预计我国国际收支将延续经常账户基本平衡、跨境资本流动总体稳定的发展格局。

# 本章主要概念

国际收支　国际收支平衡表　贸易收支　经常账户　资本账户　自主性交易　调节性交易　国际储备

# 习　题

## 一、选择题

1. 《国际收支手册》(第六版)将国际收支账户分为(　　)。
   A. 经常账户　　　　　　　　　　　B. 资本与金融账户
   C. 储备账户　　　　　　　　　　　D. 净误差与遗漏账户

2. 经常账户包括( )。
    A. 商品的输出和输入                B. 运输费用
    C. 资本的输出和输入                D. 财产继承款项

3. 下列项目应记入贷方的是( )。
    A. 进口实际资源的经常项目        B. 出口实际资源的经常项目
    C. 资产增加或负债减少的金融项目    D. 资产减少或负债增加的金融项目

4. 国际收支出现大量顺差时会导致( )。
    A. 本币汇率上浮，进口增加        B. 本币汇率上浮，出口减少
    C. 本币汇率下浮，出口增加        D. 本币汇率下浮，出口减少

5. 贸易收支差额包括( )和( )账户的收支差额。
    A. 商品进出口      B. 黄金储备      C. 直接投资      D. 服务输出入

6. 因经济和产业结构变动滞后所引起的国际收支失衡属于( )。
    A. 临时性不平衡      B. 结构性不平衡      C. 货币性不平衡
    D. 周期性不平衡      E. 收入性不平衡

7. ( )也叫事前交易，指经济主体纯粹出自经济上的目的或自身利益考虑而自主进行的交易。
    A. 调节性交易      B. 自主性交易      C. 经常项目交易    D. 资本项目交易

8. 调节国际收支失衡的政策有( )。
    A. 汇率政策      B. 利率政策      C. 资金融通政策    D. 贸易管制政策

## 二、判断题

1. 国际收支是居民与非居民之间的交易。( )
2. 如果经常项目是顺差，说明国家产业竞争力有一定的优势。( )
3. 政府、银行从国外借款应记入国际收支平衡表的借方。( )
4. 国际收支的平衡与否不仅需要看自主性交易情况，而且要看调节性交易情况。( )
5. 对于一个面临失业和国际收支逆差双重问题的国家，政府应实行紧缩性财政政策和膨胀性金融政策。( )
6. 国际收支平衡表是按照复式记账原理编制的。( )
7. 本币汇率对外贬值并不一定能够改善贸易收支状况。( )
8. 中央银行提高再贴现率可能会吸引外资流入，进而改善国际收支。( )

## 三、填空题

1. 广义的国际收支是指一国在一定时期内与其他国家和地区之间_____的货币价值之和。
2. 国际收支反映的内容是以_____记录的交易。
3. 国际收支平衡表是按照_____原理编制的。
4. 贸易差额包括_____差额与服务输出入的收支差额。
5. 国际收支调节手段包括_____、_____和_____。
6. 国际收支差额如果是顺差，则国际储备相应_____。

## 四、名词解释

1. 国际收支　　2. 国际收支平衡表　　3. 自主性交易　　4. 调节性交易
5. 经常项目　　6. 国际储备　　7. 外汇储备

## 五、简答题

1. 国际收支的内容包括哪些方面？
2. 简述国际收支平衡表的构成。
3. 国际收支失衡的原因有哪些？
4. 国际收支调节方式有哪些？
5. 简述国际收支不平衡对一国经济的影响。
6. 国际储备由什么构成？

## 六、论述题

阐述国际收支与宏观经济运行的关系。

# 第五章

# 国际金融市场

**【导读】**

国际金融市场是一国金融业"引进来"和"走出去"的重要源泉和归宿。国际金融市场能够比较全面地反映全球金融市场的发展状况和基本特征，本章知识是进一步深入学习国际金融课程的重要基础。在实践中，国际金融市场的形成，受到经济基础、地理环境、金融制度、开放程度等因素的影响，金融聚集和金融创新是引领国际金融市场发展的关键力量。当前我国正处于改革开放新时代，金融业对外开放步伐进一步加快，我国借助于国际金融市场实现金融资源的全球配置，推动形成国内国际双循环发展新格局，迎来了千载难逢的历史机遇。

**【学习重点】**

掌握国际金融市场的概念和划分类型，能够清晰地辨别在岸市场、离岸市场相互对应的融资方式，深入理解欧洲货币市场的特点，了解国际金融市场的作用、欧洲货币市场的形成与发展，以及现实中各种金融市场的具体归类。

**【学习难点】**

国际金融市场涉及的融资工具发行主体、发行所在地及计价货币的不同，关系到交易主体的居民和非居民类别，由此划分了国际金融市场和融资方式的类型，相应的辨别机制是本章学习的难点，需要紧紧围绕概念界定和典型实例进行区分学习。

**【教学建议】**

第一节以课堂讲授为主，第二节、第三节和第四节建议结合案例教学和引导学生查阅课外相关资料进行辨析学习。

## 第一节　国际金融市场概述

### 一、国际金融市场的概念

国际金融市场(International Financial Market)的概念有狭义和广义之分。狭义的国际金融市场，是指不同主体进行国际资金借贷与资本交易的场所，因此也称国际资金市场，包括短期资金市场(货币市场)和长期资金市场(资本市场)；广义的国际金融市场，是指从事各类国际金融业务活动的场所，既包括国际资金市场，也包括外汇市场、黄金市场以及其他各种衍生金融市场，还包括在金融市场从事交易的各类参与者、中间人和交易机构。也就是说，广义的国际金融市场，实际上是各国交易主体进行各种金融资产交易的场所，体现了国际金融商品的买卖供求关系。本章主要讲述狭义的国际金融市场。

## 二、国际金融市场的形成与发展

### (一) 国际金融市场的形成条件

国内金融市场超越国界形成国际金融市场，必须具备一些基本条件，它包括以下几方面。

#### 1. 政局稳定

这是最基本的条件，一国政局稳定，有利于市场主体之间交易安全，有利于资金的流动顺畅，确保国内经济和金融的基本稳定。

#### 2. 自由开放的经济体制

其主要包括自由开放的经济政策与宽松的外汇管制。自由开放的经济政策，便于加强与世界各国的经济金融往来，并进行各种形式的经济金融合作；宽松的外汇管制或取消外汇管制，能够充分保证国际资金的自由流动，容易形成国际资金的集散地，进而形成国际金融市场。

#### 3. 健全的金融体系

如果一国金融制度和法规不健全，就无法保障金融活动高效进行；没有完备的金融机构体系，就没有能力担负从事国际金融业务的重任。因此，这个条件也是国际金融市场形成的必要条件。

#### 4. 现代化的通信基础设施与交通便利的地理位置

一国或地区要融入国际金融市场，必须有完善的通信基础设施，并且具有不断进行技术创新的能力，这样才能迅速、准确地传递国际信息。良好的地理位置，容易吸引各种参与者，方便其交易，进而增加各种国际金融业务。香港之所以成为一个新兴的国际金融中心，与它的地理位置有密切关系。

#### 5. 专业的国际金融人才

一国或地区要有既具备现代国际金融专业知识又具备丰富实践经验的国际金融专门人才，才能为国际金融市场提供高质量、高效率的各种服务。

### (二) 国际金融市场的发展

国际金融市场是随着国际贸易的发展、世界市场的形成及国际借贷关系的扩大逐渐产生和发展起来的。从最早的国际清算中心到早期的国际金融市场，再到目前极具特色的欧洲货币市场等，其历经了几个世纪的发展过程。

### 1. 早期的国际金融市场

第一次世界大战前，英国工业革命推动了经济较早较快地发展，对外扩张加剧，从海外殖民地掠夺了巨额利润，资金实力雄厚，英镑逐渐成为世界主要结算货币，成为货币霸主，伦敦率先发展为国际金融中心。第一次世界大战后，英国经济力量大为削弱，加之许多殖民地国家独立，以及世界殖民者的争夺瓜分，英国国际金融市场的地位有所动摇。美国实力猛增，美元逐步取代英镑，而瑞士作为中立国，经济、货币都较稳定，逐渐形成了纽约、苏黎世、伦敦三大国际金融中心。

### 2. 第二次世界大战后的国际金融市场

第二次世界大战后各国经济恢复和快速发展，形成了法兰克福、卢森堡、日本、亚太地区等国际金融中心，日本迅速崛起，东京成为继伦敦、纽约之后的第三大国际金融中心。

离岸金融市场在 20 世纪 60 年代兴起，使国际金融市场进入了一个全新的发展阶段。国际经济关系发生了一系列重大变化：一是许多国家获得了政治独立，并渴望有一个能为它们提供不受任何一国管辖与影响、资金可自由借贷的国际金融市场；二是跨国公司获得了巨大发展，不仅以对外直接投资为特点促使生产国际化，资本也国际化，迫切要求有一个灵活自由的资金借贷市场，以满足国际业务迅速发展和资金频繁调动的需要；三是一些短期资本持有者，鉴于美元地位相对下降和资本逃避的需要，也要求有一个不受各国法令管制的资金"避难所"；四是美国从 20 世纪 50 年代开始，就连续发生国际收支逆差，大量美元流往境外，形成了境外美元市场，即"欧洲美元市场"。20 世纪 60 年代后，欧洲联邦德国马克、欧洲法国法郎、欧洲荷兰盾以及其他境外货币，也在这个市场出现，从而使欧洲美元市场发展成为欧洲货币市场。欧洲货币市场是一个新型的国际金融市场，最早出现在伦敦，后来在新加坡、纽约、东京、香港等地相继出现。

### 3. 21世纪以来的国际金融市场

进入 21 世纪以来，国际金融市场创新步伐进一步加快，金融市场现代化程度进一步提高，金融市场容量进一步加大，但同时主要经济体金融市场的波动和全球资产价格联动效应进一步增强。2007 年美国次贷危机及 2009 年陆续发生的欧债危机，对发达国家经济体金融市场产生巨大冲击，之后经历了漫长的金融市场修复和经济复苏过程。

在此阶段，国际金融市场资产价格(利率、汇率、股价、国债收益率等)围绕美国次贷危机和量化宽松货币政策的实施两个重要节点展开波动。2015 年 12 月美联储启动 2008 年国际金融危机后首次加息的同时，实际上也隐约宣告了全球范围内非常规货币政策的拐点。截至 2018 年 12 月末，美国已在加息周期内开展了 9 次加息，受此影响，伦敦同业拆借市场美元 LIBOR 略有上升，截至 2018 年 12 月末，1 年期 LIBOR 为 3.0054%，比上年末上升 0.8984 个百分点。2018 年 12 月末，美国 10 年期国债收益率高于 2.729%，较上年末上升 0.318 个基点。此时主要经济体股市普遍上涨。截至 2019 年第二季度末，美国道琼斯工业平均指数、德国法兰克福 DAX 指数、日本日经 225 指数、欧元区 STOXX50 指数与英国富时 100 指数较 2018 年末分别上涨了 13.94%、17.19%、8.76%、16.05%和 10.27%。

以中国支付体系变革为代表的金融科技创新在国际金融市场体系中备受瞩目。据 2016 年英国《金融时报》报道，国际知名咨询公司毕马威年度研究表明，全球排名前五的金融科技创新企业中有四家都来自中国，反映了中国金融科技"无可争议"的增长。第三方支付行业由于其对技术能力及风险控制的高要求，对于大数据、云计算、人工智能的创新与应用一直处在最前沿、应用程度广泛且深入。统计数据显示，2018 年中国移动支付交易规模达到 277.4 万亿元，较 2017 年增长 136.7%，支付规模居全球首位，仅 2019 年第一季度交易规模就达到了 83.9 万亿元，增长势头十分强劲。

## 三、国际金融市场的类型

国际金融市场是经营国际资金借贷和买卖各种金融商品的多功能、多层次市场的总称，按照不同的分类方法，可以分为以下几种，见图 5-1。

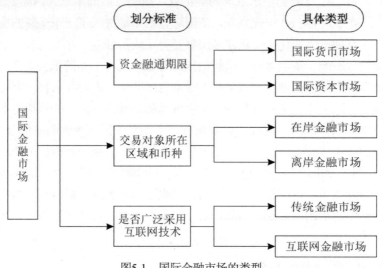

图5-1 国际金融市场的类型

### (一) 按照资金融通期限的长短分类

按照资金融通期限的长短，可分为国际货币市场和国际资本市场。

国际货币市场是期限在 1 年以内的资金借贷市场。常用的借贷方式，如银行信贷、同业拆放等短期周转业务。在货币市场上发行和流通的票据、证券也是短期的，如国库券、商业票据、银行承兑汇票和可转让大额定期存单等。

国际资本市场是期限在 1 年以上的资金借贷和证券交易的场所，也称中长期资金市场。

### (二) 按照交易对象所在区域和币种分类

按照交易对象所在区域和币种，可分为在岸金融市场和离岸金融市场。

#### 1. 在岸金融市场

在岸金融市场(On-shore Financial Market)是指居民与非居民之间进行资金融通及相关金融业务的场所，典型的在岸市场是外国债券市场和国际股票市场。

外国债券市场是指外国债券的发行与交易的场所。外国债券是指外国借款人在某国发行的、以该发行市场所在国货币面值的债券。

国际股票市场是指通过发行国际股票筹措长期资金的国际金融市场。国际股票是对发行公司所在国家以外的投资者销售的股票。开放本国股票市场是股票市场国际化的重要前提。开放市场分直接开放和间接开放。在直接开放形式下，外国投资者可以直接投资于国内股市，本金和收益能够自由汇入、汇出。目前多数国家的股市采取有限制的直接开放，在股票行业、外国投资人持股比例、税收等方面进行限制(我国 B 股市场为有限开放)。间接开放的主要形式之一是通过基金投资开放本国市场，从而达到间接投资于他国证券市场的目的。

### 2. 离岸金融市场

离岸金融市场(Off-shore Financial Market)是指主要为非居民提供境外货币借贷或投资、贸易结算、外汇黄金买卖、保险服务及证券交易等金融业务和服务的一种国际金融市场，使自由兑换的货币在其发行国以外进行交易，也称境外金融市场。其特点可简单概括为市场交易以非居民为主、基本不受所在国法规和税制限制。例如，在伦敦经营美元的存款放款业务，在纽约经营英镑的存款放款业务等。由于此类业务最早在伦敦国际金融中心大规模展开，而英国是岛国，因而境外市场被称为离岸市场。

离岸金融市场的类型可以从不同角度来分析。从从事的业务范围来看，有混合型、分离型、避税或避税港型及渗漏型等离岸金融市场；从市场形成的动力来看，有自然渐成型和政府推动型离岸金融市场；从市场功能来看，有世界中心、筹资中心、结算中心及簿记中心等。下面我们仅从市场业务范围来考察离岸金融市场的类型。

1) 混合型离岸金融市场

混合型离岸金融市场的特点是离岸金融交易的币种是市场所在国以外的货币，除离岸金融业务外，还允许非居民经营在岸业务和国内业务，但必须缴纳存款准备金和有关税金，管理上没有限制，经营离岸业务不必向金融当局申请批准。我国香港离岸金融市场属此类型。

2) 分离型离岸金融市场

分离型离岸金融市场是指没有实际的离岸资金交易，只是办理其他市场交易的记账业务而形成的一种离岸金融市场。该类型离岸市场的特点为：离岸业务所经营的货币可以是境外货币，也可以是本国货币，但是离岸金融业务和传统业务必须分别设立账户；经营离岸业务的本国银行和外国银行，必须向金融当局申请批准；经营离岸业务可获得豁免缴纳存款准备金、存款保险金的优惠，并享有利息预扣税和地方税的豁免权。纽约、东京、新加坡等离岸金融市场属此类型。例如，纽约离岸金融市场称"国际银行便利"(International Banking Facility)，于 1981 年 6 月设立，12 月营业。新加坡于 1968 年 10 月 1 日由美洲银行创设"亚洲货币单位"，经营亚洲美元，形成亚洲美元中心。该市场的特点之一是受政府强力支持与严格管制，特点之二是在亚洲首创有特色的亚元市场和金融期货市场。东京离岸金融市场建立于 1986 年 12 月，管制严格(如曾规定不能进行债券业务和期货业务，除营业税外还要征收政府税和印花税)。

3) 避税或避税港型离岸金融市场

避税或避税港(Tax Haven Type)离岸金融市场的特点为：市场所在地政局稳定，税负低，没有金融管制，可以使国际金融机构达到逃避资金监管和减免租税的目的。巴哈马、开曼及百慕大等属于此类型。

4) 渗漏型离岸金融市场

这种类型的离岸市场兼有混合型与分离型的特点，但最突出的特点是离岸资金可贷放给居民，即国内企业可以直接在离岸金融市场上融资。

### (三) 按照是否广泛采用互联网技术分类

按照是否广泛采用互联网技术，可分为传统金融市场和互联网金融市场。

#### 1. 传统金融市场

相对而言，这里所说的传统金融市场是指未广泛采用互联网和移动通信技术，以传统的信息采集和市场甄别手段进行资金融通的金融市场。在互联网金融兴起之前，我国银行业还未出现网络借贷和提供日常交易的网络支付，证券业还未出现网络开户，保险业和基金业还未出现在线保险产品的销售，均属于传统的金融市场。

#### 2. 互联网金融市场

互联网金融是互联网技术与金融的结合，是借助于互联网和移动通信技术实现资金融通、支付和信息中介功能的新兴金融模式。广义的互联网金融既包括作为非金融机构的互联网企业从事的金融业务，也包括金融机构通过互联网开展的业务。狭义的互联网金融仅指互联网企业开展的、基于互联网技术的金融业务。主要依托互联网技术形成的金融市场为互联网金融市场。

### (四) 我国互联网金融市场的发展

#### 1. 我国互联网金融市场的发展阶段

我国互联网金融发展有三个阶段。第一个阶段是 2005 年以前，互联网与金融的结合主要体现为互联网为金融机构提供技术支持，帮助银行"把业务搬到网上"，还没有出现真正意义的互联网金融业态。第二个阶段是 2005—2011 年，网络借贷开始在我国萌芽，第三方支付机构逐渐成长起来，互联网与金融的结合开始从技术领域深入金融业务领域。这一阶段的标志性事件是 2011 年中国人民银行开始发放第三方支付牌照，第三方支付机构进入了规范发展的轨道。第三个阶段从 2012 年开始。2013 年被称为"互联网金融元年"，是互联网金融得到迅猛发展的一年。自此，P2P 网络借贷平台快速发展，众筹融资平台开始起步，第一家专业网络保险公司获批，一些银行、券商也以互联网为依托，对业务模式进行重组改造，加速建设线上创新型平台，互联网金融的发展进入了新的阶段。

中国互联网金融发展历程远短于美欧等发达经济体，但是发展速度远远超过西方发达国家。2016 年底，中国是全球拥有 P2P 借贷平台最多的国家，中国的 P2P 平台规模约为 669 亿美元，是美国的 4 倍；中国也拥有世界上最大的电子商务系统，2015 年中国的电子商务规模已经占全球规模的 39.5%，2018 年，实现电子商务交易额 31.63 万亿元，同比增长 8.5%，交易量居世界首位。早在 2015 年，中国互联网金融业的客户数量就已追平传统银行，突破了金融变革的临界点。中国的互联网金融行业无论在技术开发方面还是规模方面都已经超越美国。

2020 年，全国电子商务交易额达 37.21 万亿元，同比增长 4.5%。其中，商品类电商交易额为 27.95 万亿元，服务业电商交易额为 8.08 万亿元，合约类电商交易额为 1.18 万亿元。全国网上零售额达 11.76 万亿元，同比增长 10.9%。其中，实物商品网上零售额为 9.76 万亿元，同比增长 14.8%。农村网络零售额达 1.79 万亿元，同比增长 8.9%。农产品网络零售额达 4158.9 亿元，同比增长 26.2%。跨境电商进出口总额达 1.69 万亿元，同比增长 31.1%。其中，出口商品总额达 1.12 万亿元，同比增长 40.1%；进口商品总额达 0.57 万亿元，同比增长 16.5%。电子商务服务业营收规模达 5.45 万亿元，同比增长 21.9%。其中，电子商务交易平台服务营收规模达 1.15 万亿元，同比增长 36.3%。

**2. 我国互联网金融的主要业态**

1) 互联网支付

互联网支付是指通过计算机、手机等设备，依托互联网发起支付指令、转移资金的服务，其实质是新兴支付机构作为中介，利用互联网技术在付款人和收款人之间提供的资金划转服务。典型的互联网支付方式是支付宝。

2) P2P 网络借贷

P2P 网络借贷指的是个体和个体之间通过互联网平台实现的直接借贷。P2P 网络借贷平台为借贷双方提供信息流通交互、撮合、资信评估、投资咨询、法律手续办理等中介服务，有些平台还提供资金移转和结算、债务催收等服务。典型的 P2P 网贷平台机构是宜信和人人贷。

3) 非 P2P 的网络小额贷款

非 P2P 的网络小额贷款是指互联网企业通过其控制的小额贷款公司，向旗下电子商务平台客户提供的小额信用贷款。典型代表为阿里金融旗下的小额贷款公司。

4) 众筹融资

众筹融资是指通过网络平台为项目发起人筹集从事某项创业或活动的小额资金，并由项目发起人向投资人提供一定回报的融资模式。典型代表为"天使汇"。

5) 金融机构创新型互联网平台

金融机构创新型互联网平台分为两类：一是传统金融机构为客户搭建的电子商务和金融服务综合平台，如建设银行"善融商务"、交通银行"交博汇"、招商银行"非常 e 购"等；二是不设立实体分支机构，完全通过互联网开展业务的专业网络金融机构，如众安在线财产保险股份有限公司仅从事互联网相关业务。

6) 基于互联网的基金销售

基于互联网的基金销售是指基于自有或者非自有网络平台的基金销售，典型代表为支付宝"余额宝"和腾讯"理财通"。

总体来看，发展互联网金融市场有助于改善小微企业融资环境，优化金融资源配置，提高金融体系包容性，发展普惠金融。但是，目前我国互联网金融还处于发展的观察期，既存在鱼龙混杂良莠不齐的局面，也存在"明星企业"飞速发展的良好典型。需要处理好鼓励创新与消费者权益保护、风险防范之间的关系，对其予以适度监管，促进互联网金融持续、健康、稳步发展，更好地服务于实体经济。

# 四、国际金融市场的作用

国际金融市场的作用是广泛的，主要有以下几个方面。

## (一) 推动世界经济全球化的发展

首先，国际金融市场能在国际范围内把大量闲散资金聚集起来，从而满足国际经济贸易发展的需要，同时通过金融市场的职能作用，在世界范围内连接资金供需，由此推动生产与资本的国际化。其次，欧洲货币市场的形成与发展，又为跨国公司在国际上进行资金储存与借贷、资本的频繁调动创造条件，促进跨国公司经营资本的循环与周转，由此推动世界经济全球化的巨大发展。

### (二) 加速金融业的国际化进程

国际金融市场的发展吸引着无数的跨国金融组织，尤其是银行业的汇集。金融市场通过各种活动把这些银行有机地结合在一起，使世界各国的银行信用突破空间制约而成为国际上的银行信用。与此同时，国际金融市场以证券化的趋势发展，衍生金融工具市场的增长远快于现货市场，场外交易市场的发展远快于有组织的交易所，机构投资者的作用日益增大，在更大程度上推动诸多金融业务国际化，但同时也会加剧国际金融市场的动荡。

### (三) 促进大规模的国际资本流动

国际金融市场导致国际资本在国际上充分流动，使当前的国际资本流动达到了空前的规模。IMF 报告显示，2018 年全球资本流动总规模约为 1.38 万亿美元，较 2017 年同比上升 8.5%，高于上年 1.1%的增长幅度。与此同时，大规模跨境资本流动也带来了一些负面效果。例如，当大量国际资本同时流向一个国家时，导致流入国货币供应量增加，引发通货膨胀，冲击该国货币政策的执行效果。为此，近几年西方各国在推行金融自由化的同时，都不同程度地加强了对国际金融市场的干预与管理。

### (四) 为各国经济发展提供资金支持

国际金融市场是世界各国资金的集散中心。各国可以充分利用这一国际性的蓄水池，获取发展经济所需的资金。可以说，某些国家或地区就是以在国际金融市场上筹措资金来推动经济发展的。例如，世界银行在 2018 年通过了一项 130 亿美元的增资计划，以增加发展中国家贷款基金，通过此次增资，世界银行平均每年的总放贷金额将从 2017 年的 590 亿美元逐年提高，并将在 2030 年达到约 1000 亿美元。

### (五) 调节各国的国际收支平衡

国际金融市场的产生与发展，为国际收支逆差国提供了一条调节国际收支的渠道，即逆差国可到国际金融市场上举债或筹资，从而能更灵活地规划经济发展，也能在更大程度上缓和国际收支失衡的压力。例如，在 1997 年亚洲金融危机初期，泰国、印度尼西亚、韩国分别向 IMF 申请 172 亿美元、400 亿美元和 210 亿美元的贷款用于调整短期国际收支失衡。

## 五、国际金融市场发展的新趋势

### (一) 国际金融市场一体化程度不断加深

由于电子计算机及通信技术的广泛运用，分散在世界各地的国际金融市场已经紧密地联系在一起，全球性的资金调拨和资金融通在瞬间可以完成。各国金融市场和金融机构形成了一个全时区、全方位的一体化国际金融市场，金融资产交易呈现国际化。国际金融市场的一体化趋势对世界经济的发展既有积极作用，又有消极影响。积极作用主要体现为：为世界各国的投资与经济发展提供了非常重要的资金来源；为各国加速资金周转和调节国际储备创造了条件；为经济实体和个人资产保值与增值提供了便利。消极作用主要体现为：助长了投机活动，影响了国际金融市场的稳定；加剧了国际金融危机在各国之间的传染性，如东南亚金融危机、美国次贷危机等，均对区域经济体产生重大负面影响。

### (二) 国际金融证券化发展迅猛

在第二次世界大战以后，国际银行贷款一直是国际融资的主要渠道，并于 1980 年达到顶峰，占国际信贷总额的比重高达 85.1%。但从 1981 年开始，由于爆发了拉美债务危机，很多国际银行贷款不能到期收回，国际银行贷款的地位逐渐下降，国际信贷融资方式发展缓慢，与之相对应的是国际证券化发展迅猛。到 20 世纪 80 年代中期，国际证券已经取代国际银行贷款的国际融资主要渠道地位，1985 年国际银行贷款占国际信贷总额的 41.1%，国际债券发行额则占 58.9%。1986 年，前者仅为 29%，后者高达 71%。进入 21 世纪以来，这种趋势不仅未发生逆转，反而在进一步增强。除此以外，资产证券化已经遍及企业的应收账款、租金、版权专利费、信用卡贷款、汽车贷款、消费品分期付款等领域。在美国，资产证券化市场已经成为仅次于联邦政府债券的第二大市场，成为美国资本市场上的重要融资工具之一。

美国是资产证券化的发源地，也是全球资产证券化规模最大的国家，自 20 世纪 70 年代初第一笔资产证券面世之日起，其发展进程就一直未曾停息，特别是过去 20 年来，美国资产证券市场的规模不断扩大，产品种类不断丰富，产品结构也日趋复杂。历经 50 年的发展，美国资产证券化已经较为成熟。自 2009 年 1 月到 2019 年第二季度末，美国证券化产品合计发行量为 33119.11 亿美元，占同期债券总量的 30%，基础资产池呈现多样化发展，包括汽车贷款、信用卡贷款、助学贷款等多种形式，是对传统直接融资和间接融资的重要补充。

2020 年，受新冠肺炎疫情影响，我国资产证券化市场发行先抑后扬，全年发行标准化产品 2.87 万亿元，年末存量超过 5 万亿元，整体延续增长态势。市场机制进一步完善，信贷资产证券化实行信息登记制度。产品创新持续推进，多单疫情防控 ABS 发行，基础设施 REITs 试点启动，资产支持商业票据推出。

### (三) 国际金融市场创新步伐日益加快

金融创新包括金融工具、金融业务、金融机构和金融市场的创新等。国际金融市场的金融创新步伐日益加快。

#### 1. 金融工具创新

其主要分为存款工具的创新和支付工具的创新。存款工具创新总的趋势是使存款工具兼具较高收益性和良好流动性，支付工具创新总的趋势是便利结算和提高支付效率。

#### 2. 金融业务创新

其包括间接金融业务创新(如银行借贷同出口货物紧密联系的出口信贷融资方式、票据发行融资等)及直接金融业务创新(如利率定价模式创新、偿债选择权创新、互换交易等)。

### 3. 金融机构创新

其主要表现在三方面：金融机构从传统的单一结构向集团制方向发展；多功能的金融联合体(或者称之为"金融超级市场")遍及西方世界；单一金融服务机构向综合性金融服务机构发展。

### 4. 金融市场创新

金融市场创新是指通过对金融交易方法进行技术改进、更新或创设，从而形成新的市场架构的金融创新，典型的金融市场创新有相对于传统国际金融市场而言的欧洲货币市场、相对于基础市场而言的衍生市场。

### 5. 以区块链为主导的金融创新

21世纪初，国际金融市场在金融工具、金融业务、金融机构等方面均有创新，突出体现在以区块链技术为代表的金融科技创新方面。区块链是一种基于比特币的底层技术，其本质就是去中心化的信任机制，通过在分布式节点共享来集体维护一个可持续生长的数据库，实现信息的安全性和准确性。比特币市值突飞猛进，中国国家互联网金融安全技术专家委员会2018年9月发布的报告显示，2018年8月，全球比特币最高市值为1335亿美元，最低市值为1064亿美元，振幅近30%。在2018年的前三个月，全球ICO筹集资金规模已经超过2017年全年水平，前三个月ICO募集资金总额为63亿美元，是2017年的118%。

2020年是尤为特殊的一年，疫情席卷全球，在造成不利影响的同时，倒逼着金融业数字化转型。在这样特殊的一年，受到监管政策、科技创新、需求端和供给端四大要素和疫情的影响，金融科技强劲发展，金融科技创新企业适逢其时。金融科技的本质是科技服务于金融，金融服务于实体。人工智能、区块链、云计算和大数据等技术的应用和迭代赋予金融产业"新"的力量，消费者需求的变化和行业内激烈的竞争同样激发"新"金融业的强势开局。从全球范围来看，中国金融科技渗透率已达到87%，远远高于发达国家，标志着中国金融科技的发展已经进入快车道。

### (四) 金融业务表外化趋势越来越明显

融资方式证券化、金融创新的浪潮及监管套利，促成了金融机构表外业务(Off-Blance Sheet Business)日益增加的趋势。所谓表外业务，是指不涉及金融机构资产负债表记录的业务。传统的表外业务包括银行承兑、担保、代理等业务。除此以外，又有很多新的业务领域和交易方式(如票据发行便利、期权和互换、资产证券化等)几乎不涉及资产负债表的记录，从而使表外业务在银行业务中的地位日益重要，形成了银行业务"表外化"的趋势，是影子银行体系(Shadow Banking System)形成的重要原因之一。

## 六、2020年全球金融市场概况

2020年新冠肺炎疫情在全球蔓延，致使全球经济遭受重创。各国政府为了刺激经济的发展，减少疫情的影响，先后采取宽松货币政策与扩张性财政政策，这些政策对国际金融市场都产生了重大的影响。

## (一) 宽松的货币政策

美联储将联邦基金利率降至 0 至 0.25%，超额准备金率也同期从 1.1%降至 0.1%，2020 年美国正式进入零利率时代。不仅如此，美联储还启动总额高达 7000 亿美元的量化宽松(QE)计划，之后又发展成为无限 QE。充当"最后贷款人"，是美联储在过去一年中的角色。这台金融大戏主要由美联储与财政部联袂合作完成，即由财政部提供资本金、美联储提供贷款，成立 2.3 万亿美元信贷工具，为实体经济注入必要资金。无论是从救市手段还是从政策投放频率及融资规模来看，美联储此次的货币宽松都史无前例。

美联储将联邦基准利率一次性降低到零的水平，很快引起"多米诺骨牌效应"。英国央行先后三次降息，将银行利率下调至 0.1%的历史最低水平；加拿大央行在过去一年两次宣布降息，将基准利率下调至 0.75%；同期澳大利亚联储也先后三次降息，将银行利率降至 0.1%的历史最低点。新兴市场国家方面，巴西过去一年中以每次 25 个基点的幅度 8 次降低利率，将基准利率降至该国自 1999 年采用通胀目标以来的最低水平；马来西亚国家银行将官方隔夜利率从 3%降低到最低点 2.75%，泰国央行也将基准利率调降至历史最低水平。

发达国家中不仅美国的量化宽松进入快车道，欧洲央行也启动了规模为 1.35 万亿欧元的紧急资产购买计划(PEPP)；日本央行推出总额高达 110 万亿日元特别贷款计划的同时，还宣布购买无限量的日本国债，而且日本央行加大了 ETF(交易型开放式指数基金)的购入力度，购入金额超过 34.2 兆日元；英国央行除了推出一项 3300 亿英镑的贷款担保外，还实施了规模总计 8950 亿英镑的债券购买计划。同时，新兴市场国家的 QE 力度也超乎寻常，其中印度央行进行的定向长期再融资操作规模高达 1 万亿卢比，历来保守的印尼央行购买的印尼盾政府债券全年也超过了 110 万亿印尼盾。

## (二) 股票市场

2020 年伊始，无论是道琼斯还是纳斯达克都延续了过去一年持续扬升的态势，甚至还创出了阶段性新高，距离历史最高点也仅有一步之遥。然而，高位盘整了 20 天后，美股还是未能抵挡住新冠肺炎疫情的荡涤与撕裂，巨量资金放量流出，投资人夺路而逃，道琼斯指数出现一日约 3000 点的暴跌。资料显示，从 2020 年 2 月 24 日至 3 月 23 日，在一个月不到的时间内美股先后出现 5 次熔断，其间虽然闪现过一日超过 9%的惊人涨幅，但整个时段空方依然占据绝对优势，最终道琼斯与纳斯达克指数分别被打到了 18213 和 6631 的阶段性低点，同时也是过去 5 年来的最低点，特朗普上台以来美股的全部涨幅被悉数吞没。

其实，遭遇熔断之殇的不只有美股。一天之内，除美国之外，巴西、加拿大、泰国等 11 国股市均因暴跌发生熔断。作为缓冲性举措，英国、意大利、西班牙、韩国、泰国相关监管部门及时出台了不同的限制卖空政策。

不过，还没有等到各国监管机构对限制性卖空政策解冻，全球股市便在经济回升与宽松货币政策的联袂推动下反弹，并纷纷比肩攀高，最终美国三大股指在 2020 年成功达到历史最高点，同期日经 225 登上 30 年的最高位置。相比于日美股市，欧洲国家的股市表现在整体上逊色许多。

在新兴市场国家中，股市的分化现象非常明显。其中印度孟买 SENSEX 全年录得了超过两位数的显著涨幅，成为继美国之后全球股市创出历史最高纪录的第二个国家，其他国家则跌多涨少。截至 2020 年底，全球股票市场的总市值达到 95 万亿美元的历史新高。

### (三) 债券市场

2020 年由于全球货币政策的极度宽松，特别是美联储将联邦基金利率下限降至 0，由此带动了债券收益率的不断下降。其中，10 年期美国国债收益率一度触及 0.487% 的历史低点，30 年期美国国债收益率也创下 0.974% 的新低，两种产品历史上首次跌破 1% 的门槛。而且至 2020 年底，10 年期美国国债收益率依然被压制在 1% 以下。国债收益率曲线大幅平坦化的同时，美国公债利率还屡次出现倒挂，也就是说本来债券期限越长，收益率就越高，但现实是美国 10 年期国债收益率跑输了 1 年期甚至 3 个月期的收益率。收益率的倒挂代表市场对经济前景的悲观估计。

由于全球许多国家实行了货币负利率，负收益率债券随之也在全球各地大面积出现。日本和德国是两个以国债收益率长期为负值而著称的国家，日本 5 年期国债收益率在 2020 年达到 −0.135% 的历史新低，10 年期国债收益率始终保持在 0 附近不变；德国除了以负利率发行了 30 年期国债外，5 年期国债收益率在 2020 年也同期降到了 −0.76%，10 年期国债收益率跌至 −0.584%。与此同时，法国 5 年期国债收益率降至 −0.65%，由此带动整个欧元区主权债券平均收益率下落至 −0.45%。值得注意的是，英国也在过去一年中加入国债负收益率的队伍，除了首次以负利率发行了 37.5 亿英镑 2023 年到期的国债外，英国 2 年期国债收益率也进入负值区间，创下有记录以来的低点。总体看来，至 2020 年底，全球负收益债券市值升至 18.04 万亿美元，创历史新高。

中国在时隔 15 年后重启欧元主权债券的发行。值得一提的是，在此次发行的总规模为 40 亿欧元的主权债券中，5 年期 7.5 亿欧元的主权债券发行收益率为 −0.152%，中国首次实现主权债券负利率发行。

📖 **专栏5-1**

#### 中美影子银行体系的比较——证券化与表外化的视角

2017 年 10 月 15 日，中国人民银行行长周小川在华盛顿出席国际货币基金组织与世界银行年会期间表示中国新成立的金融稳定发展委员会将会重点关注影子银行、资产管理行业、互联网金融和金融控股公司这 4 个方面的问题，其中监管影子银行被列为第一个目标。一时间，影子银行已成为金融稳定问题下的关注焦点。在此，我们从概念理解出发，从金融创新和证券化的视角，梳理中美影子银行间的异同及其形成机制。

影子银行是美国次贷危机爆发之后所出现的一个重要金融学概念。影子银行系统(Shadow Banking System)的概念由美国太平洋投资管理公司执行董事麦卡利首次提出并被广泛采用，又称为平行银行系统(The Parallel Banking System)，它包括投资银行、对冲基金、货币市场基金、债券、保险公司、结构性投资工具(SIV)等非银行金融机构。

美国影子银行主体为非存款类机构，其特征主要体现为非银行机构通过金融创新，从事了类似银行业务，发挥了银行的社会投融资功能，但是这些机构未持有银行牌照，因此称为影子银行；而中国影子银行主体为银行机构，其特征体现为金融抑制下银行为逃避监管实现套利，通过一些金融创新手段，将存贷款业务转移到表外，银行机构在监管之外从事了银行业务，其业务性质实质上是"银行的影子"。

中美影子银行发展过程存在三要素差异。

第一，政府外生推动 VS 非政府内生推动。美国影子银行源于政府推动建立的政府赞助企业，为了让美国数百万家庭能够买得起房，通过向贷款机构买进按揭(抵押贷款)资产或提供信贷担保服务，来促进抵押贷款市场的资金供给。我国影子银行的产生主要是由于银行在利润压力下被迫将业务转移到表外，其特点更多是由经济运行内部需求和自发调节所致，而非政府推动。

第二，批发资 VS 零售资金。以非存款类机构为主的美国影子银行大多没有商业银行那样雄厚的资金，大都利用财务杠杆举债经营，其资金来源主要是批发资金市场。我国影子银行主体为商业银行，资金主要来自企业和个人等零售性资金市场。

第三，资产证券化及衍生品 VS 理财产品与通道业务。美国次级抵押贷款证券的销售主要通过资产证券化和分档技术的支持和包装。我国影子银行资金来源主要以银行理财产品为主，通过信托贷款、委托贷款、证券机构资管项目、货币市场基金等通道业务(通道业务是银行作为委托人，银行表内资金或理财委贷等表外资金，以第三方机构作为受托人，设立资管计划或信托收益权为客户提供融资。受托人这一通道主要为券商资管、信托、保险等机构)。金融抑制、金融脱媒、金融供需缺口、监管套利成为推动中国影子银行发展的四大催化。美国 20 世纪 30 年代及我国改革开放后相继实施了存款利率管制，金融抑制为影子银行的产生创造了环境。而金融脱媒成为此后影子银行发展的加速器。对我国而言，居民财富增值与资产供给及银行信贷资金供给与中小企业融资需求两大缺口，以及监管套利行为共同催生了中国影子银行的蓬勃发展。

(资料来源：《中国金融稳定报告(2017)》、国泰君安报告等)

# 第二节　国际货币市场

货币市场(Money Market)是指资金期限在 1 年以内(含 1 年)的短期金融工具进行交易的场所，也称为短期资金市场。该市场的参与者主要是商业银行、票据承兑公司、贴现公司、证券交易商和证券经纪商等。该市场根据不同的交易方式和业务，可分为银行短期信贷市场、短期证券市场和贴现市场三种类型。

## 一、银行短期信贷市场

银行短期信贷市场是指国际银行同业间的拆放，以及银行对工商企业提供短期信贷资金的场所。短期信贷市场的拆放期长短不一，最短为日拆，一般多为 1 周、1 个月、3 个月和 6 个月，最长不超过 1 年。拆放利率以伦敦同业拆放利率(LIBOR)为基础。该市场交易方式较为简便，存贷款都是每天通过电话联系来进行的，贷款不必担保。

银行短期信贷市场主要包括对外国工商企业的信贷和银行同业间拆放(指商业银行同业之间的短期资金借贷行为)市场。前者主要解决企业流动资金的需要，后者主要解决银行平衡一定时间的资金头寸、调节其资金余缺的需要。其中银行同业拆放占主导地位。同业拆放业务是银行的一项经常业务，以隔夜拆放为多，绝大部分是 1 天到 3 个月期，3 个月到 1 年的较少。

伦敦银行同业拆放市场是典型的拆放市场，它的参加者为英国的商业银行、票据交换银行和外国银行等。伦敦银行同业拆放利率是国际金融市场贷款利率的基础。同业拆放可以由资金短缺方找资金盈余方，资金盈余方也可主动找资金短缺方。双方也可通过经纪人去寻找借贷对象。由于现代通信设备发达，借贷双方已经不限于同一城市，成交后立即通过中央银行的通信网络拨账，次日仍通过电信拨还。

同业拆放是商业银行之间进行的借贷业务，但在美国中央银行有存款的不只是商业银行，还有外国银行、联邦机构和证券经纪人等。这些机构根据同业拆放的原则，也可以把它们存在中央银行账户上的余额借给需要资金的机构。借出和偿还同样是通过中央银行拨账的方式进行。

在国际货币市场上，欧洲美元短期信贷的利息支付采取的是贴现法，即在借款时，银行已经将利息从贷出款项中扣除，然后将扣除利息以后的余额付给借款人；在贷款到期的时候，借款人按贷款额偿还。这种利息先付的方法增加了借款人的成本，因而使贷款的实际利率高于名义利率。

我国银行短期信贷市场规模增长较快，中国人民银行 2019 年第一季度货币政策执行报告显示，2019 年第一季度我国银行同业拆借累计成交 41 万亿元，日均成交 6833 亿元，同比增长 36.3%。

## 二、短期证券市场

短期证券市场是指进行短期证券发行与买卖的场所，其期限一般不到 1 年。这里的短期证券包括国库券、可转让定期存单、商业票据、银行承兑票据等，它们的最大特点是具有较大的流动性和安全性。各国的短期信用工具种类繁多，名称也不一样，但实质上都属于信用票据。

### (一) 国库券

国库券(Treasury Securities)是指国家财政当局为弥补国库收支不平衡而发行的一种政府债券。因国库券的债务人是国家，其还款保证是国家财政收入，所以，它几乎不存在信用违约风险，是金融市场中风险最小的信用工具。中国国库券的期限最短的为一年，而西方国家国库券品种较多，一般可分为 3 个月、6 个月、9 个月、1 年期四种，其面额起点各国不一。国库券采用不记名形式，无须经过背书就可以转让流通。

国库券是 1877 年由英国经济学家和作家沃尔特·巴佐特发明，并首次在英国发行。后来许多国家都依照英国的做法，以发行国库券的方式来满足政府对短期资金的需要。在美国，国库券已成为货币市场上最重要的信用工具，也是弥补政府财政赤字的重要手段。从 1981 年到 2009 年的 28 年里，国债就突破了 10 万亿美元，而奥巴马政府的 8 年里国债就超过了 9.3 万亿美元，特朗普一进白宫就面临 19.7 万亿美元的巨额国债。截至 2019 年 9 月末，美国国债总额升至 22.7 万亿美元，再创历史新高。目前美国国债的余额已经达到了美国 GDP 的 106%，美债规模的不断攀升引发不少持有美债国家的担忧。2020 年美国国债总额为 5.67 万亿美元，2021 年初美债暴涨到 27.8 万亿美元，截至 2021 年 6 月，美债总额已经超过 28.5 万亿美元，比中、日、德、英四国的 GDP 之和还要多。

中国自 1981 年开始，由财政部根据《中华人民共和国国库券条例》，每年定期发行国库券。中国的国库券偿还期限较长，不属于政府短期证券。2020 年，中国国债发行 7 万亿元，地方政府债券发行 6.4 万亿元。

### (二) 可转让定期存单

可转让定期存单(Negotiable Certificate of Deposit，NCD)是近几十年出现的新的存款方式，1961 年由美国纽约花旗银行首先发行。可转让定期存单也称可转让存款证，简称定期存单(CD)，指银行发行的对持有人偿付具有可转让性质的定期存款凭证。凭证上载有发行的金额及利率，还有偿还日期和方法。如果存单期限超过 1 年，则可在期中支付利息。在纽约货币市场，通常以 100 万美元为定期存单的面值单位，有 30 天到 5 年或 7 年不等的期限，通常期限为 1～3 月，一律于期满日付款。2019 年中国人民银行第一季度货币政策执行报告显示，2019 年第一季度，我国金融机构陆续发行大额存单 13578 期，发行总量为 4.44 万亿元，同比增加 2.19 万亿元。大额存单发行的有序推进，进一步扩大了金融机构负债产品市场化定价范围，有利于培养金融机构的自主定价能力，健全市场化利率形成和传导机制。

### (三) 商业票据

商业票据(Commercial Paper)是指没有抵押品的短期票据。从本质上说，它是以出票人本身为付款人的本票，由出票人许诺在一定时间、地点付给收款人一定金额的票据。

商业票据是最早的信用工具，起源于商业信用，而商业信用的出现先于金融市场。在没有金融市场时，商业票据没有流通市场，只能由收款人保存，到期才能收款。银行出现后，有了金融市场，商业票据的持有者才可以拿商业票据到银行去抵押，到市场上去贴现，提前取得资金。近年来它更进一步演变为一种单纯用于金融市场融通筹资的工具，虽名为商业票据，却没有以实际发生商品或劳务交易为背景的债权凭证。

2020 年新冠肺炎疫情暴发以来，我国票据市场快速恢复正常运行，充分发挥了政策传导、支持实体的市场功能，为宏观经济企稳回升发挥了积极的推动作用。全年票据市场业务总量148.24 万亿元，同比增长 12.8%。

### (四) 银行承兑票据

银行承兑票据(Bank Accepted Documents)是指经银行承兑过的商业票据。票据一经银行承兑，其信用就得以提高，从而更易于流通。由于银行信用较高，因此其流动性比商业承兑票据更强。银票承兑规模稳中有升，不同类型机构市场占比有所分化。

2020 年，我国银票承兑金额 18.47 万亿元，同比增长 6.4%。其中，国有和股份制银行承兑占比分别为 17.2%和 44.9%，市场份额均稳中有升；城商行和农村金融机构承兑占比分别为26.6%和 5.1%，同比分别下降 1.2 个和 0.8 个百分点。

## 三、贴现市场

贴现市场(Discount Market)是指对未到期票据，通过贴现方式进行资金融通而形成的交易市场。贴现市场的主要经营者是贴现公司。贴现交易的信用票据主要有政府国库券、短期债券、银行承兑票据和部分商业票据等。贴现利率一般高于银行贷款利率。

贴现是指持票人以未到期票据向银行兑换现金,银行将扣除自买进票据日(贴现日)到票据到期日的利息(贴现息)后的余额付给持票人。从本质上看,贴现也是银行放款的一种形式,这种方式与一般放款的差别在于,是在期初本金中扣除利息,不是在期末支付利息。

目前,世界上最大的贴现市场是伦敦贴现市场,其历史悠久,在英国的金融市场中占有十分重要的地位。贴现市场在英国是英格兰银行与商业银行间的桥梁,也是英国金融制度的一个特色。伦敦的贴现市场主要是由多家贴现公司组成的,这些贴现公司都是伦敦贴现市场协会的成员。贴现市场在英国货币体系中发挥着中心的作用,贴现公司利用其借入的低利资金,再以较高的利息贴现票据。例如,2017年全国汇票发生额高达14.63万亿元,票据市场的发展规模日益庞大。

2020年以来,我国转贴现交易增长较快,中小机构交易活跃。2020年全市场转贴现交易量为44.11万亿元,同比增长13.6%,增速较上年基本持平。股份制银行、城商行和农村金融机构转贴现交易规模靠前,全年上述三类机构转贴现规模分别为19.13万亿元、13.62万亿元和9.25万亿元,同比分别增长20.7%、13.8%和34.3%。

# 第三节　欧洲货币市场

欧洲货币市场最早发源于20世纪50年代末的伦敦,后逐步扩散到世界其他地方。由于欧洲货币市场发展迅速,其交易量远超过传统的国际金融市场,因此,从某种意义上讲,它已成为当代国际金融市场的代表。

## 一、欧洲货币市场的含义

### (一) 概念

欧洲货币市场(Euro-currency Market),是一种以非居民参与为主的,以欧洲银行为中介的在某货币发行国国境之外从事该种货币借贷或交易的市场,又称离岸金融市场。欧洲货币市场包含欧洲信贷市场和欧洲债券市场。如伦敦货币市场上,日本居民在某银行存款,商业银行将存款贷给沙特某公司,对于英国来说,存款方日本居民和贷款方沙特某公司都是英国的非居民,但他们在英国完成一笔商业银行的存贷款业务,这就是欧洲货币市场业务。

### (二) 欧洲货币市场的内涵

#### 1. 欧洲货币市场产生于欧洲,但不仅限于欧洲

欧洲货币市场最早是指存在于伦敦及西欧其他地方的美元借贷市场,这是人们通常所说的狭义的欧洲货币市场概念。广义的欧洲货币市场是指在全球范围内经营境外货币存放款等业务的国际资金市场。其地域范围逐渐突破"欧洲"界限,扩展至亚洲、北美洲、拉丁美洲等。目前,欧洲货币市场既包括欧洲各主要金融中心,还包括日本、新加坡、加拿大、巴林、巴拿马等新的全球或区域性金融中心,即广义的欧洲货币市场,有时也被称为"超级货币市场"(Super

Money Market)或"境外货币市场"(External Money Market)。

### 2. 欧洲货币与欧洲银行不单指欧洲国家的货币与银行

欧洲货币(Euro-currency)是指设在某种货币发行国国境以外的银行收储与放贷的该种货币资金。一般来说,只要是欧洲货币,都不能在该主权货币的本国境内进行交易。与此相应,经营这种货币资金的收存贷放等业务的银行,称为"欧洲银行"(Euro-bank),而由这种货币资金的供求借贷形成的市场就称为"欧洲货币市场"。

### 3. 欧洲货币市场实质是货币市场

尽管欧洲货币市场发展迅速,地位不断提高,作用不断扩大,甚至被人们称为当代国际金融市场的主体,但欧洲货币市场主要是短期资金融通的业务,实质是货币市场,是由众多的欧洲银行经营欧洲货币存贷款业务而形成的信贷与债券市场,即它主要是一种借贷市场,发生关系的是存款人(通过银行)和借款人,这与买卖不同国家货币的外汇市场有所区别。

## 二、欧洲货币市场的历史变迁

### (一) 欧洲美元市场的出现与发展

欧洲货币市场起源于 20 世纪 50 年代,最初只有欧洲美元。外部原因是美国在朝鲜战争中冻结了中国存放在美国的外汇,苏联和东欧国家也担心发生同类事件,为了本国资金的安全,将原来存在美国的美元转存到苏联开设在巴黎的北欧商业银行和开设在伦敦的莫斯科国民银行,以及设在伦敦的其他欧洲国家的商业银行,这就是最早出现的欧洲货币。后来美国在 20 世纪 50—60 年代实施严格的外汇管制,美国和其他国家的一些资本家为避免其"账外资产"公开暴露,从而被美国管制和税务当局追查,也把美元存在伦敦的银行,从而出现了欧洲美元。当时,欧洲美元总额不过 10 亿多美元,存放的目的在于保障资金安全。

在第二次世界大战结束以后,美国通过对饱受战争创伤的西欧各国的援助与投资,以及支付驻扎在西欧的美国军队的开支,使大量美元流入西欧。当时,英国政府为了刺激战争带来的经济萎缩,企图重建英镑的地位。1957 年,英格兰银行采取措施,一方面对英镑区以外地区的英镑贷款实施严格的外汇管制;另一方面却准许伦敦的商业银行接受美元存款并发放美元贷款,从而在伦敦开放了以美元为主体的外币交易市场,进而就形成了欧洲美元市场(存款业务与贷款业务市场)。

### (二) 其他欧洲货币市场的产生

1958 年后,美国国际收支开始出现赤字,美元资金大量流出国外。美国对资本流出的限制,进一步刺激了欧洲美元市场的发展。20 世纪 70 年代后石油危机大大促进了欧洲美元市场的发展。此外,欧洲市场自身具有存贷款利差比美国市场小的优势。20 世纪 60 年代后,这一市场上交易的货币不再局限于美元,马克、瑞士法郎等也出现在市场上。这一市场的地理范围也进一步扩大,在亚洲的新加坡、中国香港等地也出现了对美元、马克等货币的借贷。

### (三) 欧洲货币市场迅速发展的原因

#### 1. 美国国际收支发生逆差

20 世纪 50 年代，美国参与朝鲜战争导致美国持续逆差，这也是欧洲美元迅速增长的最根本原因之一。布雷顿森林体系下美国发行美元是否有足额的黄金支撑，没有一个机构可以监督约束，加之两次长期的战争导致巨额军费开支，使得美国持续国际收支逆差，大量的美元外流进入欧洲银行。

欧洲美元存在的形式首先是美元存款。美国的非居民——私人公司或其他经济实体在欧洲银行存入一笔欧洲美元，只能是把原来在美国银行里的一笔活期存款转存到欧洲银行。同样，一家欧洲银行贷出一笔欧洲美元，也只能是把这笔原来存在美国银行里的活期存款转贷给借款人。所以欧洲美元的根本是美国银行对外负债的转移。这种对外流动性负债的转移与美国国际收支逆差有着直接关系。

#### 2. 美国政府的限制措施促使大量美元外流

从 20 世纪 60 年代开始美国政府就采取了一系列限制美元外流的措施。例如，美国政府从 1963 年起实施利息平衡税，对外国政府与私人企业在美国发行的债券利息，一律征收平衡税，借以限制美国企事业单位对外直接投资，同时限制设立海外分支机构和银行对外信贷。1968 年，美国政府的金融管制当局正式停止美国企业汇出美元到国外投资。此外，根据在 20 世纪 30 年代美国联邦储备银行制定的 Q 项条款的规定，美国商业银行对活期存款不付利息，并对定期与储蓄存款利率规定最高限额，而在国外的欧洲美元存款则不受此种限制。另一个联邦储备银行制定的 M 项条款规定，美国银行对国外银行的负债，包括国外分支行在总行账面的存款，必须缴存累进的存款准备金，而国外的欧洲美元存款则可以不缴存任何存款准备金。这些措施引起美国国内商业银行的不满，纷纷向国外寻求吸收存款的出路。全世界的跨国公司也不得不转向欧洲货币市场，以满足其资金融通的需求，加速了欧洲货币市场的发展。

#### 3. 欧洲各国实行货币自由兑换

西欧主要国家从 1958 年 12 月开始，允许出口商和银行拥有外币资金，主要是美元资金。当时，美元是国际上主要的支付与储备货币，西欧各国解除对外汇的管制，就意味着各国货币可以自由兑换美元。这些措施使得欧洲银行的美元存放业务迅速增长，同时也促进了美国银行的国外分支机构大量增加。

石油美元环流是欧洲货币市场长期繁荣的一个重要支撑。第二次世界大战后美国凭借政治经济霸主地位，使美元成为最重要的国际储备和结算货币，因此，美元作为世界货币能够在世界范围内采购商品与服务。而其他国家需要通过出口换得美元以进行对外支付，许多国家对进口石油的依赖，就必须从外汇储备或者国际金融市场的货币交易中拿出相当一部分支付给石油输出国。而石油输出国获取的"石油美元"，既可以在欧洲货币市场中进行交易，也可以以回流投资方式变成美国的银行存款及股票、国债等证券资产，填补美国的贸易与财政赤字，从而支持了美国的经济发展。

#### 4. 其他欧洲货币是在美元危机中逐渐形成的

20 世纪 60 年代以来，美元的霸权地位日益衰落，抛售美元、抢购黄金或其他硬通货的风潮频繁发生。而各国的企业与投机商，以及西方各国中央银行所掌握的外汇储备，绝大部分是美元。因此，它们就不得不按照在金融业务中要谨慎行事这一个最简单的原则，使它们的储备构成多样化。这种储备多样化的过程，必然导致美元在国际市场的价值下降。美元价值下降，又会使大量持有美元的外国企业及各国中央银行的储备头寸价值低落。储备多元化导致人们对美元的信心动摇，致使当时国际市场上的硬通货，如联邦德国马克、瑞士法郎、日元等，身价倍增，成为抢购的对象，再加上有些国家对非本国居民储户存入所在国货币施加种种限制，而对外国货币则不加限制或限制较少，这就形成了"欧洲德国马克""欧洲瑞士法郎"等其他欧洲货币。最初的欧洲美元市场，也就逐渐发展成为形式多样的欧洲货币市场。

同时，欧洲货币市场的范围也在不断扩大，它的分布区扩展至亚洲、北美和拉丁美洲。这个名词的词头"欧洲"是因为最初的市场在欧洲，但实际上由于欧洲货币市场的不断发展，它已不再局限于欧洲地区。

## 三、欧洲货币市场的特点

欧洲货币市场是一个真正的完全自由的国际资金市场，它与传统的国际金融市场相比，具有许多突出的特点。

### (一) 规避货币发行国的监管

传统的国际金融市场，必须受所在地政府政策法令的约束，而欧洲货币市场则不受国家政府管制与税收限制。一方面，这个市场本质上是一个为了避免主权国家干预而形成的"超国家"的资金市场，它在货币发行国境外，货币发行国无权施以管制；另一方面，市场所在地的政府为了吸引更多的欧洲货币资金，扩大借贷业务，则采取种种优惠措施，尽力创造宽松的管理氛围。因此，这个市场经营非常自由，不受任何管制。

### (二) 实现无国界的金融市场

传统的国际金融市场，通常是在国际贸易和金融业务极其发达的中心城市，而且必须是国内资金供应中心，但欧洲货币市场则超越了这一限制，只要某个地方管制较松、税收优惠或地理位置优越，就能够吸引投资者和筹资者，即使其本身并没有巨量的资金积累，也能成为一个离岸的金融中心。这个特点使许多原本并不著名的国家或地区，如卢森堡、开曼、巴拿马、巴林及百慕大等，发展为国际金融中心。

### (三) 形成独特的利率体系

欧洲货币市场利率较国内金融市场的独特性表现在其存款利率略高于国内金融市场，而贷款利率略低于国内金融市场。存款利率较高，是因为一方面国外存款的风险比国内大，另一方面不受法定准备金和存款利率最高额限制。而贷款利率略低，是因为欧洲银行享有所在国的免税和免缴存款准备金等优惠条件，存在批发优势，贷款成本相对较低，故以降低贷款利率来招徕顾客。欧洲货币市场存放利差很小，一般为 0.25%~0.5%，因此，欧洲货币市场对资金存款人和资金借款人都极具吸引力，欧洲货币市场独特的利率体系见图 5-2。

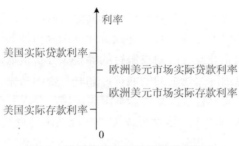

图5-2 欧洲货币市场独特的利率体系

### (四) 居民和非居民之间的借贷关系

欧洲货币市场的借贷关系，是外国投资者与外国筹资者的关系，即非居民之间的借贷关系。国际金融市场通常有三种类型的交易活动：①外国投资者与本国筹资者之间的交易，如外国投资者在证券市场上直接购买本国筹资者发行的证券；②本国投资者与外国筹资者之间的交易，如本国投资者在证券市场上购买外国筹资者发行的证券；③外国投资者与外国筹资者之间的交易，如外国投资者通过某一金融中心的银行中介或证券市场，向外国筹资者提供资金。第一种和第二种交易是居民和非居民间的交易，这种交易形成的关系是传统国际金融市场的借贷关系。第三种交易是非居民之间的交易，又称中转或离岸交易，这种交易形成的关系，才是欧洲货币市场的借贷关系。

### (五) 拥有广泛的银行网络与庞大的资金规模

欧洲货币市场是银行间的市场，具有广泛的经营欧洲货币业务的银行网络，它的业务一般都是通过电话、电报、电传等工具在银行间、银行与客户间进行。欧洲货币市场是以批发交易为主的市场，该市场的资金来自世界各地，数额极其庞大，各种主要可兑换货币应有尽有，充分满足了各国不同类型的银行和企业对不同期限和不同用途的资金的需求。

### (六) 具有信贷创造机制

欧洲货币市场不仅具有信贷中介机制，而且具有信贷创造机制。进入该市场的存款，经过银行之间的辗转贷放使信用得到扩大，这些贷款如果存回欧洲货币市场，便构成了货币市场派生的资金来源，把其再贷放出去则形成了欧洲货币市场派生的信用创造。

## 四、欧洲货币市场的利弊分析

欧洲货币市场的产生和迅速发展，对世界经济产生了广泛而深刻的影响。

### (一) 欧洲货币市场的积极作用

#### 1. 为各国经济发展提供资金便利

欧洲货币市场是国际资金再分配的重要渠道。在这个市场上，金融机构发达，资金规模大，借款成本较低，融资效率高，因此，它成了各国获取资金推动经济发展的重要场所，如日本在20世纪60年代和70年代，就从该市场借入可观的欧洲货币，推动了日本经济的高速发展。

### 2. 有利于平衡国际收支

欧洲货币市场的发展，拓展了金融市场的空间范围，也丰富了国际结算的支付手段。如果一国在国际贸易上出现了逆差，就可以从欧洲货币市场直接借入欧洲美元或其他欧洲货币来弥补，从而缓和了逆差压力；反之，一国出现贸易顺差，过多的外汇储备也可投入该市场，这样，就达到了平衡国际收支的目的。例如，赞比亚政府 2014 年 4 月 8 日宣布成功发行第二只欧洲债券，并获得超额认购，此次发行的债券为 10 年期，共 10 亿美元，获得 42.5 亿美元的超额认购，其目的在于弥补该国国际收支不平衡。

### 3. 推动了跨国公司国际业务的发展

欧洲货币市场作为离岸金融市场，不受各国法律制度的约束，它既可为跨国公司的国际投资提供大量的资金来源，又可为这些资金在国际上进行转移提供便利，从而推动跨国公司的国际经营和业务的国际化。例如，伦敦、纽约、东京等欧洲货币市场业务兴盛的地区，也是 FDI 和跨国企业聚集发展的地区。

### (二) 欧洲货币市场的消极影响

### 1. 加剧外汇市场的动荡

欧洲货币市场因不受市场所在地政府法令的管理，具有极强的流动性，有可能使上万亿美元的资金很容易在国际上流动，而且各地信贷市场和外汇市场的利率和汇率稍有变化，货币投机者便倾巢而出，利用各种手段，如套利、套汇或黄金投机牟取暴利，使本来已变化不定的外汇市场更趋动荡不安。

### 2. 会削弱各国金融政策实施的效果

当一些国家为了遏制通胀实施紧缩政策时，商业银行仍可以从欧洲货币市场上借入大批资金；反之，当一些国家为了刺激经济改行宽松的政策时，各国银行也可能把资金调往国外。这样就使政府的宏观金融政策效果被削弱，预期的目标也难以实现。大量的资金流入流出会影响一国政府独立的货币政策、财政政策的执行效果。

### 3. 增加商业银行的风险

欧洲货币市场经常是国际信贷领域"超级风险"的根源。在欧洲货币市场上，首先，银行发放的长期信贷资金，大部分是从客户那里吸收来的短期存款，一旦银行信用出现问题而引起客户大量挤提，银行就会陷入困境；其次，欧洲货币的贷款，是由许多家银行组成银团联合贷出的，贷款对象又难以集中在一个国家或政府机构，如果贷款对象到期无力偿还，这些银行就会遭受损失；再次，欧洲货币市场没有一个中央机构，使其缺乏最后融资的支持者，且该市场也没有存款保险制度；最后，该市场本身就是一个信用创造机制，因此，在欧洲货币市场上操作，风险还是很大。

# 第四节　国际资本市场

资本市场(Capital Market)，是指期限在 1 年以上的资金借贷和证券交易的场所，也称中长期资金市场。国际资本市场按融通资金方式的不同，又可分为银行中长期信贷市场和国际证券市场，国际资本市场的分类见图5-3。

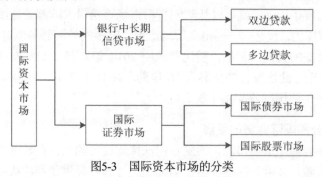

图5-3　国际资本市场的分类

# 一、银行中长期信贷市场

银行中长期信贷市场是一种国际银行提供中长期信贷资金的场所，为需要中长期资金的政府和企业提供资金便利。这个市场的需求者多为各国政府和工商企业。一般 1～5 年的称为中期信贷，5 年以上的称为长期信贷。资金利率由经济形势、资金供求量、通货膨胀和金融政策等因素多方面决定，一般是在伦敦同业拆放利率基础上加一定的幅度。

该市场的贷款方式有双边贷款和多边贷款之分。

## (一) 双边贷款

双边贷款即单一银行贷款，是指仅由一家银行提供的贷款。由于国际贷款风险较大，一旦发生损失难以挽回，因此单一银行贷款一般数额较小、期限较短。双边贷款是国际贷款中最典型的形式，其贷款资金主要来源于商业银行业务，其贷款利率多以国际金融市场利率为基础。

## (二) 多边贷款

多边贷款是对金额较大的项目，由几家银行组成银团提供贷款，即辛迪加贷款(Syndicated Loan)，又称银团贷款(Consortium Loan)。通常由获准经营贷款业务的一家或数家银行牵头，多家银行与非银行金融机构参加而组成的银行集团(Banking Group)采用同一贷款协议，按商定的期限和条件向同一借款人提供融资。国际银团是由不同国家的多家银行组成的银行集团。

### 1. 银团贷款产品业务的特点

1) 贷款金额大、期限长

其短期3～5年，中期7～10年，长期10～20年。银团贷款可以满足借款人长期、大额的资金需求，一般用于交通、石化、电信、电力等行业新建项目贷款、大型设备租赁、企业并购融资等。

2) 对借款人而言简化了贷款手续

借款人与牵头行商定贷款条件后，由牵头行负责银团的组建。在贷款的执行阶段，借款人无须面对所有的银团成员，相关的提款、还本付息等贷款管理工作由代理行完成。

3) 银团贷款操作形式多样

在同一银团贷款内，可根据借款人需要提供多种形式贷款，如定期贷款、周转贷款、备用信用证额度等；同时，还可根据借款人需要，选择美元、欧元、英镑等不同的货币或货币组合。

4) 有利于借款人树立良好的市场形象

银团的成功组建是基于各参与行对借款人财务和经营情况的充分认可，借款人可以借此业务机会提高声誉。

5) 按照"信息共享、独立审批、自主决策、风险自担"的原则

银团贷款成员按照"信息共享、独立审批、自主决策、风险自担"的原则自主确定各自授信行为，并按实际承诺份额享有银团贷款项下相应的权利、义务。

6) 承担贷款份额有规定

单家银行担任牵头行时，其承贷份额原则上不少于银团融资总金额的20%；分销给其他银团贷款成员的份额原则上不低于50%。

7) 银团代理行的职责

银团代理行的职责是：银团贷款协议签订后，按相关贷款条件确定的金额和进度归集资金向借款人提供贷款，并接受银团委托按银团贷款协议规定的职责对银团资金进行管理的银行。代理行可以由牵头行担任，也可由银团贷款成员协商确定。

**2. 银团贷款的主要参与者**

银团贷款主要由安排行、牵头行、经理行、参加行、代理行、协调行等成员共同组成，各个成员按照合同约定或各自的放款比例履行职责、享受权益和承担风险。银团成员行主要分三个层次：一是安排行(牵头行)；二是经理行；三是参加行。

1) 安排行

安排行是指一家或一组接受客户委托筹组银团并安排贷款分销的银行，是银团贷款的组织者和安排者。通常安排行也会包销整笔银团贷款。

2) 牵头行

牵头行是指包销银团贷款份额较大的银行，在经理团成员中居最高位置。通常牵头行是安排行。

3) 经理行

经理行是指在金额较大、参加行众多的银团贷款中，由牵头行根据各家银行所承诺的贷款金额和级别给予的地位，是银团组团阶段承担组团任务的银行。各经理行组成银团贷款的经理团，主要负责组织评审贷款项目和组团的可行性，与牵头行讨论贷款文件，直至贷款合同签署等工作。

4) 参加行

参加行是指接受安排行邀请参加贷款银团，并按照协商确定的份额提供贷款的银行。与经理团成员的区别是：参加行认购相对较少的贷款份额，不承担任何包销责任与其他实质性筹组工作。

5) 代理行

在贷款期内，由银团成员推选及在借款人同意的基础上选定其中一家银行作为代理行。在贷款协议签订后，代理行按照贷款协议内所列条款代表银团成员办事，负责提款、还本付息、

贷后管理等贷款管理事宜，负责借款人和银团成员之间的信息沟通，并处理违约事件等。

6) 协调行

协调行是指在牵头行中挑选出的照看整个银团贷款并承担某些银团筹组任务的银行。

7) 顾问行

在银团贷款中，面对许多银行的报价和贷款条件，为正确做出借款决策，借款人可以指定一家银行担任顾问行，向借款人提供有偿的财务咨询服务，以保证全部借款工作的顺利进行。

### 3. 国际银团贷款商定的主要内容

1) 银团贷款的利息

贷款利息根据利(息)率来计算。利率主要分为固定利率和浮动利率两种。固定利率是借贷双方谈判商定的一个利率，一般在签订贷款协议时就固定下来，在整个贷款期限内不变。浮动利率一般以伦敦银行同业拆放利率(LIBOR)为基本利率，再加上一定的利差作为银团贷款的风险费用。有时也选择一些其他国际性利率作为参考利率，如美国优惠利率(美国的大银行向优质大企业提供短期贷款的利率)。LIBOR 有 1 个月、3 个月和 6 个月之分，绝大多数银团贷款均使用 6 个月浮动的 LIBOR 作为基本利率。

利息一般是半年或 3 个月支付一次。本金的偿还是在宽限期后根据协议，半年或 1 年支付一次。每年的支付额可参考下列公式计算：

每年支付额=(LIBOR+加息率)×在使用的贷款额+规定的还本额+承担费率×未用贷款+利息税+代理费

2) 银团贷款的费用

在国际银团贷款中，借款人除了支付贷款利息以外，还要承担一些费用，如承诺费、管理费、参加费、代理费、安排费及杂费等。

承诺费(Commitment Fee)，也称承担费。借款人在用款期间，对已用金额要支付利息，对未提用部分，因为银行要准备出一定的资金以备借款人的提款，所以借款人应按未提贷款金额向贷款人支付承诺费，作为贷款人承担贷款责任而遭受利息损失的补偿。承诺费一般从贷款合同生效日的 3 个月后开始计收，一直到提款期结束，费率一般在 0.125%～0.5%。

管理费(Management Fee)，此项费用是借款人向组织银团的牵头行支付的。由于牵头行负责组织银团、起草文件、与借款人谈判等，因此要额外收取一笔贷款管理费，作为提供附加服务的补偿，该费用通常在签订贷款协议后的 30 天内支付。

参加费(Participant Fee)，参加费根据出贷份额在各参加行中按比例分配。参加贷款金额较大银行的管理费和参加费可稍高于参加贷款较少的银行。

代理费(Agent Fee)，是借款人向代理行支付的报酬，作为对代理行在整个贷款期间管理贷款、计算利息、调拨款项等工作的补偿，一般按固定的金额一年一付。

杂费(Miscellaneous Fee or Out of Pocket Expenses)，是借款人向牵头银行支付的费用，用于其在组织银团、安排签字仪式等工作时间的支出，如通信费、差旅费、文件缮写印刷费、律师费等。杂费需要一次付清，或者由牵头银行实报实销，或者根据贷款金额的一定比例支付。

3) 银团贷款期限

贷款期限指贷款合同生效之日至贷款本息全部还清为止的期限。贷款期限分为提款期、宽限期和偿付期。

提款期也称承诺期，是借款人可以提取贷款的有效期限，一般从合同生效日起，到一个规定的日期为止。在提款期内，借款人可以一次提取全部贷款或者分次提取贷款。在提款期结束日，未提取的贷款部分自动取消，借款人不得再次提取贷款。

宽限期是借款人只支付贷款利息而不需要归还本金的期限，从提款期结束日起，到第一次归还贷款本金为止。

偿付期是借款人归还本金的期限，从第一次还本日起，到全部本金清偿完毕为止。

4) 银团贷款的还款方式

银团贷款的还款方式有以下三种：

一是到期一次还款。在签订贷款协议后，贷款利息分次支付，期满时一次归还本金。

二是分次还款。在宽限期后开始还本，每半年还等额本金并付息一次，宽限期内只付息不还本。

三是逐年归还。无宽限期，自支用贷款日起还款。

近年来国际银团贷款发展迅猛，中国企业也不断得到国际金融机构的认可，打开国际资本市场，积极寻求搭建境外融资平台，拓展境外融资渠道。据《中国银团贷款行业发展报告(2018)》中国银行业协会银团委员会统计数据显示，截至 2017 年末，境内(不包括港澳台地区，下同)银团贷款余额总计达 64021.48 亿元，较上年新增 5917 亿元，同比增长 10.18%。在规模增长的同时，银团贷款整体资产质量较好，2017 年末银团贷款不良贷款总额达 275.94 亿元，平均不良率为 0.43%。

5) 银团贷款案例——中国智能手机制造商小米申请国际银团贷款

2018 年中国智能手机制造商小米成功在香港完成第一笔 10 亿美元的国际银团贷款，受到国际资本的热烈追捧。小米国际银团贷款的参加行有 29 家银行，来自全球各地，可谓盛况空前，有欧洲大行德意志银行、巴克莱银行、瑞信银行、荷兰 ING 银行、法国巴黎银行、渣打银行等，美国大行摩根大通银行、摩根士丹利银行、高盛银行，中国香港地区的工银亚洲、恒生银行、永隆银行、东亚银行，中国台湾地区的中国信托商业银行、台湾银行、国泰世华银行，日本的三菱东京 UFJ，以及来自亚洲其他地区的澳新银行、马来亚银行、阿联酋第一海湾银行，还有来自遥远的南美洲的巴西银行。小米香港公司在市场上谈判 2 亿美元的一年期贷款，以招商银行北京分行发出的备用信用证做担保，俗称"内保外贷"。这意味着小米总部需要向招行提交等额的存款保证金，或者切分等额的银行授信。这种模式适合"国内强、国外弱"的融资背景，也意味着彼时小米对于海外融资的信心不足。中国的银行倾向于通过贷款业务赚钱，而欧美银行跟中国的银行业经营模式不太一样，倾向于通过银团贷款和双边贷款来建立客户关系，后续主要靠投资银行来赚大钱。一言以概之，国际银行对小米银团贷款的追捧，是追捧其IPO 的未来前景；小米对于银团参加行的选择，体现了公司海外发展战略方向。

## 二、国际债券市场

国际债券是指长期资金的筹措者在国外发行上市的以外国货币定值并销售的债券。从事国际债券交易而形成的市场称为国际债券市场(International Bond Market)，其参与者由借款人和投资人(包括参与者所在国政府、金融机构、企业或个人)及中介所构成，借款人即国际债券的发行人，投资人是国际债券市场债券的购买者，中介是承销国际债券的金融机构。

国际债券市场由在岸债券市场(包括国内债券市场和外国债券市场)和离岸债券市场(欧洲债券市场)组成。

### (一) 在岸债券市场

在岸债券市场(On-shore Bond Market)即经营国内债券和外国债券的市场。国内债券(Domestic Bonds)是本国政府和企业面向本国居民(也可能有少量的非居民)发行的以本币为面值的债券。

外国债券面值、货币是市场所在国的货币,债券由市场所在国组织的辛迪加(银团贷款)承销,债券的经营受到所在国政府有关法律的管辖。外国人在美国发行的美元债券叫扬基债券(Yankee Bond),在日本发行的日元债券叫武士债券(Samurai Bonds),在英国发行的英镑债券叫猛犬债券(Bulldog Bond),在中国发行的外国债券叫熊猫债券(Panda Bond)。

按地域分布看,有影响和规模较大的外国债券有北美的扬基债券、欧洲的猛犬债券及瑞士法郎债券(Swiss Franc Bonds)、亚洲的武士债券和龙债券(Dragon Bonds),以及中东地区以科威特的第纳尔(Dinar)、阿联酋的迪拉姆(Dirham)及沙特阿拉伯的里亚尔(Riyal)货币定值的外国债券等。

外国债券与国内债券的不同之处在于各国对于本国居民发行的债券和对外国人发行的债券做了法律上的区分。例如,税率不同、对发行时间和金额有不同的管制、债券发行前对发行者应该披露的资料信息种类和数量有不同的要求、对注册有不同的要求及对购买者有不同的限制。外国债券市场于 19 世纪初问世,且最早是在英国和美国逐渐发展起来的,形成了著名的猛犬债券市场(Bulldog Bonds Market)和扬基债券市场(Yankee Bonds Market)。到 20 世纪 60 年代后期,除美国和英国外,欧洲大陆的瑞士、西德和荷兰三个国家的资本市场也开始对非居民开放,开始有外国债券的发行和认购。到 20 世纪 80 年代,瑞士逐步成为非居民发行外国债券的主要场所,在其市场上发行的外国债券占外国债券市场总额的比重不断上升,1983 年几乎占了当年外国债券市场发行总额的一半。日本随着日元国际地位的提高和逐步放松金融管制,大量国际资本投入外国债券市场,同时外国投资者进入日本资本市场发行日元债券的规模也日益扩大,使日本武士债券市场迅速成长。

### (二) 离岸债券市场

离岸债券市场(Off-shore Bond Market)即经营欧洲债券的市场。欧洲债券(Euro Bonds),是借款人到债券面值货币发行国以外国家的债券市场上发行的债券。欧洲债券与外国债券的区别在于欧洲债券是以欧洲货币(Euro Currencies)表示,并同时在多个国家的资本市场上发行,由国际辛迪加承销,而且全部或绝大部分在该货币发行国以外市场销售的债券,如在欧洲货币市场上发行的欧洲美元债券或欧洲英镑债券。欧洲债券的历史比外国债券短得多,直到 20 世纪 60 年代才出现,但欧洲债券问世后发展极为迅速,在短暂的时间里其发行量就大大超过了外国债券,1970 年欧洲债券和外国债券的发行量分别为 29.08 亿美元和 15.95 亿美元,占国际债券总额的比重分别为 64.6%和 35.4%;1974 年的发行量和占比分别为 19.55 亿美元、47.23 亿美元和 29.3%、70.7%,1979 年分别为 182.56 亿美元、222.64 亿美元和 45.1%、54.89%。但 1985 年以后,欧洲债券和外国债券的占比一直分别保持在 80%和 20%左右,1994 年欧洲债券的发行量已经达到 3684 亿美元,占国际债券总额(4286 亿美元)的 86%,1997 年这个比例高达 88.4%。

欧元产生后，欧元债券持续迅猛增长，在全球仅次于美元债券，并一度改变了美元在国际债券市场上的主导地位。由于欧元债券发行人主要集中在欧元区，欧债危机后发行人偿债能力下降对欧元债券市场形成冲击，欧元债券发行量明显回落，近年来持续处于缓慢修复期。从发行量来看，欧元国际债券经历了三个发展阶段。第一阶段是1999—2009年的大发展时期。1998年欧元各前身货币标价国际债券的发行量总和仅为18.8亿美元，在国际债券总发行中的份额仅为0.12%。1999年统一用欧元标价后，发行量增加了370倍，接近7000亿美元，份额也提升至35.3%。且1999年后，欧元兑美元汇率阶段性走强，使欧元国际债券净发行额有较大增长，2006年净发行量达到1.1万亿美元，占全球份额为49.7%。第二阶段是2010—2015年的剧烈波动时期。2010年欧债危机爆发后，欧元国际债券总发行量占比由2009年的48.8%降至2017年的31.3%，净发行量变为负值且波动剧烈。最后是2015年以来的缓慢恢复期，欧央行推出量化宽松政策带动欧元区经济逐步复苏，债券净发行量重回正增长，2018年净发行量为4118亿美元，较上年增长53.5%，但目前仍未达到历史最高水平。据Dealogic的统计显示，截至2014年8月，欧洲债券发行量已经达到1.4万亿美元。虽然受新冠肺炎疫情影响，但2020年前三季度欧洲债券发行量突破1.5万亿欧元，创出了纪录新高，伴随新冠肺炎疫情忧虑引发的债券发行的创纪录增长，欧洲一级债券市场年发行规模首次突破了1.5万亿欧元(1.77万亿美元)。

另外一个关于国际债券的概念是全球债券(Global Bonds)，即在全世界各主要资本市场上同时大量发行，并且可以在这些市场内部和市场之间自由交易的国际债券。

2020年第一季度，全球新增发债规模为1.9万亿美元，较2019年同期增长6.4%。一些领域出现大幅增长，如工业(增长17.3%)和美国公共产业融资(增长13.1%)，而其他一些领域则出现下降，如国际公共产业融资(下降12%)及结构融资(下降4.3%)。大部分地区和行业一月份(甚至二月份)的发行总规模都相当强劲；但是随着新冠肺炎疫情发展为全球大流行，三月份大部分地区和行业的发债量均大幅下降。

## 三、国际股票市场

### (一) 国际股票市场的发展

在国际资本市场的发展进程中，从全球整体上看，在较长的时间内，占有较大比重的是国际信贷市场、外国债券市场和欧洲债券市场，国际股票市场(International Stock Market)的发展一直比较滞后。

大规模开拓国际股票市场的先驱，被认为是加拿大的一家电信公司(Bell Canada Enterprises)，该公司于1975年在伦敦、苏黎世、法兰克福、巴黎、布鲁塞尔、阿姆斯特丹这6个欧洲城市的股票交易所同时上市，这是真正意义上的国际股权资本的成功发行。1981年，丹麦的一家制药公司克服本土股票市场规模小、缺乏广度和深度的制约，进入美国纽约和英国伦敦股票市场同时发行股票融资，使其公司股票在纽约和伦敦证交所上市的价格高出在本土丹麦投资者所愿意支付的价格的3倍。20世纪80年代以后，国际股票市场发展非常迅速，1984年，国际股票市场的规模约3.4万亿美元，1995年已经上升到17.1万亿美元。进入21世纪以来，国际股票市场发展更为迅猛。2004年国际股票市值接近37.2万亿美元；2008年美国次贷危机爆发，国际股票市场步入阶段性低谷，之后经历了长期的恢复；2017年全球股市高涨，市值增加逾 9 万亿美元，为金融危机以来最高的年度增长规模；2018—2019 年，西方国家股票市场处于高位平行震荡状态，以美国道琼斯指数为例，该指数在 25000 点左右盘旋，多空力量胶着，指数未来趋势很不明朗。

计算机技术和先进通信设备的广泛应用使股票交易日益国际化，股票市场蓬勃发展。各地股票市值每天都处于动态变化中，从美欧中日排名来看，2017 年末，美国股票市场规模全球最大，超过 3.2 万亿美元，欧盟为 1.42 万亿美元，中国为 0.87 万亿美元，日本为 0.62 万亿美元。从股票市值占 GDP 比重看，以 2017 年为例，美国依旧最高，达 162%，日本次之，中国相对最低，仅为 71%。2018 年，四个主要经济体股票市场规模占 GDP 比重较 2017 年均有所下降，但比重由高到低排名并未发生变化。其中美国降幅最小，为 16.3%；中国降幅最大，为 25.1%。从股票交易所排名来看，截至 2018 年末，国际股票市场中规模居前四位的是纽约证券交易所(NYSE)、纳斯达克证券交易所(NASDAQ)、伦敦证券交易所(LSE)和东京证券交易所(Tokyo Stock Exchange)，我国上海证券交易所股票规模全球排名第五。

### (二) 国际股票的优点

#### 1. 交割成本相对低

这里的交割成本是指投资者在国际股票市场上交易所发生的成本，包括市场冲击成本、佣金、税收、政府管制和上市交易的限制等产生的成本总和。由于不同国家投资环境不同，交割成本也不同，国际化程度越高的股票市场交割成本越低。近年来，许多国家加快了金融自由化进程，放松资本管制，废除固定交易佣金制，关税降低直至零税率，放宽挂牌上市的程序限制等，使筹资者进入国际股票市场融资的交割成本明显减少。

#### 2. 享受国际技术平台的高效服务

国际股票市场技术平台的优势主要体现为交易程序的网络化。计算机技术、远程通信技术、互联网技术和电子商务在连续市场的广泛使用，迅速增大了其交易量，这些新技术使自营商和经纪人可以更加迅速地掌握更多有价值的信息，大大提高了市场交易活动的效率。对市场参与者而言，交易程序的网络化提高了股票交易的效率和公平度，投资者可以通过交易指令的排序和执行、信息发布、结算及兑现手段进行更便捷的交易。

#### 3. 获得多重上市的机会

多重上市是指一些公司的股票既在本国股市上市，也在其他国家的证券交易所挂牌上市，特别是一些跨国公司的股票会同时在好几个国家(地区)的证券交易所上市，这在美国和欧洲国家的著名证券交易所最为突出。与国内市场不同，利用国际股票市场多重上市，进行多样化投资，可以使部分资产组合分配给外国股票投资者，从而在预期收益没有降低的条件下减少了组合风险，或在未增加风险的前提下提高了组合投资的预期收益。不同国家市场条件不同，意味着在同一事件的冲击下，不同市场的股价变动是不一样的，故其投资收益和所面临的风险是不一样的，因此，投资者可以利用这些差异来分配风险和赚取投资收益。同时，跨国公司利用国际股票市场发行股票，打通全球性金融中心的融资渠道，提升国际投资者对该公司股票的需求，而需求的增加又可以提高其股票的市场价格。

### 4. 增强资产的流动性

国际股票市场的二级市场更为活跃,更大的市场需求和更雄厚的投资者基础提高了其股票的流动性,也有利于降低公司遭受恶意收购的可能。在发达国家,股票市场是最重要的投资渠道。以美国股市为例,截至2018年底,美国各部门持有的公司股权市值为42.9万亿美元,其中家庭部门(剔除非营利组织)持有市值为14.3万亿美元,占比为34%;机构投资者中,共同基金、外资、各类养老金及ETF持有整体公司股权市值的占比分别为23%、15%、12.5%及6%,是仅次于家庭部门的主要投资者类型。

### 5. 提高知名度

在国际股票市场上挂牌上市能够提升公司形象,加深公众的印象和认识,提升公司的市场知名度,有利于公司全球战略的推进。例如,在美国上市的中概股知名度一直较高,统计资料显示,2019年第三季度中概股的季度涨幅前十为拼多多、易车、跟谁学、搜狗、邦泰生物、新东方、玖富、海亮教育、中通快递和塞斯潘。其中以56.18%的上涨幅度夺得冠军的拼多多,还顺手重构了中国互联网上市公司的最新排行,超越百度成为中国互联网第五大市值公司。

## 四、新冠肺炎疫情暴发以来的全球股票市场

2020年新冠肺炎疫情暴发以来,全球股市动荡不定。2020年3月,油价暴跌的同时,美股月内发生了4次暴跌并触及熔断;2020年3月9日,道琼斯指数狂泻了2000多点。为对冲疫情负面影响、平抑流动性危机,各国相继推出大规模财政刺激与降息计划,开启全球货币超宽松阶段,全球央行大幅扩表,美联储更是在两度降息至0后又启动强力度量化宽松政策(俗称"印钞禁",指一国货币当局通过大量印钞,购买国债或企业债券等方式,向市场注入超额资金,旨在降低市场利率,刺激经济增长)。这样的流动性成功推动全球股市大幅反弹,接下来几个月多国股市相继创出新高,道琼斯指数11月25日突破了3000点。2020年末,在财政和货币政策双重刺激下,美股三大指数终于均创出历史新高。截至12月30日,美股市场基准SP500指数上涨15.52%,受贸易局势影响较大的道指上涨6.56%,科技巨头云集的纳斯达克指数大涨43.44%。

总体来看,科技板块成为2021年美股最大赢家,整体涨幅超过40%,非必需消费品、通信服务、材料等板块涨幅达到20%,而能源板块则经历了惨淡一年,跌幅超30%。那么纳斯达克指数能突破10000点,其实主要是被它纳入的众多优质科技公司在发力,如特斯拉、腾讯、百度、亚马逊等,它们的股价暴涨拉动了纳斯达克指数的增长。

# 第五节　国际衍生金融市场

国际衍生金融市场是在基础传统金融产品市场的基础上,将原有的收益、风险、流动性、数额和期限等方面的特性予以分解,然后重新安排组合形成的金融市场。

## 一、国际衍生金融市场的产生和发展

金融创新的浪潮是近年来国际金融市场发展的一个重要特征。它最早起源于 20 世纪 60 年代，发展于 70 年代，到了 80 年代，金融创新已经风靡全世界各主要国际金融中心。国际金融创新包括创造新的金融工具(如期货、期权合约)、新的交易技术(如票据发行便利)和新的金融市场(如欧洲货币市场)。虽然这三方面的创新是互相联系、不可分割的，但是最为核心的是国际金融市场上金融工具的创新。因为这种创新是在市场上原有金融工具的基础上创造出来的，所以它们又被称为金融衍生工具(Financial Derivate)，具体是指在股票、债券、货币、外汇、存贷款等传统的金融工具基础上衍生出来的新兴金融产品，是一种为交易者转移风险的双边合约，其价值取决于或派生自基础金融工具或资产的价格及其变化。

## 二、金融衍生工具的种类

作为不断创新的新生金融工具，金融衍生工具的种类日趋增多和繁杂。国际清算银行将其主要划分为金融远期合约、金融期货、掉期和金融期权四类。

### (一) 金融远期合约

金融远期合约(Financial Forward Contract)是指交易双方约定在未来某一确定时间，按照事先商定的价格，以预先确定的方式买卖一定数量的某种金融资产的合约。金融远期合约主要有远期外汇合约(Forward Exchange Contract)和远期利率协议(Forward Rate Agreements)。其中，远期外汇合约最早产生，早在 19 世纪 80 年代，奥地利维也纳就出现了远期外汇市场。远期利率协议是 20 世纪 80 年代中期以来国际金融市场上最重要的金融创新之一。

具体来说，远期利率协议是交易双方同意在未来一定时间(清算日)，以商定的名义本金和期限为基础，由一方将协定利率与参照利率之间差额的贴现额度付给另一方的协议。远期利率协议主要用于银行机构之间的远期利率风险防范，它是交易双方根据不同目的，在对市场利率走势分析存在差异的基础上进行的交易。合同的买方希望通过协议防范利率上升的风险；相反，协议的卖方则想以此防范利率下跌的风险。

远期利率协议的作用就在于将未来的利率锁定。签订协议后，不管市场利率如何波动，协议双方将来收付资金的成本或收益总是固定在协定利率水平上。远期利率协议市场交易的币种主要是美元、英镑、瑞士法郎、日元等，其中美元交易占 90%以上。

国际清算银行统计数据显示，截至 2018 年 12 月末，全球场外远期利率合约总市值约 1338.7 亿美元，在 1998 年 6 月末至 2018 年 12 月末期间，最高值在 2008 年 12 月末，总市值约 4911.8 亿美元，最低值在 2001 年 6 月末，总市值约 324.3 亿美元。

### (二) 金融期货

金融期货(Financial Futures)是指交易双方约定将来在某一特定的时间、按约定的条件(包括价格、交割地点、交割方式)买卖一定标准数量的某种特定金融资产的标准化协议。期货合约实质上是标准化的远期合约，交易双方唯一需要协商的就是交易价格。期货合约的这一特点大大加强了合约的流动性，所以95%以上的期货合约在到期日前就通过购买一份内容相同、方向相反的合约对冲掉了。

按交易标的物不同，金融期货主要可分为外汇期货、利率期货和股票指数期货。图5-4 为中国 2015 年 6 月至 2019 年 7 月的金融期货资产净额变动情况。

图5-4　中国2015年6月至2019年7月金融期货资产净额

### (三) 掉期

掉期(Change Over)是指两个(或两个以上)当事人按照商定的条件，在约定的时期内，交换不同金融工具的一系列现金流(支付款项或收入款项)的合约。按照交换标的物的不同，掉期交易可以分为利率掉期、货币掉期、股权掉期、股权—债权掉期等。前两种掉期是国际金融市场上最常见的掉期交易，如 Eurex Clearing(欧洲期货交易所清算所)于 2019 年 10 月 24 日宣布完成了第一笔跨货币掉期交易的清算。Eurex Clearing 是一家中央对手方清算公司(CCP)。摩根大通(J.P.Morgan)和摩根士丹利(Morgan Stanley)是 CCP 的首批场外外汇清算参与者，它们提交了首笔通过该服务进行清算的交易。Eurex Clearing 的场外外汇服务目前提供欧元/美元和英镑/美元的交易商间的交叉货币掉期交易清算。作为德意志交易所集团(Deutsche Borse Group)的一部分，Eurex Clearing 除了进行跨货币掉期交易清算外，还清算可交割的外汇现货、外汇远期和长达两年的外汇掉期，这些合约在德意志交易所的外汇子公司 360T 执行。这次交易提高了外汇市场的效率，同时在集中清算场外外汇风险敞口时，客户将受益于重大的资本减免和成本节约。

### (四) 金融期权

金融期权(Financial Option)是指以金融商品或金融期货合约为标的物的期权交易的合约，即以期权为基础的金融衍生产品，具体地说，其购买者在向出售者支付一定费用后，就获得了能在规定期限内以某一特定价格向出售者买进或卖出一定数量的某种金融商品或金融期货合约的权利。金融期权是赋予其购买者在规定期限内按双方约定的价格(协议价格，Striking Price)或执行价格(Exercise Price)购买或出售一定数量某种金融资产(潜含金融资产，Underlying Financial Assets，或标的资产)权利的合约。

按照期权合约的标的资产划分，金融期权可分为利率期权、外汇期权(货币期权)、股票期权、股票指数期权及金融期货期权等。

## 三、金融衍生工具的基本特点

### (一) 跨期性

金融衍生工具是交易双方通过对利率、汇率、股价等因素变动趋势的预测，约定在未来时间按照一定条件进行交易或选择是否交易的合约。无论是哪一种金融衍生工具，都会影响交易者在未来一段时间内或未来某时点上的现金流，跨期交易的特点十分突出。这就要求交易双方对利率、汇率、股价等价格因素的未来变动趋势做出判断，而判断的准确与否直接决定了交易者的交易盈亏。

### (二) 杠杆性

金融衍生工具交易一般只需要支付少量保证金或权利金就可以签订远期大额合约或互换不同的金融工具。例如，若期货交易保证金为合约金额的 5%，则期货交易者可以控制所交易金额 20 倍的合约资产，实现以小博大的效果。在收益可能成倍放大的同时，交易者所承担的风险与损失也会成倍放大，基础工具价格的轻微变动也许就会带来交易者的大盈大亏。金融衍生工具的杠杆性效应在一定程度上决定了它的高投机性和高风险性。

### (三) 联动性

这是指金融衍生工具的价值与基础产品或基础变量紧密联系、规则变动。通常，金融衍生工具与基础变量相联系的支付特征由衍生工具合约规定，其联动关系既可以是简单的线性关系，也可以表达为非线性函数或者分段函数。

### (四) 不确定性或高风险性

金融衍生工具的交易后果取决于交易者对基础工具(变量)未来价格(数值)的预测和判断的准确程度。基础工具价格的变幻莫测决定了金融衍生工具交易盈亏的不稳定性，这是金融衍生工具高风险性的重要诱因。基础金融工具价格不确定性仅仅是金融衍生工具风险性的一个方面，除此以外，金融衍生工具还伴随着以下几种风险：①交易中对方违约，没有履行承诺造成损失的信用风险；②因资产或指数价格不利变动可能带来损失的市场风险；③因市场缺乏交易对手而导致投资者不能平仓或变现所带来的流动性风险；④因交易对手无法按时付款或交割可能带来的结算风险；⑤因交易或管理人员的人为错误或系统故障、控制失灵而造成的操作风险；⑥因合约不符合所在国法律，无法履行或合约条款遗漏及模糊导致的法律风险。

# 本 章 小 结

1. 国际金融市场的概念有广义和狭义之分。狭义的国际金融市场，仅指不同主体进行国际资金借贷与资本交易的场所，因此也称国际资金市场；广义的国际金融市场，指从事各种国际金融业务活动的场所，既包括国际资金市场，也包括外汇市场、黄金市场，以及其他各种衍生金融市场。

2. 国际货币市场是经营期限在 1 年以内的资金借贷市场，也称短期资金市场，包括银行短期信贷市场、贴现市场和短期证券市场。

3. 国际资本市场是期限在 1 年以上的资金借贷和证券交易的场所，也称中长期资金市场，主要包括银行中长期信贷市场、国际债券市场和国际股票市场。

4. 在岸国际金融市场是指居民与非居民之间进行资金融通及相关金融业务的场所，典型的在岸市场是外国债券市场和国际股票市场。其中，外国债券市场是指外国债券的发行与交易的场所，外国债券是指外国借款人在某国发行的以该国货币标示面值的债券。

5. 离岸金融市场，即欧洲货币市场，是指主要为非居民提供境外货币借贷或投资、贸易结算、外汇黄金买卖、保险服务及证券交易等金融业务和服务的一种国际金融市场，使自由兑换的货币在其发行国以外进行交易，也称境外金融市场。

# 本章主要概念

国际金融市场　国际货币市场　国际资本市场　在岸国际金融市场　离岸国际金融市场
传统金融市场　互联网金融市场　银行短期信贷市场　同业拆放　短期证券市场　贴现市场
欧洲货币市场　国际债券　国际衍生金融市场

# 习　题

## 一、选择题

1. 按照交易对象所在区域和交易币种，可将国际金融市场划分为(　　)。
   A. 国际货币市场　　　　　　　　　B. 国际资本市场
   C. 在岸金融市场　　　　　　　　　D. 离岸金融市场

2. 为非居民提供境外货币借贷、投资、结算等金融业务活动的市场是(　　)。
   A. 在岸金融市场　　　　　　　　　B. 离岸金融市场
   C. 传统金融市场　　　　　　　　　D. 互联网金融市场

3. 从市场业务范围来看，离岸金融市场包括(　　)。
   A. 混合型　　　　　　　　　　　　B. 分离型
   C. 避税或避税港型　　　　　　　　D. 渗漏性

4. 一般来说，国际银行短期信贷市场利率定价基础是(　　)。
   A. SHIBOR　　　　B. SIBOR　　　　C. CHIBOR　　　　D. LIBOR

5. 以下属于短期证券市场融资工具的是(　　)。
   A. 国库券　　　　　　　　　　　　B. 可转让定期存单
   C. 银团贷款　　　　　　　　　　　D. 银行承兑票据

6. 国际银团贷款的特点是(　　)。
   A. 贷款金额大、期限长　　　　　　B. 操作形式多样
   C. 有利于借款人树立良好的市场形象　D. 对借款人而言简化了贷款手续

7. A 国融资者在 B 国发行的以 B 国货币标明面值、主要由 B 国投资者购买的债券，属于（　　）。

    A. 国内债券　　　　　B. 外国债券　　　　C. 欧洲债券　　　　D. 离岸债券

8. A 国融资者在 B 国发行的以 C 国货币标明面值的债券，属于(　　)。

    A. 外国债券　　　　　B. 在岸债券　　　　C. 欧洲债券　　　　D. 美洲债券

## 二、判断题

1. 扬基债券属于欧洲债券。　　　　　　　　　　　　　　　　　　　　　（　　）

2. 日本融资者在中国发行的以美元标明面值的债券，属于欧洲美元债券。　（　　）

3. 香港离岸金融市场属于分离型离岸金融市场。　　　　　　　　　　　　（　　）

4. 一般来说，欧洲货币市场存款利率要高于国内银行存款利率；欧洲货币市场贷款利率要低于国内银行贷款利率。　　　　　　　　　　　　　　　　　　　　　　（　　）

5. 在出口大型成套设备的国际贸易中，由出口方所在地银行直接为出口商提供的贷款，属于卖方信贷。　　　　　　　　　　　　　　　　　　　　　　　　　　　（　　）

6. 一般来说，国库券是一种长期证券市场融资工具。　　　　　　　　　　（　　）

7. 在银团贷款中，牵头行一般是包销贷款份额较大的银行。　　　　　　　（　　）

8. 在国际金融语境中，欧洲货币是指欧洲国家的货币。　　　　　　　　　（　　）

## 三、填空题

1. 狭义的国际金融市场，是指不同主体进行_____与_____的场所。

2. 在岸金融市场是指_____和_____之间进行资金融通及相关金融业务的场所。

3. 离岸金融市场是指主要为_____提供境外货币借贷、投资、结算等金融业务的金融市场。

4. 一般来说，国际银行短期信贷市场资金借贷期限最长不超过_____。

5. 对金额较大的项目，在国际范围内由几家或者多家银行组成银行集团进行的多边贷款，又称_____。

6. 外国融资者进入某国金融市场发行的以市场所在国的货币标明面值的债券，属于_____。

7. 在某种货币发行国国境以外的银行收储和放贷的该种货币，称为_____。

## 四、名词解释

1. 国际金融市场　　2. 国际货币市场　　　3. 国际资本市场　　　4. 双边贷款

5. 银团贷款　　　　6. 在岸债券市场　　　7. 离岸债券市场　　　8. 欧洲货币

9. 欧洲货币市场

## 五、简答题

1. 国际金融市场的作用是什么？

2. 银团贷款的主要参与方及其各自职能是什么？

3. 欧洲货币市场有何特点?

4. 股票在国际证券市场上市成为国际股票有何优点?

## 六、论述题

论述欧洲货币市场的积极作用和消极影响。

# 第六章

# 传统外汇交易

【导读】

当今国际金融市场中最活跃、交易量最大的是外汇市场，传统外汇交易是外汇市场的基础，主要有即期外汇交易、远期外汇交易、套汇和套利交易。学习这些基础外汇交易有利于帮助企业顺利实现国际贸易结算、增进对资本流动债权债务的了解、防范汇率风险。

【学习重点】

即期外汇交易、远期外汇交易的基本操作及应用，套汇、套利交易的操作策略。

【学习难点】

本章难点为即期与远期外汇交易的计算、直接套汇与间接套汇的计算。

【教学建议】

第一、第二、第三节以课堂讲授为主，第四节建议结合中国银行外汇业务拓展知识，进行模拟训练。

# 第一节　外汇市场

## 一、外汇市场的概念与特点

### (一) 外汇市场的概念

外汇市场(Foreign Exchange Market)是指投资者、进出口商和银行从事外汇买卖或清算国际上债权债务的交易场所或交易网络。外汇市场是国际金融市场的重要组成部分，并与其他金融市场存在着密切联系。从交易金额角度看，外汇市场是世界上最大的金融市场，据统计，全球外汇市场每天的交易额高达 6.6 万亿美元，是证券市场日均成交额的几十倍。

外汇市场兴起的直接原因是为满足贸易投资的避险需要，外汇市场的迅速发展则是由于外汇投机资金追逐汇率波动差价带来的巨大投机收益。外汇市场每天的巨额成交量中，用于贸易和避险需要的只占 5% 左右，剩余 95% 左右的交易都是出于投机动机。

### (二) 外汇市场的特点

外汇市场的地位不断提高，交易规模不断扩大，对全球金融市场的影响不断增强，外汇市场形成了自身的特点。

#### 1. 外汇交易在全球范围时间上继起、空间上连续

一个多世纪以来，国际外汇市场在远东、西欧、北美形成了三个主要的交易中心。围绕着这三个中心，全球各地区的外汇市场沿地球纬线连续分布，从时区看相互衔接，使得外汇交易从 0 时到 24 时，能够连续不间断地进行。只有周末和各国的重大节日，市场交易才会暂停。这种循环作业，有效地破除了金融市场在时间和空间上的分隔，为投资者提高资金交易效率提供理想投资场所。

例如，一位身处中国的投资者在北京时间凌晨 4 点于悉尼市场买进澳大利亚元，如果随后的几个小时中发现东京或新加坡市场有合适的卖出机会，该投资者就可以卖出澳大利亚元并买入新的品种并在下午或夜间继续寻求在欧洲及北美市场的交易机会。这样无论交易者身处世界的什么位置，都可以随时参与全球外汇市场交易，因此外汇市场是一个消除了时空障碍的金融市场。全球主要外汇市场交易时间见表 6-1。

表6-1　全球主要外汇市场交易时间

| 区域 | 市场 | 当地时间 | 北京时间(11月至3月) | 北京时间(4月至10月) |
|---|---|---|---|---|
| 大洋洲 | 惠灵顿 | 9:00—17:00 | 4:00—12:00 | 5:00—13:00 |
| | 悉尼 | 9:00—17:00 | 6:00—14:00 | 7:00—15:00 |
| 亚洲 | 东京 | 9:00—15:30 | 8:00—14:30 | |
| | 新加坡 | 9:30—16:30 | 9:30—16:30 | |
| 欧洲 | 法兰克福 | 9:00—16:00 | 15:00—22:00 | 14:00—21:00 |
| | 伦敦 | 9:30—15:30 | 17:00—1:30(次日) | 16:30—00:30(次日) |
| 北美 | 纽约 | 8:30—15:00 | 21:30—4:00(次日) | 20:30—3:00(次日) |

#### 2. 无形交易市场

外汇市场主要是无形的场外交易，大多数交易没有专门的交易场所。外汇市场中的交易员各自坐在位于世界各地金融机构的办公室中，依托计算机终端等现代化通信设备互相沟通市场中的信息流和资金流。在这里，市场是由全体交易者共同认可的方式和先进的信息网络联系起来的，交易商虽然无须具备任何市场组织的会员资格，但必须得到全体同业的信任。这种没有统一交易场所的外汇市场被称为无形交易市场。全球外汇市场每天数万亿美元的交易就是在这种既没有集中场所又没有中央清算系统且没有政府严格控制的环境下完成清算与支付的。尽管外汇市场"有市无场"，但发达的通信网络使得交易者可以在全球联通市场，具备信息公开、传递迅速等特点，保证了外汇市场交易的效率，这种交易方式是金融市场发展的方向。

### 3. 零和交易市场

由于外汇市场的交易是不同货币之间的兑换，即"货币对"的交易，任何价格的波动都仅反映一种货币价值相对另一种货币价值的变化。因此，在汇率变化中一种货币价值减少的同时与之对应的另一种货币价值必然增加。例如，从全球角度看，财富并未随交易价格的变化而增加或减少，只是在不同的交易者手中转移，因此，外汇交易是一种零和交易。

## 二、外汇市场的类型

外汇市场依据其市场参与者身份、市场发展和开放程度、交易方式、交割时间和交易场所等标准可以区分为不同类型。

### (一) 根据交易参与者身份划分

根据交易参与者身份的不同，外汇市场可以分为广义外汇市场与狭义外汇市场。

#### 1. 广义外汇市场

广义外汇市场又称客户市场或零售外汇市场，是银行与其客户之间的外汇交易市场，以客户因国际贸易、国际投资或其他方面的需求而引起的零星外汇买卖为主，主要交易种类集中在货币兑换、贸易结算等方面。客户市场交易虽然零散、单笔交易额较小，但构成了外汇市场的基本业务。银行在与客户的外汇交易中发挥外汇供求中介的作用。银行一方面从外汇盈余客户手中买入外汇，另一方面又将外汇出售给外汇短缺客户，赚取外汇买卖差价。

#### 2. 狭义外汇市场

狭义外汇市场又称银行间外汇市场或批发外汇市场，是外汇银行为了轧平外汇或资金头寸而进行外汇抛补交易或金融性交易的市场。银行因与客户开展零售外汇业务，会形成外汇头寸敞口或流量、期限失衡。例如，外汇银行在某种外币的交易中买入量大于卖出量就会形成该种外币的多头，而卖出量大于买入量的时候又会形成该种外汇的空头。无论是多头还是空头，在外汇汇率不断波动的背景下都会形成风险。为规避这种风险，外汇银行需要通过与同业进行交易，对头寸进行调整、轧平，在多头时做抛售，在空头时做买进。在布雷顿森林体系结束后，由于市场汇率波动加剧，银行凭借对整个市场信息的充分了解和专业理解获得在汇率变化中获取更多收益的机会，因而外汇银行也会因投机的动机，主动在银行间市场进行套汇、套利等金融性交易。此外，中央银行出于稳定汇率或其他宏观经济目标的需要，也会在银行间外汇市场进行公开市场交易。狭义外汇市场交易规模巨大，其交易额通常占整个外汇市场交易规模的90%以上，构成了外汇市场的主体。

### (二) 根据发展和开放程度划分

根据市场的发展和开放程度，外汇市场可以分为地区性外汇市场与国际性外汇市场。

#### 1. 地区性外汇市场

地区性外汇市场主要功能在于满足本地区居民对外汇交易的需求，交易者是本地外汇银行与居民，交易币种仅限于本国货币与有限的可自由兑换货币，并且交易规模一般较小。

### 2. 国际性外汇市场

国际性外汇市场是来自境内外的外汇银行与居民进行外汇交易的市场，除货币兑换与贸易结算目的的交易外，这一市场中还有大量出于投资等国际资金流动目的的交易。与地区性外汇市场相比，国际性外汇市场交易币种更加丰富，交易量巨大，交易影响力超出国家边界，甚至辐射全球。

### (三) 根据有无固定交易场所划分

根据有无固定交易场所，外汇市场可以分为大陆式外汇市场与英美式外汇市场。

#### 1. 大陆式外汇市场

大陆式外汇市场又称有形外汇市场，这类外汇市场都有固定的交易地点和交易时间，交易集中进行，中国上海外汇交易中心是典型的大陆式外汇市场。

#### 2. 英美式外汇市场

英美式外汇市场又称无形外汇市场，这类外汇市场没有固定地点进行集中外汇交易，身处世界各地的交易参与者可以依托通信设施在任何时间以任何方式进行外汇交易，英国伦敦、美国纽约等外汇市场都是这一类型市场的代表。

### (四) 根据国家对外汇是否管制划分

根据国家对外汇是否管制，外汇市场可以分为管制外汇市场与自由外汇市场。

#### 1. 管制外汇市场

管制外汇市场是指政府施行外汇管制政策，对外汇的买卖、外汇资金出入国境及汇率水平进行严格控制的市场。

#### 2. 自由外汇市场

自由外汇市场则是政府对外汇的买卖、外汇资金出入国境及汇率水平不做任何限制的市场。

### (五) 根据外汇交割时间划分

根据外汇交割时间不同，外汇市场可以分为外汇现货市场与外汇期货市场。

#### 1. 外汇现货市场

外汇现货市场是指外汇交易协议达成后在数日内即进行交割清算的外汇市场。

#### 2. 外汇期货市场

外汇期货市场是指外汇交易的双方在交易完成后不立即交割清算，而是在未来某一日期进行交割的外汇市场。

## 三、外汇市场的作用

作为国际市场体系中的重要组成部分，外汇市场在经济的宏观领域与微观领域都有着重要影响，主要表现在如下几方面。

### (一) 外汇市场实现了购买力的国际转移

国际经济交往的最终结果大多以跨国支付完成，但由于国际上货币制度的不同，必须将一国货币兑换为另一国货币才能清偿不同国家间的债权债务关系，这种兑换就是在外汇市场实现的。外汇市场使潜在外汇出售者和潜在购买者的交易意愿能够联系，并通过汇率(价格)的上下浮动使得潜在出售意愿和购买意愿同时得到满足，从而使国际商业交往和国际政治、文化、科技等各领域交流得以实现。

### (二) 外汇市场提供了国际资金快速融通的交易平台

由于外汇市场通信设施先进，资金流动迅速高效，是理想的资金集散渠道，因此，外汇市场也成为国际金融市场的一个重要组成部分，在进行外汇买卖交易的同时也为国际资金融通提供渠道。在外汇市场中，通过外汇银行的外汇存贷款中介，人们能够将来自不同国家的外汇资金运用于生产、贸易和投资活动，并通过各种形式的套利活动促使各国市场利率水平趋于一致。

### (三) 外汇市场能够使投资者实现外汇保值和投机目的

在以外币计价的国际经济活动中，虽然交易双方都存在着因汇率变动而承受损失的风险，但市场中交易者对风险的态度存在差异。在一部分交易者希望尽力避免风险的同时，另一部分交易者则愿意通过承担风险以获得更高的收益，并由此产生进行外汇保值或投机交易的需求。两类不同的交易者通过相互交易都能实现其要求，外汇市场为此提供了交易的场所、机会与制度。

## 四、外汇市场的构成

### (一) 外汇市场的交易主体

外汇市场由交易主体与交易客体构成。交易主体即外汇市场的参与者，主要包括外汇银行、外汇交易商或经纪商、中央银行、工商企业与个人等。

#### 1. 外汇银行

外汇银行也称外汇指定银行，是指经过本国货币管理当局批准，可以经营外汇业务的商业银行或其他金融机构。

外汇银行是外汇市场中最重要，同时也是最主要的参与者。由于外汇银行长期在外汇市场中大规模买入、卖出各种货币，使外汇市场得以形成并顺利运转，充当着事实上的做市商角色。

外汇银行的外汇业务活动包含两个不同的层面。第一个层面是银行应客户的要求进行外汇买卖，收兑不同货币的现钞，这种业务活动即零售业务。由于外汇银行在为客户提供外汇买卖的过程中会在营业日中形成不同外汇种类的头寸，持有外汇头寸就会产生因汇率变动而导致的汇率风险，银行为规避风险就需借助于同业交易即时调拨轧平头寸。这种银行为了平衡本身所持有的外汇头寸，控制外汇风险而在外汇市场中与银行同业进行的轧差买卖为批发业务。批发业务构成外汇银行外汇业务的第二个层面。

### 2. 外汇经纪商

外汇经纪商是指介于外汇银行之间或外汇银行与其他外汇市场参与者之间，沟通交易者买卖活动并赚取佣金的中间商。外汇经纪商必须经过所在国货币管理当局的核准方可参加市场交易。因为外汇经纪人的活动使其成为外汇市场上买卖双方信息的集中点，所以经纪人在接受客户委托后，能以较快的速度找到相应的交易对手，并促使交易以合理的价格成交，从而在成交速度和成交价格等方面提高交易效率。

### 3. 中央银行

各国中央银行或货币管理当局都持有相当数量的外汇余额以作为国际储备的重要组成部分，并承担着维持本国金融市场稳定的职责。中央银行通常通过购入或抛出某种外国货币的方式来对外汇市场进行干预，将本国货币汇率稳定在一个可接受的范围内，以实现本国的货币金融政策意图。因此，各国中央银行或货币管理当局也是外汇市场上的重要参与者。中央银行对外汇市场的参与度虽然较低，但其影响力巨大。

### 4. 工商企业与个人

工商企业与个人是外汇市场上的最终供给者与最终需求者，主要包括跨国公司、进出口贸易商、贴现公司、汇票交易商和外汇投机者等。在第二次世界大战后，尤其是 20 世纪 80 年代以来，随着跨国公司的兴起与壮大，跨国公司及投机者已成为外汇市场的主要参与者。跨国公司在全球范围内的资金调度对外汇市场的供求状况有着决定性的影响，而外汇市场投机者则以其对汇率变动的预期为依据在外汇市场频繁交易，极大地提高了外汇市场的流动性，丰富了外汇市场的功能。他们在外汇市场中的作用仅次于外汇银行。

### (二) 外汇市场的交易客体

交易客体即外汇市场的交易对象。外汇市场的交易对象为各种可自由兑换的外国货币、外币有价证券和以外币计价的支付凭证等。

在外汇交易中，无论采用何种交易方式或何种交易工具，交易的结果都以某一国的货币来表示。为提高交易的效率与准确性，外汇交易中每个国家的货币都有其独有的货币名称和货币符号。外汇市场交易中所使用的货币字符代码是基于 1978 年联合国贸易和发展会议与欧洲经济委员会推荐制订的国际标准 ISO-4217。

ISO-4217 货币代码由三个字符组成，其中前两个字符代表该货币所属的国家或地区，第三个字符代表货币单位。例如，中国的法定货币人民币(Renminbi Yuan)的货币代码就是 CNY，其中 CN 代表国家或地区，中国的国家代码为 CHN，Y 为人民币的货币单位 Yuan 的首字母。又如，美元(United States Dollar)的代码为 USD，等等。其主要交易货币名称与简称见表 6-2。

表6-2 国际外汇市场主要交易货币名称与简称

| 货币名称 | 缩写或沿用符号 | 国际标准化代码 |
| --- | --- | --- |
| 美元 US.$ | US.$ | USD |
| 欧元 Euro | € | EUR |
| 日元 Yen | J¥ | JPY |
| 英镑 UK Pound Sterling | £ | GBP |

(续表)

| 货币名称 | 缩写或沿用符号 | 国际标准化代码 |
|---|---|---|
| 瑞士法郎 Swiss France | SF | CHF |
| 加拿大元 Canadian Dollar | Can $ | CAD |
| 澳大利亚元 Australian Dollar | A.$ | AUD |
| 中国人民币 Renminbi Yuan | RMB ￥ | CNY |
| 新西兰元 The New Zealand Dollar | NZ$ | NZD |

目前全球共有超过 170 种货币在市场中流通，但其中影响力较大的也是外汇市场中较常见的只有不到 10 种货币。

根据 2019 年国际清算银行(BIS)的调查统计，国际外汇市场上各主要货币交易量占全部交易量比例及交易量排名情况如表 6-3 所示。

表6-3　外汇市场主要货币交易量占比及排名

| 货币 | 2004年 | | 2007年 | | 2010年 | | 2013年 | | 2016年 | | 2019年 | |
|---|---|---|---|---|---|---|---|---|---|---|---|---|
| | 占比 | 名次 | 占比 | 名次 | 占比 | 名次 | 占比 | 名次 | 占比 | 名次 | 占比 | 名次 |
| USD | 88.0% | 1 | 85.6% | 1 | 84.9% | 1 | 87.0% | 1 | 87.6% | 1 | 88.3% | 1 |
| EUR | 37.4% | 2 | 37.0% | 2 | 39.0% | 2 | 33.4% | 2 | 31.4% | 2 | 32.3% | 2 |
| JPY | 20.8% | 3 | 17.2% | 3 | 19.0% | 3 | 23.0% | 3 | 21.6% | 3 | 16.8% | 3 |
| GBP | 16.5% | 4 | 14.9% | 4 | 12.9% | 4 | 11.8% | 4 | 12.8% | 4 | 12.8% | 4 |
| AUD | 6.0% | 6 | 6.6% | 6 | 7.6% | 5 | 8.6% | 5 | 6.9% | 5 | 6.8% | 5 |
| CAD | 4.2% | 7 | 4.3% | 7 | 5.3% | 7 | 4.6% | 7 | 5.1% | 6 | 5.0% | 6 |
| CHF | 6.0% | 5 | 6.8% | 5 | 6.3% | 6 | 5.2% | 6 | 4.8% | 7 | 5.0% | 7 |
| CNY | 0.1% | 29 | 0.5% | 20 | 0.9% | 17 | 2.2% | 9 | 4.0% | 8 | 4.3% | 8 |
| HKD | 1.8% | 9 | 2.7% | 8 | 2.4% | 8 | 1.4% | 13 | 1.7% | 13 | 3.5% | 9 |
| NZD | 1.1% | 13 | 1.9% | 11 | 1.6% | 10 | 2.0% | 10 | 2.1% | 10 | 2.1% | 10 |

资料来源：国际清算银行网站。

### 1. 美元

美元代码为 USD，是美利坚合众国的官方货币，作为储备货币也在美国以外的国家被广泛使用。美元是外汇交换中的基础货币，也是国际支付和外汇交易中的主要货币，在国际外汇市场中占有非常重要的地位。根据 BIS 的统计，美元是世界上最主要的交易货币，其交易量占全部外汇市场交易量的 88.3%左右。美元作为当前的世界货币，在各项交易中发挥着重要的作用。大部分外汇交易都涉及美元，国家间多数的大宗商品交易也大都采用美元进行结算。很多新兴市场都关注美元，关注美元指数变化，美元的重要性不言而喻。

在外汇市场上，最有流动性的货币对是欧元/美元、美元/日元、英镑/美元和美元/瑞士法郎。这些货币对在世界上交易最为频繁。事实上，90%的外汇交易都与美元有关。这就可以解释美元对所有外汇交易者的重要性。因此，通常能震动市场的、最重要的经济数据都是与美元基本面有关的。

在 2001 年 9 月 11 日之前，由于美国爆发严重不稳定性风险的可能性非常小，因此，美元被视为世界上首要的安全避险货币之一。美国是世界上最安全和最发达的国家之一，即使投资回报率打了折扣，美元作为"安全避难所"的地位仍然为美国吸引了大量的投资。在全球外汇储备中，有 76%的储备资产是各项美元资产。美元成为外汇储备首要选择的另一原因是，美元也是世界上贷款保收业务(Factoring)中的主要结算货币。外国的重要银行在选择储备货币时，美元作为"安全避难所"的地位也扮演了重要角色。然而，在"9·11"恐怖袭击发生后，由于美国的不确定性增加，尤其是 2008 年金融危机以来，全球主要央行加速了其外汇储备多元化的进程，美元作为外汇市场首要交易货币的地位存在被削弱的趋势，并且这一趋势在未来很长一段时间仍将继续。

2020 年新冠肺炎疫情发生以来，由于美国政府管理低效，对疫情控制不力，美元走势持续疲软，耶鲁大学高级研究员罗奇(Stephen Roach)就警告，美国可能正处于双底衰退的边缘，美元未来有大跌风险。

### 2. 欧元

欧元简称 EUR，是欧盟中 19 个国家的货币。欧元区的 19 个成员国是爱尔兰、奥地利、比利时、德国、法国、芬兰、荷兰、卢森堡、葡萄牙、西班牙、希腊、意大利、斯洛文尼亚、塞浦路斯、马耳他、斯洛伐克、爱沙尼亚、拉脱维亚和立陶宛。欧元由欧洲中央银行(European Central Bank，ECB)和各欧元区国家的中央银行组成的欧洲中央银行系统(European System of Central Banks，ESCB)负责管理。总部坐落于德国法兰克福的欧洲中央银行拥有独立制定货币政策的权力，欧元区国家的中央银行参与欧元纸币和欧元硬币的印刷、铸造与发行，并负责欧元区支付系统的运作。尽管摩纳哥、圣马力诺和梵蒂冈并不是欧盟国家，但是由于其以前使用法国法郎或意大利里拉作为货币，因此现在也使用欧元并被授权铸造少量的欧元硬币。一些非欧盟国家和地区，如黑山、科索沃和安道尔，也使用欧元作为支付工具。有欧洲学者称赞欧元是自罗马帝国以来欧洲货币改革最为重大的结果，这不仅是因为欧元使欧洲单一市场得以完善，欧元区国家间自由贸易更加方便，而且欧洲统一货币是欧盟一体化进程的重要组成部分。

当今全球外汇储备的 20.07%为欧元，欧元国际债券与信贷余额规模分别占全世界的 22.75%与 26.02%，超过 30.00%的全球货币贸易以欧元计价。同时欧元还是全球 35.70%的跨境支付结算货币，鉴于欧元国际地位如此重要，除欧元区外，还有约 40 个国家正在申请使用欧元，或者将本国货币以某种方式与欧元挂钩。

欧元作为全球第二大交易货币，2018 年以来成交量增幅高于市场总体表现。例如，欧元/日元和欧元/瑞士法郎交易增长速度高于市场平均增速，其在全球贸易中的份额微升至 32%。2020 年新冠肺炎疫情期间由于美元的走弱，欧元出现了强劲走势。

### 3. 日元

日元纸币称为日本银行券，是日本的法定货币，日元也是继美元和欧元之后第三大世界储备资产计值货币。

发行中的日元纸币有 1000、2000、5000、10000 日元 4 种，券面印制着明治维新时代的文学家、科学家等维新志士。硬币有 1、5、10、50、100、500 日元 6 种面额。

日元的交易额自 2018 年以来停滞不前，在全球外汇市场交易中的份额已经下降了 5 个百分点，降至 17%。尽管日元份额有所下降，但日元仍是全球交易量第三大的货币。日元交易量的下降主要是由于日元/美元交易不活跃。相比之下，在最近三年期间，其他日元交易(如 EUR / JPY 和 AUD / JPY)有所增加。此外，日元对几种高收益新兴市场经济体(EME)货币的交易也对交易者具有吸引力，尽管这些货币对相对于日元的总成交额而言很小，但其增长速度却大于全球平均水平。其中，日元 / 土耳其里拉，日元 / 南非兰特和日元 / 巴西雷亚尔的平均每日总交易额接近翻倍，从 2016 年的 70 亿美元增加到 2019 年的 120 亿美元。

### 4. 其他主要交易币种

其他主要交易币种有英镑、澳元、加元、瑞士法郎等，截至 2019 年 4 月，其他主要发达经济体货币中英镑约占全球外汇交易量的 13%，澳元约占 7%，加元占 5%，瑞士法郎占 5%。

人民币交易增长与总体市场增长一致，以 2840 亿美元的交易额占世界外汇市场 4.3% 的份额，从 2016 年起维持世界第八大交易货币的市场地位，并成为交易量最大的新兴市场经济国家货币。在全部人民币交易中，与美元交易的份额达到 95%。

### (三) 外汇市场交易的层次

在前述外汇市场参与者之间进行的外汇交易，可以分为三个不同的层次，分别是外汇银行与中央银行之间的交易、银行同业之间的交易、外汇银行与工商企业及个人之间的交易。

### 1. 外汇银行与中央银行之间的外汇交易

中央银行为贯彻货币政策、稳定汇率水平，会通过与外汇银行之间的外汇交易对外汇市场进行干预。

如果某种外币兑换本币的汇率低于中央银行的期望，中央银行就会在外汇市场中自外汇银行处购入该种外国货币，增加市场中对该种外国货币的需求量，从而提高汇率水平；反之，当中央银行认为某种外国货币的汇率偏高，就会在外汇市场中向外汇银行出售该种货币，增加市场中对该种外国货币的供给量，从而降低汇率水平。此外，为履行政府银行的职责，中央银行常常持有大量的国际储备，为保证国际储备的保值增值，中央银行必须在外汇市场中通过买卖交易对储备规模和结构进行调整。

### 2. 银行同业之间的外汇交易

外汇银行因为与客户的外汇交易将会形成头寸敞口，银行为避免持有外汇头寸面临的风险，就必须每天通过与银行同业进行外汇交易来轧平头寸。此外，出于投机、套利或套期保值等不同目的，外汇银行也会主动寻求外汇同业交易。银行同业之间进行的外汇交易是外汇市场供求的汇集，构成了外汇交易的主体，决定了外汇汇率的变动方向。

### 3. 外汇银行与工商企业及个人之间的外汇交易

工商企业与个人出于商业支付、跨国旅行、出国留学或其他各种各样的动机，需要持有或出售外汇。外汇银行在与这些顾客的外汇交易中，一方面从出售外汇的顾客手中买入外汇，另一方面向需要外汇的顾客售出外汇，在外汇的最终供给者和最终需求者之间担任中介的作用并赚取买卖差价。

# 五、世界主要外汇市场介绍

## (一) 全球外汇市场概述

目前，世界上有 30 多个重要的外汇市场，这些市场遍布全球各地，共同构成全球外汇市场网络。根据国际清算银行(BIS)2019 年发布的《全球外汇市场调查报告》，近年来全球外汇交易不仅呈现交易规模大幅攀升的特征，并且交易活动在少数金融中心集中的趋势也越来越显著。2019 年的全球外汇交易大多数通过英国、美国、新加坡及日本等国家和地区的外汇市场进行，每日交易量平均在 60000 亿美元。

在全球外汇市场中，G7 货币的交易金额始终占据场外外汇市场的前 7 位，美元、欧元、日元突破日均万亿美元。2019 年，美元、欧元、日元、英镑、澳元、加元和瑞士法郎由高到低分别占据场外外汇市场的前 7 名。美元第一、欧元第二、日元第三和英镑第四的格局维持不变，澳元则由 2001 年的第七升至 2019 年的第五，加元与瑞士法郎的地位相对下降。美元在 2001 年就已达到万亿美元规模，2019 年则达到 5.8 万亿美元。欧元和日元则分别在 2007 年和 2013 年突破 1 万亿美元，2019 年，欧元与日元的交易金额分别为 2.1 万亿美元与 1.1 万亿美元。按市场份额计算，G7 货币市场份额差距较大，美元始终占据最大份额。2019 年，美元占据约 88% 的场外市场份额。2001 年至今，美元平均占据 87.3% 的场外外汇市场，而其他 6 种货币的市场份额合计为 86.4%，仍难敌美元体量。自 2001 年起，欧元、日元市场份额有所下降，而澳元有所增长，美元、加元和瑞士法郎的市场份额未有明显波动。

金砖国家货币交易金额激增并逐步取得市场份额，人民币表现突出。自 2001 年起，金砖国家货币的场外外汇市场规模不断扩大，市场份额不断提高。2019 年 4 月，人民币、印度卢比、俄罗斯卢布、南非兰特、巴西雷亚尔的交易金额分别是 2001 年同期水平的 2980 倍、40 倍、17 倍、6 倍和 12 倍。人民币占据了 4.3% 的全球市场份额，成为全球第八大货币和第一大新兴市场货币，印度卢比则取得了 1.7% 的份额，俄罗斯卢布、南非兰特和巴西雷亚尔的市场份额相同，分别占比 1.1%。

## (二) 伦敦外汇市场

伦敦外汇市场是世界上历史最悠久的外汇市场，几乎全部国际性大银行都在这一市场设立有分支机构。依托伦敦历史悠久的国际金融中心地位，伦敦外汇市场在第一次世界大战之前，就已具有相当规模，并在 1979 年之后随着英国全面取消外汇管制而得到迅速发展。

伦敦外汇市场不仅历史悠久，而且是世界上最大的外汇交易市场。在这个市场上汇聚了 350 多家经英格兰银行指定的"外汇指定银行"，它们在向客户提供各种外汇服务的同时，相互间也不断地进行大规模外汇交易。此外，由于伦敦外汇市场承接东京和纽约两大市场的交易时段，具有较高的市场流动性。伦敦外汇市场占世界外汇交易量的比例不断稳步提高，根据国际清算银行(BIS)统计，截至 2019 年 4 月，全球外汇交易中 43% 的交易量是在伦敦外汇市场完成的。

伦敦外汇市场的交易货币几乎包括所有的可兑换货币，其中规模最大的是英镑兑美元交易，其次是英镑兑欧元、英镑兑瑞士法郎及英镑兑日元的交易。此外，伦敦外汇市场也开展大量非英镑货币间的交易。伦敦外汇市场的交易种类有即期外汇交易、远期外汇交易和掉期外汇交易。除了外汇现货交易外，伦敦外汇市场也是主要的外汇期货、期权交易市场。

伦敦外汇市场是典型的无形自由交易市场,所有的交易都通过电话、电报与电传系统进行。

### (三) 纽约外汇市场

纽约外汇市场是重要的国际性外汇市场,其日交易额仅次于伦敦外汇市场,占全球外汇交易量的 19%。由于美国金融监管当局对经营外汇业务的银行不加限制,因此商业银行在纽约外汇市场交易中起着极为重要的作用。纽约外汇市场的主要参与者包括 50 多家美国银行和 200 多家外国银行在纽约的分支机构。

纽约外汇市场由三部分组成:一是商业银行与其客户之间的外汇交易市场,银行外汇交易员根据客户提出的交易要求进行外汇买卖;二是本国银行间的外汇交易市场,本国银行间的外汇交易量占整个纽约外汇市场交易的 90%左右;三是纽约各银行与国外银行之间的外汇交易市场。

由于全球 90%以上的美元收付都依托纽约"银行间清算系统",因此纽约市场有着其他外汇市场无法取代的美元清算和划拨功能,成为全球美元交易的中心。与此同时,欧洲大陆一些主要货币及加拿大元、日元等货币也在纽约外汇市场进行大量交易。

由于美国企业主要进行金融期货交易,因此纽约外汇市场中与进出口贸易相关的交易量较小,主要是与金融期货市场相关的交易。

### (四) 东京外汇市场

东京外汇市场是目前亚洲地区最大的外汇市场,也是世界第三大外汇市场。

在 20 世纪 90 年代之前,东京外汇市场的参与者共有 5 类:外汇专业银行,即东京银行;300 多家外汇指定银行;8 家外汇经纪人;日本央行,即日本银行;非银行客户,主要是企业法人、进出口商社、人寿财产保险公司、信托公司等。1998 年 4 月生效的新日本外汇交易法中废除了外汇专业银行,此后东京外汇市场中不再有一般银行和外汇专业银行的区别,个人和企业的外汇业务也可直接与国外个人或企业进行结算、交易。

东京外汇市场银行间交易最初只允许通过外汇经纪人进行,因此外汇经纪人成为外汇市场的中枢,承担着向市场传达日本银行外汇政策的功能。

在银行与客户市场中,贸易商社具有突出地位。因日本六大贸易商社控制着日本超过 50% 的进出口及日本跨国企业资金的全球配置,它们成为客户市场交易的最大交易者,具有影响汇率的能力。

由于日本企业的贸易结算大多以美元进行且日本企业的海外资产也大多以美元资产为主,因此东京外汇市场的交易币种主要集中在美元与日元两种货币,其交易额占总交易额的 80%以上。近年来,日元兑美元的交易增幅下降,日元兑欧元的交易则大幅上升。

### (五) 新加坡外汇市场

随着 20 世纪 70 年代亚洲美元市场的兴起,新加坡外汇市场得到了迅速发展。新加坡地处欧亚非三洲交通要道,有着突出的地理优势,向东可延续纽约、东京、悉尼市场的交易,向西可得到中东和巴黎、伦敦、苏黎世、法兰克福等欧洲市场交易的承接,24 小时均可同世界各地区进行外汇买卖。

新加坡外汇市场除了保持现代化通信网络外,还直接同纽约的 CHIPS(纽约清算所银行同业支付系统)系统和欧洲的 SWIFT(环球银行金融电信协会)系统连接，货币结算十分方便。

新加坡外汇市场的参加者由经营外汇业务的本国银行、经批准可经营外汇业务的外国银行和外汇经纪商组成。其中，外资银行通过外汇业务形成的资产、存放款业务规模和净收益都远远超过新加坡本地银行。

新加坡外汇市场是一个无形市场，大部分交易由外汇经纪人办理，并通过他们把新加坡和世界各金融中心联系起来。交易以美元为主，约占交易总额的 85%。大部分交易都是即期交易，掉期交易及远期交易合计约占交易总额的 1/3。汇率均以美元报价，非美元货币间的汇率通过套算求得。新加坡已经成为亚洲重要的外汇市场，2019 年，新加坡外汇市场交易份额约占全球外汇交易的 7.6%。

### (六) 苏黎世外汇市场

瑞士苏黎世外汇市场是一个有着悠久历史传统的外汇市场，在国际外汇交易中处于重要地位，其交易量曾居世界第四位。近年来苏黎世外汇市场的地位已被新加坡等市场超越，其占全球外汇交易份额已从 2007 年的 5.9%下降到 2019 年的 3.3%。苏黎世外汇市场的主要参与者包括瑞士三大银行、国际清算银行、外国银行在瑞士的分支机构及瑞士国家银行。

与伦敦外汇市场和东京外汇市场不同的是，苏黎世外汇市场没有经纪人制度，所有的交易都在各家银行之间直接进行。此外，美元在苏黎世外汇市场上具有相当重要的地位，外汇市场上买卖的对象以美元为主，各欧洲货币之间的交易大多数以美元表示价格。

## 六、我国外汇市场的发展

### (一) 我国外汇市场的发展历史

我国自 20 世纪 80 年代初开办外汇调剂业务开始才有了自己的外汇市场。随着我国外汇体制改革的不断深入，我的外汇市场有较大的发展，为社会主义经济建设做出了很大贡献。但与国外完善的外汇市场相比，我国的外汇市场还很不成熟，有待于进一步完善和发展。改革开放以来，我国外汇市场经历了三次重大改革。

#### 1. 1994年银行间外汇市场诞生

1978 年以前我国对外汇收支实行高度集中的指令性计划管理，没有外汇市场的概念。1979 年开始实行的外汇留成制度，产生了调剂外汇的需要，外汇调剂市场成为我国外汇市场的雏形。先是实行官方汇率与贸易外汇内部结算价并行的双轨制，随后又转为官方汇率和外汇调剂汇率并行的双轨制，外汇市场有了初期发展；1994 年 1 月 1 日，取消双重汇率制度，人民币官方汇率与市场汇率并轨，实行以外汇市场供求为基础的有管理的浮动汇率制；紧接着，同年的 4 月 4 日，银行间外汇市场正式运营。

伴随 1994 年外汇管理体制重大改革，我国建立了以银行结售汇制度为基础的银行柜台外汇市场和全国统一的银行间外汇市场，迈出了接近国际规范化市场的重要一步。汇率并轨结束了"计划"同"市场"并行的历史，市场最终取代计划。外汇调剂市场汇率成为并轨后的水平汇率，使汇率市场化有了具体并可行的起点，为随后外汇、外贸体制的进一步改革奠定了重要基础。银行间外汇市场的建立，第一次使我国有了真正意义上的外汇市场，为市场机制得以在汇率的形成过程中发挥直接作用提供了条件。

### 2. 2005—2014年汇率改革以来外汇市场由封闭转向开放

2005年7月21日人民币不再单一钉住美元，开始实行以市场供求为基础、参考一篮子货币进行调节、有管理的浮动汇率制度，这为逐步实现人民币汇率的市场化、国际化奠定了基础。2005年7月至2006年1月，中国外汇交易中心对中间价形成机制进行了多次改革。从2005年7月到2008年7月的汇率改革三年间，人民币兑美元升值21%。改革引入参考一篮子货币进行调节，不仅在当时承担了实现汇率低估向均衡有序调整的工具职能，而且在随后的市场交易中演变成了汇率的稳定器，从效果来看非常成功，在没有引起震荡的情况下解决了我们首次面临的汇率低估问题。

在这次改革中，银行间外汇市场交易引入了议价模式，币种不断丰富，交易类型也从单一的即期扩展到远期、掉期、期权，还将结售汇由强制转为以意愿为主。外汇市场的价格发现和避险功能由此逐步增强，汇率波幅不断放宽，从而扩大了市场机制的发挥空间。

2005年以来，银行间外汇市场开始打破原先单一的银行参与者结构，除继续扩大银行类市场主体外，允许符合条件的境内非银行金融机构和境外人民币清算行入市交易，另有更多的境外金融机构在跨境贸易人民币结算业务项下与境内银行开展场外外汇交易，我国外汇市场已不是一个完全封闭的市场。

### 3. 2015年汇率改革以来外汇市场化程度提高

2014年中，随着美联储停止量化宽松，美元急速走强。在强调汇率稳定的政策目标下，人民币兑美元汇率保持了相对稳定，但有效汇率被动上升，从而积累了较大的下跌压力。因此央行调整了人民币兑美元汇率中间价的报价机制：由做市商参考上日收盘价，向中国外汇交易中心提供中间价报价；同时，央行也将人民币兑美元中间价下调至6.2298。

此轮汇率改革后，有关部门采取了诸如改革中间价报价机制、推出远期结售汇外汇风险准备金制度、引入逆周期因子等一系列措施，且有的措施还反复启动与暂停以减弱市场的贬值预期、平衡外汇市场的供求状况。进入2017年后，经过前期一系列调控措施的应用，货币当局调控市场的能力更加娴熟，我国外汇市场供求基本恢复平衡，外汇储备余额未再出现大的波动。截至2020年底，中国外汇市场交易总额为206万亿元，较上年增加5.0万亿元，同比增长2.73%。

整体上看，自2005年"7·21"汇率改革以来，外汇市场的供求逐渐平衡，汇率市场化的程度有了实质性的提升，市场在人民币汇率定价中日益发挥出更加重要的作用。与此同时，货币当局的管理能力和技巧也日益娴熟，对市场的运行起到了平滑作用。

### (二) 我国外汇市场的构成

我国外汇市场由柜台市场和银行间市场两部分构成。

### 1. 柜台市场

外汇市场中的柜台市场是外汇银行与客户之间交易的零售市场。在这一市场中，外汇银行依据《中华人民共和国外汇管理条例》等法律法规为客户办理结售汇业务。2020年，银行结售汇顺差1587亿美元，银行代客涉外收支顺差1169亿美元。在即期外汇市场中，银行对客户市场交易额24.6万亿元，占即期外汇市场交易额的29.92%，其中，买入外汇交易额12.1万亿元，占比 49.1%，卖出外汇交易额 12.5 万亿元，占比 50.9%；在远期外汇市场中，银行对客户市场交易额 3.1 万亿元，占远期外汇市场交易额的 81.39%，其中，买入外汇交易额 1.1 万亿元，占比 33.66%，卖出外汇交易额 2.1 万亿元，占比 66.34%。

### 2. 银行间市场

银行间市场是外汇银行为了调整头寸或出于金融性交易动机相互买卖外汇的市场。从 1994 年我国建立统一外汇市场以来，经过 27 年的不断发展，银行间外汇市场已经形成境内外各类机构并存、以境内银行为主的格局。2020 年，在我国即期外汇交易中，银行间外汇市场交易额为 57.5 万亿元，占即期外汇市场交易额的 70.08%；在远期外汇交易中，银行间外汇市场交易额为 0.7 万亿元，占远期外汇市场交易额的 18.61%。

银行间外汇市场实行电子双边询价、双边授信下集中撮合、做市商制度等多样化的交易方式，以及集中清算、集中净额清算和中央对手清算等多样化清算方式。

### (三) 我国外汇市场的交易主体

我国外汇市场的交易主体包括外汇指定银行、客户、中国人民银行、外汇经纪人与经纪商。外汇市场参与机构总计 673 家，其中非银行金融机构 84 家，境外金融机构 93 家。

### 1. 外汇指定银行

我国外汇指定银行也被称为"外汇授权银行"，是经中国人民银行指定或授权办理外汇业务的银行。外汇银行可以与外汇市场中的所有参与者发生交易，包括其他的外汇银行、中国人民银行、外汇经纪商、客户。国家开发银行、中国进出口银行、中国农业发展银行、中国工商银行、中国农业银行、中国银行、中国建设银行等中资银行及渣打银行、东亚银行等外资银行在国内的分支机构构成了我国外汇指定银行的主体。

外汇银行主要通过两种途径来盈利。第一，外汇银行向客户报出的外币买卖价格存在差价，外汇银行通过代客户买卖外汇赚这一差价。第二，外汇银行还开展了诸如期权、期货、掉期等外汇衍生品业务，通过这些业务为客户安排外汇保值或套利，从中收取高额的手续费和服务费。此外，外汇银行也可以在经营方针和限额之内，通过调动外汇头寸进行一定的外汇投机来盈利。

### 2. 客户

在我国，客户是指与外汇指定银行存在外汇交易关系的公司或个人。根据其交易目的可以分为三类。

(1) 交易性的外汇买卖者，如进出口商、旅游者、国际投资者等。

(2) 保值性的外汇买卖者，如资产管理机构。它们管理着巨额的资金和有价证券，进行交易的目的是使其管理的资产在外汇市场的波动中实现增值或保值。

(3) 投机性的外汇买卖者，即外汇投机者。他们企图利用外汇市场汇率的波动，使用各种金融工具进行外汇交易，从中赚取差价。在外汇保证金市场上，主要以投机性外汇买卖者居多，通过买卖的差价投机获利。

### 3. 中国人民银行

汇率的变动会极大地影响一国的进出口贸易和国际收支，同时也会影响国内货币政策的效果。因此，中国人民银行在外汇市场上除了充当传统的市场监督者角色之外，还要通过买卖外汇干预市场进而影响汇率变化。市场外汇短缺时，中国人民银行在外汇市场上大量抛售外汇以降低外汇汇率；市场外汇过多时，则在外汇市场上吸纳外汇以使本币不会升值过高。

### 4. 外汇经纪人与经纪商

外汇经纪人对外汇市场的主要贡献是起联络作用，作为外汇银行之间或外汇银行与客户之间的中介，接洽外汇交易，从中赚取佣金。外汇经纪人能够为客户瞬间联系上交易对方并完成交易而不披露交易双方的名称。外汇交易商通过外汇经纪人进行交易，可以隐蔽自己的身份，不使报价处于被动地位。

中国外汇交易中心银行间外汇市场由人民币外汇市场、外币对市场和外币拆借市场及相关衍生品市场组成，是机构之间进行外汇交易的市场，实行会员管理和做市商制度。交易中心为银行间外汇市场提供统一、高效的电子交易系统，该系统提供竞价、询价和撮合等模式，并提供交易分析、做市接口和即时通信工具等系统服务。

外汇交易中心开展人民币外汇即期、人民币外汇远期、人民币外汇掉期、人民币外汇货币掉期、人民币外汇期权、外币对和外币拆借七类外汇交易，交易产品涵盖了即期、远期、外汇掉期、货币掉期和期权等不同种类，基本满足了市场主体管理控制风险的交易需求。交易中心以银行间市场交易系统产生的报价成交数据为核心，辅以交易后数据、第三方数据等，提供交易报告等基础信息和经深层次挖掘的基准价格、收益率曲线、指数、估值等信息。

# 第二节　即期外汇交易

## 一、即期外汇交易的概念

即期外汇交易(Spot Exchange Transaction)也称现货外汇交易，是外汇买卖双方按照市场上的即时价格成交后，在两个营业日内办理交割的交易。交割是指交易双方将交易所涉及货币进行交付与清算的过程。由于存在时差和不间断的连续交易，因此国际外汇市场通常将交割日定于成交后的第二个营业日。国际外汇市场的外汇交易如非指定交割日，一般是指即期交易。外汇市场中主要的即时外汇汇率报价系统所显示的外汇汇率也是即期交易汇率。

即期交易中的主要结算方式称为 SWIFT，即通过国际电信协会进行银行间转账结算。这种方式沟通了几乎全部外汇市场的主要交易者。另一种重要的结算系统称为 CHIPS，即美国银行同业清算中心，世界上大多数的美元交易清算都是通过这一系统进行的。

## 二、即期外汇交易的实务操作

### (一) 即期外汇交易报价

#### 1. 即期外汇交易报价惯例
1) 采用美元报价
外汇市场中的汇率即价格，虽然汇率等式的两边均为货币，但其中一种货币是以一般交易中的商品身份出现，在汇率中的这一货币被称为基准货币(Reference Currency)。通常汇率的表达方式为 1 单位基准货币等于若干报价货币。例如，在苏黎世外汇市场上，瑞士法郎兑美元的汇率为 1USD=0.9492CHF。其含义为苏黎世外汇市场上，每一美元的价格是 0.9492 瑞士法郎。

以外国货币作为基准货币的报价方式称为直接报价法。例如，在我国，人民币汇率的直接报价法为 1 美元=6.5650 人民币元。而以本国货币为基准货币的报价方式称为间接报价法。在现实外汇交易中，除非特殊标明，所有货币的汇价都是针对美元的，即采用以美元为基准货币的直接报价法。例如，有客户向银行询问日元兑加拿大元的价格，银行给出的报价是美元兑日元及美元兑加拿大元的价格，需要经过套算才能得出日元兑加拿大元的价格。直接报价法如果从美元角度看，则是间接报价法。此外，英镑、欧元、澳大利亚元、新西兰元和南非兰特也采用间接报价法。

2) 采用双向报价法

一般而言，报价者(Quoting Party)通常会同时报出买入价(Bid Rate)和卖出价(Offer Rate)，这种报价方式称为双向报价。例如，一家外汇银行在面对客户询价时，报出英镑汇率为 GBP/USD1.5260/1.5280，其中第一个数字(1.5260)表示报价者愿意买入基准货币(英镑)的价格，即买入汇率；第二个数字(1.5280)表示报价者愿意卖出基准货币(英镑)的价格，即卖出汇率。

在直接标价法下，前面较小的数字是外币的买入价，后面较大的数字是外币的卖出价。在间接标价法下，前面较小的数字是外币的卖出价，而后面较大的数字是外币的买入价。

3) 采用点数报价法

按照外汇市场惯例，汇率包含 5 位数字(含小数位)，如 USD/CHF2.2410、USD/JPY108.10。由于外汇市场汇率波动极其频繁，为节约报价时间，在实际外汇交易中通常只会报出汇率的最后两位数，只在交易达成后才确认全部汇率数值，如 GBP/USD 的汇率 1.5260/1.5280 一般只报 60/80，这种报价方式称为点数报价法。

4) 以 100 万美元为交易单位

外汇市场中的交易单位称为手，一手为 100 万美元。因此，外汇市场中的报价单位通常为 100 万美元的整倍数，如 USD1 表示 100 万美元。交易金额小于 100 万美元的交易属小额交易，需单独报价。

5) 交易双方须恪守信用

由于国际外汇市场大多采用场外交易，因此交易双方必须恪守信用，严格遵守"一言为定"的惯例，以电话录音、电传打印件及路透社交易系统文字记录作为交易依据，一经报价就不得反悔。

6) 报价语言规范化

由于汇率变动频繁，交易双方都必须以尽可能短的时间表达报价并完成交易，为节省交易时间，外汇市场发展出了一套规范化的报价术语。外汇交易术语见表6-4。

表6-4 外汇交易术语

| 术语 | 含义 | 术语 | 含义 |
| --- | --- | --- | --- |
| TAKE | 买进 | SMALL | 小金额 |
| BUY | 买进 | CABLE | 英镑/美元汇率 |
| BID | 买进 | STOCKY | 瑞典克朗/美元汇率 |

(续表)

| 术语 | 含义 | 术语 | 含义 |
|------|------|------|------|
| MINE | 我方买进 | OSLO | 挪威克朗/美元汇率 |
| GIVE | 卖出 | COPEY | 丹麦克朗/美元汇率 |
| SELL | 卖出 | OZZIE | 澳元/美元汇率 |
| OFFER | 卖出 | FUNDS | 加元/美元汇率 |
| YOURS | 我方卖出 | SWISSY | 瑞士法郎/美元汇率 |
| MARKET MAKER | 报价行 | MP | 稍候 |
| I SELL YOU FIVE USD | 我卖给你 500 万美元 | OUT | 取消报价 |
| VALUE | 起息日 | LONG | 多头 |
| ODD DATE | 不规则起息日 | SHORT | 空头 |
| BROKEN DATE | 不规则起息日 | POSITION | 头寸 |
| DEALING PRICE | 交易汇价 | SQUARE | 平仓 |

#### 2. 即期外汇交易的报价依据

在即期外汇市场上，外汇银行的每一个报价，都是对客户做出的买卖承诺，因此，外汇银行在报价时非常慎重，必须综合考虑各种因素，这些因素为即期外汇交易报价的依据。

1) 以市场行情作为报价依据

外汇银行报价首先需要参考当前市场行情，这是影响报价高低的决定性依据。市场价格即前一笔交易的成交价或市场中核心成员的买卖价格，是市场行情的首要内容，市场价格水平对外汇银行报价有着重要参考价值。市场情绪，即报价行在对外报价时市场价格是否存在上升或下降的心理预期及询价者交易意图也是市场行情的重要内容，一般来说，当市场上弥漫着乐观情绪，行情趋升时，报价行会适当提高报价，反之则适当降低报价。

2) 考虑自身外汇头寸

外汇银行报价还需考虑自身的外汇头寸。交易员接到询盘时，需要考虑己方持有货币的头寸情况，若已持有较大询价货币头寸，则可能低报该币买入价格，避免继续买入该币；反之，则会高报买入价格以吸引询价者抛售，从而买入该种货币以改善头寸结构。

3) 结合不同货币的风险程度

外汇银行报价还需考虑货币在不同市场环境下的风险特性。由于不同国家在经济运行、交易习惯等方面具有各自的特性，因此每种货币都有其独特的市场风险特性，交易员必须了解每种货币的特性，并结合当时的市场环境对货币所具有的风险进行评估，从而做出适当的报价。诸如报价行所在国家及主要西方国家所处的经济周期阶段、财政盈余与赤字状况、国际收支的顺差或逆差状况、政治军事的动荡或稳定等因素均可能引起市场行情的波动。

#### 3. 即期外汇交易程序

即期外汇交易主要发生于银行同业及外汇银行与经纪人之间。

1) 外汇银行之间的即期外汇交易

询价：外汇银行同业之间进行的交易首先由一家银行的询价发起。询价方在询价时首先表明自己的名号，以便让报价行了解交易对手的身份，并决定其报价策略。询价通常包含货币种类、价格、金额、交割期限等信息。例如，询价方发送询价信息"SPOT CHF 1?"，即 100 万美元的即期瑞士法郎汇价。

报价：在收到询价时，外汇银行交易员立即报出该种货币的买入价和卖出价，如"60/80"。获得报价后，询价方应立刻答复是否成交，而不应讨价还价。

成交：一旦询价方答复"OK，DONE"，合同即告成立。如果询价方认为报价过高，则可回复"MY RISK"，要求对方重新报价或回复"THANKS NOTHING"以结束询价。

证实：当交易达成后，交易双行还需就交易的具体内容，如买卖方向、交易汇率、交易金额、交割日及收付账户等信息进行确认。

交割：交易双方按照对方要求将卖出货币及时、准确地汇入对方指定银行账户后，交易才算完成。

2) 外汇银行与经纪人之间的即期外汇交易

外汇银行与外汇经纪人之间的即期外汇交易通常有三种方式。

一是银行主动向经纪人询价。经纪人会根据银行的要求做出报价，如果银行觉得报价合适，则经纪人会进一步告知该笔交易的交易对手是哪家银行，并收取相应佣金。

二是经纪人频繁地主动向银行报价。当银行觉得某一时刻经纪人的报价有利可图时，就通知经纪人，并达成交易。

三是银行确定外汇买卖条件，并通过经纪人传递交易订单。外汇经纪人根据订单撮合交易，当有其他外汇银行接受该笔订单时，经纪人向双方开出交易确认书，并收取相应佣金。

## (二) 即期外汇交易交割日

交割日是交易双方实际收付交易涉及的两种货币资金的日期，因此确定交割日是外汇交易中非常重要的内容。

### 1. 标准交割日(Value Spot)

由于全球外汇市场在 24 小时中连续不断地运作，且不同市场之间存在时差，因此在国际外汇市场的即期交易中，交割日常定为交易达成后的第二个营业日，这被称作标准交割日。所谓营业日，是指除节假日外的日期，即除周末及各国法定假日之外的工作日。若以 T 代表成交日，则这种在成交后第二个营业日完成交割的交割方式称为 T+2。目前世界上大多数的外汇交易都采用标准交割日进行交割。

### 2. 交割日的特殊情况

在某些特殊情况下，即期外汇交易的交割日可以晚于两个营业日。套算买卖的货币，交割日以结算地银行营业日为准，如果成交日期后碰巧是结算地假日，即货币发行国节假日，则外汇交割日顺延至结算地银行节日后的营业日。如果两家银行的节假日不重合，则以两家银行的第一个共同营业日为交割日。例如，一家德国银行与一家英国银行在 10 月 5 日成交一笔交易，通常情况下，应在 10 月 7 日完成交割，但如果当日为英国或德国的节假日，则交割日向后顺延至 10 月 8 日。

由于部分中东国家周五为休假日而周六营业，因此在交易中东国家货币时，遇到周五则交易与交割分开进行。例如，在某月 4 日(周三)发生一笔 USD/SAR 即期交易，正常应在当月 6 日(周五)完成交割，但由于沙特阿拉伯银行周五休息，因此交易涉及的美元正常交割，而交易涉及的沙特阿拉伯里亚尔则顺延至当月 7 日(周六)完成。

某些市场中因时差因素不突出，为提高交易效率，对某些货币交易采取隔日交割(Value Tomorrow)，即在成交后的第一个营业日进行交割，隔日交割方式也称现金交割或 T+1 交割方式。例如，美国纽约市场中美元兑加拿大元、墨西哥比索即期交易也采取隔日交割。这些交易所涉及的货币发行国基本上都处于同一时区或时区间隔较小。

如果交易涉及美元，并且交割日为标准交割日，成交日后的第一天是美国假日且是另一国家的银行营业日，成交后的第二日是双方银行的营业日，则交割日不顺延，仍按标准交割日交割。例如，5 月 27 日进行美元与日元交易，5 月 28 日是美国假日，在日本则是银行营业日，5 月 29 日是双方银行营业日，那么该交易应在 5 月 29 日交割，不用顺延。

除标准交割日与隔日交割外，还有一种交割日为当日交割(Value Today)。银行与本地客户的零售即期外汇交易在成交当日完成交易涉及货币的收付称为当日交割或 T+0 交割方式。

### (三) 即期外汇交易的计算

在国际外汇市场上，几乎所有的货币都有一个相对美元的兑换率，银行一般报出美元与其他货币之间的即期汇率。但对交易客户来说，很多时候想要知道两种其他货币之间的兑换率，如欧元兑瑞士法郎、澳元兑日元等。由于这些货币兑换率缺乏银行报价，因此需要通过其各自与美元兑换率计算两种无直接关系的货币兑换比率。我们称这种计算出来的汇率为交叉汇率或套算汇率。即期汇率的套算规则可以概括为"三种情况、两种方法"。

1. 在两组汇率中，若基准货币相同，报价货币不同，报价货币间汇率通过交叉相除得出。

例：已知 USD/CHF=1.3200/10(1)　　　　　　USD/JPY=113.50/60(2)

欲求 JPY/CHF。

根据交叉相除法则，

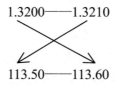

1.3200——1.3210

113.50——113.60

JPY/CHF=(1)/(2)=(1.3200/113.60)/(1.3210/113.50)= 0.01162/64。

这一套算过程，可以理解为第一步，银行在一笔交易中卖出 USD，买入 JPY，同时在另一笔交易中买入等量 USD，并卖出 CHF。其中，银行卖出 USD、买入 JPY 的价格为 USD/JPY=113.60，买入等量 USD、卖出 CHF 的价格为 USD/CHF=1.3200。因此，113.60JPY=1.3200CHF，JPY1=CHF0.01162(0.01162=1.3200/113.60)。

第二步，银行在一笔交易中买入 USD 并卖出 JPY，同时在另一笔交易中卖出等量 USD 并买入 CHF。银行买入 USD、卖出 JPY 的价格为 USD/JPY=113.50，卖出等量 USD 并买入 CHF 的价格为 USD/CHF=1.3210。因此，CHF1.3210=JPY113.50，JPY1=CHF0.01164(0.01164= 1.3210/113.50)

第三步，得出 JPY/CHF 的汇率为 0.01162/0.01164。

2. 在两组汇率中，若报价货币相同，基准货币不同，基准货币间通过汇率交叉相除得出。

例：已知 EUR/USD=1.1020/40(1)　　　　　　AUD/USD=0.6240/60(2)

欲求 EUR/AUD。

根据交叉相除法则，

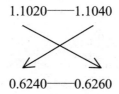

EUR/AUD=(1)/(2)=(1.1020/0.6260)/(1.1040/0.6240)=1.7604/92。

这一套算过程与第一种情况类似。

3. 若某种货币分别在两组汇率中担任基准货币和标价货币，另一基准货币和标价货币比价通过同边相乘得出。

例：已知 EUR/USD=1.1020/40(1)　　　　USD/CNY=6.8760/80(2)

　　　欲求 EUR/CNY。

根据同边相乘法则，

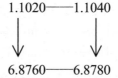

EUR/CNY=(1)×(2)=(1.1020×6.8760)/(1.1040×6.8780)=7.5774/7.5933。

## 三、即期外汇交易的作用

即期外汇交易作为外汇交易最基本的表现形式，其作用主要体现在满足国际贸易和国际投资的付款需要、满足外汇银行规避汇率风险的需要、满足外汇市场投机者的投机需要及满足中央银行干预外汇市场的需要四个方面。

满足对外国付款需求、实现货币购买力在国际上的转移是外汇交易最基本的作用。在国际经济活动中，经常有个人或企业需要对外国进行支付，需要把本国货币在即期外汇市场中兑换为用于支付的外国货币并委托银行等金融机构向国外收款人付款。银行接受委托后需要通过在国外的分行或代理行对收款人进行支付并划转相应金额的外币账户余额到收款人账户。相反，当有个人或企业收到来自国外付款人的外币款项后，将该款项存入银行外币账户或以即期汇率将外汇出售给银行。

### (一) 满足交易者进行国际贸易与国际投资的需要

在国际贸易中，出口商根据合同规定的不同贸易结算方式，通过银行进行托收或议付。付款银行会将这笔外币款项计入议付行或托收行外币账户，议付行或托收行同时将这笔外汇款项计入收款人外币账户或以即期汇率将这笔外币买入。与此相反，当进口商在国际贸易中产生付款需求时，需要以即期汇率在外汇市场中购入外币，并支付给受委托办理结算的银行。

### (二) 调整交易者持有的各种外汇头寸

企业、外汇银行常常为了平衡外汇头寸、调剂资金余缺及谋求较高的外汇利润而进行即期外汇交易。由于 20 世纪 70 年代浮动汇率制实施以来因汇率波动引起的汇率风险日益增大，外汇持有人将持续面临所持头寸因汇率变化而引起的价值波动风险，因此需要通过在即期外汇市场上根据汇率变化的趋势，不断调整不同外汇头寸的数额与相互间比例结构以尽量避免风险并获得收益，这就是工商企业为平衡外汇头寸、调节外汇结构进行的即期外汇交易。在通常情况下，外汇银行在与客户进行外汇交易时，由于其买进卖出币种和数量不可能恰好保持一致而会形成外汇头寸，并且银行在代客户买卖外汇时也不是逐笔分别进行，而可能会在积累到一定数额时统一在银行间市场买卖，因此当银行大量交易某种外币时，便会出现超卖或超买现象，其结果是外汇头寸的失衡，从而在汇率波动中蒙受损失。为了避免这些风险，银行在经营外汇买卖时，会以"买卖平衡"为原则，即在出现超卖的时候就买进短缺部分，在超买的时候就卖出多余部分。这也是银行为平衡外汇头寸、调节外汇结构所进行的即期外汇交易。

### (三) 为外汇市场投机者提供场所

即期外汇的投机是根据对未来汇率变化的预期提前进行的相应交易，并从汇率波动中获取收益。在外汇市场中，如果投机者预期某种货币的价格在未来会上升，就会在即期外汇市场上以现价购入该种货币，如果投机者预期某种货币的价格在未来会下降，就会在即期外汇市场上卖出该种货币。例如，投机者预期未来美元汇率会上升，就会立即在即期市场中以即期汇率买入美元，当美元价格上升后再卖出美元以获得差价收益。

### (四) 便于中央银行干预外汇市场

中央银行作为政府在国际业务中的代理人，为了实现政府的对外经济政策目标，除了采取调整货币政策的手段外，很多时候还会直接干预外汇市场，即在外汇市场上抛售外汇或用本币直接购买外汇，这是中央银行干预外汇市场最直接的一种手段。中央银行干预行为是外汇市场短期波动的重要原因之一。中央银行干预的原因可以是长期的，也可以是暂时的。中央银行对外汇市场的干预成功与否要看是否达到目的，但通常情况下中央银行极少会公开说明干预的原因，市场只能就此进行猜测。这是因为中央银行的政策意图越明朗，就越少能成功。通常在市场心理越不稳定，或者市场深度不大时，干预效果越好。中央银行最明显的干预活动是在即期外汇市场上进行的。如果中央银行希望本币坚挺，它就会在外汇市场上抛出外币买进本币，使本币需求上升，本币汇率就会升值。

# 第三节    远期外汇交易

## 一、远期外汇交易概述

20 世纪 70 年代初期，由于以美元为中心的固定汇率体系彻底崩溃，各国货币之间的汇率失去约束，剧烈而频繁地波动。随着汇率变动日益频繁和剧烈，汇率风险问题严峻地摆在了工商企业、外汇银行等各类外汇交易者面前。汇率风险的急剧增加极大地促进了国际外汇交易的发展，特别是远期外汇交易的发展。

### (一) 远期外汇交易的概念

远期外汇交易(Forward Exchange Transaction)也称期汇交易，是指交易双方在成交后不立即办理交割，而根据事先约定的币种、金额、汇率、交割时间等条件，于两个营业日后的某一时间才进行实际交割的外汇交易。

远期外汇交易中，交易双方必须订立远期合约(Forward Exchange Contract)，并在合约中对交易内容做详细约定。远期外汇交易的交割期限至少为成交后的第三个营业日，最长可在成交后数年方才交割。远期外汇交易合约中规定的常见交割期限有 1 个月、2 个月、3 个月、6 个月、9 个月和 12 个月，因国际贸易中付款期限约定惯例的关系，3 个月交割期最常用。如果交易双方需要，远期合约对交割期限也可做特殊约定(Odd Date Transaction/Broken Date Transaction)，如 98 天、34 天等。

### (二) 远期外汇交易的特点

#### 1. 未来交割

远期外汇合约中的各项条款，如汇率、交易金额均由交易双方自行协商确定，且合同签订后，无须立即支付，而是延期至将来某个约定时间。

#### 2. 以无形市场为主，连续24小时交易

远期外汇交易既可在交易所场内交易，也可在场外交易，但一般在场外交易。远期外汇交易大多没有固定交易场所和固定交易时间，理论上交易者可以在全球任意地点 24 小时连续进行。

#### 3. 交易量大

与即期交易相比，远期外汇交易规模更大，且买卖目的通常不是用于支付等商业用途，而是出于保值等金融动机或投机动机。

#### 4. 用抵押物或抵押金约束客户

外汇银行与客户签订的远期合同须经外汇经纪人担保，同时客户还需缴纳一定金额的押金。当汇率波动引起的损失超过抵押品或押金价值时，外汇交易者需增加抵押物或追加押金，否则外汇银行有权取消远期外汇合约。

### (三) 远期外汇交易的参与者

经常参与远期外汇交易的交易者分别是有购汇或结汇需要的进出口商、有对外短期债务或债权的投资者、对远期汇率的走势看涨或看跌的投机商、希望通过外汇交易轧平头寸的外汇银行。

#### 1. 远期外汇买方

1) 进口商

如果进口货品的价款是以外币计价的，进口商就需要在未来某一时间向出口商支付一定数

量的外汇。如未来支付时在即期外汇市场换汇，进口商将面临从当前到未来这一段时间内汇率波动的风险。如进口商为避免未来外汇升值而在当前购入该种外汇，又会占用宝贵的流动资金。所以对进口商而言，购买远期外汇合约是规避汇率风险的最佳选择。

2) 持有外汇债务的债务人

拥有短期外汇债务的债务人面临着与进口商同样的汇率风险，因此参与远期外汇交易是规避风险的最佳选择。

3) 预测远期汇率会上涨的投机者

由于投机者认为某种外汇的价格现在较低而未来会升高，因此可以通过现在购买远期外汇合约，待将来汇率上涨之后在即期市场卖出该种外汇而获得差价。因为投机者缺乏实际外汇需求，所以通常不会进行实际交割，只对汇率差价进行结算。

4) 外汇银行

外汇银行在进行零售业务的时候必然会产生外汇头寸，由于汇率变动频繁，持有头寸的外汇银行会因此面临汇率波动的风险，因此，外汇银行会在卖出远期外汇的同时买入币种、数量和交割期限相同的外汇的远期合约。

### 2. 远期外汇卖方

1) 出口商

如果出口商品价格对于出口商而言是以外汇来计价的，那么出口商就要面临在未来将出口货款转换为本币而产生的汇率风险。为规避该种风险，出口商往往会进行远期外汇交易，卖出远期货款，提前将收益锁定。

2) 拥有外汇债权的债权人

拥有短期外汇债权的债权人由于在未来需要收进外汇，因此面临该种外币汇率下降的风险，所以债权人通常会做出外汇远期交易，提前以确定价格卖出该种外币。

3) 预测远期汇率下跌的投机者

当投机者预测某种货币远期汇率会下降，就会在现在卖出远期外汇，将来通过在即期市场以下跌后汇率购入该种外汇而获得价格差。

4) 需要轧平头寸的外汇银行

如果外汇银行在进行零售业务时产生了外汇远期多头头寸，就会卖出该种外汇的远期，从而规避汇率风险。

## 二、远期外汇交易的作用

### (一) 为进出口商提供套期保值手段

为了避免汇率变动导致的损失，进口商可以在签订贸易合同时买入远期外汇，而出口商可以在签订贸易合同时卖出远期外汇。

远期外汇交易是国际上发展最早，应用最为规范的外汇保值方式。远期套期保值，是指卖出(买进)所持有的(所承担的)外币资产(外币负债)的远期外汇交易，交割日期与持有外币资产(外币负债)变现(债务偿付)日期相匹配，使这笔资产或负债免受汇率变动的影响，从而达到保值的目的。进出口商在国际贸易中，从签订贸易合同到实际收付货款，往往长达 30~90 天，甚至更长。在此期间，如果汇率发生对他们不利的变化，进出口商将蒙受损失。贸易商在对外贸易结算、到国外投资、外币借贷或还贷的过程中都会遇到外汇汇率变动的风险，因此进口商和出口商都需要规避风险。进出口商在外汇交易中的主要目的是满足商品和其他交易的需要，他们追求的是货币的保值，而不是从汇率的变化中获利，这就产生了对外汇进行保值的外汇交易动机。通过远期外汇交易，客户可事先将某一外汇成本固定，或锁定远期外汇支付的兑换成本，避免汇率波动可能带来的损失。

例如，某家贸易公司向巴西出口一批电子产品并按合同约定在 3 个月后收取 500 万巴西雷亚尔货款。由于巴西货币汇率波动非常剧烈，该公司承受巨大的汇率风险。为锁定风险，公司决定在外汇远期市场按当前 1 美元=3.6659 巴西雷亚尔的远期汇率将未来收到的巴西雷亚尔卖出，共计获得 136.4 万美元。三个月后，外汇市场中美元兑对巴西雷亚尔的汇率虽然上升到了 1∶4.1411，但此时的汇率已经与该贸易公司的损益无关了，该公司不用再为市场汇率的波动而感到不安。

### (二) 为外汇投机者提供获取投机利润机会

外汇投机(Foreign Exchange Speculation)指投机者(Speculator)根据其对汇率变动的预测，通过买卖现汇或期汇，有意持有某种外汇的头寸，从而在汇率实际发生变动时获取风险利润的外汇交易行为。外汇投机者是风险的爱好者(Risk Amateur)，也是风险的承受者。他们承担了来自进出口商、投资者甚至外汇银行的外汇风险，承担这些风险当然不是因为投机者的高尚品格，事实上，外汇市场投机者承担风险的目的是谋取更大的投机利润。他们进行外汇交易也不是因为对外汇有什么实际需求，而是为了从不同市场的汇率差异、不同时期的汇率变动中赚取投机利润。

外汇投机有以下两种形式。

#### 1. 先卖后买，即卖空(Sell Short)或称"空头"(Bear)

当投机者预期某种外币(如美元)将贬值或汇率将大幅下跌时，就在外汇市场趁美元价格相对较高时先行预约卖出，到期如果美元汇率真的下跌，投机者就可按下跌后的较低汇率买进美元现汇来交割美元远期，赚取差价利润。该投机方式的特点就是以预约的形式进行交易，卖出时自己手边实际并无外汇，也因为如此，称为"卖空"。

#### 2. 先买后卖，即买空(Buy Long)或称"多头"(Bull)

当投机者预期某种货币将升值，就在外汇市场上趁该货币价格相对较低时先行预约买进该货币的远期，到期后若该货币汇率真的上升，投机者就按上升的汇率卖出该货币现汇来交割远期，并从中赚取投机利润。这种交易是预约买入交易。由于这种投机者中很多是在到期日收付汇价涨落的差额，一般不具有实足的交割资金，故称为"买空"。例如，在东京外汇市场中，一位外汇投机商预测美元兑日元汇率将会大幅上升，因此，他选择买空日元交易。先以 1 美元=101.0400 日元的三个月远期汇率当前价格买进 100 万三个月期限的美元远期。三个月后，当美元兑日元的即期汇率上涨到 1 美元=125.8550 日元，他就在即期市场中卖出 100 万美元，轧差后获利 2481 万日元。

投机者活跃于世界各地的外汇市场，频繁地买进卖出对他们有利的货币以追逐利润。当然，经常也会发生预测汇率与实际汇率的走势变动正好相反的情况，因此，投机者遭受损失的可能性也是很大的。

外汇投机动机远期交易不涉及货币的立即交割，成交时无须付现，只需支付少量保证金，一般都是到期轧抵，只需结算差价即可，因此有利于投机者利用杠杆以少博多获取投机收益。

### (三) 远期外汇交易为外汇银行提供避险手段

进出口商、资金借贷者、投资者同外汇银行进行远期外汇买卖后就把汇率风险转嫁给了外汇银行。

外汇银行在买卖某种远期外汇时，经常会出现买入多于卖出，或是卖出多于买入的情况，买入与卖出相抵后的余额就是外汇银行的远期外汇持有额的受险部分。前者称为远期外汇的多头，后者称为远期外汇的空头。这时，外汇银行就可通过远期外汇市场进行外汇持有额的调整交易。调整交易分为以下两部分内容。

#### 1. 平衡外汇头寸

为使外汇持有额经常处于相对的平衡状态，即所谓的动态平衡状态，外汇银行在买进过多即期外汇时，为避免该外汇汇率波动所带来的风险，外汇银行可以卖出部分远期外汇；反之，在卖出过多的即期外汇时，可以买进多出数额的远期外汇。通过这种方式调整，便可以使持有的外汇头寸处于相对平衡状态。

例如，某外汇银行某日出现即期超买 100 万美元，于是该银行会在远期外汇市场卖出一笔 100 万美元的三个月远期外汇来使外汇头寸相对平衡，从而减轻或避免美元跌价造成的损失。

#### 2. 调整资金结构

专业从事外汇交易业务的外汇银行，经常还会出现持有的外汇币种及数量的不平衡现象，即持有外汇的币种结构不合理。这样，该外汇银行极易遭受外汇风险损失。为此，可以通过买卖即期外汇和远期外汇的方法来实现持有币种的结构协调。具体做法是：在买入即期外汇以筹措短缺币种资金的同时(如买入该行短缺货币 100 万欧元)，卖出短缺币种的远期外汇(如卖出 100 万欧元)；或者在卖出多余币种即期外汇的同时(如卖出该行多余货币 100 万美元)，买进多余币种的远期外汇(如买进 100 万美元)。这样，就可以实现持有外汇资金结构的协调。

## 三、远期外汇交易的类型

### (一) 根据交割日是否规则，远期外汇交易可分为规则交割日交易(定期交易)和不规则交割日交易(择期交易)

规则交割日是指远期期限为 1 个月的整数倍，如 1 个月、2 个月、3 个月、6 个月等。不规则交割日则是远期期限不是 1 个月的整数倍的情况，如远期 62 天交割的交易。由于远期外汇交易多为场外交易，远期合约内容根据交易双方需要商定，因此合约期限并不一定规则。

### (二) 根据交割日的确定方法，远期外汇交易可分为固定交割日交易和选择交割日交易

固定交割日的远期外汇买卖(Fixed Forward Transaction)也称标准交割日远期外汇交易，即事先具体规定交割时间的远期买卖。其目的在于避免一段时间内汇价变动造成的风险。此类远

期外汇交易交割日在远期合约中明确载明，交易双方须在交割日完成交割，不允许提前或推迟。如遇无法完成交割的情况，违约一方须向对方交纳一定赔偿金。固定方式的交割期以星期和月份为单位，如1星期、2个月(60天)、6个月(180天)等，这是实际中较常用的远期外汇交易形式。选择交割日的远期外汇买卖(Optional Forward Transaction)也称择期远期外汇买卖，指交易的一方可在成交日的第三天起至约定的期限内的任何一个营业日，要求交易的另一方按照双方约定的远期汇率进行交割的交易。其中，交割月份与日期均未确定的为完全择期，仅确定交割月份的为部分择期。

### (三) 根据参与交易的目的，远期外汇交易可分为保值性远期外汇交易和投机性远期外汇交易

所谓保值性远期外汇交易，又称远期套期保值，是指卖出所持有的一笔外汇资产或买入一笔所承担的外汇负债的远期外汇交易，期限与持有外汇资产的变现日或外汇负债的偿付日相匹配，从而避免该笔资产或负债受汇率波动影响，以达到保值目的的远期外汇交易。投机性远期外汇交易是指投机者根据其对远期汇率的预测买入或卖出一笔远期外汇，通过高出低进或低进高出的方式谋取收益。投机性远期外汇交易是典型的外汇投机交易形式，成交时不涉及交割，只支付少量保证金，到期时以轧抵差额的方式结算盈亏。

## 四、远期外汇交易的实务操作

### (一) 远期汇率及相关术语

在远期外汇交易中，有一些关于远期汇率的重要术语。

#### 1. 远期汇率(Forward Rate)
远期汇率是指在远期外汇合约中规定的买卖相关货币的汇率。远期汇率既不同于远期外汇交易合约签订当日的即期汇率，也不同于远期外汇交易交割日的即期汇率，并且两者极少一致。

#### 2. 远期汇水(Forward Margin)
远期汇水即远期差价，指远期汇率与即期汇率的差。

#### 3. 升水(Premium)
升水指某货币在外汇市场的远期汇率高于即期汇率，表示单位基准货币的远期价格高于即期价格。远期汇率大于即期汇率的具体数值被称为升水点数。

#### 4. 贴水(Discount)
贴水是某种货币在外汇市场的远期汇率低于即期汇率，表示单位基准货币的远期价格低于即期价格。即期汇率大于远期汇率的具体数值被称为贴水点数。

#### 5. 平价(At Par)
当远期汇率与即期汇率相等时，则称平价。

### (二) 远期外汇交易的报价

远期外汇交易的报价方式主要有两种，一种是直接报出远期外汇的实际汇率，这种报价方

式称为完整报价法。对于不了解外汇市场行情的交易者，这种报价方法使价格高低一目了然，便于其顺利交易。

例如，下表中中国银行报出 2022 年 4 月 22 日人民币兑英镑 1 周远期汇率为买入价 100GBP=831.038367RMB，卖出价 100GBP= 839.868567RMB；人民币兑美元 1 周远期汇率买入价 100USD=647.9244RMB，卖出价 100USD= 651.0244RMB。完整报价法清晰准确，方便非专业客户准确了解市场行情。但采用完整报价法时，报价者需不断根据行情改变报价，因此一般只用于银行对客户的报价，银行同业之间往往采用另一种报价法，称远期差价报价法。中国银行人民币远期结售汇牌价见表 6-5。

表6-5  中国银行人民币远期结售汇牌价

| 货币名称 | 货币代码 | 交易期限 | 买入价 | 卖出价 | 中间价 | 汇率日期 |
| --- | --- | --- | --- | --- | --- | --- |
| 英镑 | GBP | 一周 | 831.038367 | 839.868567 | 835.453467 | 2022-04-22 |
| 英镑 | GBP | 一个月 | 831.367511 | 840.540911 | 835.954211 | 2022-04-22 |
| 美元 | USD | 一周 | 647.9244 | 651.0244 | 649.4744 | 2022-04-22 |
| 美元 | USD | 一个月 | 648.34 | 651.61 | 649.975 | 2022-04-22 |
| 瑞士法郎 | CHF | 一周 | 677.0581 | 683.4496 | 680.25385 | 2022-04-22 |
| 瑞士法郎 | CHF | 一个月 | 678.0774 | 684.9128 | 681.4951 | 2022-04-22 |
| 新加坡元 | SGD | 一周 | 473.966353 | 477.252853 | 475.609603 | 2022-04-22 |
| 新加坡元 | SGD | 一个月 | 474.226212 | 477.769212 | 475.997712 | 2022-04-22 |
| 日元 | JPY | 一周 | 5.032136 | 5.093867 | 5.0630015 | 2022-04-22 |
| 日元 | JPY | 一个月 | 5.037299 | 5.102268 | 5.0697835 | 2022-04-22 |
| 欧元 | EUR | 一周 | 697.82055 | 706.14425 | 701.9824 | 2022-04-22 |
| 欧元 | EUR | 一个月 | 698.82395 | 707.44215 | 703.13305 | 2022-04-22 |

资料来源：中国银行总行官网。

远期差价报价法又称掉期率报价法或点数报价法。当采用这种报价法时，外汇银行只报出某一时点的远期汇水(掉期率)。远期差价报价法使银行可以不必根据即期汇率频繁调整远期汇率报价，但报价时的远期汇率到底是多少则需要客户自己根据即期汇率与掉期率计算。

### (三) 远期汇率的计算

**1. 计算完整的远期汇率**

在远期差价报价法下，已知即期汇率和远期差价，无论采用直接标价法还是间接标价法，均使用"前小后大相加，前大后小相减"的原则进行计算。

所谓"前小后大相加"是指当升贴水点数由小到大表示，如 20/30 时，远期汇率等于即期汇率加上升贴水点数。所谓"前大后小相减"则是指当升贴水点数由大到小表示，如 30/20 时，远期汇率等于即期汇率减去升贴水点数。

例：USD/HKD 7.7440/50，1 个月远期汇率报价为 20/30，根据上述"前小后大相加，前大后小相减"原则，完整远期汇率为：

USD/HKD(1 个月远期)=(7.7440+0.0020)/(7.7450+0.0030)

=7.7460/80

得到 1 个月远期汇率为 USD/HKD7.7460/80。

### 2. 计算远期交叉汇率

当需要根据两种货币的美元远期差价报价计算这两种货币的远期汇率时，须先根据两种货币的远期差价计算完整的远期汇率，再根据两种货币的远期汇率计算其交叉汇率。

例：外汇市场报价 USD/CHF 1.5750/60，1 个月远期差价 152/155

USD/JPY 127.20/30，1 个月远期差价 15/17

欲求 CHF/JPY 1 个月远期汇率。

第一步，分别计算 USD/CHF 与 USD/JPY 完整 1 个月远期汇率。

根据"前小后大相加，前大后小相减"计算法则，远期汇率为：

USD/CHF(1 个月远期)=(1.5750+0.0152)/(1.5760+0.0155)

=1.5902/1.5915

USD/JPY(1 个月远期)=(127.20+0.15)/(127.30+0.17)

=127.35/127.47

第二步，根据完整汇率计算 CHF/JPY(1 个月远期)交叉汇率。

USD/JPY(1 个月远期)=127.35——127.47

USD/CHF(1 个月远期)=1.5902——1.5915

根据基准货币相同，报价货币不同，报价货币比价交叉相除的法则，

CHF/JPY(1 个月远期)=(127.35/1.5915)/(127.47/1.5902)

=80.0189/80.1597

得到 CHF/JPY 1 个月远期汇率为 CHF/JPY80.0189/80.1597。

### 3. 远期汇率的决定

远期汇率的高低由即期汇率、买入卖出货币间的利率差及从成交到交割期间的时间长短三者决定。

例：某出口商 A 在 6 个月后会得到一笔 USD1000000 的货款，市场即期汇率为 USD/CHF 1.6000，6 个月美元利率为 3.5%，同期瑞士法郎利率为 8.5%。

出口商为规避这 6 个月的汇率风险，先行借入 1000000 美元，并在即期外汇市场卖出该笔美元，借款以 6 个月后的货款偿还，期限为 6 个月，利率为 3.5%。在通过即期外汇市场卖出美元后，该出口商获得对应瑞士法郎，并取得瑞士法郎 6 个月利息收益，利率为 8.5%。

出口商借入美元成本为：

USD1000000×3.5%×180/360=USD17500=USD17500×1.6=CHF28000

出口商卖出美元取得瑞士法郎 6 个月的收益为：

CHF1600000×8.5%×180/360=CHF68000

该出口商通过一系列交易将美元换为瑞士法郎在 6 个月后的损益情况如下：

CHF1600000(卖出即期美元所得) − CHF28000(借入 6 个月美元的利息成本)

+CHF68000(使用 6 个月瑞士法郎的利息收入)

=CHF1640000

6 个月后的这笔瑞士法郎价值应不低于 USD1000000，即 6 个月后的远期汇率至少应为 USD/CHF =1.64，否则该出口商会放弃这些操作。

由此，远期汇率＝即期外汇价格×(报价币利率−被报价币利率)×天数/360

$$Q = S \times (i_1 - i_2) \times (t/360)$$

其中，$Q$ 为远期汇率，$i_1$ 为报价币利率，$i_2$ 为被报价币利率，$S$ 为即期外汇价格，$t$ 为天数。

所以，远期汇率由即期汇率、买入卖出货币间的利率差及从成交到交割期间的时间长短三者决定。

### (四) 远期外汇交易的交割日

远期外汇交易的交割日可分为固定交割日和非固定交割日两种。

固定交割日也称标准期限的远期外汇交易的交割日(Standard Forward Dates)，是通过即期交割日(Spot Date)推算整数日确定的。推算时需遵守"日对日""月底日对月底日""节假日顺延"和"不跨月"原则。

#### 1."日对日"原则

"日对日"指远期交割日与成交当时的即期交割日期相对，以当天即期外汇交易的交割日为基准，加上相应的远期期限。例如，即期外汇交易成交日为 2018 年 1 月 17 日(周三)，交割日为 1 月 19 日(周五)，则标准远期交割日就为 2 月 19 日(1 个月远期)、3 月 19 日(2 个月远期)、4 月 19 日(3 个月远期)、7 月 19 日(6 个月远期)等。

#### 2."月底日对月底日"原则

"月底日对月底日"也称"双底"原则，指当即期交割日为当月的最后一个营业日时，远期外汇交易的交割日也应当为交割月的最后一个营业日，而无须对准日期。例如，即期交割日为 2018 年 1 月 31 日，则 1 个月期的远期交割日为 2 月的最后一个营业日。

#### 3."节假日顺延"原则

"节假日顺延"是指远期外汇交易的交割日必须为交易双方的营业日，如遇任何一方的节假日则交割日向后顺延。

#### 4."不跨月"原则

"不跨月"原则是指若远期交割日遇节假日需向后顺延会进入下一个月时，则不能跨过交割日所在月份，只能回推至当月的最后一个营业日。例如，远期交割日为 3 月 31 日(周六)，则不能向后顺延至 4 月 2 日(周一)，而须向前推至 3 月 30 日(周五)进行交割。

非固定交割日是指选择约定期限内的任意一个营业日作为交割日。非固定交割日远期外汇交易也被称为择期外汇交易。如远期合约对交割日和月份都不做限定，客户可以在成交后第三天起至合约到期前任何一天进行交割，我们称之为完全择期；如远期合约不确定具体交割日期，但限定交割月份时，我们称之为部分择期。

### (五) 掉期交易

#### 1. 掉期交易的概念

掉期交易是指交易者同时买入或同时卖出同等数量、相同币种而期限不同的外汇，以避免汇率风险或套取汇率、利率差额收益的外汇交易。由于外汇掉期交易大多发生在即期交易与远期交易之间，因此也被称为外汇套购。

#### 2. 外汇掉期交易的种类

按照掉期交易的买卖对象，掉期交易可分为纯掉期交易和制造的掉期交易两种。纯掉期交易是指掉期外汇交易的两笔买卖均与同一个交易对手进行。如果两笔外汇买卖是与不同的交易对手进行的，则称为制造的掉期交易。

按照交易的交割期限不同，掉期交易分为即期对远期的掉期、即期对即期的掉期及远期对远期的掉期三种。

其中即期对远期的掉期是指买进或卖出某种即期外汇的同时，卖出或买入同种货币的远期外汇。即期对远期的掉期是最常见的一种掉期交易，常被投资者用于投资保值，被进出口商用作远期交易的展期，被外汇银行用来筹措外汇资金。

如在买进或卖出某种即期货币的同时卖出或买进同种货币的即期货币，这种掉期交易被称为即期对即期的掉期。这类掉期交易常被外汇银行用来规避同业交易中形成的汇率风险。

当交易中涉及买进或卖出货币金额相等，但方向相反且交割期限不同的两笔远期外汇时，就形成了远期对远期的外汇掉期。远期对远期的外汇掉期常常被外汇投机者用来追逐汇率变动中的利益。

#### 3. 掉期交易的操作

##### 1) 套期保值

一家中国贸易公司向美国出口商进口一批商品，价值 100 万美元，1 个月后付款；同时该公司向一家加拿大公司出口一批商品，价值 100 万美元，3 个月后收款。

此时，中国银行远期外汇报价为：

1 个月美元兑人民币汇率：7.7560/7.7590；

3 个月美元兑人民币汇率：7.7510/7.7540。

该贸易商在外汇市场

买进 1 个月的远期美元 100 万，支付 775.9 万人民币。

卖出 3 个月的远期美元 100 万，收入 775.1 万人民币。

付出掉期成本 775.9−775.1=0.8 万人民币后，该贸易商避免了在此后直至 3 个月收款时为止的美元与人民币汇率波动的风险。

##### 2) 解决外汇合约延期问题

某中国贸易商向一家南美公司出口一批电子产品，价值 100 万巴西雷亚尔，约定 3 个月后结算。为防范汇率风险，该贸易商进行了远期外汇交易，卖出了 3 个月远期巴西雷亚尔。但到期后，进口商宣称无法按期付款，需在 3 个月基础上延期 3 个月，导致该贸易商无法履行远期外汇合约交割义务。此时，该贸易商在外汇市场：

买入即期巴西雷亚尔，汇率为 1 巴西雷亚尔=1.7116 人民币；

同时卖出 3 个月远期巴西雷亚尔，汇率为 1 巴西雷亚尔=1.7146 人民币；

付出掉期成本 171.46-171.16=0.3 万人民币后，该贸易商既防范了汇率风险，又解决了合同延期问题。

# 第四节　套汇与套利交易

## 一、套汇交易

### (一) 套汇交易的概念

套汇(Arbitrage)指外汇交易者利用不同市场之间、不同货币之间或不同期限之间的汇率差异，通过贱买贵卖获取利润的外汇交易行为。

因外汇市场间存在供求关系及信息交流的滞后等，有时某一种或某几种外汇的汇率在不同市场之间会出现短暂的差异。套汇者就凭借信息优势利用这种短暂的差异在汇率较低的市场买入并在汇率较高的市场卖出，从而赚取利润。大型商业银行和大型企业是市场中主要的套汇交易者。

### (二) 套汇交易的条件

一般来说，套汇交易得以发生需具备三个条件。

#### 1. 不同外汇市场之间汇率存在差异，套汇交易获益必须超过两次交易的手续费

虽然存在着全球连为一体的外汇市场网络，但由于在某一特定时点上，不同市场中对某一货币的供求关系可能并非一致，因此就会引起市场间的汇率差。外汇交易者会追逐不同市场之间的汇率差异，在价格较低的市场中购入某种货币，并在价格较高的市场中将该货币出售并获得收益。

#### 2. 套汇者必须拥有雄厚的资金和及时、全面的市场信息

由于全球市场联系紧密，实际上不同市场中的汇率差非常微弱，小额交易不但不能从中获利，在扣除了各项交易费用之后反而可能亏损，因此套汇交易对交易资金规模的要求非常高，并且需要交易者对全球各主要外汇市场的交易行情都有着及时、全面的了解，才能够捕捉到市场间短暂且微弱的汇率差并从中获利。

#### 3. 套汇者须具备较高超的外汇交易经验与技术

在无数交易者共同作用下，外汇市场间的汇率差存在的时间非常短暂，微小的市场间供求差异很快就会随着套汇交易的进行而消失。因此，交易者必须要凭借对市场汇率的变化趋势做出准确判断，并迅速采取行动，以最快的速度进行交易，方能捕捉到转瞬即逝的获利机会。

### (三) 套汇交易的类型与操作

套汇交易按其操作方式可分为时间套汇(Time Arbitrage)和地点套汇(Space Arbitrage)。时间套汇是套汇者利用不同交割期限下的汇率差异，买入或卖出即期外汇的同时卖出或买入远期外汇，或者在买入或卖出远期外汇的同时卖出或买入即期外汇，以此获取收益的套汇方式。时间套汇常被用于避免汇率风险的保值目的。地点套汇是套汇者利用不同外汇市场中的汇率差异，同时在不同市场进行外汇买卖，以赚取汇率差额的套汇方式。我们在本章重点讨论地点套汇，地点套汇可以分为直接套汇和间接套汇两类。

#### 1. 直接套汇

直接套汇(Direct Arbitrage)也称两点套汇(Two Point Arbitrage)，是利用两个不同外汇市场上某些货币之间的汇率差，在一个市场中以较低价格买入某种货币的同时在另一市场中以较高价格卖出该货币以套取汇率差的外汇交易。因此，直接套汇遵循在汇率较低的市场买进，同时在汇率较高的市场卖出的交易原则。

例如：伦敦市场汇率为 GBP1=USD1.9480

纽约市场汇率为 GBP1=USD1.9500

英镑在纽约市场上的汇率高于伦敦市场上的汇率，套汇者就可以在伦敦市场上用 194.8 万美元买入 100 万英镑，同时在纽约市场上卖出 100 万英镑，收入 195 万美元，从而获利 2000 美元。

在实际外汇市场操作中，是否能够进行套汇交易，交易者不仅需要密切关注不同市场中不同货币汇率的变化，还要考虑买入价与卖出价之差、电传、佣金等套汇成本。此外，由于套汇交易中会在市场上增加对相对低价货币的需求，同时在另一市场中增加相对高价货币的供给，从而推动两地市场汇价趋于一致，消除套汇空间。

#### 2. 间接套汇

间接套汇(Indirect Arbitrage)也称三点套汇(Three Point Arbitrage)或多点套汇(Multiple Point Arbitrage)，是套汇者在同一时间利用三个或三个以上市场中不同货币之间的汇率差贱买贵卖赚取汇率差的交易行为。

相对于直接套汇，间接套汇情况更加复杂，操作更加困难，参与的交易方也更多。进行间接套汇的关键是判断是否存在套汇获利空间，即多点市场间汇率是否存在差异。如存在汇率差异则存在套汇获利空间，反之不存在套汇机会。判断多点市场间汇率是否存在差异一般的方法是将统一为一种标价法的各市场卖出价汇率(或买入价汇率)连乘，乘积不等于 1 就表示套汇有利可图，且乘积与 1 差距越大，套汇空间就越大。

例如：伦敦、纽约和日本外汇市场的买入价汇率如下：

伦敦市场：GBP/USD=1.4200

纽约市场：USD/YPR=90.520

东京市场：YPY/GBP=0.00778

判断是否存在套利机会：1.4200×90.520×0.00778=1.0000288

乘积大于 1，在三个市场中英镑、美元、日元三种货币之间存在套汇空间。

间接套汇是外汇市场不均衡的结果，间接套汇交易使套汇交易者能够获得无风险利润，但与直接套汇类似，间接套汇过程中，价格较低货币需求量增加，价格提高，价格较高货币供给量增加，价格下降，从而最终会使三个市场中汇率趋于一致，套汇空间消失。

现代通信技术的迅速发展和电子计算机的广泛应用使外汇市场中交易日益趋于同步，单纯依靠两地市场汇率差获利已几乎不再可能。随着套汇机会越来越小，交易者更多地转向期权等新兴外汇业务。

# 二、套利交易

## (一) 套利交易的概念

套利交易也被称为利息套汇，是交易者利用不同地区短期利率之间的差异，将资金从利率较低地区转移至利率较高地区以获取利息差的外汇交易，套利交易是外汇市场中一类重要的交易活动。

与套汇交易一样，在紧密联系的外汇市场中一旦出现套利机会，各大银行与公司就会迅速投入大量资金追逐利差，最终促使各国货币利差与货币远期贴水率一致，虽然套利失去获利机会，但使全球市场中的汇率水平与各国货币利率之间建立了有机联系，相互影响、相互制约，推动了全球金融市场一体化的发展。

## (二) 套利交易的条件

由于套利交易是交易者利用不同市场间利率差异在全球范围内转移资金以获取利息差的外汇交易活动，因此市场间存在利息差异且这种利息差能够被交易者发现并在极短的时间内做出交易决策是套利交易得以展开的基本条件。在套利交易操作中，需要外汇市场上买进即期外汇的同时又卖出同种货币的远期外汇，或者卖出即期外汇的同时又买进同种货币的远期外汇，也就是说在同一笔交易中将一笔即期和一笔远期业务合在一起做。如果市场中并未开展外汇远期，那么即使交易者发现了市场间的利率差，也会因为缺乏交易手段而无法采取行动。因此，是否存在外汇远期交易是套利交易得以开展的市场条件。此外，在全球范围内追随利息差而调动资金必须得到外汇管理当局的许可。在存在外汇管制的国家或地区，外汇资金的流动受到严格限制，无法及时随市场交易机会调度，开展套利交易操作以获利的目的也无法达成。因此，宽松的外汇管制环境也是套利交易得以开展的制度条件。

## (三) 套利交易的类型与操作

根据套利者在套利时是否做反向交易轧平头寸，套利交易可以分为非抛补套利与抛补套利两种形式。

### 1. 非抛补套利

非抛补套利(Uncovered Interest Arbitrage)是交易者仅仅将资金从低利率货币转向高利率货币并谋取利差收益的交易行为。由于这种交易不进行反向轧平，要承担较大风险，因此通常在有关货币汇率较为稳定的情况下进行。

例如，纽约金融市场短期利率水平为年息 10%，而同期伦敦金融市场短期利率水平为年息 8%，且两地外汇市场即期汇率 GBP1=USD1.5610。某交易商拥有期限 6 个月的 100 万英镑。

该交易商持有英镑在英国市场投资本利和为 100×(1+8%×6/12)=104 万英镑。若该交易商将英镑兑换为美元投资于美国金融市场，其 6 个月本利和为 100×1.5610×(1+10%×6/12)=163.905 万美元。若 6 个月后汇率不变，仍为 GBP1=USD1.5610，则该交易商所得美元折合英镑价值 105 万英镑。套期收益为 105-104=1 万英镑。年化收益率为 1/100×(12 个月/年/6 个月)=2%，即该交易商经过这笔套利交易多赚了 2%的利息收益。

但外汇市场汇率瞬息万变，受世界经济形势和货币发行国宏观经济及各种突发事件的影响，6 个月后的汇率很可能不再是套利交易发生之初的水平。若 6 个月汇率变化为 GBP1=USD1.6000，则该交易商 6 个月所得 163.905 万美元折合仅余 102.441 万英镑，套利收益为 102.441-104 = −1.559 万英镑，比未做套利交易时还有所亏损。

为避免这种因交易期间汇率波动而引起的收益损失，交易者会采取抛补套利交易。

### 2. 抛补套利

抛补套利(Covered Interest Arbitrage)是交易者将资金从低利率地区调往高利率地区的同时在外汇市场上卖出高利率货币远期，以期避免汇率风险的交易行为。抛补套利实际上就是套期保值，一般的套利交易多为抛补套利。

前例中的交易商，如采取抛补套利交易，在买进美元并调往纽约的同时，立即在远期市场上卖出期限为 6 个月的远期美元，这样无论汇率发生什么样变化，交易商在 6 个月后的英镑收入都是确定的，从而规避了汇率风险。

对于是否存在进行抛补套利的机会，则需要比较利率差和汇率差造成的损益。一方面汇率差会带来汇兑损失，导致套利收益遭受损失，损失规模等于基准币的升贴水绝对值，贴水率 $=(F-S)/S$，其中 $F$ 为基准币远期汇率，$S$ 为基准币即期汇率；另一方面，利率差会带来收益，利率差$=n/12×(i_1 − i_2)$，其中 $i_1$ 为基准币利率，$i_2$ 为另一货币利率，$n$ 为投资月数。当利差收益大于升贴水率时，表明存在抛补套利机会，反之则不存在抛补套利机会。

由于抛补套利同时还会涉及诸如税收、手续费、佣金等交易成本，因此在实际交易决策中，未等利差与远期贴水相等，抛补套利活动就会停止。

# 本 章 小 结

1. 外汇市场是指由外汇银行、外汇经纪商、工商企业与个人等外汇市场参与者组成的外汇买卖交易系统。外汇市场具有无形、连续交易等特点。外汇市场依据其发展和开放程度、市场参与者身份、交易方式、交割时间和交易场所等可以分为不同类型。世界上主要的外汇市场有伦敦外汇市场、纽约外汇市场、东京外汇市场、法兰克福外汇市场、苏黎世外汇市场。外汇市场的主要作用是实现购买力的国际转移、为国际经济交往提供资金融通、为外汇保值和投机提供交易场所。

2. 即期外汇交易是外汇交易成交后两个工作日即办理交割的外汇买卖业务。外汇交易的双方达成成交协议的这一天被称为成交日。成交后双方履行资金交付的行为称为交割，交割的这一天称为交割日。在即期外汇市场上，由外汇银行充当向其他交易者提供交易价格的角色，称为报价者。与此相对，其他向外汇银行索取报价并与之成交的交易者称为询价者，询价者包括其他外汇银行、外汇经纪商、中央银行和个人等。即期外汇交易报价采用双向报价法。即期外汇交易的参加者出于满足临时支付需要、外汇抛补和投机等目的参加交易。

在国际外汇市场上，如需知道两种非美元货币之间的汇率，就需要以两种货币各自的美元汇率进行套算，我们称这种经套算得到的汇率为套算汇率，套算汇率的计算方法可以概括为"三种情况、两种方法"，即"在两组汇率中，若基准货币相同，报价货币不同，报价货币间汇率通过交叉相除得出"；"在两组汇率中，若报价货币相同，基准货币不同，基准货币间通过汇率交叉相除得出"；"若某种货币分别在两组汇率中担任基准货币和标价货币，另一基准货币和标价货币比价通过同边相乘得出"。

3. 远期外汇交易也称期汇交易。远期外汇交易成交后，双方不会立即进行外汇支付，而是在约定的未来日期按照约定价格进行买卖。远期外汇交易具有交易规模大、信用风险突出、交易条件由双方自由协商成交和大多表现为场外交易四个特点。远期外汇交易根据交割日不同分为固定交割日远期交易和择期交易。

远期外汇交易是外汇交易成交后不立即办理交割，于两个营业日后根据事前约定比重、金额、汇率等交割条件进行实际交割的外汇业务。远期外汇交易的交割日根据"日对日、月底对月底、节假日顺延、不跨月"原则确定。

远期汇率和远期外汇交易交割日的即期汇率两者很少一致。决定远期外汇的因素包括即期汇率、买入和卖出货币的利率差和期间长短。远期外汇交易采取双向法报价，报价方式分为完全报价法和远期差价报价法。

4. 外汇掉期交易是指将货币相同、金额相同而方向相反、交割期限不同的两笔或多笔外汇交易结合起来进行。根据交割期限，掉期交易分为即期对即期的掉期、即期对远期的掉期和远期对远期的掉期交易。

掉期交易的目的是轧平货币的现金流量，进行两种货币之间的资金互换等。掉期交易中最常见的是即期对远期的掉期交易。

5. 套汇是指套汇者利用不同市场中某些货币汇率的差异进行外汇买卖，并从中套取差价利润的行为。套汇分为时间套汇与地点套汇，地点套汇进一步分为直接套汇和间接套汇。

6. 套利交易是指套利者利用不同国家或地区利率的差异，将资金从利率较低的市场转移到利率较高的市场，并将资金种类从利率较低的币种转换为利率较高的币种的操作。套利分为抛补套利和非抛补套利。

# 本章主要概念

外汇市场　外汇银行　银行间外汇市场　即期外汇交易　远期外汇交易　远期套期保值外汇投机　远期汇水　升水　贴水　外汇掉期交易　套汇　时间套汇　地点套汇　套利　非抛补套利　抛补套利

# 习 题

## 一、选择题

1. 外汇市场上最常见、最普遍，也是交易量最大的交易形式是(    )。
   A. 即期外汇交易
   B. 远期外汇交易
   C. 外汇期货交易
   D. 外汇期权交易

2. 采用双向报价法时，(    )。
   A. 在间接标价法下，前面较小的数字是外币的买入价，后面较大的数字是外币的卖出价
   B. 在间接标价法下，前面较小的数字是本币的买入价，后面较大的数字是本币的卖出价
   C. 在直接标价法下，前面较小的数字是外币的卖出价，后面较大的数字是外币的买入价
   D. 在直接标价法下，前面较小的数字是外币的买入价，后面较大的数字是外币的卖出价

3. 在国际上众多的国际金融中心中，最大的三个外汇市场是(    )。
   A. 伦敦、法兰克福和纽约
   B. 伦敦、巴黎和纽约
   C. 伦敦、纽约和东京
   D. 伦敦、纽约和香港

4. 套汇是外汇市场上的主要交易形式之一，属于(    )的交易。
   A. 保值性
   B. 投机性
   C. 营利性
   D. 既是保值的，又是投机的

5. 在掉期交易中，两笔交易之间存在区别的是(    )。
   A. 金额
   B. 期限
   C. 币种
   D. 方向

6. 根据套利者在套利时是否做反向交易轧平头寸，套利交易可以分为(    )与(    )两种形式。
   A. 非抛补套利
   B. 对冲
   C. 互换交易
   D. 抛补套利方向

7. 远期外汇交易可以分为(    )和(    )。
   A. 定期交易
   B. 外汇期货
   C. 择期交易
   D. 外汇期权

8. 远期外汇交易可以防范(    )的风险。
   A. 市场汇率波动
   B. 远期利率波动
   C. 外汇管制
   D. 资本市场

9. 远期汇水指远期汇率与即期汇率的差，有(    )三种形式。
   A. 升水
   B. 贴水
   C. 平价
   D. 汇率变动率

10. 以下属于掉期业务的是(    )。
    A. 卖出一笔某种外币现汇的同时买入一笔不同货币、相同金额的现汇
    B. 卖出一笔某种外币现汇的同时买入一笔相同货币、相同金额的期汇
    C. 买入一笔某种外币现汇的同时卖出一笔相同货币、相同金额的期汇
    D. 卖出一笔某种外币现汇的同时买入一笔相同货币、不同金额的现汇

## 二、判断题

1. 在远期外汇交易中，客户按照交易所规定的标准数量和月份买入一定数量的外汇，使用的交易价格是事先约定的汇率。　　　　　　　　　　　　　　　　　　（　　）

2. 外汇投机者预期汇率将发生剧烈变动时，会通过买卖现汇或期汇，有意持有某种外汇的头寸。　　　　　　　　　　　　　　　　　　　　　　　　　　　　　（　　）

3. 当两地或三地有汇率差价，套汇一定获利。　　　　　　　　　　　　　（　　）

4. 使用点数报价法，外汇交易员在报汇价时，一般只报汇率的最后两位数。（　　）

5. 在外汇交易的报价中，报出的买卖差价越小，表明银行承受的风险越大，货币的交易性越高。　　　　　　　　　　　　　　　　　　　　　　　　　　　　　（　　）

6. 远期外汇交易中，远期汇率就是未来到期的实际市场汇率。　　　　　（　　）

7. 为了防范汇率风险，有未来应收账款的企业应该提前买入远期外汇。　（　　）

8. 未来有应付账款的企业应该提前买入远期外汇。　　　　　　　　　　（　　）

## 三、填空题

1. 套汇交易的主要参与者是＿＿＿＿＿＿＿。

2. 当掉期外汇交易的两笔外汇买卖均是与同一交易对手完成的，这种掉期交易被称为＿＿＿＿＿。

3. 中国外汇交易中心银行间外汇市场由人民币外汇市场、外币对市场和外币拆借市场及相关衍生品市场组成，是＿＿＿＿＿＿＿＿＿之间进行外汇交易的市场。

4. 判断多点市场间汇率是否存在差异时，一般将统一为一种标价法的各市场卖出价汇率(或买入价汇率)连乘，乘积与 1 差距越大套汇空间就＿＿＿＿＿＿＿。

5. 如果出口商品价格对于出口商而言是以外汇来计价的，出口商往往会以＿＿＿＿＿身份进行远期外汇交易。

## 四、简答题

1. 什么是套汇交易？套汇交易有哪些类型？
2. 请简述从事外汇掉期交易的动机。
3. 进口商如何利用远期外汇交易规避风险？
4. 请简述即期外汇交易中的报价方法与惯例。
5. 请简述即期外汇交易的基本程序。

## 五、计算题

1. 已知美元兑瑞士法郎汇率与美元兑欧元汇率分别为USD/CHF=1.2800/20 及 USD/EUR=1美元=0.9232 /80，求瑞士法郎兑欧元的汇率 CHF / EUR。

2. 某进口商从美国进口一批商品，出口商要求在 3 个月内支付 1000 万美元货款。当时外汇市场行情为：即期汇率 1 美元=6.2850/70 人民币，3 个月期远期汇率为 1 美元=6.2530/50 人民币。若该进口商在签订合同时预测 3 个月后美元兑人民币的即期汇率将会上升到 1 美元=6.2060/70 人民币，那么：

(1) 若该进口商不采取规避外汇风险的保值措施，现在就支付 1000 万美元，需付出多少人民币？

(2) 若现在不采取规避外汇风险的保值措施，但延期至 3 个月后支付 1000 万美元，则到时需付出多少人民币？

(3) 若该进口商决定采取套期保值措施，他应如何操作？3 个月后实际支出多少人民币？

# 第七章

# 新型外汇交易

【导读】

新型外汇交易是在传统外汇交易基础上衍生出来的外汇交易，主要有外汇期货交易、外汇期权交易，金融互换交易等。学习掌握新型外汇交易可以进行投资、防范汇率风险，但如果使用不当会导致企业发生巨额亏损甚至破产。对于一国政府而言，如果对新型外汇交易工具监管不力，甚至会发生金融危机。因此，熟练掌握新型外汇交易工具的交易规则和方法，是防范汇率风险的必要技能，也是金融管理部门必须熟悉了解和监管的领域。

【学习重点】

重点掌握外汇期货交易、期权交易、互换交易的概念，掌握新型外汇交易的基本功能、基本规则与特点，学习新型外汇交易的实施策略。

【学习难点】

本章难点是新型外汇交易的使用及风险防范。

【教学建议】

第一、第二、第三节以课堂讲授为主，第四节建议结合案例学习。

## 第一节　外汇期货交易

## 一、外汇期货交易概述

### (一) 金融期货交易

金融期货交易是指交易双方在金融市场中以约定时间、约定价格交易一定量金融资产的交易行为。金融期货合约中的标的物不是一般商品，而是诸如外汇、债券、股票等金融资产。金融期货有三种类型：利率期货、股票指数期货和外汇期货。

利率期货是指以债券类证券(如国库券、中期和长期国债、欧洲美元债券等)为标的物的期货合约,它可以回避银行利率波动所引起的证券价格变动的风险,也被称为债券期货。中国金融期货交易所2年期国债期货合约见表7-1。

表7-1　中国金融期货交易所2年期国债期货合约

| 合约标的 | 面值为200万元人民币、票面利率为3%的名义中短期国债 | 每日价格最大波动限制 | 上一交易日结算价的±0.5% |
|---|---|---|---|
| 可交割国债 | 发行期限不高于5年,合约到期月份首日剩余期限为1.5~2.25年的记账式附息国债 | 最低交易保证金 | 合约价值的0.5% |
| 报价方式 | 百元净价报价 | 最后交易日 | 合约到期月份的第二个星期五 |
| 最小变动价位 | 0.005元 | 最后交割日 | 最后交易日后的第三个交易日 |
| 合约月份 | 最近的三个季月(3月、6月、9月、12月中的最近三个月循环) | 交割方式 | 实物交割 |
| 交易时间 | 9:15—11:30,13:00—15:15 | 交易代码 | TS |
| 最后交易日交易时间 | 9:15—11:30 | 上市交易所 | 中国金融期货交易所 |

资料来源:http://www.cffex.com.cn/2nqgzqh/。

股票指数期货是一种以证券市场的指数,如标准普尔指数、恒生指数为标的物的期货合约。交易时合约双方同意承担股票价格波动所引发的涨跌,把股票指数按点位换算成现金单位,以交易单位乘以股价指数计算出合约的标准价值。股票指数期货的最大特点在于同时具备期货和股票的特色。表7-2是中国金融期货交易所股票价格指数期货合约。

表7-2　中国金融期货交易所股票价格指数期货合约

| 沪深300股指期货合约 | | | |
|---|---|---|---|
| 合约标的 | 沪深300指数 | 最低交易保证金 | 合约价值的8% |
| 合约乘数 | 每点300元 | 最后交易日 | 合约到期月份的第三个星期五,遇国家法定假日顺延 |
| 报价单位 | 指数点 | 交割日期 | 同最后交易日 |
| 最小变动价位 | 0.2点 | 交割方式 | 现金交割 |
| 合约月份 | 当月、下月及随后两个季月 | 交易代码 | IF |
| 交易时间 | 上午:9:30—11:30 下午:13:00—15:00 | 上市交易所 | 中国金融期货交易所 |
| 每日价格最大波动限制 | 上一个交易日结算价的±10% | | |

资料来源:http://www.cffex.com.cn/hs300/。

### (二) 外汇期货交易的概念

外汇期货交易(Foreign Exchange Futures)是交易双方在交易所内通过公开竞价买卖某种特定外汇的标准化合约的交易行为。

20 世纪 70 年代以来，由于世界政治经济动荡加剧，尤其是布雷顿森林体系结束后的国际汇率制度逐渐转向浮动汇率制，导致国际经济活动中的汇率风险加大，世界各地的大型企业和跨国公司开始引入货币和利率期货合约以对冲资产、防范风险。美国芝加哥商品交易所(CME)率先依据商品期货合约的基本原理设计了一批用于转移汇率风险的外汇合约交易。1972 年芝加哥商品交易所成立国际货币市场并首次进行了 7 种转移汇率风险的外汇合约交易。表 7-3 是伦敦国际金融期货交易所外汇期货合约。

表7-3　伦敦国际金融期货交易所外汇期货合约

| 伦敦国际金融期货交易所英镑对日元期货合约 | | | |
|---|---|---|---|
| 合约名称 | GBP/JPY | 合约大小 | 125000 英镑 |
| 合约时间 | 3 月，6 月，9 月，12 月 | 基本点 | 0.001(英镑) |
| 最小价格波动 | 1250 日元 | 交易时间 | 纽约时间 20:00—次日 17:00 |
| 最后交易日 | 到期月第三个星期三前两个工作日美国中部时间 9:16 am | | |
| 最终结算 | 到期月第三个星期三 | | |

资料来源：洲际交易所集团，https://www.theice.com/products/751/Cross-Currency-Pairs-British-Pound-Sterling-Japanese-Yen-Futures/specs.

外汇期货交易为规避汇率风险提供了进行套期保值的手段。由于期货的价格以现货价格为基础，与现货价格同趋势变动，因而可通过在期货市场上做反方向交易使未来外汇头寸具有的汇率风险得以抵消。

如某贸易商在 6 个月后需对国外支付一笔 100 万英镑的外汇，但又担心在 6 个月中，英镑汇率上升会使自己支付更多本币才能在即期外汇市场中买到相应数量的英镑，那么他可以在期货市场上买入一笔时间、金额都符合或接近需要的英镑外汇期货合约。一旦 6 个月后英镑即期汇率真的上升，英镑期货合约的价格也会上升，他就可以在期货市场中以更高价格卖出这份合约，以抵偿自己由于即期汇率上升而蒙受的损失。

### (三) 外汇期货交易的基本规则

由于外汇期货交易是交易所场内交易，为维护交易秩序，交易所对外汇期货交易有严格的规则约束。

#### 1. 公开叫价制度

期货市场的公开叫价有两种主要方式。一种是通过电子交易信息系统自动撮合成交，另一种则是由交易所会员在交易所大厅公开喊价。通过电子交易系统自动撮合的公开竞价方式正在逐步取代交易所会员在现场的喊价。

自动撮合的竞价又可以分为集合竞价和连续竞价两种方式，无论是集合竞价还是连续竞价都遵循"价格优先、时间优先"的原则，即在交易指令进入交易所电脑后，最高的买入价和最低的卖出价报价先成交，当报价相同时，率先进入交易所电脑的报价先成交。

#### 2. 合约标准化

外汇期货交易的标的物是外汇期货合约。不同于即期与外汇远期交易，为了保证期货交易的高效，外汇期货合约严格标准化，除了交易价格以外，所有交易要素，包括币种、合约面额、报价方法、交易时间、保证金数额、交割日、交割地点等，均做了标准化处理。因为合约的标准化，在某一品种的外汇期货合约交易中，除了交易价格之外的所有要素都是一致的。外汇期货交易的交易对象不是货币本身，而是这些标准化合约。

### 3. 保证金制度

外汇期货交易在成交时仅约定在未来一定时期按照合约规定的条件进行交割，并没有进行实际交割，同时由于在合约到期日之前，随着每日汇率的波动，每笔外汇期货合约的市场价值不断发生变化，交易一方可能会因履约交割遭受较大损失。为防止交易一方在交割履约阶段违约，交易双方都必须在交易时向经纪人交纳一定的保证金。如果保证金账户余额低于要求，客户必须在交易所规定的极短时间内补充保证金，否则交易所有权利将其合约按照市场价格强制平仓，价值损失部分由保证金余额弥补。

由于期货交易中，清算机构实质上在每笔交易中都以交易双方的交易对手身份出现，即清算机构作为卖家的买家和买家的卖家发挥作用，因此在外汇期货交易中设立保证金制度不仅是防止投资者因为外汇期货市场汇率变动而违约，也是为了避免违约给结算公司造成损失。参加外汇期货交易的各方均应交纳保证金，其中非会员客户需要向担任经纪公司的交易所会员交纳保证金，交易所会员也需要向交易所清算机构交纳保证金，这时的保证金构成了外汇期货交易结算制度的基础。

保证金分为初始保证金、维持保证金和追加保证金三种。初始保证金是交易者在进入市场新开仓时按照规定向清算所交纳的资金。初始保证金的数量随新开仓交易金额、交易者身份及交易所的不同而变化。

在交纳初始保证金后，交易所的清算机构会根据期货合约价格的变化每天清算未交割期货合约的盈亏。若交易者初始保证金账面金额不足以弥补交易者的亏损时，交易所会要求交易者在规定时间内补充保证金，否则交易所有权强行平仓。这部分随市场行情变动补充的保证金称为追加保证金。

经过每天清算后，交易者保证金账户余额将随每日浮动盈亏发生相应增减，超出原始保证金的部分可以被交易者提取，但保证金账户必须维持一个最低余额，这一最低余额被称为维持保证金。

保证金规则是期货交易的核心规则，保证金制度的实施依赖每日无负债逐日盯市结算制度。

### 4. 逐日盯市结算制度

外汇期货的结算是外汇期货的结算机构根据结算价格对客户所持外汇期货合约头寸的盈亏进行的资金清算。外汇期货结算制度是期货交易中重要的风险控制制度。期货交易中交易双方并不直接进行盈亏的支付，而是通过交易所对保证金账户余额的划转来完成。交易所在结算中一方面减少亏损者保证金账户余额，另一方面增加盈利者保证金账户余额。因此，当亏损一方未能及时补充保证金时，交易所就将代其承担保证金余额不足部分的损失。为防止亏损者拖欠债务或向交易所转嫁债务，就产生了逐日盯市结算制度。

所谓逐日盯市结算是指期货交易所的结算部门在每个交易日收市时计算出当日的结算价，并根据结算价结算每位会员所持头寸的价值，若发生亏损就通知会员及时追加资金，若产生盈余，则盈余部分由期货交易所划入会员账户。交易所会员经纪公司在接到交易所通知后，依照同样的方法对各自客户进行每日结算，以实现每日无负债交割。

逐日盯市结算制度的实施过程为：

首先，在每一交易日结束后，清算机构根据当日成交结果计算当日结算价格；

其后，结算机构根据结算价格计算每一位会员持仓的浮动盈亏，并根据浮动盈亏调整保证金账户余额；

最后，若调整后的保证金账户余额小于维持保证金要求，交易所发出追加保证金通知单，交易者必须在规定时限内追加保证金。

外汇期货交易的结算有两个层次，第一层次是交易所对会员之间的结算，第二层次是会员经纪公司对其客户的结算，不同层次的外汇期货结算程序相同。

外汇期货清算机构既有独立于期货交易所的结算公司，也有交易所内部的结算部门。IMM部分外汇期货合约主要因素见表7-4。

表7-4 IMM部分外汇期货合约主要因素

| 名称 | 澳元 | 英镑 | 加元 | 日元 | 瑞士法郎 |
|---|---|---|---|---|---|
| 面额 | 100000 澳元 | 62500 英镑 | 100000 加元 | 12500000 日元 | 125000 瑞士法郎 |
| 报价方法 | 美分/澳元 | 美分/英镑 | 美分/加元 | 美分/日元 | 美分/瑞士法郎 |
| 初始保证金 | 1200 美元 | 2800 美元 | 900 美元 | 2100 美元 | 2000 美元 |
| 维持保证金 | 900 美元 | 2000 美元 | 700 美元 | 1700 美元 | 1500 美元 |
| 报价最小单位 | 0.0001 | 0.0002 | 0.0001 | 0.000001 | 0.0001 |
| 对应点数 | 1 | 2 | 1 | 1 | 1 |
| 最小变动值 | 10 美元 | 12.5 美元 | 10 美元 | 12.5 美元 | 12.5 美元 |
| 交割月份 | 3月、6月、9月、12月 | | | | |
| 交易时间 | 美国中部时间 7:00—2:00 | | | | |
| 最后交易日 | 交割月的第三个星期三 | | | | |

说明：①不同外汇期货市场交易货币种类各不相同，如IMM最初交易币种有英镑、德国马克、瑞士法郎、日元、法郎、加元和澳元，后取消法郎和德国马克，增加欧元。②每种货币的最小交易单位是一份合约的面额，每种货币的交易都是这一单位的整数倍。例如，一份澳元合约面额为10万澳元，则交易只能是10万澳元、20万澳元、30万澳元，即1、2、3份交易合约。③外汇期货采用美元报价，1点即报价小数点后最后一位数。④IMM市场合约交割月为每年的3月、6月、9月、12月，交割日为交割月的第三个星期三。⑤在场内，交易者的出价只能是最小报价单位的倍数，如英镑的最小报价单位是0.0002美元，交易者只能每次加价或降价0.0002美元的整数倍。

### 5. 交割

外汇期货合约的持有者，按照合约规定日期和数量进行外汇的交付，是外汇期货交易合约得到履行并完结的标志。因此，各交易所都对期货合约的交割制定有严格的规则以保证交割的成功。例如，芝加哥商品交易所的国际货币市场在外汇期货合约交割规则中就规定，芝加哥商品交易所通过与其代理银行签订合约，在代理行开立美元交割账户，并在对应外汇期货合约外币发行国的代理行分支机构或代理行往来行开立外币账户。无论是在外汇期货交易所会员自营交易中还是在代理交易中，芝加哥商品交易所的清算机构都以每一笔交易的交易对手身份参与交易，即清算机构是每一个买方的卖方，同时也是每一个卖方的买方，以此来控制交易中的违约风险。

芝加哥商品交易所要求处于多头位置的交易所清算会员向交易所所开立的美元交割账户付款，并在随后将这笔交割款项支付给处于空头位置的清算会员。如交割涉及外国货币的转移，则在该货币发行国的交割账户进行类似的款项收付。同时，芝加哥商品交易所的国际货币市场还规定：

交割日期为期货合约到期月份的第三个星期三，如果遇到假期，则向后顺延一天；

交割月份为合约规定的到期月份；

交割地点为买方指定的期货发行银行；

卖方如欲进行实际交割，必须通过经纪公司在最后交易日结束前提交卖方交割委托书；

买方如欲进行实际交割，必须通过经纪公司在最后交易日结束前提交买方交割委托书，并在规定时限前将交割款项存入客户账户，交割款项数额为最后交易日收盘价乘以合约标明的数量。

如交易某一方已表明交割意愿但没有或无法完全履行交割程序相关义务，则它将对为配合交割而采取行动的交易另一方所蒙受的损失承担全部责任。

### (四) 外汇期货市场组织结构

外汇期货市场是典型的有形市场，由以下要素构成。

#### 1. 期货交易所

交易所是期货合约交易的具体场所，通常是非营利性法人团体并采取会员制。交易所不参加期货交易，也不拥有任何交易商品，只为交易的顺利展开提供场所、设备。每个交易所都有关于交易、组织及会员等方面的详细规则，以使外汇期货交易市场具备体系稳定、有序、竞争和有效的特点。

目前，世界上较为重要的外汇期货交易所主要有芝加哥商品交易所的国际货币市场、洲际交易所集团的伦敦国际金融期货交易所、费城期货交易所、中美洲商品交易所、东京期货交易所、新加坡期货交易所和悉尼期货交易所。

#### 2. 清算所

清算所又称清算公司，是负责期货合约的登记、交易与清算的营利性机构，在交易中作为所有交易者的交易对手完成外汇期货交易契约登记清算，并收取相应费用。交易所的会员通常需要另外申请清算所会员资格，非清算所会员发生的交易必须通过清算所会员账户进行清算，并向会员收取佣金。

#### 3. 交易所会员

交易所会员是在期货交易所中拥有会员资格的法人或自然人。他们向交易所交纳会费，并获得在交易所内直接进行交易的权利。交易所会员可分为一般会员与全权会员两种。一般会员指能在交易所内从事自营期货合约买卖的交易所会员。一般会员不能接受非会员委托代理非会员进行交易。全权会员则不仅可以自己进行交易，还可以接受非会员委托代理其他非会员在交易所内进行外汇期货交易。

### 4. 期货佣金商

期货佣金商是代表金融或商业机构或一般公众进行期货交易的经纪人公司，佣金商必须是交易所的会员。佣金商作为非交易所会员在期货交易中的中介，接受客户委托完成客户交易指令，记录客户盈亏并代理期货合约的交割，处理客户保证金业务，向客户提供信息和咨询，向客户收取与之服务相关的佣金。

### 5. 其他交易者

期货市场的其他交易者是指非交易所会员的客户。由于交易目的不同，这些交易者可分为商业性交易者和非商业性交易者两大类。商业性交易者出于对未来收益、支出及在现货市场上交易或避险的考虑而利用期货市场，其交易目的在于避免汇率波动的风险。非商业性交易者的主要目的是投机，外汇期货交易所构成见图7-1。

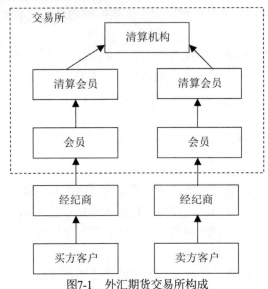

图7-1　外汇期货交易所构成

### (五) 外汇期货交易的报价

外汇期货交易的报价是以一单位的某国货币折算为若干单位的美元。例如，在兑加拿大元的期货合约交易中，报价为 1CAD=0.37598USD。在这种报价方式下，即期外汇市场价格上升对应为远期汇价的下降。但需要注意的是，在美元与英镑的期货交易报价中，传统上采用与即期市场相同的报价法，即一单位英镑兑若干单位美元。

此外，在不同外汇市场中，报价方法并不完全一致。例如，法国国际期货交易所的外汇期货交易报价方式就与即期外汇交易报价方式相同。因此，在参与外汇期货交易时，需要首先确认市场采取何种报价方式。

### (六) 外汇期货交易程序

根据外汇期货市场的组织、交易规则，客户进行外汇期货合约交易一般遵循以下基本程序：

第一步，选择合适的外汇经纪人公司开户并向经纪人公司下达委托指令；

第二步，经纪人公司将客户委托命令传达到公司在交易所内的场内经纪人；

第三步，场内经纪人根据委托达成外汇期货交易意向，并将意向与委托书递交清算所。经清算所确认交易，买卖双方分别以清算所为交易对手建立契约关系；

第四步，经纪人公司将成交情况通知客户，客户按照交易所逐日结算结果随时准备追加保证金直至交割或反向对冲交易，外汇期货交易程序见图7-2。

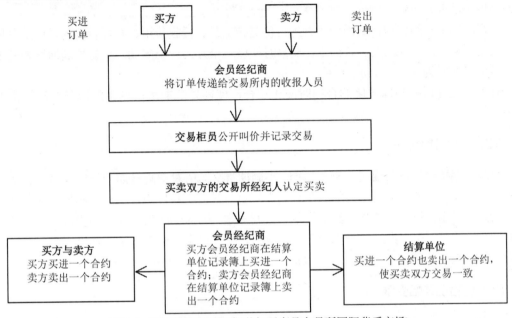

图7-2　外汇期货交易程序(芝加哥商品交易所国际货币市场)

## 二、外汇期货合约的特点

外汇期货交易的对象不是具体的外汇，而是交易所精心设计的具有高度标准化特征的合约。由于是标准化合约交易，外汇期货合约有着以下鲜明的特点。

### (一) 交易单位标准化

如表 7-4 所反映的那样，外汇期货交易对合约单位有着严格规定，在一个市场中，不同货币币种期货合约的交易单位并不相同，但同种货币的合约在交易货币数量、结算货币金额等方面有严格规定。每份合约的交易货币数量都是交易所根据标的货币与结算货币的一般汇率水平确定的。例如，伦敦国际金融期货交易所的英镑期货合约每一份的交易单位都是 25000 英镑。

### (二) 报价统一

在外汇期货市场中，大多数交易所的报价法均与现货市场报价法相反，不是以一美元价值多少标的货币报价，而是以每单位标的货币价值多少美元报价。这种报价方法是与外汇期货交易的本质相符的。作为外汇期货交易中的标的物的货币和商品期货交易中的标的物一样，其价值是由结算货币(通常是美元)表示的。

外汇期货交易的报价通常要报到小数点后第四位，并以 0.0001 为基本点，1point=0.0001

美元。但一些价值较低的货币，如日元、意大利里拉等基本点为 0.000001。

### (三) 合约币种有限、合约时间标准化

虽然理论上讲，所有货币都可以进行期货交易，但实际操作中的情况并非如此。目前，世界上各主要外汇期货交易所的合约标的货币非常有限。常见的外汇期货交易标的货币有澳大利亚元、瑞士法郎、英镑、欧元、加拿大元、日元等。

与商品期货合约相似，货币期货合约月份是指交易、接收货币、履行合约的月份，也是外币合约的到期日。在外汇期货合约中，交易时间以三个月为一个周期，交易届满期均为三个月的整数倍，通常为 3 月、6 月、9 月、12 月。

有限的交易币种和标准化的合约时间相结合，使得外汇期货市场中的期货合约品种更加有限。

### (四) 交割日期统一

交割日期指进行货币期货交割的日期，不同期货交易所对交割日期和最后交易日的规定都不相同，但同一家期货交易所内的期货合约交割日与最后交易日规定一致。例如，芝加哥商品交易所国际货币市场外汇期货合约的交割日规则规定：国际货币市场外汇期货合约交割日统一为到期月份的第三个星期三，若当天不是营业日，交割日顺延至下一个营业日。交易的截止日期为交割日期前的第二个营业日，并以最后一个交易日的汇率作为结算价。

### (五) 价格涨跌幅受限

因为外汇期货市场常常以小博大，且每笔交易数量与金额都非常大，所以汇率波动带来的风险非常大。为限制汇率波动风险，主要外汇期货交易所都采取了一定的涨停板和跌停板制度，即规定了每日价格最大波动幅度。一旦价格波动超过这一幅度，交易自动停止，以保护交易者不会暴露在较大的汇率波动风险下。例如，芝加哥商品交易所国际货币市场在每日最初 15 分钟交易时间内对价格最大波动幅度予以限制。

## 三、外汇期货交易的功能

### (一) 价格发现功能

由于外汇期货交易是一种公开进行的对远期交割外汇的标准化合约交易，因此在这个市场中集中了大量的市场供求信息。外汇期货交易中，不同的交易者从不同的地点，将他们对各种信息的不同理解，通过公开竞价形式表现为对远期价格的不同看法。期货交易过程实际上就是综合反映供求双方对未来某个时间供求关系变化和价格走势的预期。由于这种价格信息具有连续性、公开性和预期性的特点，因此有利于增加市场透明度，提高资源配置效率。

### (二) 风险规避功能

外汇期货交易的产生，为现货市场提供了一个规避价格风险的场所和手段，其主要原理是利用期货与现货两个市场进行套期保值交易。在实际的生产经营活动中，为避免汇率的频繁变

化导致成本上升或利润下降，生产者可利用期货交易进行套期保值，即在期货市场上买进或卖出与现货市场上数量相等但交易方向相反的外汇期货合约，使期货与现货市场交易的损益相互抵补，保住既定收益，规避汇率风险。

外汇期货交易之所以能够保值，是因为某一特定货币的期货与现货价格同时受共同的经济因素的影响和制约，两者的价格变动方向一般是一致的，由于有交割机制的存在，在临近期货合约交割期，期货与现货价格具有趋同性。

### (三) 投机保值功能

外汇期货交易是一种重要的杠杆性投资工具，投资者只要判断方向正确就可以利用外汇期货市场价格变动来获得很高的投资收益。比如，投资者用一定百分比例(如 10%)的保证金即可获得全额(100%)外汇现货价值涨跌所带来的收益，极大降低持仓成本，提高盈利率；当然，如果判断失误，风险也同样大。

## 四、外汇期货交易和远期外汇交易的联系与区别

外汇期货与远期外汇交易同样是交易者根据约定时间、价格和数量在未来交割特定品种外汇的交易，不仅交易形式相似，并且两种交易之间也有着密切的联系，这种联系主要表现在三个方面。

### (一) 外汇期货交易和远期外汇交易的联系

#### 1. 交易对象相同

远期外汇交易与外汇期货交易都以远期的外汇作为交易对象。当客户通过外汇银行在银行间外汇市场购入外汇时，采用的是远期外汇交易。当客户通过外汇期货交易所会员购买外汇则采用外汇期货交易方式。这两种交易只是客户达成交易目的、获取交易对象的不同途径而已。从交易结果看，无论采取哪一种交易途径，交易者最终都获得了远期外汇。

#### 2. 两种交易相互联系、相互影响

无论是银行同业市场中的远期外汇交易还是外汇期货市场中的外汇期货交易都是整个外汇市场中的有机组成部分，因此两种交易在价格即汇率方面存在着相互联系和相互影响。一般而言，远期汇率与外汇期货汇率保持较为稳定的关系，当市场中的远期汇率或外汇期货汇率偏离这一水平时，套利者将会在两个市场两种交易中进行跨市交易，在获取风险利润的同时将价格拉回正常水平上。

#### 3. 交易原理相同

外汇期货交易与银行同业间的远期外汇交易具有相同的交易原理。两种交易都是通过约定在未来某一时间内按照约定价格交割外汇资产的方式固定外汇成本或收益以达到防止或转移汇率风险的套期保值目的，或达到预期未来外汇市场价格变动趋势的投机套利目的。

由于外汇期货交易与远期外汇交易都是交易双方通过签订合约预先约定未来交割货币的外汇交易，且都具有套期保值和投机功能，因而在学习中常常容易被混淆。事实上，远期外汇交易和外汇期货交易之间虽然有着相似之处，但它们的差异比相同之处更多。

### (二) 外汇期货交易和远期外汇交易的区别

#### 1. 交易目的不同

从事外汇期货交易的目的有两类：一类是如套期保值者，为了规避外汇风险；另一类是进行外汇投机活动以谋取收益的投机者。虽然从理论上讲远期外汇交易也可以用于投机目的，但在实践中，从事远期外汇交易的目的主要在于避免外汇风险。

#### 2. 交易者构成不同

远期外汇交易虽然没有交易资格限制，但在实际操作中，交易者主要是专业的证券交易商和大型商业银行或大企业，个人与中小企业由于缺乏足够信用而基本被排除在交易市场之外。而期货交易中的参与者不仅有银行、金融机构，还有众多中小企业，理论上只要能够交纳足够保证金，任何人都能通过交易所会员进行外汇期货交易。

#### 3. 交易工具不同

外汇期货市场上的交易工具是标准化外汇期货合约，而远期外汇交易市场交易的则是交易双方针对交易需求而达成的更具有个性化特征的远期外汇合约。

#### 4. 交易场所与交易方式不同

远期外汇交易没有固定交易场所，组织较为松散，属于场外交易。远期外汇交易常常在熟悉的交易对手间展开，或通过外汇经纪人中介展开，信息透明度较低，交易程序也较为灵活。外汇期货交易的主要交易方式是在期货交易所采取公开叫价的方式成交，属于场内交易，交易更加规范、透明。

#### 5. 交易规则不同

远期外汇交易在合约到期前不结算盈亏，而期货交易不仅在交易前需交纳保证金，而且由清算所逐日结算。

#### 6. 交割方式与交割日期不同

外汇期货交易的交割虽然可以在到期日实际交割，但大多数都以反向交易对冲了结，即便是实际交割也是通过清算所进行。远期外汇交易一般都会在指定交割日在客户之间直接交割现货。期货合约有确定的交割日期，必须严格遵守。远期外汇交易合约的交割日期较为灵活。

#### 7. 市场流动性不同

一方面由于远期外汇交易者大多出于套期保值目的，因此市场流动性较差，而外汇期货市场存在大量投机者和套利者，因此市场流动性更强；另一方面，由于期货市场交易对象的高度标准化，便于对冲，也有助于提高市场流动性水平。

## 五、外汇期货交易的类型与实例

外汇期货交易按照交易的目的可以分为两种类型，避险的外汇期货交易和投机的外汇期货交易。

### (一) 以套期保值为目的的外汇期货交易

避险的外汇交易参加者主要是套期保值者，为规避汇率的价格波动风险，通过期货市场的运作，用尽可能小的成本将风险转移出去。

外汇期货的套期保值(Hedging)交易是在现货市场某笔交易基础上，在期货市场进行一笔金额相等、方向相反的交易。例如，在现货市场买入一定金额的某种货币，同时在期货市场卖出相同金额的该种货币期货合约，无论现货亏损、期货盈利或期货亏损、现货盈利，盈亏大致可以互相抵冲。因此可以利用外汇期货套期保值交易固定收益或锁定成本，从而达到对冲风险的目的。

在期货套期保值交易中，买进期货以建立与现货头寸相反的部位称为买期保值；相反，卖出期货以对冲现货部位风险被称为卖期保值。套期保值交易者在交易中应始终遵循期货与现货交易方向相反的原则。

例：国内某企业在 3 个月后将收到一笔 1000000 美元的出口货款，即期市场汇率为 1 美元=6.8264 人民币。为了防止人民币兑美元的升值风险，该企业决定利用期货对美元风险头寸进行套期保值。由于该企业未来将收入美元现货，因此应当卖出美元兑人民币期货，成交价为 1 美元=6.8267 人民币。

3 个月后，人民币即期汇率变为 1 美元=6.6239 人民币，该企业买入美元对人民币期货合约平仓成交价为 6.6228 人民币。

该企业在现汇市场上盈亏为：

$$100×(6.6239-6.8264)=-20.25 \text{ 万元人民币}$$

该企业在现汇市场上亏损了 20.25 万元人民币。

该企业在期货市场上的盈亏为：

$$100×(6.8267-6.6228)=20.39 \text{ 万元人民币}$$

该企业在期货市场上获得了 20.39 万元人民币的收益。

套期保值的总收益为：

$$20.39-20.25=0.14 \text{ 万元人民币}$$

因此，虽然在 3 个月内，人民币兑美元有明显升值，但通过期货市场进行套期保值，该企业在期货市场的收益弥补了现汇市场的亏损，实现了较好的汇率风险规避效果。

套期保值操作可能成功也可能失败，即现汇市场上的损失可能被期货市场上的盈利弥补，也可能发生现汇市场盈利被期货市场亏损抵消的情况。

导致套期保值失败或套期保值效果不佳的原因在于以下几点。

### 1. 对价格变动趋势预期不正确

如出口商在未来有外汇收入时预期外汇汇率下降，而进行套期保值操作，但汇率变化的实际情况是外汇汇率上涨，导致现汇市场汇率变动的收益被期货市场的损失全部或部分抵消。

### 2. 资金管理不当，无法及时追加保证金

当期货合约到期前期货价格大幅波动且不利于套期保值者时，由于资金管理不当，无法及

时追加足够的保证金而被迫斩仓，导致套期保值计划中途失败。

### 3. 套期保值时间差选择不合理

对某个币种进行套期保值，往往有多个不同期限的期货合约可供选择。不同期限的期货合约在套期保值交易中的效果并不相同。理论上讲，要达到最理想的保值效果，交易者需要选择与未来现汇交易在同一月份的期货合约。例如，在 5 月收到外汇货款时，最好选择 5 月的外汇期货合约进行套期保值。但在实际操作中，由于市场流动性等方面的影响，套期保值者往往不得不选择更早一些或更晚一些的合约，如 4 月或 6 月的合约。此外，由于现汇汇率与期货价格的波动并不能完全保持一致，不同时点的两种价格不完全相同，从而导致套期保值盈亏不能完全相抵。

### 4. 套期保值地点选择不当

同一种货币在不同的外汇市场中表现并不完全一致，从而现汇汇率存在差异。同样，在不同外汇期货市场中，相同月份同一种货币的期货合约价格也有差异，因而选择恰当的期货市场进行套期保值操作也对套期保值效果有影响。

### 5. 交易数量不匹配

由于外汇期货交易对象是标准化的期货合约，每笔交易必须为一份标准化期货合约中交易金额的整数倍。但套期保值者的现汇交易数量往往并不能与期货合约金额严丝合缝地保持一致，无论是现汇交易金额大于期货合约金额还是期货合约金额大于现汇交易金额都是交易金额不匹配。这种交易数量的不匹配必然产生风险头寸。

### (二) 以投机获利为目的的外汇期货交易

外汇期货投机(Speculation)是另一种重要的外汇期货交易种类，在这类交易中，投机者因追逐风险利润而参与期货交易。投机者运用以小博大的精神以小额的保证金从事数倍甚至数十倍于保证金规模的交易以赚取利润，由于这些投机者的参与，外汇期货市场变得非常活跃。

当投机者预期某种外汇期货价格在未来会上涨就会在当下买入该种外汇期货合约。若未来该外汇期货合约价格与投机者预期一致，投机者就将获利；若外汇期货合约价格走势与投机者预期相反，投机者就将遭受损失。外汇期货市场中投机交易的常见方式包括简单投机和外汇期货套利两种。

例如：某一套利者在芝加哥国际货币市场和伦敦国际金融期货交易所进行英镑期货合约的跨市场套利交易。国际货币市场中一份合约标的物为 62500 英镑，伦敦国际金融期货交易所一份合约标的物为 25000 英镑。

7 月，该套利者在国际货币市场以 1 英镑=1.6324 美元的价格买入 40 份 10 月到期的英镑期货合约，同时在国际金融期货交易所以 1 英镑=1.6573 美元的价格出售 100 份 10 月到期的英镑期货合约。

9 月，套利者在两交易所平仓，价格为 1 英镑=1.6680 美元。

该交易者的套利投机交易结果如下：

在国际货币市场买入英镑期货合约价格为：

$$1.6324×62500×40=4081000(美元)$$

在国际货币市场卖出英镑期货合约价格为：

$$1.6680×62500×40=4170000(美元)$$

在国际货币市场交易的损益为：

$$4170000-4081000=89000(美元)$$

套利者在伦敦国际金融期货交易所出售英镑期货合约的收入为：

$$1.6573×25000×100=4143250(美元)$$

套利者在伦敦市场买入英镑期货合约的价格为：

$$1.6680×25000×100=4170000(美元)$$

套利者在伦敦市场交易的损益为：

$$4143250-4170000=-26750(美元)$$

套利者跨市套利的损益为：

$$89000-26750=62250(美元)$$

该交易者在芝加哥国际货币市场盈利了 89000 美元，在伦敦国际金融期货交易所亏损了 26750 美元，原因在于两个交易所 10 月英镑期货价格都在上涨，而国际货币市场英镑期货的涨幅大于伦敦国际金融期货交易所价格涨幅，从而以在国际货币市场做多的盈利抵消了在国际金融期货交易所做空的损失，并获得净收益 62250 美元。

# 第二节　外汇期权交易

20 世纪 70 年代以来，随着布雷顿森林体系的崩溃，汇率变动剧烈，汇率风险日益突出，外汇银行、大企业和贸易商都在寻求积极有效的避险途径。为克服远期外汇交易和外汇期货交易的局限，20 世纪 80 年代外汇期权应运而生。一经创设，外汇期权交易就爆发了巨大的能量，交易规模不断扩大，交易品种不断涌现，目前已成为国际金融市场重要的交易工具。

## 一、外汇期权交易概述

### (一) 外汇期权交易的概念

#### 1. 外汇期权

外汇期权(Foreign Exchange Option)是以外汇作为合约标的物的期权，也称外币期权(Foreign Currency Option)。外汇期权是一种有关货币的选择权契约，它赋予期权买方在契约到期或到期之前以事先规定条件买入或卖出某种外汇资产的权利。交易中，期权卖方收取期权费，并负有按照买方要求卖出或买入相应外汇的义务。大多数的期权在交易市场内交易，但也存在场外交易的情况。

随着 20 世纪 70 年代初期固定汇率制向浮动汇率制的转换，汇率波动越来越剧烈。1959—1971 年联邦德国马克兑美元的日均波动幅度 1 马克为 0.44 美分，而 1971—1980 年增长了近 13 倍，1 马克达 5.66 美分。同时，国际上的商品与劳务贸易也迅速增长，越来越多的交易商面对汇率变动甚剧的市场。为寻求更为有效避免外汇风险的途径，1982 年 12 月，外汇期权交易在美国费城股票交易所首先推出，最早的外汇期权是英镑期权和德国马克期权。其后芝加哥商品交易所、阿姆斯特丹欧洲期权交易所、加拿大蒙特利尔交易所、伦敦国际金融期货交易所等都先后开办了外汇期权交易，经营的外汇期权合约标的货币包括英镑、瑞士法郎、西德马克、加拿大元、法国法郎等。美国费城股票交易所(PHLX)和芝加哥商品交易所(CME)是目前世界上具有代表性的外汇期权市场。

### 2. 外汇期权的功能

对外汇期权的买入者而言，外汇期权的最大功能在于分散风险。外汇期权是在传统外汇交易基础上发展起来的一种对未来外汇资金进行保值的有效手段。在到期日前，期权的买方有权利决定是否按照合约进行外汇交易，并为这一权利付出期权费。如果合同期满未行使权利，则权利失效，费用不予退还。与远期外汇交易相比较，期权交易不仅使期权买方锁定换汇成本，更保留在有利机遇中获利的机会，不仅可以为客户提供外汇保值的途径，又可以为客户提供从汇率变动中获利的机会，因此具有较大的灵活性。

例如，某家贸易商手中持有美元，却在 1 个月后需要对日本出口商支付日元。为了防止汇率风险，该公司可向外汇银行买入一个美元兑日元的看跌期权，假设协议汇率为 1 美元等于 109.17 日元，则该公司有权利在期权到期时以 1 美元兑 109.17 日元的价格向外汇银行买入约定数量的日元。如果在期权到期后，美元兑日元市场的即期汇率高于 109.17 日元，如为 1 美元 =110.10 日元，该公司可不执行期权，不以协议价格买入日元。但若期权到期后，美元兑日元市场的即期汇率为 1 美元=108.15，则该贸易商可要求行使权利，以协议价格买入日元。由此可见，外汇期权的优势在于客户的灵活选择权，尤其对那些尚不能确认是否在未来发生进出口贸易的企业可起到良好的保值作用。

从外汇期权的卖出方角度看，外汇期权的最大作用在于投机。外汇期权的卖方根据自己对未来汇率走向的预期，在外汇期权市场中卖出与自己预期相反的外汇期权合约，若到期汇率变动趋势与其预测相符，期权买方不会选择行权，期权卖方将获得期权费收入。当然，若期权卖方对汇率变动方向预测错误，到期时期权买方选择行权，卖方将会遭受损失。

### (二) 外汇期权交易的基本规则

### 1. 外汇期权交易术语

期权买方(Taker)即期权持有人(Holder)，是买进期权合约的一方。在期权交易中，期权买方在支付一笔费用后就可获得期权合约所赋予的在约定时间内按照事先确定条件买进或卖出一定数量外汇资产的权利，期权买方只有买或卖的权利而无须承担任何义务。期权卖方(Granter)是期权合约的卖出者。在外汇期权交易中，期权卖方在收取期权费后，就负有在合约约定时间内按照买方要求以事先约定价格同期权买方进行一定数量外汇资产买卖交易的义务。期权卖方有配合期权买方要求进行外汇资产买卖的义务。

期权费(Premium)也称权利金，期权费是在订立期权合约时买方为取得选择权而支付给卖方的代价即期权买卖的价格。期权合约也是标准化合约，期权费是期权交易合约中的唯一变量，由交易双方在市场中公开竞价形成。对期权买方而言，期权费是交易成本，是损失的最高限；对期权卖方而言，期权费是其承担风险的必要补偿，同时也是其所得利润的最高限。

期权合约执行价格(Strike Price)也称协议价格(Contract Price)或履约价格(Exercise Price)，是期权合约中规定的买方行使权利时的交割价格。执行价格一旦确定，无论市场汇率如何波动，在期权合约有效期内，期权卖方都必须执行这一价格配合期权买方行使权利。

到期日(Expiration Date)是履行期权合约的最后日期，而交割日(Delivery Date)是期权买方行使期权、卖方履行合约义务的清算日。

### 2. 合约规格

期权合约是期权交易的对象，场内交易市场的期权合约是标准化的合约，场外交易的合约虽然没有场内合约标准化程度高，但其制定也在很大程度上参考了场内交易。外汇期权标准化合约除了期权费之外，其他条件都是固定的，外汇期权标准化合约规格如表 7-5 所示。

表7-5 外汇期权标准化合约规格

| 市场 | 币种 | 基础资产 | 标准代码 | 合约规模 | 协定汇率间隔 | 最小价格变动 |
|---|---|---|---|---|---|---|
| CME | 欧元 | 期货 | EUR | 125000 | 0.01 | 0.01 |
| | 日元 | 期货 | JPY | 12500000 | 0.0001 | 0.0001 |
| | 加元 | 期货 | CAD | 100000 | 0.005 | 0.01 |
| | 英镑 | 期货 | GBP | 625000 | 0.02 | 0.02 |
| PHLX | 欧元 | 现货 | EUR | 62500 | 0.02 | 0.01 |
| | 日元 | 现货 | JPY | 6250000 | 0.05 | 0.0001 |
| | 加元 | 现货 | CAD | 50000 | 0.005 | 0.01 |
| | 英镑 | 现货 | GBP | 31250 | 0.01 | 0.01 |

### 3. 保证金制度

外汇期权交易的保证金与外汇期货交易的保证金的性质及作用相同，都是为减少交易所的风险和担保履约而交纳的。但在具体操作方面，外汇期权交易的保证金制度有其自身规则。不同于在外汇期货交易中买卖双方都要按交易所的规定开立保证金账户，交纳履约保证金，在外汇期权交易中，交易所仅要求卖方交纳保证金，且卖方并不一定需要以现金形式交纳保证金。如期权卖方在出售某种外汇看涨期权时，实际上拥有该期权对应的外汇资产，并预先将该外汇资产存放于经纪人处作为履约保证，则可以不交纳保证金，而期权的买方则完全不需要交纳任何形式的保证金。交易所之所以不要求外汇期权的购买者——买方交纳保证金，是因为保证金的作用在于确保履约，而外汇期权的买方没有必须履行的义务。

### 4. 头寸限制

在外汇期权中，交易所实行头寸限制。头寸限制是指交易所对每一账户规定可持有某种看涨或看跌期权合约的最高限额。期权交易所之所以要实行头寸限额制度，并规定每个账户可持有期权合约头寸的最高限额，主要是为了防止单个交易者承受过大的风险或形成对市场过强的操纵能力。在实际交易活动中，不同交易所对头寸限额的规定有所不同，有的交易所根据外汇期权合约的数量作为制定头寸限额的标准，有的则以外汇期权合约的总值作为实行头寸限额的标准。

### 5. 对冲与履约制度

为了保证外汇期权交易的正常进行，期权交易所要求参与外汇期权交易的投资者必须遵守对冲与履约制度。按照交易所的规定，在场内外汇期权交易中，如果交易者不想继续持有未到期的期权头寸就必须在最后交易日之前或在最后交易日，通过反向交易即对冲加以结清。只要在最后交易日或在最后交易日之前，期权的购买者所持有的期权仓位没有平仓，期权买方均可行使其享有的权利，要求卖方履约。而期权的卖方必须按外汇期权合约的规定无条件履约，并按期权交易所的清算制度进行清算。

### 6. 清算制度

在场内外汇期权交易中，交易双方无论是选择对冲还是履约，按照期权交易所的规定，都要通过期权清算公司进行配对和清算。在这一过程中的期权清算公司充当了期权买卖双方的中介。

在外汇期权交易中，当期权购买者想要执行期权时，首先需要通知其经纪人，然后由经纪人通知负责结清其交易的期权清算公司会员，由清算公司会员向期权清算公司发出指令。在收到会员发出的清算指令后，期权清算公司需要在所有出售该期权的顾客中选择一个或几个加以配对，向其发出期权执行通知单。该顾客一旦被选中，就要采取一定的方式进行履约清算。这种履约清算，对外汇现货期权来说，就是要以协定价格进行现货交割；而对外汇期货期权来说，则是要以协定价格将外汇期权现货仓位转化为相对应的外汇期权期货仓位。

## 二、外汇期权交易的特征

### (一) 买卖双方的权利和义务不对等

外汇期权的对象是一种将来可以买卖某种货币的权利，而不是货币本身。因此，期权的买方有权利但不承担义务，期权的卖方只有义务但没有权利。

期权的买方能够享受在期权合约有效期内选择是否按照协定价格买入或卖出一定数量外汇资产的权利。若市场价格变化对其有利，买方就可以选择执行期权(买入或卖出外汇资产)；若市场价格变化对其不利，买方就可以放弃期权(选择不买或不卖)。买方的全部义务仅限于支付一定的期权费给卖方，这部分期权费为期权价格。

期权卖方的权利与义务与期权买方相反，仅仅拥有收取一定期权费的权利，却负担无条件按照协定价格卖出或买入一定外汇资产以配合期权买方执行期权的义务。

### (二) 买卖双方的收益与风险不对等

对于外汇期权的购买方而言，风险有限而收益无限。期权买方在采取期权对外汇资产保值的时候，外汇亏损的任何可能性都不再存在。当基础外汇资产的市场价格变动有利于期权买方的时候，期权买方的潜在收益将会增加，买方在这种情况下执行期权，收益可能是无限的。当基础外汇资产的市场价格不利于期权买方的时候，买方就会放弃期权，这时其所承担的唯一损失就是之前所支付的期权费。

与此相反,外汇期权的卖方收益有限而风险却是无限的。外汇期权的卖方在售出期权后,当基础资产的市场价格向着有利于卖方的方向变化时,由于买方放弃权利,期权卖方获得的最大收益就是所收取的期权费,而一旦外汇期权购买者在价格对其有利时选择了执行期权,那么外汇期权的出售者就要遭受无限的风险损失。

### (三) 期权费不能收回且费率不固定

期权交易的买方获取期权意味着卖方出售了这种权利,所以卖方要收取一定金额作为补偿。期权费在期权交易成交时由合约买方支付给卖方,无论买方在有效期内是否行使期权,期权费均不能收回。

外汇期权价格即在期权交易中期权买方支付给期权卖方的期权费。期权费是交易中买方最大亏损和卖方最大收益,反映了期权买方保值获利的成本和卖方承担风险的补偿,所以期权费的高低在交易中非常重要。

对于所有的期权,其价格都由两个主要因素决定:内在价值和时间价值。外汇期权的内在价值指立即履约期权合约能获得的利润,即协定汇率与市场汇率之差。外汇看涨期权的内在价值是市场汇率高于协定汇率的差额,而看跌期权的内在价值则是市场汇率低于协定汇率的差额。时间价值则是期权买方希望随着时间的延长、市场汇率的变动有可能使期权增值时愿意支付的那部分期权费。一般来说,期权合约剩余有效日越长,其合约的时间价值越大。因为对期权买方来说,期权有效日越长,市场汇率变动有利于他并使他获利的可能性也就越大,因而愿意付出的价格也越高;对卖方而言,期权有效日越长,其承担的风险越大,因而要求的风险补偿即期权费也就越高。期权的时间价值随到期日的临近而不断降低,并在到期日归零。

在内在价值和时间价值之外,还有一些因素通过影响内在价值和时间价值间接影响着期权费,包括协定汇率与市场汇率的关系、期权合约到期时间长短、不同货币间的利率差异、货币汇率的稳定性及期权合约的供求力量对比等。协定汇率与市场汇率之差决定期权内在价值。对看涨期权而言,协定汇率越高买方要求履约的可能性越小,卖方承担的期权风险越低,期权内在价值越低。对看跌期权而言,情况相反。期权合约到期时间长短通过对时间价值产生影响,从而影响期权费。利率差异也对时间价值有影响。对看涨期权而言,本国货币利率越高,则期权费越高。对看跌期权而言,情况相反。一般来说汇率较为稳定的货币收取的期权费较低,汇率波动较大的货币的期权费相对较高。这是因为市场汇率的波动性越大,买方越有可能要求履行合约。如果某个时期期权市场某种期权购买人数大大超出出售人数,则出售者的风险可能增加,因为购买人的增加使得出售期权的人通过购买期权来降低风险的机会减小,促使期权出售者把风险转嫁到期权费中。

## 三、外汇期权交易的种类

外汇期权品种繁多,可以按多重标准进行分类。

### (一) 按照期权所赋予的权利,可以分为买入期权、卖出期权和双向期权

#### 1. 买入期权

买入期权(Call Option)也称看涨期权,是指期权买方有权在合约有效期内按照协议价格买入

一定数量某种外汇资产的权利，但不负有必须买进的义务。当交易者预期某种外汇资产价格在未来会上涨，就会买入看涨期权，当市场汇率上涨到协定汇率之上时，买方就可以要求履约，反之则放弃权利。

### 2. 卖出期权

卖出期权(Put Option)也称看跌期权，是指期权买方有权在合约有效期内按照协议价格卖出一定数量某种外汇资产的权利，但不负有必须卖出的义务。当交易者预期某种外汇资产价格在未来会下降，就会买入看跌期权，当市场汇率下跌到协定汇率之下时，期权买方就可以要求履约，反之就会放弃权利。

例：国内某进口商从美国进口一批货物，按照合同约定将于 3 个月后支付 100 万美元，假定签署合同时的即期汇率为 1 美元=7.0365 人民币，该进口商为避免 3 个月后人民币贬值造成损失，决定以 1000 元买入一份买入期权进行保值，期权合约汇率为 1 美元=7.0365 人民币。

3 个月后，该进口商可能面临三种汇率变动情况：人民币相对美元贬值、人民币相对美元升值、人民币相对美元汇率保持不变。

若 3 个月后，人民币贬值，汇率为 1 美元=7.0565 人民币，该进口商履行期权将付出人民币 7036500 元(1000000×7.0365)，若选择不行权则将需在即期市场付出人民币 7056500 元(1000000 × 7.0565) 以获得 100 万美元，行权时比不行权时获取 100 万美元节省 19000(7056500-7036500-1000)元人民币。

若 3 个月后，人民币升值，汇率为 1 美元=7.0265 人民币，选择不行权则将节省 9000(7036500-7026500-1000)元人民币。

如果 3 个月后人民币汇率保持不变，该进口商既可以选择行权也可以放弃权利，其损失仅为 1000 元人民币。

### 3. 双向期权

双向期权(Bidirectional Options)是指外汇期权的买方，在同一时间内，以统一执行价格同时买入看涨期权和看跌期权。这种交易主要是期权买方预测未来汇率波动幅度较大，但波动方向不确定，只要预测波动幅度大于两份期权费，就一定获利，而期权的卖方预测汇率波动不会超过两份期权费。

双向期权的购买者一般预测汇率市场价格将会出现大幅波动，但不确认是上升还是下降，这种情况下，往往购买双向期权。

期权买方获利条件：假如在合同有效期内，相关外汇的期货价格一直高于或低于履约价格，只要期货价格与履约价格之差大于该期权购买者所支付的权利金，该期权购买者盈利。

期权卖方获利条件：双向期权的卖方则相信市场价格的波动幅度不会很大，因此就能从保险费与付出买方费用之间的差额中获利。如果汇率波动幅度小于期权费，买方到期就放弃交易，卖方就获得两份期权费。

### (二) 按照期权执行的时间，可以分为美式期权和欧式期权

### 1. 美式期权

美式期权(American Option)是指期权买方在支付一定期权费给期权卖方后即获得在约定日

至合约到期日之间任何时间执行权利，要求期权卖方卖出或买入某种外汇资产的期权交易。

### 2. 欧式期权

欧式期权(European Option)指期权买方在支付一定期权费给期权卖方后只能在规定的到期日才能行使权利，要求期权卖方履约的期权交易。

例：某贸易商以 1000 美元期权费购买一份数量为 100 万英镑、执行汇率为 1 英镑=1.60 美元、到期日为 6 月第三个星期三的美式英镑买入期权，这意味着，该贸易商在支付 1000 美元期权费之后，在 6 月的第三个星期三之前的任何时候，都可以以 1 英镑=1.65 美元的协议汇率买入 100 万英镑。期权的卖方收取了期权费后，就承担了相应义务，即按照合约价格向买方出售 100 万英镑。假如在合约有效期内的某天汇率上涨为 1 英镑=1.7 美元，贸易商可以要求立即行权，并以 165 万美元的价格买入 100 万英镑，并在现货市场上出售这笔英镑，获得 4.9 万美元(170-165-0.1)的利润。相应地，期权卖方必须以 1 英镑=1.65 美元的价格向期权买方出售这笔英镑，并承担损失。

显然，与欧式期权相比，美式期权给买方提供了更多的选择，导致卖方所承担的风险也更大，因此美式期权交易的期权费更贵。

### (三) 按照约定价格与市场条件的关系，可以分为溢价期权、平价期权和损价期权

#### 1. 溢价期权

溢价期权(Premium Option)就是对期权买方而言，协议价格优于市场价格具有内在价值的期权交易。

#### 2. 平价期权

平价期权(At-The-Money Option)指执行价格与市场价格相等的期权交易。

#### 3. 损价期权

损价期权(Out-of-The-Money Option)就是对期权买方而言，协议价格劣于市场价格不具有内在价值的期权交易。

当期权进入溢价时，期权买方会因有利可图而行使权利，当期权进入损价时，期权买方会因无利可图而放弃行使权利。

### (四) 按照交易地点，可以分为场内期权和场外期权

#### 1. 场内期权

场内期权(Exchange-List Option)也称交易所期权，是指在期货交易所或外汇交易中心进行的期权交易。

#### 2. 场外期权

场外期权(Over-The-Counter Option)也称柜台期权、店头期权，是在外汇交易中心与期货交易所以外进行的期权交易。

(五) 按照交易基础资产不同，可以分为外汇现汇期权、外汇期货期权、期货式期权和复合期权

### 1. 外汇现汇期权

外汇现汇期权(Foreign Exchange Spot Option)是指期权购买者有权在到期日或到期日之前以协议价格买入或卖出一定数量的某种外汇现货。

### 2. 外汇期货期权

外汇期货期权(Options on Foreign Currency Futures)指以货币期货合约为期权合约的基础资产，也就是期权买方有在期权到期日或以前执行或放弃执行以执行价格购入或售出标的货币期货的权利。与现汇期权的区别在于，货币期货期权在执行时，买方将获得或交付标的货币的期货合约，而不是获得或交付标的货币本身。期货合约的到期通常紧随期权的到期日。外汇期货期权都是美式期权。

### 3. 期货式期权

期货式期权(Futures Style Option)是以外汇期权行市作为商品来从事期货交易，又称期权期货。与一般期货合约形式的特点相同，期货式期权交易双方盈亏取决于期权价格的变动方向，且合约双方均需交纳保证金，且每天都需按照收市的期权清算价格对期权合约价的变动差额进行盈亏结算。当人们预期期权行情上涨，就会买入看涨期权的期货，取得多头地位，当行情上涨时买入者将会获利，而出售者将会亏损。

### 4. 复合期权

复合期权(Compound Option)是基于期权的期权，期权的买方在支付期权费以后获得一项按照预先确定的期权费买入或卖出某种标准期权的权利。

(六) 按照期权的复杂程度和使用范围，可以分为标准期权和奇异期权

### 1. 标准期权

标准期权(Vanilla Option)是普通的美式期权或欧式期权。

### 2. 奇异期权

奇异期权(Exotic Option)是在标准欧式期权或标准美式期权基础上根据客户的需求设计的期权产品。

由于奇异期权能够满足客户不同的避险需求，因此虽然出现较晚，但发展非常迅速。

## 四、外汇期权交易损益分析

外汇期权交易中，有买入看涨期权、买入看跌期权、卖出看涨期权和卖出看跌期权四种基本交易类型。由于期权卖方和买方在收益与风险方面有了巨大的差异，因此这四种基本交易也分别具有不同的风险与收益。

### (一) 买入看涨期权

买入看涨期权是指交易者通过期权交易获得在到期日期前按照协议价格购买合约约定数量和币种的某种外汇的权利。交易者因为预期未来约定货币的市场价格将会上升，因而在市场

中买入该种货币的看涨期权，以获得以较低价格购入预期升值货币的权利。当市场价格变化方向与期权拥有者预期相符时，期权拥有者将会获得收益，且市场价格越高，期权拥有者所获得的利益越大，理论上讲，期权拥有的收益是无限的。当市场价格变化方向与期权拥有者判断不相符时，期权拥有者将会遭受损失，但其损失是有限的。最大损失就是为获得期权而花费的期权费。因此，当市场价格变化达到协议价格加上期权费时，交易者不亏不赚，处于盈亏平衡状态。

### (二) 卖出看涨期权

卖出看涨期权是指交易者为获得期权费，通过期权交易，让渡了在期权到期日前按照协议价格配合买方要求卖出合约规定的数量和币种的某种外汇的权利。交易者因为预期未来约定货币的市场价格将会下降，因而在市场中卖出该种货币的看涨期权，以获得期权费。当市场价格沿着期权卖方的预期变化时，期权卖方将获得收益，但收益有限，其收益的最大值为期权费。但当市场价格与期权卖方预期相反时，期权卖方将会遭受损失，且市场价格越高，期权卖方损失就越大，理论上其损失是无限的。当市场价格变化达到协议价格加上期权费时，期权卖方处于盈亏平衡状态，不亏不赚。

### (三) 买入看跌期权

买入看跌期权是期权买方通过期权交易获得在期权到期日前按照协议价格出售合约约定数量和币种的某种外汇的权利。交易者因为预期未来约定货币的市场价格将会下降，因而在市场中买入该种货币的看跌期权，以获得以较高价格出售预期贬值货币的权利。当市场价格变化方向与期权拥有者预期相符时，期权拥有者将会获得收益，且市场价格越低，期权拥有者获利越多，理论上讲，期权拥有者收益是无限的。当市场价格变化方向与期权拥有者判断不符时，期权拥有者将会遭受损失，但其损失是有限的，其最大损失为期权费。当市场价格变化达到协议价格减去期权费时，期权拥有者处于盈亏相抵的平衡状态。

### (四) 卖出看跌期权

卖出看跌期权是指交易者为获得期权费，通过期权交易让渡了在期权到期日前按照约定价格配合买方要求买入合约规定数量和币种的某种外汇的权利。交易者因为预期未来约定货币的市场价格将会上升，因而在市场中卖出该种货币的看跌期权，以获得期权费。当市场价格上升，符合期权卖方预期的时候，期权卖方将会收益，但其收益有限，最大收益为期权费。当市场价格与期权卖方判断不符，朝下跌方向发展时，期权卖方将会遭受损失，价格越低，期权卖方损失越大，理论上损失是无限的。当市场价格变化达到协议价格减去期权费时，期权卖方处于盈亏平衡状态。

## 五、外汇期权交易的策略与实例

在国际金融市场中，期权形式灵活多样，不同的期权通过组合又构成多样的投资组合。对于风险承受能力不同、对汇率走势预期存在差异的投资者而言，可以利用单一期权或某种期权组合达到规避汇率风险的目的。

利用期权合约可以构造四种基本的期权投资策略。

## (一) 裸期权交易策略

裸期权(Naked Option)是指单纯买入或卖出单个看涨期权或看跌期权。裸期权要承担一切交易风险，其中风险最大的是出售裸看涨期权，即出售一个允许某人购买而卖方还未拥有的期权。如果市场即期汇率高于执行价格，买方将执行该期权，卖出期权方就不得不按照市场即期汇率买进相应资产用于交割，从而面临非常大的损失。

裸期权是外汇期权的基本交易策略，由于看涨期权和看跌期权各自都可以买进和卖出，因此就有了四种基本操作：买入看涨期权、卖出看涨期权、买入看跌期权、卖出看跌期权。所有期权交易策略都基于这四种基本方法。

### 1. 买入看涨期权有以下几种操作

(1) 市场汇率的上涨超过执行价格和期权费之和，则执行交易，获利；

(2) 当市场汇率高于执行价格、低于执行价格与期权费之和，则执行交易，损失部分期权费；

(3) 当市场价格等于执行价格与期权费之和，则执行交易，盈亏平衡；

(4) 当市场价格低于执行价格，则放弃交易，损失期权费。

### 2. 买入看跌期权有以下几种操作

(1) 当市场汇率大于盈亏平衡点但小于执行价格时，买方执行期权，损失部分期权费；

(2) 当市场汇率处于盈亏平衡点时，买方执行期权交易，盈亏相抵；

(3) 当市场汇率低于盈亏平衡点时，买方执行期权交易，可获利；

(4) 当市场汇率高于执行价格，放弃交易，损失期权费。

## (二) 抛补期权交易策略

抛补期权(Covered Option)由期权合同和基础交易工具共同构成，其组合的功能类似于外汇期货交易中的套期保值，可以用于规避汇率的变动所造成的损失。

金融机构或进出口商如果在现货或期货交易中处于多头，就将面临汇率下跌的风险。为规避这种风险，交易者可以运用买入看跌期权或卖出看涨期权进行保值。如果交易者在外汇现货或期货交易中处于空头，就将面临汇率上升的风险。为规避这种风险，交易者可以运用买入看涨期权或卖出看跌期权的方式进行保值。因此抛补期权交易策略有四种具体组合，见表7-6。

表7-6　抛补期权交易策略

| 汇率风险/策略 | 现货或期货部位 | 期权 | |
| --- | --- | --- | --- |
| | | 保护策略 | 抵补策略 |
| 规避汇率上涨风险 | 空头 | 买入看涨期权 | 卖出看跌期权 |
| 规避汇率下跌风险 | 多头 | 买入看跌期权 | 卖出看涨期权 |

## (三) 差价期权交易策略

差价期权(Spread Option)交易策略是由两个或更多的同类期权构成的投资组合，如同时买入两个不同的看涨期权或两个不同的看跌期权。差价交易分为四种情况：先买后卖看涨期权差价交易、先卖后买看涨期权差价交易、先买后卖看跌期权差价交易、先卖后买看跌期权差价交易。其中两种看涨期权差价交易称为买权差价，两种看跌期权差价交易称为卖权差价。

先买后卖看涨期权又称买权多头差价交易，当期权的买方预期某种货币的汇率在未来上升的概率高于下跌的概率，且上升幅度不大的时候，按一个协定价格买入一个看涨期权的同时按另一协定价格卖出一份看涨期权以抵消前一份协议的头寸。其中买入看涨期权的协定价格较低，而卖出看涨期权协定价格较高且两者到期日相同。

先卖后买看涨期权也称买权空头差价交易，当期权的买方预期某种货币的未来即期汇率下跌的概率高于上涨的概率且下跌幅度有限时，会按照一个协定价格卖出一份看涨期权并同时按照另一价格买入一份看涨期权以抵消第一份合约的头寸。其中买入的看涨期权价格较高而卖出的看涨期权价格较低，两者到期日相同。

先买后卖看跌期权的差价交易是期权的买方预测未来某种货币的即期汇率下跌的概率高于上涨的概率且下跌的幅度有限时，以一个价格买入一份看跌期权的同时，以另一价格卖出一份看跌期权抵消第一份看跌期权头寸的交易组合。其中买入的看跌期权协定价格较高，而卖出的看跌期权协定价格较低，两者到期日相同。

先卖后买看跌期权差价交易是当投资者预期未来某种货币的即期汇率上涨的概率大于下跌的概率且上涨幅度有限时，选择按一个协定价格卖出一份看跌期权的同时，按另一协定价格买入另一份看跌期权以抵消前一份期权合约的头寸。其中卖出的看跌期权价格较高而买入的看跌期权价格较低，两者到期日相同。

### (四) 组合期权交易策略

组合(Combinations)期权交易策略是指相对复杂、同时包括看涨期权和看跌期权的多头和空头的投资策略。同前几种期权交易策略不同的是，组合期权交易策略同时涉及买进或卖出不同类型的期权，同价对敲和异价对敲是常见的组合期权投资策略。同价对敲是买入(或卖出)到期日和协议价格都相同的看涨期权或看跌期权。同价对敲分为买入同价对敲和卖出同价对敲。如果买方预期未来市场汇率将发生剧烈波动，但无法确定波动的方向，则按照相同的协议汇率与到期日买入一份看涨期权和一份看跌期权，这被称为买入同价对敲。在支付两份合约的期权费后，当外汇的即期汇率上涨到能够产生收益时，投资者将执行看涨期权并放弃看跌期权。当外汇的即期汇率下降并足够低的时候，交易者将执行看跌期权并放弃看涨期权。采取同价对敲交易策略情况下，无论未来汇率如何变动，买方都将可能从中获利，而卖方将承担市场汇率波动的全部风险。如果市场汇率波动幅度不如预期剧烈，买方最大的亏损就是两份期权合约的期权费，卖方的全部收益则为两个期权的期权费。如果卖方预期未来市场汇率较为稳定或变动幅度很小，就将按照相同的协定汇率与到期日卖出一份看涨期权和一份看跌期权，这被称为卖出同价对敲。这种期权组合的最大收益就是出售这两个期权所获得的期权费，但如果预测失误，汇率发生剧烈波动，则期权卖方的损失就可能超出期权费收益。

异价对敲是指买入(或卖出)到期日相同但协议价格不同的看涨期权或看跌期权，其交易实质与同价对敲相同，仅仅是期权组合协定价格不同。异价对敲也分为买入异价对敲和卖出异价对敲。买入异价对敲是当投资者预期某种外汇的即期汇率可能发生大幅波动时，通过买入相同期限但不同价格的该种外汇的一份看涨期权和一份看跌期权。在这种期权组合中看涨期权的协定价格通常高于即期汇率而看跌期权的协定价格低于即期汇率。当即期汇率上涨幅度足够大时，投资者将会执行看涨期权同时放弃看跌期权。当该外汇的即期汇率下跌幅度足够大时，投资者将执行看跌期权并放弃看涨期权，行权的收益高于购买期权的费用。如果交易者对汇率预测失误，外汇汇率没有在期权合约有效期内发生剧烈波动，则期权的买方损失两份期权合约的期权费。

当交易者预测某种外汇的即期汇率在未来不会发生大幅波动时，就会在市场中同时卖出期限相同但价格相异的一份看涨期权和一份看跌期权，这种期权组合称为卖出异价对敲交易。卖出异价对敲组合中，看涨期权的协定价格高于即期汇率，而看跌期权的协定价格低于即期汇率。如果即期汇率保持稳定，则卖出者的最大收益就是两份期权合约的期权费。如果即期汇率并未像预测那样保持稳定而是发生了剧烈波动，则投机者可能会发生超出期权费的损失。

# 第三节　互换交易

## 一、金融互换

布雷顿森林体系崩溃导致全球利率和汇率剧烈波动，20 世纪 70 年代初，英国公司为了逃避英国政府的外汇管制措施在对外贷款业务中做出安排，即不同国家的两个交易者向对方分别提供一笔等值、放款日和到期日相同，分别以贷方国货币标价的贷款，就产生了金融互换。金融互换最初的形式是平等贷款和背对背贷款，也就是两个不同国籍的公司相互为对方在本国的子公司提供贷款。例如，一家美国母公司和一家英国母公司都需要向其海外子公司融资，如果直接用本币汇出，需要经过外汇市场，还要受到外汇管制。若两个母公司签订一份平行贷款协议，按商定的汇率折算成对方国的货币金额，按商定的利息贷放给对方在本国的子公司，便可以规避外汇管制，也无须担保。如果一方违约，可以用另一方的债务抵消。平行贷款操作流程如图 7-3 所示。

1979 年，英国取消外汇管制后，平行贷款作为一种场外金融创新和长期有效的保值工具继续流行并演变为后来的货币互换交易。

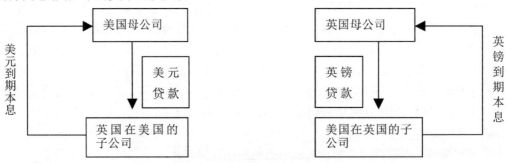

图7-3　平行贷款操作流程

### (一) 金融互换的概念

金融互换(Financial Swaps)交易是双方依据事先商定的汇率或利率等条件，在一定期限内相互交换一组相同货币或不同货币的债务，以达到回避风险的一种交易形式。起初金融互换是保护利润不受汇率波动损害的风险管理方法，很快就被扩展应用为保值工具。随着这一市场流动性的不断提高，在金融互换市场中，交易一方当事人提出一定的互换条件后能够很快找到承接者。因此，交易者可以利用互换交易，突破利率差异、外汇管制和资本市场限制的桎梏，方便地筹措到理想的资金。金融互换市场已经成为目前最成功的场外交易金融创新工具市场，金融互换主要包括利率互换和货币互换。

### (二) 金融互换的特点

第一，互换交易涉及外汇市场、证券市场、货币市场和长期信贷市场等多种金融市场，不仅是一种创新的融资工具，也是交易者对资产负债和风险进行管理的金融管理工具。

第二，互换交易由于能够满足交易者对非标准化交易的需求，因而应用广泛。

第三，通过互换套期保值可以完成大多数金融衍生工具的头寸管理要求，因而极大地便利了日常管理并便于风险的快速转移。

第四，互换交易由于其非标准化，期限非常灵活，最长甚至可达几十年。

第五，互换市场中银行等金融机构不仅作为中介存在，而且广泛作为交易主体发起交易，因而互换市场具有很强的流动性。

虽然互换交易有着众多的优势，但其信用风险和利率风险也不容忽视。

### (三) 金融互换的交易主体

#### 1. 金融机构是互换市场中的重要参与者

除了承担互换交易中的中介功能外，还有很多金融机构直接为自己的账户进行交易。这些金融机构不仅包括商业银行和投资银行，还包括保险公司、养老基金、储蓄银行等。

#### 2. 公司是互换市场中活跃的交易者

很多大企业利用互换保值利率风险，并将资产与负债进行配对，甚至一些公司会在互换市场中通过观察利率的变化寻找套利机会。

#### 3. 出口信贷机构通过互换扩大资金来源，降低筹资成本

互换市场使这些机构不再受货币种类的限制，能够在更广的范围内筹资，从而有效降低筹资成本并管理利率和货币风险。

#### 4. 跨国金融机构

跨国金融机构由于资产负债良好，常常被赋予最佳信用评级，从而能够在金融市场中以较低价格筹集资金，通过代表客户进行互换交易，他们能够将节省的费用在客户之间分摊。

#### 5. 政府机关

很多政府机关会利用互换市场降低融资成本，如在有着强烈需求的某一市场中以较低价格筹集资金并通过互换转换为所需货币，从而将融资决策与风险管理分开。政府也会因为管理利率风险的原因参与互换交易。例如，在很多政府发行的国债是固定利率，但大多数国际主权债是浮动利率，很多欧洲国家政府会通过互换市场将固定利率债券转换为浮动利率债券，从而对利率波动带来的风险进行管理。

## 二、利率互换

### (一) 利率互换的概念

互换市场中最主要的交易是利率互换。所谓利率互换(Interest Rate Swap)是负有相同货币债务的交易双方以协定的本金作为计息的基础，相互交换债务利率的交易行为。这种交换是双向的，即在交易的两个交易者中，A 以其利率换取 B 的利率的同时，B 也以其利率换取 A 的利率，所以，这种交易被称为互换。

在互换交易中，交换仅涉及利率，而不涉及债务本金。利率互换的目的在于降低资金成本和利率风险。例如，交换交易双方为两家公司，A 公司由于预期未来市场利率会下降，因此希望能够获得浮动利率贷款，但由于其公司信用等级较高，故更容易发行固定利率债券，B 公司希望获得固定利率融资，但由于信用等级较低，无法以优惠的利率水平发行固定利率债券，只能从银行借入浮动利率贷款，于是，A 公司发行固定利率债券，B 公司借入浮动利率贷款，并在互换市场中交换利率。交换后，A 公司为 B 公司贷款负担浮动利率，B 公司为 A 公司债券负担固定利率，双方的愿望都得以实现，并且都降低了筹资成本。

利率互换有多种形式，但常见的利率互换是固定利率与浮动利率的交换。

假设有 A、B 两家公司，其中 A 公司信用评级为 AAA，B 公司信用评级为 BBB，因此，A 公司发行 5 年期固定利率债券的息票利率为 10%，向银行申请 5 年期浮动利率贷款的利率水平为 6 个月期 LIBOR+0.3%；B 公司发行 5 年期固定利率债券的息票利率为 11.2%，向银行申请 5 年期浮动利率贷款的利率水平为 LIBOR+1%。B 公司无论以固定利率还是浮动利率借款时的利息成本都较高，但在固定利率市场中比 A 公司高 1.2%，在浮动利率市场中比 A 公司高 0.7%，因此 B 公司在浮动利率贷款中具有比较优势，A 公司在固定利率借款市场中具有比较优势。

若此时 A 公司希望借入浮动利率贷款，B 公司希望发行固定利率债券，A、B 两家公司达成互换协议。按照协议，A 公司将负责支付给 B 公司 LIBOR 利率，B 公司则向 A 公司支付 9.95% 的固定利率。这样，对于 A 公司而言，需要向债券持有人支付 10% 的利率，向 B 公司支付 LIBOR，得到来自 B 公司的 9.95% 利率，这样，其全部利息支付为 LIBOR+10%−9.95%=LIBOR+0.05%，低于其直接向银行申请浮动利率贷款的利率水平 0.25%。对 B 公司而言，需要向银行支付 LIBOR+1% 水平的利息，向 A 公司支付 9.95% 水平的利息，从 A 公司得到 LIBOR 水平的利息，他的全部利息支付为 9.95%+LIBOR+1%−LIBOR=10.95%，低于其直接发行固定利率债券的利率水平 0.25%。

通过利率互换，A 公司和 B 公司都少支付 0.25% 的利息率，因此，互换交易带来的总收益为每年 0.5%。

### (二) 利率互换的作用

利率互换交易在中长期利率风险管理中的作用主要体现在以下几个方面。

#### 1. 降低融资成本

由于筹资者往往在不同的金融市场资信评级水平存在差异，导致融资成本不同，就形成了在某个市场中的比较优势。利率互换可以通过交换不同融资者在不同市场中的比较优势降低融资成本。

### 2. 便于资产和负债管理

利率互换可在固定利率债务或浮动利率债务间进行转换，通过在利率看涨时将浮动利率债务转换为固定利率债务，在利率看跌时将固定利率债务转换为浮动利率债务，或在利率看涨时将固定利率资产转换为浮动利率资产，在利率看跌时将浮动利率资产转换为固定利率资产，从而规避利率风险，便于资产和债务管理。

### 3. 对利率风险进行保值

对于一种货币来说，无论是固定利率还是浮动利率的持有者，都面临着利率变化的影响。在利率互换中，为避免利率上升带来的损失，有浮动利率负债的交易者与负债数额相同的名义本金的固定利率互换，所收的浮动利率与原负债相抵，而仅支出固定利率，从而避免利率上升的风险。

## 三、货币互换

### (一) 货币互换的概念

货币互换(Currency Swap)是指交易双方各自以浮动利率或固定利率筹措资金后，在一定期限内将双方所筹措的资金进行互换，并为对方借款支付利息，从而避免各方所承担的风险，并降低成本。

假设，A 公司有一笔一年期的美元负债，本金 150 万美元，年息 8%，到期一次性还本付息。B 公司有一笔一年期英镑负债，本金为 100 万英镑，年息 9%，到期一次性还本付息。由于某种原因，A 公司希望将负债转换为英镑，而 B 公司希望将负债转换为美元，因此两公司协商根据即期市场 1 英镑=1.5 美元的汇率将本金 100 万英镑和 150 万美元进行初次互换，并按照 1 英镑=1.5 美元的远期汇率在一年后进行再次互换。这样 A 公司将全部美元债务转换为英镑债务，B 公司将全部英镑债务转换为美元债务，得偿所愿。一年后 A 公司将向 B 公司支付 9 万英镑利息并归还 100 万英镑，B 公司向 A 公司支付 12 万美元利息，并归还 150 万美元本金，双方都避免了直接在另一货币市场借贷可能在这一年里所面临的汇率波动风险。

### (二) 货币互换的作用

货币互换通常被交易者用来达到下列目的。

### 1. 对货币敞口头寸进行套期保值

随着国际投资与国际贸易的深入发展，企业尤其是跨国公司常常会产生非本国货币的现金流，为尽可能降低一种货币敞口头寸在未来货币升值或贬值所形成的风险，企业可以通过将该外国货币同本国货币进行互换，创造出该种货币的反向现金流，从而消除货币敞口头寸的风险。此外，通过互换也可以使公司迅速改变其债务或资产的货币结构，从而对公司债务或资产进行保值。

### 2. 降低筹资成本

通过在具有比较优势的货币市场中筹资并在互换市场中交换供生产或投资需要的目标货币，借款人能够有效地降低筹资成本。

### 3. 间接进入受限制的市场

由于存在着资本管制等因素，借款人有时无法直接进入某个特定的市场，或在市场中受到较为严格的限制，在这种情况下，通过互换交易可以帮助借款人将借款转换为所想要的货币，从而间接达到进入该种货币的交易市场的目的。

# 第四节　我国银行的外汇期权业务

随着我国经济的不断发展和对外开放的不断深入，居民与企业对于采用新型外汇交易工具避险和获利的要求越来越迫切。面对这种需求，中国的外汇银行也在积极开发设计新型外汇产品，其中中国银行的期权宝和两得宝是近年来较为成功的产品。

## 一、期权宝

期权宝是中国银行个人外汇期权产品之一，指客户根据自己对外汇汇率未来变动方向的判断，向银行支付一定金额的期权费后买入相应面值、期限和协定汇率的(看涨或看跌)期权，期权到期时，如果汇率变动对客户有利则客户可以通过执行期权获得收益；若汇率变动不利于客户，则可不执行期权。

期权宝交易货币包括美元、欧元、日元、英镑、澳大利亚、瑞士法郎、加拿大元七种货币的现钞或现汇。期权面值起点为 100 美元。大客户还可选择非美元货币之间的交叉汇价作为标的汇价。期权宝交易期限最长为三个月，最短为一天。

期权宝产品的优点主要表现在：

第一，在国际汇市动荡不安、汇率单边大幅波动时，通过准确预测汇率波动方向，投资者可获得较高收益，特别适合汇率在短期内出现大幅涨跌时进行投资。

第二，投资期权宝，为投资者提供双向交易的可能，即无论汇率上升还是下降，都有盈利的机会，因此帮助交易者自如控制风险。除了传统以期权费作为投资期权合约的成本好处之外，在期权宝交易中，中国银行还为客户提供平盘服务，如果在平盘期限内，汇率达到交易者心理预期，就可以根据报价签订平盘合约，锁定收益，确保投资回报。但若汇率波动幅度或方向与客户预期不符，交易者也可通过平盘合约来减少期权费的损失。

第三，期权宝交易通过杠杆，投资收益率可以成倍扩大，投资者获得以有限风险换取无限收益的投资机会。

例：投资者甲预期欧元要跌美元要涨，于是于 2010 年 12 月 27 日买入一笔两周面值为 EUR100 万，欧元看跌美元看涨期权，即期汇率 1.3101，协定汇率 1.3097，期权费率 1.03%。

付出期权费：100 万(欧元)×1.03%=10300(欧元)，甲持有到期，到期后：参考汇率=1.2899(2011 年 1 月 1 日北京时间下午两点汇率)，期权到期收益：(1.3097−1.2899)×100 万(美元)=19800(美元)。

净收益：到期收益-付出期权费=19800/1.2899-10300=5050.03(欧元)

14天收益率：5050.03/10300×100%=49.02%

## 二、两得宝

两得宝是客户在向中国银行存入一笔存款的同时，根据自己的判断，向银行卖出一份外汇期权，客户除了获得相应的外汇存款利息之外，还可以得到一笔期权费。期权到期时，如果汇率变化对银行不利，银行不行使期权，客户所得为高于存款利息的收益。如果到期时汇率变动对银行有利，则银行会行使期权，将客户的存款本金按照期权协定汇率折算为相对应的货币。

两得宝交易货币为美元、日元、欧元、英镑、澳大利亚元、瑞士法郎、加拿大元七种自由兑换货币，期权面值起点为100美元。

期权交易的标的汇价为欧元兑美元、美元兑日元、澳元兑美元、英镑兑美元、美元兑加拿大元、美元对瑞士法郎。大客户还可选择非美元货币之间的交叉汇率作为标的汇率。两得宝期权交易时间为一周和一个月。

两得宝的优势在于为外汇持有人在外汇存款利率较低或汇率横盘整理(横盘就是波动弧度很小，整理就是消化前期强势或者弱势走势，酝酿下一波行情)的时候增加获利的机会。

相比于期权宝，两得宝交易的风险要大得多，由于不具有平盘机制，如果客户对未来汇率的变动判断失误，则会遭受表现为手中的存款货币被按照协定汇率转换为其他货币的损失。

除中国银行外，中国建设银行也开展了个人外汇期权交易。中国建设银行的个人外汇存款账户拥有者可通过与建设银行签订期权合同，约定期权买方支付给卖方的期权费，获得按照期权合同约定的币种、名义金额、执行汇率和日期向期权卖方买入或卖出某种外汇的权利。

中国建设银行的期权交易包括欧式看涨期权和欧式看跌期权。外汇期权货币对包括欧元兑美元、英镑兑美元、美元兑日元、澳大利亚元兑美元、美元兑加拿大元和美元对瑞士法郎六种。期权交易起始金额为按照个人外汇买卖即期汇率中间价计算的等值1万美元。建行个人外汇期权业务期限为两周、一个月、二个月、三个月四种。

中国银行与建设银行将外汇期权产品引入零售市场，不仅丰富了外汇业务的品种，为客户提供了有效的风险对冲和盈利手段，更起到了培育市场的作用，促进了中资银行期权产品报价能力与风险管理能力的综合提升。

📖 **专栏7-1**

### 中国外汇衍生品市场现状

外汇衍生品是近年来金融领域改革与发展的焦点问题。相比较欧美发达国家，国内外汇衍生品市场起步较晚，刚刚走过十余年的发展历程。中国外汇衍生品市场在经历了最初起步、探索、稳定阶段后，目前开始步入快速发展期。尤其"8·11汇改"后，人民币汇率市场发生显著变化，汇率双向波动已被市场广泛认同，汇率市场化步伐日益加快，经济与金融全球化挑战日新月异。新的市场机遇为外汇衍生品的发展创造了有利条件，同时外汇衍生品市场的发展与完善，又会推动汇率市场化、人民币国际化的进程，扩大我国外汇市场对外开放及"一带一路"倡议的影响，并进一步助推我国金融业的创新与发展。

1. 我国外汇衍生品市场发展现状

根据国际互换和衍生协会(ISDA)关于金融衍生产品的定义，"衍生工具是有关互换现金流量和旨在为交易者转移风险的双边合约。合约到期时，交易者所欠对方的金额由基础商品、证券或指数的价格决定"。衍生品是金融合约的一种，合约的基本类别包括远期、期货、掉期和期权，以及相关的结构化金融产品，目前国内外汇市场暂不能开展外汇期货业务。

1) 国内衍生品发展的次序与路径

自 2005 年我国银行间外汇市场首次引入衍生品，推出远期外汇业务，到 2006 年 4 月开放人民币与外币掉期交易，2007 年 8 月允许开办人民币外汇货币掉期业务，2011 年推出人民币对外汇的期权产品，至此国内外汇衍生品工具品种基本完善。截至 2017 年末，市场累计成交超过 175 万亿人民币，平均增速超过 50%。

2) 衍生交易各类别品种的规模变化

外汇衍生品后来者居上，其发展增速相对较快，已超过外汇即期交易规模，目前业务占比也符合国际市场的比例格局。根据 2014—2017 年中国外汇交易中心公布的《银行间市场运行报告》数据，2014 年中国外汇衍生品成交量为 4.7 万亿美元，同比增长 34.8%，首次超过外汇即期交易；2015 年外汇衍生品成交增速继续领先于即期交易，全年银行间汇率衍生品成交 8.8 万亿美元，同比增长 90.1%；2016 年，银行间外汇市场汇率衍生品成交量增速继续领先，成交 11 万亿美元，同比增长 25.5%，汇率衍生品成交量在整个银行间外汇市场中的占比从 2015 年的 63.9%增至 64.6%，已非常接近国际清算银行发布的即期与衍生品的基本格局比例 33：67；2017 年，汇率衍生品市场重要性持续提升，成交 13.9 万亿美元，同比增长 27.6%，占比进一步提升至 68.5%，与国际外汇市场即期与衍生品市场交易量 1：2 的比例已基本一致。

3) 交易模式逐步发生变化

2011 年 2 月中国境内推出外汇期权交易，但企业客户单笔期权交易只允许买入。2014 年外汇局根据市场情况及参与者的适应度，放开企业卖出方向期权，并丰富了海鸥式期权、价差期权、比率期权等期权组合工具，同时允许期权以差额形式交割。同时，增加了货币掉期的本金交换形式，由近远端均交换本金、利息的模式，调整为近远端均实际交换本金、两次均不实际交换本金、仅一次交换本金等不同模式。2016 年，外汇局放开远期结汇差额交割模式，2018 年 2 月，售汇交易也允许开展实需前提下的差额交割形式。这一系列变化，标志着外汇衍生品市场的逐步发展与开放，监管政策的调整也为汇率市场化进程提供了支持与保障。

2. 国内外汇衍生品市场所发挥的有效作用

外汇衍生品的功能主要体现在两个方面，一个是宏观影响，另一个是微观作用。宏观影响集中体现在银行间外汇交易市场，微观作用更多体现在对国内进出口企业的具体影响。

1) 银行间外汇市场

银行间外汇市场也可称为银行间的外汇批发市场，做市商可获得深层次市场的交易数据，这些数据反映了整个市场资金的流向，做市商可以通过这些数据了解市场未来走势的预期，还可通过点差交易盈利，并实现价格发现与风险对冲功能。具体来看，银行间市场的作用表现在以下几方面：

(1) 实现不同地区的支付结算，充当国际金融活动的枢纽。随着全球化经济的发展，国际贸易、国际结算、国际借贷越来越频繁，这些活动都离不开各国货币的转换。外汇交易支付结算可实现不同国家和地区的贸易清算，保证国际金融活动的正常运行，并带动与促进其他金融活动的开展，助推金融市场的形成、完善与发展。

(2) 促成价格发现，形成外汇价格体系。外汇衍生品市场中的各方参与者通过公开交易达成协议，能反映交易者对金融工具价格走势的预期，使未来价格得以发现，同时降低信息成本，提高市场透明度和效率，发挥积极作用。随着汇率市场化改革的不断深入和人民币汇率双向波动态势的明确，银行间市场交易需求持续增长，人民币外汇市场日益成熟，价格发现功能显著提升，掉期点和期权波动率成为外汇市场重要的价格指标。其中远期、掉期由于内含的利率产品属性，更多体现市场中长期换汇需求，并受货币间利差及客户外币资产负债错配影响明显；而期权则具有灵活性和受货币波动性影响的特征，可更多用来度量市场情绪变化及对未来汇率波幅预期的影响。以波动率微笑曲线为例，当未来市场走向的预期通过市场参与者的期权交易行为来表现时，微笑曲线偏度就会发生相应的变化。当汇率看涨情绪占主导地位时，参与者倾向于买入价外看涨期权，卖出价外看跌期权，从而推高价外看涨期权的波动率水平，波动率微笑出现右偏，反之则出现左偏。"8·11汇改"前，尽管即期市场依然看似稳定，波动率曲面从历史数据看，也居于低位，但从微笑形态看，看涨期权与看跌期权的波动率出现分化，表明市场参与者已形成美元看涨的市场预期。

(3) 调节外汇需求，充当货币政策调控工具。外汇市场可调剂外汇余缺，调节外汇供求。其中，掉期作为政策调节工具作用非常明显，由于外汇掉期对即期汇率影响很小，当外汇储备增长过速时，外汇掉期可吸收银行系统多余流动性，成为一国央行调节外汇储备的方法；同样，当外汇储备不足时，可采取反方向操作，近端买入美元/卖出本币，远端卖出美元/买入本币，即通过B/S的掉期交易，央行可不动用自身外汇储备借入美元，用于对即期市场的调控管理，增加近端美元头寸，缓解外汇储备下降压力，稳定汇率预期。此种方式带来的好处是可以为经济结构调整预留出更多的时间。当未来经济基本面好转，本币贬值压力也就会释放，而且央行操作的衍生交易一旦反向平仓，还可以延缓本币升值的进程。

(4) 通过掉期进行日常市场间操作，并运用操作技术规避外汇风险。在日常银行间市场操作中，远期合约不是独立存在的，做市商是将远期交易拆分成即期交易+掉期交易进行平盘。因此，即便掉期交易没有充分的活跃度，但量级是最大的。做市商通过衍生交易的市场操作来规避汇率风险，使市场行情对自身的波动降低到最小。同时，境外做空势力也在运用外汇掉期借入人民币进行做空交易，而当空头被击破落荒而逃时，也正是由于离岸人民币规模被收紧，掉期成本过高，超出了做空操作之盈利，即空头交易的盈利不足以弥补为资金缺口所做的掉期交易的隐含资金成本。

2) 零售外汇市场

零售外汇市场指的是外汇交易机构与客户之间的市场，其特点是广泛且分散。众多进出口企业就是在零售外汇市场根据实需原则，利用外汇衍生品进行规避风险、套期保值。根据国家外汇管理局2017年1月25日公布的数据显示，2016年，中国银行间外汇市场人民币外汇交易量(112万亿人民币)，约是银行对客户市场交易量(23万亿人民币)的5倍。尤其是"8·11汇改"后，汇率的双向波动已经历了市场的检验，市场参与者达成共识，传统单一的避险工具已不能满足企业多样化的避险需求，而2017年，人民币汇率扭转贬值预期，重现升值态势。

市场波动与市场分化为外汇衍生品的发展提供更多的需求与可能性，企业的避险观念也随之调整，而衍生品对进出口企业的作用主要体现在以下几方面：

(1) 帮助进出口企业进行价格锁定，套期保值。以远期合约为例，远期合约是企业客户最早开办的衍生品，结构单一，可帮助企业客户有效规避汇率风险，完全锁定成本收益，同时有利于企业财务成本的核算。例如，远期结汇锁定的价格为 Pf，则不管到期日市场价格如果变化，客户都将按照 Pf 的价格进行结汇，避免了按照收付时间窗口到期办理即期交易可能面临的汇兑损益。远期合约还分为择期交割及均价远期交割，其核心都是价格的完全锁定，可以有效帮助企业稳定财务成本或收益。

(2) 结合企业市场预期，实现多种形式风险对冲。相比较远期价格的独一性，期权及期权组合可根据客户风险偏好与市场预期，实现多样化风险对冲与特定波动的风险回报，满足企业精细化汇率风险管理与成本控制的需求。例如，针对同一笔结售汇敞口，企业可选择收取期权费、支付期权费、零成本等，并承担所对应的风险与义务。即便在零成本的前提下，也可进行区间型锁定或到期根据市场情况进行不同条件的行权等，在不同概率的风险与收益之间达成一个可控的平衡点。

(3) 帮助企业根据收付汇资金头寸，进行资金流动性管理。企业在经营活动中，收付汇头寸常面临币种与期限不匹配从而造成资金短期流动性不足的问题，外汇掉期可根据企业近远端币种情况，通过 B/S 或 S/B 掉期交易有效帮助企业进行期限调整。比如将近端所持有的币种通过一笔掉期交易转换为近端需支付的币种，将远端收入的币种到期进行反向操作，换回近端所持有的币种，并锁定成本或收益。同时，由于基础贸易的收付汇时间因生产周期等因素影响而产生变化，需调整收付汇头寸时，掉期交易可帮助企业进行原价或者市价的提前履约或展期，从而达到与基础交易需求相匹配的目的。从期限来看，外汇掉期常满足企业一年以内的汇率保值需求。

(4) 解决企业本外币资产错配问题。货币掉期可有效对冲一年以上较长期限的海外发债、境外并购、对外直投等资本负债项下的币种错配问题。如海外发债，由于债券募集资金需回流境内使用，可以通过叙做货币掉期交易，在期初支付外币资金获得人民币资金，完成将期初外币债务转化为人民币债务的目的，并支付人民币利息，收取外币利息，到期偿还人民币本金，实现汇率和利率风险的锁定，完全规避了未来汇率波动所造成的待偿金额不确定的风险。

(5) 有助于企业进行风险管理，提升融资效率。外汇衍生品并非独立存在，而是常常与基础的信用证、进口押汇、内保外贷等结算、融资交易配套，其叠加运用可为企业贸易融资等方案的选择提前确定综合成本收益，便于企业进行核定与决策。赵峰(2017)认为，企业使用外汇衍生品进行风险对冲能够保证企业未来收益稳定，现金流波动平稳可控，使企业拥有更多的内部资金，减少对外部融资的依赖，从而降低企业经营成本。从信息传递角度看，外汇衍生品的使用可向外部传递信息，即企业愿意通过风险管控的方式来降低财务风险，在使用空间、合约的规范性及交易时机等方面有助于降低企业融资成本、提高融资效率。因此，外汇衍生品的使用，令财务风险在外汇衍生品与融资效率之间产生了"中介效应"，其研究证明，外汇衍生品使用每增加 1%，大约可提高公司融资效率 81%。

《西南金融》杂志 2018 年 09 期　作者：胡潇予

# 本 章 小 结

1. 外汇期货交易是交易双方在交易所内以公开竞价方式成交后承诺在未来某一特定日期

以事先约定的汇率交割期货合约所约定的标准数量货币的外汇交易。它与远期交易在交易目的、交易工具、交易场所、交易方式、交易结果等诸多方面都存在显著区别。

2. 外汇期货交易由期货市场组织。外汇期货市场由期货交易所、清算所、交易所会员、期货佣金商、其他交易者等共同构成，是一个有形市场。外汇期货交易有严格规则，保证金制度、每日清算制度和标准化合约制度是维护外汇期货交易秩序的基本规则。

3. 外汇期货交易常见的有套期保值策略和投机策略两种交易策略。外汇期货市场中投机交易的常见方式有简单投机和外汇期货套利两种。

4. 外汇期权是以外汇作为合约标的物的期权。外汇期权是一种有关货币的选择权契约，价格由其内在价值和时间价值决定。它赋予期权买方在契约到期或到期之前以事先规定条件买入或卖出某种外汇资产的权利。交易中，期权卖方收取期权费，并负有按照买方要求卖出或买入相应外汇的义务。外汇期权交易中交易双方权利、义务不对等，风险收益具有显著的不对称性。外汇期权按照不同标准可以分为看涨期权与看跌期权、美式期权和欧式期权等。

5. 在国际金融市场中，期权形式灵活多样，不同的期权通过组合又构成多样的投资组合。对于风险承受能力不同、对汇率走势预期存在差异的投资者而言，可以利用单一期权或某种期权组合达到规避汇率风险的目的。利用期权合约可以构造裸期权、抛补期权、差价期权和组合期权四种基本的期权投资策略。

6. 互换交易主要是指对相同货币的债务和不同货币的债务通过金融中介进行互换的一种行为。本章介绍了利率互换和货币互换两种互换交易。利率互换是两笔货币相同、债务额相同、期限相同的资金在固定利率和浮动利率间的调换。货币互换是两笔金额相同、期限相同、计算利率方法相同但货币不同的债务资金之间的调换。简单来讲，利率互换是相同货币债务间的调换，而货币互换则是不同货币债务间的调换。货币互换双方互换的是货币，他们各自的债权债务关系不随互换而改变。互换是用来管理外汇风险的最主要也是最有效工具之一，但是互换交易本身也存在着价格风险、结算风险和信用风险。

# 本章主要概念

利率期货　股指期货　外汇期货　公开叫价制度　保证金制度　每日清算制度　期权买方　期权费　掉期率　期权执行价格　买入期权　卖出期权　美式期权　欧式期权　利率互换　货币互换

# 习　　题

## 一、选择题

1. 世界上公认最早进行外汇期货交易的交易所是(　　)。
    A. 芝加哥商品交易所　　　　　　　　B. 伦敦国际金融期货交易所
    C. 新西兰期货交易所　　　　　　　　D. 新加坡国际外汇交易所

2. 在外汇期货市场中先卖出某种货币期货，然后买进该种货币期货，以抵消现汇汇率下跌给所持有的外汇债权带来的风险的交易称为(　　)。

  A. 买入套期保值      B. 卖出套期保值

  C. 多头投机        D. 空投投机

3. 在期权交易中，需要支付保证金的交易者是(　　)。

  A. 买方    B. 卖方    C. 买卖双方    D. 第三方中介

4. 在(　　)交易中，合同买入者获得了在到期日前按照协定价格出售合同规定的某种金融工具的权利。

  A. 买入看涨期权      B. 卖出看涨期权

  C. 买入看跌期权      D. 卖出看跌期权

5. 利率互换是两笔资金在(　　)间的调换。

  A. 不同货币   B. 不同利率   C. 不同债务额   D. 不同期限

6. 外汇期货交易的特点是(　　)。

  A. 数量标准化       B. 报价统一

  C. 合约时间标准化     D. 交割日统一

7. 按照期权所赋予的权利，可以分为(　　)。

  A. 买入期权   B. 卖出期权   C. 欧式期权   D. 双向期权

8. 金融互换主要包括(　　)。

  A. 利率互换   B. 汇率互换   C. 货币互换   D. 负债互换

## 二、判断题

1. 在中国银行期权宝业务中，如果客户对未来汇率变动方向判断错误，会面临无限大损失。
  (　　)

2. 外汇期货交易参与者主要是专业的证券交易商和大型商业银行或大企业，个人与中小企业由于缺乏足够信用而基本被排除在交易市场之外。  (　　)

3. 卖出看涨期权后当市场价格低于执行价格时，卖方可放弃交易，仅损失期权费。
  (　　)

4. 金融机构因担任互换交易中的中介者而成为互换市场中的重要参与者。  (　　)

5. 欧式期权指期权买方在支付一定期权费给期权卖方后只能在规定的到期日才能行使权利，要求期权卖方履约的期权交易。  (　　)

6. 期权宝是中国建设银行的个人外汇期权产品之一。  (　　)

7. 当企业有远期应收账款时，应该买入看涨期权。  (　　)

8. 利率互换交易中，交换既涉及利率互换，也涉及债务本金。  (　　)

9. 两得宝的客户可以获得一笔期权费。  (　　)

10. 中央银行是互换市场中的重要参与者。  (　　)

## 三、填空题

1. 金融期货交易是指交易双方在金融市场中以约定时间、约定价格交易一定量＿＿＿＿＿＿＿的交易行为。

2. 外汇期货交易的标的物是_____。

3. 外汇期货的套期保值交易中，买进期货以建立与现货头寸相反的部位称为_____。

4. 期权交易的买卖双方_____不对等。

5. 互换市场中最主要的交易形式是_____。

## 四、简答题

1. 请简述影响期权费的主要因素。

2. 外汇远期交易与外汇期货交易的区别主要表现在哪些方面？

3. 请简述外汇期权的含义。

4. 请简述利率互换的特征并分析其风险。

5. 期权交易与期货交易有何异同？

## 五、计算分析题

某公司预期美元兑日元汇率将上涨，于是买进一份美元欧式看涨期权，执行价格为USD1=JPY 109.14，支付的期权费为USD1=JPY2，请分析该公司的盈亏状况。

# 第八章

# 外汇风险管理

【导读】

外汇风险是因为汇率波动使经济主体从事与外汇交易有关经济活动中可能遭受损失或获取额外收益的可能性。自 20 世纪 70 年代浮动汇率实行以来，外汇市场汇率频繁波动，涉及外汇交易的经济主体时刻面临外汇交易的风险，因此本章主要学习外汇风险的种类、外汇风险管理的原则及策略，最后重点介绍外汇风险管理的方法。

【学习重点】

学习外汇风险的种类及外汇风险的管理方法。

【学习难点】

进出口企业外汇交易风险的管理、海外工程承包商如何防范汇率风险。

【教学建议】

第一、二、三节以课堂讲授为主，第四节建议结合案例教学和指导学生掌握外汇风险管理的方法。

# 第一节　外汇风险概述

## 一、外汇风险的概念

外汇风险(Exchange Risk)又称汇率风险，有广义和狭义之分。广义的外汇风险是指由于外汇汇率变动导致与外汇交易有直接、间接关系的经济主体遭受汇率变动所产生的损失。承担外汇汇率波动的主体主要有政府、进出口商、国际资金的借贷者、国际投资者、经营外汇业务的银行、外汇经纪商、外汇投机者、个人等。广义的外汇风险包括汇率风险、国家风险、外汇管制风险、信用风险。狭义的外汇风险是指一定时期内经济主体在国际经济交易中因为汇率变动导致以外币计价的资产或负债价值变动的风险，狭义的外汇风险仅涉及汇率风险，本章的重点主要是汇率风险。

# 二、外汇风险的内涵

自 20 世纪 70 年代布雷顿森林体系崩溃以来，各国纷纷实行浮动汇率，外汇市场汇率波动呈现常态，因此，外汇风险管理就成为进行外汇交易的经济主体必须考虑的风控内容之一。

## (一) 外汇风险是指汇率波动造成损失或增加收益的可能性

通常说的外汇风险指的是因为汇率波动遭受的损失，汇率变动所造成的风险损失主要包括：

(1) 因汇率波动导致债权人以外币计值的资产或应收账款价值下降；

(2) 因汇率波动导致债务人以外币计值的负债或应付账款价值增加；

(3) 以外币计价所产生的账面资产损失；

(4) 以外币计价的预期收益减少；

(5) 对外经济往来中因为汇率波动导致决策的不确定性增强。

## (二) 外汇风险管理是经济主体对持有外汇敞口头寸(Exposure Cash)的管理

经济主体并不是有外汇交易都会面临外汇风险，而是有外汇的敞口头寸才涉及外汇风险。例如，某公司买入 4000 万美元资产且卖出其中的 3800 万美元资产，二者合同结算期限相同、币种相同，那么该合同只有超买的 200 万美元资产将承受外汇风险。敞口头寸是指经济主体所持有的外汇资产与负债差额，即暴露于外汇风险之中的那一部分资产或负债。

在现实经济生活中，外汇头寸有以下三种情况：

(1) 头寸轧平(Square)即经济主体所持有的外汇资产等于外汇负债；

(2) 多头头寸(Long Position)，又称超买(Overbought)，即经济主体持有的外汇资产大于外汇负债；

(3) 空头头寸(Short Position)，又称超卖(Oversold)，即经济主体所持有的外汇资产小于外汇负债。

在经济主体所持有外汇头寸轧平的情况下，它并不会面临外汇风险。

外汇风险主要包括两种情形：一是当公司或个人以外币计价的资产或负债的金额不相等时，就会出现一部分外币资产或负债净额受汇率变动的影响，这一净额称为敞口头寸(Open Position)；二是当公司或个人以外币计价的资产或负债期限不匹配时，就会出现所谓的期限缺口(Maturity Gap)或非匹配缺口(Mismatch Gap)。如某公司于 2021 年 3 月 1 日同时签署了两份外贸合同，一份合同是 2021 年 6 月 1 日到期支付进口设备货款 300 万美元，另一份合同于 2021 年 9 月 1 日到期收回货款 300 万美元，这两份合同金额相等、币种相同，买卖方向相反，但到期日不同仍然面临汇率风险。简而言之，体现外汇风险的外汇暴露是指公司或个人在以外币计价的经营活动中受汇率变动影响的那部分金额。

## (三) 外汇风险涉及所有的经济主体

外汇风险不仅涉及直接从事国际经济交易的单位和个人，而且涉及某些不直接参与国际经济交易的单位和个人。由于汇率波动给整个宏观经济带来较大的影响，因此，外汇风险涉及每一个经济主体。比如，人民币汇率升值，就会带来出口受阻，而所有出口企业就面临压力，在出口企业就业的相关人员会面临失业、重新就业的问题。若人民币汇率贬值，所有进口企业进口成本就会增加，进口企业的税收、就业等都会受到影响。

## 三、外汇风险的构成要素

外汇风险主要产生于经济主体以外币计价的资产与负债存在"敞口"部分及跨货币的交易行为。从理论上讲，外汇风险的产生与形成包括三个要素，即本币、外币和时间。

### (一) 本币

进行经济交易的主体，在涉及外币经营活动中所发生的应收账款、应付账款及货币资本的借出或借入等外币收付活动，均需与本币进行折算，这就存在因汇率波动带来的收益或损失。会计核算都是以本币来衡量一个企业的经济效果，如果一个国际性企业在其对外交易中未使用外币而使用本币计价收付，那么这个国际性企业就不存在外汇风险。因为它不涉及本币和外币的折算问题，从而不存在汇率变动的风险。

### (二) 外币

除了美国、欧洲主要发达国家在国际结算中使用本币结算以外，大多数国家在国际经济交易中常常使用外币结算，常用的外币主要有美元、欧元、日元、瑞士法郎、英镑等。如亚洲某一国家的出口商签订服装销售合同，三个月后收到 1000 万欧元，那么三个月后欧元的汇率波动就成为该出口企业面临的汇率风险。

### (三) 时间

时间是指从一笔经济交易达成后，到应收账款的实际收进、应付账款的实际付出，借贷资本的最后偿还这中间的期限。这个期限越长，在此期间汇率波动的可能性也越大，外汇风险也越大。因此时间的长短与外汇风险正相关。调整时间，如缩短一笔外币债权、债务的收取或偿付时间，可以减缓外汇风险，然而不能消除外汇风险。因为在这个时间段内，本币与外币折算所面临汇率波动的可能性仍然存在。因此，汇率的变动与时间有紧密的关系。

经济主体在其正常经营活动中只要缺少上述任何一个因素，它便不会面临外汇风险。例如，涉外业务可能不使用本币，如美国贸易商使用出口中得到的英镑购买等额英国出口商品。再如，涉外业务中也可能不使用外币，如美国出口商要求对方用美元支付。另外，涉外业务中也可能排除时间因素，如美国出口商要求对方在签订贸易合同时预先支付外币。前两种情况下企业无须进行货币兑换，第三种情况下企业按即时汇率进行兑换。所以，企业都未面临外汇风险。但是，一方不存在外汇风险，并不意味着另一方也不存在外汇风险。例如，使用本币计价时，本国可摆脱外汇风险，但是本币对外国人来说是外币，外国企业仍面临外汇风险。

## 四、外汇风险的影响

外汇风险的影响涉及政府层面、企业层面、持有外汇的个人等。其主要影响有以下几方面。

### (一) 对有形贸易的影响

汇率的波动首先影响到进出口企业，假设其他条件不变，若本币对外贬值，通常有利于出口，不利于进口。因为等值出口商品在国际市场上会折合比贬值前更少的外币，使出口商品国外销售价格下降，竞争力增强。若出口商品在国际市场上的外币价格保持不变，则本币贬值会使等值的外币兑换成比贬值前更多的本币，则出口利润增加。而以外币计价支付的商品在国内销售时折合的本币价格比贬值前提高，进口商成本增加，利润减少，则需要压低进口商品的外币价格，这又会招致外国商人的不满。因此，本币贬值会自动地抑制外国商品的进口。与上述情况相反，一国的货币汇率上浮(本币升值)，不利于出口，但可以增加进口。当然，无论是本币升值或贬值，所造成的影响还取决于进出口商品的供应需求弹性。

### (二) 对无形贸易的影响

一国货币汇率下浮，会增加该国的无形贸易收入；汇率上浮，会减少无形贸易收入。假设其他条件不变，本币汇率下浮，以本币所表现的外币价格上涨，而国内物价水平不变，如对入境旅游来说，同样的外币换更多的本币在当地消费，提高对外国游客的吸引力，促进了本国旅游和其他服务贸易收入的增加；反之亦然。本币汇率波动对银行结算、保险、运输、海外工程承包等技术服务贸易也会产生同样的影响。

### (三) 对国际资本流动的影响

当本国货币汇率下降时，国内资金持有者为了规避因汇率变动而蒙受的损失，就要把本国货币在外汇市场上兑换成汇率较高的货币，选择资本逃避，导致资本外流，同时会引起外资撤资。这不仅使该国国内投资规模缩减，影响其国民经济的发展，而且由于对外支出增加，将恶化本国的国际收支；反之，若本国货币汇率上升，则对资本流动的影响与上述情况相反。

### (四) 对涉外企业经济效益的影响

汇率短期频繁波动，会引起企业预期的本币现金流量和以外币计价的各种资产、负债的价值常因汇率变动而发生变化，可能使企业遭受损失，也可能给企业带来收益，这取决于合同货币到结算日这段时间的汇率波动情况。因此企业只有了解和预测汇率变动，提高对外汇风险的管理水平，才有可能避免巨大的外汇风险所造成的损失。

### (五) 对涉外企业长远经营战略的影响

如果汇率变动有利于涉外企业的资金营运，企业就会采取大胆的、开拓性的、冒险的经营战略，如扩张海外投资、扩大生产规模、开发新产品、开辟新市场。相反，如果汇率变动不利于涉外企业的资金营运，企业就会采取保守的、稳妥的、谨慎的经营策略，尽量避免使用多种外汇，把海外市场、海外融资控制到一定范围。

# 第二节　外汇风险的种类

随着经济全球化和一体化程度的不断加深，涉及国际经济交易的经济主体都会面临诸多不确定性风险，其中外汇风险就是常见的金融风险之一。经济主体所面临的外汇风险可分为三类，即交易风险、会计风险和经济风险。

## 一、交易风险

### (一) 交易风险的概念

交易风险(Transaction Risk)是指经济主体在以外币计价结算的国际经济交易中，从合同签订之日到其债权债务得到清偿这段时间内，因该种合同外币与本币间的汇率波动导致该项交易的本币价值发生变动的风险。其主要涉及国际经济交易中的经常项目、短期资本借贷，包括有形贸易、无形贸易、单方面往来、侨民汇款、收入性支付往来、短期资金流动。这种风险起源于已经发生但尚未结清的以外币计值的应收款项或应付款项，它同国际贸易和国际资本流动有着密切关系，主要表现于三个方面。

### (二) 国际贸易中的外汇交易风险

在进出口业务中，从签订合同到实际支付货款这段时间内，因合同货币汇率变化而产生了交易结算风险。例如，中国某一出口商向美国出口一批空调，6 个月后结算货款为 1000 万美元的商品，签约时的汇率为 1 美元折合 6.5 元人民币。在 6 个月后发生实际货款支付时的汇率为 1 美元折合 6.4 元人民币。那么，该出口商在半年后收到的 1000 万美元只能换回 6400 万元人民币，比签合同时少收入 100 万元人民币，因为汇率变动即人民币升值美元贬值所带来的风险损失是 100 万元人民币。

### (三) 国际借贷中的外汇交易风险

随着国际经济交易的快速发展，国际资金融通的规模不断扩大。借贷双方因为借款期至还款期的时间因素必然面临还款货币汇率变动给双方造成损失的可能性。如果到还款期还款合同货币升值就会导致借款方要多支付本币来偿还贷款，如果还款合同货币贬值也会导致贷款方损失。例如，中国某银行向国外某金融机构借入一笔为期 1 年的 100 万美元资金，签约日的汇率为 1 美元折合 7 元，它用该借款向国内企业提供 700 万元人民币贷款。如果 1 年后的汇率为 1 美元折合 8 元，那么，在不考虑利息的情况下，它将蒙受 100 万元的经济损失，即在 1 年后，必须支付 800 万元人民币才能购买到 100 万美元来偿还贷款的本金。

### (四) 银行外汇买卖风险

在银行外汇买卖中，签约日到交割日的汇率变动，使经济主体面临交易风险。例如，北京某银行在 2021 年 12 月 1 日分别买入和卖出同样期限的 1000 万美元和 800 万美元，当日汇率为 1 美元折合 6.6 元。若 1 个月后的汇率为 1 美元折合 6.3 元，那么，该银行因保有 200 万美元多头，美元汇率下降使其损失 60 万元人民币，这里不考虑买卖价差。交易风险的典型特征是它将导致现金的流动，即部分财富因汇率变动转移给其他经济主体，使企业承担真实的经济损益。

## 二、会计风险

### (一) 会计风险的概念

会计风险，又称折算风险(Accounting Risk)，它是指在经济主体将各种应收应付的外币资产或负债折算成记账货币(通常是母国货币)的会计处理中，因合同货币汇率变动而出现账面损益的可能性，属于一种存量风险。会计风险即企业在进行会计处理和进行外币债权、债务结算时，对于必须换算成本币的各种外币计价项目进行折算时所产生的风险，即将外币债权、债务折算成本币时，由于使用的汇率与当初入账时的汇率不同而产生账面上损益方面的差异。虽然折算风险所产生的损益并不是实际损益，但它会影响到企业向股东和社会所公布的营业报告书的结果。

### (二) 会计风险产生的条件

这种风险的产生有两个前提条件：一是将要合并的会计报表原来是用不同货币表示的；二是将各种外币资产或负债折算成记账货币的汇率不同。例如，中国某公司年初会计账面上拥有100万英镑存款。如果年初英镑与人民币的汇率为1英镑可兑换8元人民币，那么这100万英镑的存款就可折合为800万元人民币。如果在年末时每英镑可兑换7元人民币，那么这100万英镑的存款就可折合为700万元人民币。由于英镑的贬值，这家公司会计账面上凭空出现了100万元的损失，这就是典型的会计风险。只不过这里的会计风险是由于这笔100万英镑存款的人民币值先后按照"历史汇率"和"现行汇率"折算为人民币而产生的。但如果在汇率发生变动的情况下，会计制度强行规定这笔100万英镑的存款仍然按照"历史汇率"进行折算，那么这笔100万英镑存款的人民币价值就不会发生任何变化。所以，会计风险在很大程度上是由人们的主观意愿决定的。

跨国公司在海外的分支机构会频繁地涉及会计风险，一方面，分支机构或联属企业必须以东道国的货币记账并编制会计报表，同时需要将外币转换成母公司或总公司的货币记账，这就面临更复杂的折算风险。由于不同经济主体资产负债表中的不同项目性质各异，人们对不同项目是否面临着折算风险的看法也不一致，由此便产生了不同的折算方法。

📖 **专栏8-1**

### 西方各国曾先后出现四种折算方法

1. 流动——非流动法(Current-No Current Method)

企业在对外币会计报表折算以前，将流动项目按资产负债表日的汇率折算、非流动项目按历史汇率折算、利润表项目按平均汇率折算。采用此法，首先应将报表中的资产、负债表项目划分为流动与非流动两大类。凡在一年内或一个正常经营周期内须偿付的各种负债均作为流动负债；凡不满足上述条件的资产和负债，则分别作为非流动资产和非流动负债。在报表折算时，流动资产和流动负债按资产负债表编制日当时的现行汇率折算成国内等值货币；非流动资产和非流动负债按资产取得和负债发生当日历史汇率折算，非流动资产的折旧和摊销分别按有关资产折合本国货币的同一汇率折算。对于损益类项目，则可根据均衡发生的假设，按会计期的平均汇率折算。

在这种方法下，对于流动性的外币资产和负债项目，按照编表的期末现行汇率换算；对于非流动性的外币资产和负债项目，则按其入账时的历史汇率折算；对于有关各调整项目，如折旧、摊销和备抵等项目，应按其被调整项目的性质来决定是采用现行汇率还是采用历史汇率进行折算；对于利润表各损益项目，除折旧和摊销费用等按照相关资产入账时历史汇率折算外，其他收入和费用各项目可依均衡发生的假设，按照整个会计报告期间(年度)的平均汇率(加权平均或简单平均)进行折算。

流动——非流动法是将企业的资产负债划分为流动资产负债和非流动资产负债。

(1) 流动资产是指可以迅速变现的资产，包括库存现金、应收账款和存货等；流动负债是指期限在一年以下的短期负债，包括应付账款、应付税金、应付利息红利、短期票据等。

(2) 非流动资产主要指不能迅速变现的持有期在一年以上的资产，主要包括固定资产和长期证券投资等；非流动负债即在一年以上的时间需要偿还的长期负债，如长期票据、长期债券和抵押负债等。

(3) 这种方法要求对流动性资产和负债使用即期汇率(编制资产负债表时的汇率)折算，对非流动性资产和负债使用历史汇率(交易发生时的汇率)折算。所以在这种方法下，流动性资产和负债将面临折算风险，而非流动性资产和负债则不会面临折算风险。

使用这种方法，现行汇率的变化在当期只影响流动资产和流动负债。如果企业的流动资产大于流动负债，则在外币贬值时将遭受换算损失；在升值时，将获得折算收益。反之，如果企业的流动资产小于流动负债，则在外币贬值时将获得折算收益；外币升值时，遭受折算损失。外汇换算上已实现的损益计入当期经营成果，未实现的损失作为当期经营损失。

2. 货币——非货币法(Monetary-No Monetary Method)

货币——非货币法是将企业的资产负债划分为货币资产负债和非货币资产负债。货币资产包括现金和应收账款；货币负债包括应付账款和长期负债；非货币资产负债即指真实资产，包括存货和固定资产。该方法要求对货币性资产和负债使用现行汇率折算，对非货币性资产负债使用历史汇率折算。

3. 时间度量法(Temporal Method)

企业在对外币会计报表折算时，将现金、应收和应付项目按资产负债表编制日当时现行汇率折算，其他所有资产和负债则依其特性分别按现行汇率和历史汇率折算的方法。具体地说，凡其他所有用货币价格计量的资产和负债均应按货币价格所属日期的外汇汇率折算。也就是，国外附属公司报表上以历史成本(过去交换价格)记载的资产、负债按历史汇率折算，按现行价值(现行交换价格或未来交换价格)记载的资产、负债按现行汇率折算。至于损益类项目，则按会计期的平均汇率折算。实收资本则按投入时的历史汇率折算。时间度量法是货币——非货币折算法的变形，它们的区别仅在于对真实资产的处理上。如果真实资产以现行市场价格表示，则按现行汇率折算；如果真实资产以原始价格表示，则按历史汇率折算。

4. 现行汇率法(Current-Rate Method)

现行汇率法对企业国内外所有资产和负债项目都按现行汇率折算。在这种方法下，海外分支机构的所有资产和负债项目都会面临折算风险。

需要指出的是，会计风险并不涉及现金的流动或财富的转移，因为在折算过程中并未发生现实的外汇交易。但是，它涉及企业效益的评估、企业管理和税收等一系列方面，故企业进行财务管理时也十分重视这种外汇风险。

## 三、经济风险

### (一) 经济风险的概念

经济风险(Economic Risk)，又称经营风险(Operating Risk)，是指由于汇率变化之后，跨国企业将面临原材料、劳动力、管理费用、房租等方面的支出变动所产生的生产成本变化。这些都会通过影响企业的销售额、销售价格、生产成本，进而引起企业未来一定期间收益(税后利润)或现金流量(收益+折旧额)的变动。这对企业来说属于一种潜在风险，对企业未来的经营业绩产生影响，即汇率的变动通过影响企业未来的生产成本、销售价格，将引起销售数量的调整，并由此最终带来获利状况的变化。

### (二) 汇率变化对经济风险的影响

经济风险与未来的汇率变化有直接关系，未来汇率的变化引起原材料、劳动力、管理费用、分包合同金额发生变化，最终都会反映在未来价格上，从而影响跨国公司的国际竞争力。因此，跨国公司必须考虑公司未来的收支情况。销售收入取决于销售单价与销售额，利润率取决于纯利与销售总收入。当汇率变化时，最先变化的是可变收入，包括原材料、劳动力成本等；其次是固定支出、购买新设备等会发生变化，这时纯利润就会发生变化。有时汇率的变化也可能给跨国公司带来更多的收益。跨国公司针对未来经济风险所做的各种经营策略和管理的应对，都属于经济风险管理的内容。

经济风险定义中的汇率变动仅指意料之外的汇率变动，而不包括意料之中的汇率变动。这是因为企业在预测其未来获利状况时，已经将预料到的汇率变动对未来获利状况的影响考虑进去了，并将这一情况融入对企业未来经营成果和市场价值的评估结果，因此这种预料到的影响并不构成一种风险。

经济风险的影响是长期性的，而交易风险和折算风险的影响通常是一次性的。评价一个企业的长期经营能否可持续发展，经济风险的管理比交易风险、折算风险显得更为重要。因为它所测量的正是汇率变动对企业效益的长期影响。经济风险涉及面广，它不仅包括财务管理，还包括市场营销、产业链管理、企业战略管理等各个方面。

## 四、三种类型的外汇风险之间的对比

对跨国企业来说，生产经营活动中可能面临着交易风险、会计风险和经济风险，这三种类型的外汇风险之间也有区别。

### (一) 风险发生的时间不同

交易风险是在企业的生产经营活动过程中所产生的风险，会计风险是在企业的生产经营活动结果中所产生的风险，经济风险是在企业预期未来生产经营活动的收益时所产生的风险。交易风险和会计风险的损益突出的是企业过去已经发生的交易的受险程度，而经济风险突出的是企业在未来发生的交易的受险程度。经济风险主要发生在长期生产经营过程中，会影响企业的发展战略及经营决策。

### (二) 风险损益的特点不同

从对企业造成的损益计算结果来看，交易风险和会计风险均可根据会计程序进行，二者都可用一个确切的数字来表示，具有静态性和客观性的特点；而经济风险则需要建立在对企业未来的生产经营活动进行预测的基础上，从企业整体经营的角度进行分析，它具有一定的动态性和主观性特点，经济风险更多的是从宏观层面做一些定性分析。

### (三) 风险衡量的角度不同

交易风险既可以从每笔经济业务的角度来衡量，也可以从整个企业经营的角度来衡量；经济风险只能从整体企业经营的角度来衡量，既可以从跨国公司的整体经营角度衡量，也可以从子公司的整体经营角度衡量；会计风险一般只能从母公司的角度来衡量。

### (四) 风险损益的真实性不同

由于交易风险涉及经济主体之间的现金流动，因此它会造成风险承担者实实在在的损益；会计风险主要影响有关企业的资产负债表，与现金流动无关，因此它造成的损益不是真实的，只是一种账面上的损益；经济风险由于是建立在对企业未来经营状况预测的基础上，因此这种风险既可能是真实的，也可能是不真实的。

# 第三节 外汇风险管理的原则与策略

## 一、外汇风险管理应遵循的原则

风险管理是任何生产经营企业必须进行的风险控制活动。对于涉及外汇交易的企业，其防范汇率风险首先应该制定风险管理的原则。由于各国国情不同，各经济主体的生产经营情况各异，不同时期的汇率波动情况也存在差别，因此我们很难说哪一种外汇风险管理策略就是最好的。一般来说，经济主体在选择外汇风险管理策略时应遵循下列原则。

### (一) 应服从于企业发展战略

通常企业会根据所处的发展阶段制定不同的发展战略，企业的财务风险管理隶属企业的发展战略，因此必须在企业发展战略的框架下进行风险控管，汇率风险是财务风险的一种，当然更要服从于企业的发展战略。

如果企业的总体发展战略是市场开拓，那么，少量外汇交易风险不是非常重要的关注点。如果企业的总目标是追求利润最大化，就要求企业对外汇风险报酬、风险损失和管理成本进行综合比较，不能只考虑某一方面。

### (二) 根据企业生产经营活动系统筹划

经济主体在其正常的生产经营活动中，会涉及多种业务活动，如制订规划、采购原料、销售产品、国际借贷、国际租赁、对外投资、买卖外汇、会计折算、外汇银行业务等，这些业务活动所引起的外币债权债务关系可能相互抵消，也可能造成相当大的敞口头寸。如果企业能够将某项业务中的外汇头寸与另一项业务中的外汇头寸相互抵消，便能够部分消除外汇风险。在国际贸易业务中，企业应该从签合同前的汇率预测、对方习惯结算方式、银行可能提供的汇率风险防范工具等全面筹划安排经营活动，以减少风险。

### (三) 根据汇率波动的规律和周期灵活进行风险管理

在汇率相对稳定时期，选择谨慎的外汇风险管理策略，以获得节约风险管理成本的好处；在汇率剧烈波动时，选择完全避险策略，保证生产和经营的正常进行。同一企业可在不同时期针对不同情况灵活调整自身的风险管理策略，如流动资金较多的企业，其抗御风险的能力较强，从而可以选择较为积极主动的风险管理策略。

## 二、外汇风险管理的策略

不同的经济主体在涉外业务中，根据自身对外汇风险的承受能力可能采用不同的外汇风险管理策略。总体上说，外汇风险的管理策略可以分为三大类：完全避免外汇风险的管理策略、被动的外汇风险管理策略和主动的外汇风险管理策略。

### (一) 完全避免外汇风险的管理策略

完全避免外汇风险的管理策略是指经济主体在涉外业务中，为尽可能地阻止外汇风险的形成，通过各种套期保值手段消除实际业务中发生的一切敞口头寸，以避免汇率波动可能给其带来的风险损失。

完全避免外汇风险的管理策略，意味着经济主体是风险厌恶者。采取这种策略是由经济主体自身的行业性质所决定的。这种风险管理策略的理论基础是，企业经理人是生产和经营方面的专家，但是他们并不了解未来汇率的变动趋势。因此，采用这种风险管理策略可以扬长避短，使企业经理人集中精力做好本职工作。此外，采用这种风险管理策略也可能是因为企业的支出计划受客观条件的限制而缺乏灵活性，难以承担汇率波动对生产和经营计划的冲击。

完全避免外汇风险管理策略的实施，要求具备下列两项客观条件。第一，有关的风险管理措施对企业生产和经营的消极影响很小。例如，尽管在企业的生产经营活动中，采用本币计价法可以通过消除外币因素而阻止外汇风险的形成，但这是以对方能够接受本币计价并且不提出任何附加条件为客观前提的。如果交易的对方也是风险厌恶者，那么采用完全避免外汇风险的管理策略就可能丧失贸易机会，或者导致交易中价格上过多地让步。第二，风险管理中的交易成本较低。从理论上讲，各种避免外汇风险的工具都会发生某种形式的交易成本，区别只在于表现形式和量上的差异。如果合同中能采取本币结算，就完全避免了汇率风险，还不产生外汇买卖手续费，因此成本较低。

## （二）被动的外汇风险管理策略

被动的外汇风险管理策略是指经济主体在面对外汇风险时采取听之任之的态度。如果未来的汇率变动对其有利，它将获取风险报酬；如果未来的汇率变动对其不利，它将承担风险损失。

这种风险管理策略的理论基础是，从长期来看购买力平价和利率平价能够成立，汇率波动只是暂时性的，且其上升和下降的机会相等。这样，即使在某段时间汇率波动给企业带来风险损失，但是在另一段时间内汇率波动会给企业带来风险报酬。从长期来看风险损失和风险报酬可以相互抵消或部分抵消，使企业在无为而治的过程中获得节约风险管理费用的好处。

被动的外汇风险管理策略的实施，要求具备下列三项客观条件：第一，外汇风险管理措施的交易成本较高，风险管理明显影响着企业的国际竞争能力；第二，经济主体具有很强的抵御汇率风险的能力，短期汇率波动所带来的风险损失，不会影响企业正常的生产和经营计划的实现；第三，涉外业务在企业经营中处于次要地位，外汇风险对企业的影响较小，若建立外汇风险管理机构和采取避险措施将得不偿失。

## （三）主动的外汇风险管理策略

主动的外汇风险管理策略是指经济主体通过客观地预测未来汇率的变动趋势，并根据不同的预测结果对不同的涉险项目或敞口头寸分别采取不同措施的风险管理策略。在预期未来汇率变动对其不利时，便采取完全或部分避免风险的管理手段；在预期未来汇率变动对其有利时，企业便不用采取任何措施以期获取汇率溢价。

这种风险管理策略的理论基础是，汇率的短期或长期变动都有某种规律性，能够在一定程度上被人们所认识。只要经济主体能够在大多数情况下正确判断出汇率的变动方向，并以主动的态度对待外汇风险，那么它就可以有效地把握汇率变动带来的盈利机会，同时较大程度地避免汇率变动给企业带来的消极影响。

主动的外汇风险管理策略的实施，要求具备下列两项客观条件。第一，经济主体有很强的预测未来汇率变动方向的能力，并且在多数情况下能够做到准确预测。这就要求企业拥有完善的信息网络和高素质的专业人才等内部条件和经济环境相对稳定等外部条件。第二，经济主体具有较强的抵御未来汇率波动冲击的能力，具有较强的控制敞口头寸规模的能力；否则，大企业也无法承受汇率剧烈波动所带来的风险损失。

# 第四节　外汇风险管理的方法

任何可以完全或部分消除外汇风险的技术称为保值措施或外汇风险的管理方法。面临外汇风险的国际企业应结合每笔交易的特点与自身贸易财务条件，采取一定的方法来防止风险。下面介绍一些在外汇风险管理中经常使用的，用于防范和减少汇率风险损失的方法。

# 一、公司内部减少敞口头寸的方法

## （一）同种货币反方向匹配法

所谓同种货币反方向匹配法是指在同一时期内创造一个和存在风险的货币相同货币、相同金额、相同期限的资金反方向流动的交易。如中国某公司在 3 个月后有 100 万欧元的应付货款，该公司应设法出口相同欧元金额的货物，使 3 个月后有一笔同等数额的欧元应收货款来抵消 3 个月后的欧元应付货款，从而达到消除外汇风险的目的。通常币种平衡法又分为单项平衡和综合平衡。

### 1. 单项平衡

单项平衡，是指国际贸易中收付货币的逐笔平衡。例如，进口付汇和出口收汇在币种数量和时间上保持一致，使汇率变动带来的损失和收益相互抵消。又如，进口付汇所使用的货币与企业持有的外币一致，避免将来对外支付时的价值风险。

### 2. 综合平衡

综合平衡，是指企业在国际贸易中收付货币的整体平衡。对于进出口贸易量较大、交易频繁的企业，单项平衡的工作量大、琐碎，综合平衡可以通过有买有卖，使用多种货币，在一定时期内保持各种收付货币基本平衡，把汇率风险降低到最低程度。

### (二) 不同货币反方向匹配法

不同货币反方向匹配法是将某种货币资金流动所产生的风险，通过一笔与其金额相同、期限相同但是资金流动方向相反的另一种货币的对冲交易来规避风险的方法。

## 二、利用合同条款防范汇率风险

### (一) 选择合同货币

在有外汇币种结算的贸易中，通常首先要进行的工作是对合作方可能提出的结算币种汇率进行预测，分析合同结算到期日的汇率波动趋势，如果汇率波动剧烈，就考虑选择汇率相对稳定的主要国际货币，以规避风险。

在对外贸易谈判中，一般坚持收硬付软的原则，即在出口贸易中尽量选择硬币或汇率有上浮趋势的货币作为计价货币；在进口贸易中尽可能选择软币或币值趋于下跌的货币作为计价货币。这样做就可以避免在汇率波动中处于不利地位。也可采用软硬货币搭配使用的方法。当双方在货币选择上各持己见、无法达成协议时，可采用软硬货币各占一半的方法，即一半的进出口货值用硬币，一半用软币，使买卖双方互不吃亏，平等互利。甚至可采用几种货币组合，以多种货币对外报价，这种形式尤其适合于大型设备的进出口贸易。当前，有些进出口额较大的贸易公司，采用四种货币计价，即两种硬币、两种软币，使不同货币的急升急降风险缓冲抵消。这样就可以防止使用单一货币计价，因汇率的骤变使买卖双方遭受重大损失。

### (二) 选择结算时间

合同签订之后，总会出现汇率波动幅度、趋势与前期预测的情况相反甚至会带来巨大的损失。这种情况可以根据汇率波动方向，灵活调整结算时间，即提前收付或延期收付法。如果预测某种货币将会升值，那么以该种货币作为计价货币的出口业务则应力争推迟收汇；相反，如果是进口业务，则应力争提前付汇。例如，中国某公司有一笔为期 90 天的应付外汇账款，该公司预期该货币汇率 90 天后会上升，就可以考虑提前 60 天付清这笔货款，称为提前支付货款。结款时间可以写到合同里，就是根据汇率波动的幅度可以灵活调整结算时间以规避风险。又如，中国某公司有一笔 90 天到期的美元应收账款，合同签订 30 天后美元汇率出现快速下跌的趋势，就可以根据合同的规定提前收回应收账款，以避免更大的风险。

拖延收付是指公司推迟收取货款或推迟支付货款。如果预测到某种货币将贬值，则以该种货币计价的进口业务则应力争推迟付汇。

由于提前或拖延收付变更了结算日期，需要支付一定的折扣率。提前收付与拖延收付的折扣率通常是通过进出口双方协商而定的。

采用提前收付和拖延收付外汇法，首先要求当事人就某种货币汇率变动的趋势做出正确的判断；其次，分析折扣金额同因汇率变动带来的损失孰重孰轻。若预测、分析失误，将受到损失。因此，提前或拖延收付带有投机性质。在实际收付过程中，进出口商单方面提前或拖延收付外汇并非容易，因为要受到合同约束、国内信用等方面的限制。

### (三) 利用外汇保值条款

外汇保值条款以硬币计价保值，用软币支付，通常有三种类型。

(1) 合同计价用硬币，支付用软币，即支付时按计价货币与支付货币的即期汇率。

(2) 计价与支付都用软币，但签订合同时明确该货币与另一硬币的比价，如支付时这一比价发生变化，那么原货价按变动幅度调整。

(3) 确定软币与硬币的协议汇率，如支付时软币与硬币的比价超过商定汇率一定幅度时，才对原货价进行调整。

### (四) 利用"一篮子"货币保值法

"一篮子"货币保值法就是在合同中规定采用多种货币来保值，其做法、原理与硬币保值相同，但不是以某一种硬币来保值，而是用多种货币组成"货币篮"，各种货币软硬搭配，汇率变化有升有降，升降可以相互抵消，因此能够分散汇率风险或把风险限制在一定幅度内。运用"一篮子"货币保值，首先要确定"一篮子"货币由哪几种货币构成，然后确定每一种货币所占比例，在合同中订好支付货币与每种保值货币的汇率，到支付时，再按即期汇率折算成支付货币。

### (五) 物价指数保值法

物价指数保值法是评估资产重置成本的一种方法。它以历史成本为基价，考虑自计价基期到评估期的物价水平变动，相应调增(或调减)资产价格。如果资产再生产的技术条件变化不大，应用物价指数保值法评估的资产价格可近似地反映资产的更新重置成本。如果技术进步较快，再生产条件差异较大，按这种方法估价就只能近似地反映资产的复原重置成本。在中国，这种方法被广泛应用于资产保值的宏观经济分析和决策，在资产转让和资产重估入账的评估实务中，也应用这种方法进行某些项目和类别的资产评估。

物价指数保值法同样可以应用到在国际贸易结算因为汇率波动的风险防范中，指以某种商品的价格指数或消费物价指数来保值，进出口商品的货价根据价格指数变动做相应调整。

### (六) 价格调整法

如果在签订合同中进口商坚持支付币值趋于下跌的软货币，那出口商就可以要求增加一个合同条款，即如果合同币种在到期结算时导致出口商损失巨大，出口商就可以根据合同条款要求进口商支付相应损失，即通过提高货物价格来减少汇率损失。同样，进口商在出口商坚持合同以币值趋于上升的货币支付时，进口商可以要求在合同中加列一条，即到支付日因为合同货币币值上升使得进口商蒙受损失，可以要求出口商降低销售价格来减少进口商的风险和损失。即调整进出口商品的价格，从而将外汇风险分摊到价格中去，这就是价格调整法。价格调整法包括以下两种。

#### 1. 加价保值法

加价保值法就是指出口商接受合同货币为软币支付时，将汇率损失摊入出口商品的价格中，以转嫁汇率风险。加价计算公式一般为：

出口商品新价=出口商品原价×[1/(1-计价货币预期贬值率)]

#### 2. 压价保值法

压价保值法就是指进口商接受合同货币为硬币付汇时，将汇率损失从进口商品价格中予以剔除，以转嫁汇率风险。压价计算公式一般为：

进口商品新价=进口商品原价×[1/(1＋计价货币预期升值率)]

## 三、利用外汇市场交易工具防范风险

### (一) 即期外汇交易防范风险

即期外汇交易是外汇市场上最基本的交易品种，即期合同法就是指具有外汇债权或债务的公司与外汇银行签订售出或购进外汇的即期合同来消除外汇风险。或者有外汇结算的外贸企业，现金流宽裕，就可以在签订合同之后在外汇市场上进行相关外汇交易，提前锁定风险。

例如，中国 A 公司在 30 天内要支付一笔金额为 200 万欧元的货款给德国出口商，为防止外汇汇率风险，该公司可直接与其银行(如美洲银行)签订以人民币购买 200 万欧元的即期外汇买卖合同。这样提前购买欧元，锁定汇率风险。

### (二) 远期外汇交易防范风险

远期外汇交易也是外汇市场上比较常见的交易品种，指具有远期外汇债权或债务的公司与银行签订售出或购进远期外汇的合同，以消除外汇风险。或者有外汇结算的外贸企业，就可以在签订合同之后提前在外汇市场上进行相关远期外汇交易，提前锁定风险。例如，中国 A 公司在 90 天后要支付一笔金额为 200 万欧元的货款给德国出口商，为防止外汇风险，该公司可直接与其银行签订以人民币 3 个月远期汇率购买 200 万欧元的远期外汇买卖合同。这样提前购买欧元，锁定汇率风险。

### (三) 外汇期货交易防范风险

外汇期货交易是标准化的远期外汇交易，是利用外汇期货合同来防范汇率风险，通常可以起到防范风险、锁定风险、发现未来汇率价格的作用。期货合同法是指具有外汇债权或债务的企业，在外汇期货市场，根据标准化原则与清算公司或经纪人签订货币期货合同，以消除或减少外汇风险的方法。但企业要注意开展外汇期货合同的币种很有限，签订合同的时候要考虑提前做相关咨询工作。目前，我国经营外汇业务的商业银行还没有开展外汇期货交易的品种。如果中国企业在海外进行贸易、资金借贷等经济活动，可以考虑在国外外汇期货市场上进行外汇期货交易防范风险。

### (四) 外汇期权合同防范风险

期权合同法是指具有外汇或债务的企业，通过外汇期权市场进行外汇期权交易，以消除或减少外汇风险的方法，或者有外汇交易的贸易企业可以考虑利用期权交易防范汇率风险。

期权交易避险的原理：外币期权持有者在付出一定的保险费和佣金之后就取得了执行或不执行合约的权利，可在合约期满日或期满日之前选择是否按规定的汇价购进或售出约定数量的外币。这种方式比远期外汇的方式更具有保值作用。因为远期外汇交易时必须按约定的汇率履约。而期权交易当汇率变动与预期相反时，则可不履行合约。理论上来说，期权交易的损失有限、获利空间无限。期权交易在风险管理方面具有灵活性、主动性及风险预知性。当然，期权所付费用比远期外汇交易所付的费用高得多。开展外汇期权的币种也很有限，签订合同的时候要考虑提前做相关咨询工作。

## 四、利用金融市场防范汇率风险

### (一) 金融市场借款法

金融市场借款法是有远期外汇收入的企业通过向其银行借进一笔与其远期收入金额相同、期限相同、币种相同的贷款，以达到融通资金、防止外汇风险和改变外汇风险时间结构的一种方法。提前借入后可以按照即期汇率进行外币兑换，换成本币再存入银行获取存款利息，并能提前锁定风险。同样对于未来有预付外币货款的企业，为了防范汇率风险可以先在外汇市场上借入要支付货币的相同期限、相同金额的外汇，以避免汇率波动。例如，中国某公司半年后将从德国收回一笔 EUR100000 的出口外汇收入。该公司为防止半年后汇率下跌的风险，则利用借款法向我国某银行借相同数额(100000)、相同期限(半年)的欧元贷款，然后将这笔欧元作为现汇卖出，作为人民币流动资金。提前锁定汇率风险，最大的成本就是贷款利息与存款利息的差价，甚至还可能因为提前获得了人民币资金进行其他投资获益。半年后该公司再把从德国得到的欧元收入，偿还银行的贷款。半年后，即使欧元贬值，对该公司也没有影响，这样就避免了汇率风险。

采用提前借款法可以改变企业外汇风险的时间结构，缩短外汇风险存在的时间，即将该公司半年的风险，缩短到该公司向德国出口后到银行取得贷款这一短暂时间。借款后，如换成本币，就消除了外币对本币价值变化风险。如只借款，不换成本币，只是消除了时间风险，还是存在着外币对本币价值变化的风险。

### (二) 金融市场投资法

金融市场投资法是指具有远期外汇支出的企业，通过提前购买一笔与合同金额相同、期限相同、币种相同的外汇资金，将借入的外币资金投放于某一市场，一定时期后连同利息收回这笔资金，从而使这笔资金增值，支付合同到期后，可以将这笔投放于外汇市场的资金本金和利息收回直接用于支付对外负债，提前锁定汇率风险，达到防范汇率风险的目的。对于一个企业来说，投资意味着现时有一笔资金流出，而未来有一笔反方向的该笔资金加利息流入。

例如，我国 A 公司在 3 个月后有一笔 100 万美元的应付货款，为防止 3 个月后本币贬值、美元升值的风险，于是立即向银行用人民币购得 100 万美元，并投资于短期货币市场，期限为 3 个月，到期付款后，还余下一笔投资利息为 A 公司的额外收入，这样，使未来的外汇风险转至现时，又进行了货币兑换，从而避免了外汇风险。

## 五、贸易融资法

在中长期的国际支付活动中，利用适当形式的国际信贷，不仅可以使企业加速资金周转，提高资金的使用效率，还可以有效地防范和减少外汇风险。

### (一) 出口押汇

出口押汇(Outward Bill/Outward Documentary Bills/Outward Bill Credit)是指银行在信用证、托收和出口保理项下的议付。在托收项下，出口商在货物发运后给银行提交单据，银行根据托收合同类型(即期跟单付款、远期跟单付款、远期承兑交单)，将单据交给进口商，并提示进口商按期支付货款。如果是信用证结算方式，出口商按照单单一致、单证一致、单货一致、单同一致的原则提交单据，开证银行审核单据符合信用证的要求后就可以议付单据，出口商就可以提前取得现款，防范未来结算到期日的汇率风险。出口押汇实际上是出口方提前收汇，并避免汇率风险的一种方法。出口商到银行押汇，实际上就等于把外汇风险全部转嫁给银行。出口押汇是指企业(托收业务的委托人、信用证受益人)在向银行提交信用证项下单据议付时，银行(议付行)根据企业的申请，凭企业提交的全套单证相符的单据作为质押进行审核，审核无误后，参照票面金额将款项垫付给企业，然后向开证行寄单索汇，并向企业收取押汇利息和银行费用并保留追索权的一种短期出口融资业务。

### (二) 打包放款

打包放款信用证(Packing Credit)又称采购信用证，允许受益人(出口商)向往来银行预借一定数量资金用于收购货物和打包装船的信用证。装船后单据交放款银行议付时，借款的本息即在议付时扣除。它是出口地银行对出口商的资金融通，与进口商和开证行无关。打包放款是信用证结算方式中的一种综合性融资手段，是出口商利用国外进口商银行开来的信用证为抵押，向本国银行申请贷款。因此，还贷一般是有保证的。由于打包放款期限短、周转快、使用率也较高，可以帮助出口商解决信用证项下出口资金不足的困难。也就是说，银行为出口商提供了短期融资的便利。从出口商的角度来说，打包放款等于出口商把货款提前借出来，收汇风险也减少了。打包放款可以获得短期融资，防范汇率短期波动的风险。

打包放款与出口押汇不同的是，打包放款是在备货时就由银行提供贷款；而出口押汇不是在货物发运之前，而是在货物发出并备齐单证后，由银行提供资金融通，时间也较长。打包放款对出口商外汇风险的抵补与出口押汇类似，受险期缩短，外汇风险敞口缩小。一般由国际商业银行承做打包放款，我国银行对本国的出口企业也承做。我国某些银行不仅凭国外银行的来证承做打包放款，而且对履约率高的买卖合同，也承做打包放款。

### (三) 出口信贷

出口信贷是一种政策性金融支持出口的外贸融资业务，是市场经济国家为了鼓励本国大型成套设备和大型工程项目的出口，由出口国的官方金融机构或政府给予补贴的商业银行，以优惠的利率向本国出口商和外国进口商或进口方银行提供长期资金融通。由出口商所在地银行对出口商提供的贷款称卖方信贷，由出口商所在地银行对外国进口商或进口方银行提供的贷款，称买方信贷。

#### 1. 出口商利用卖方信贷避免外汇风险

出口方银行以优惠利率向本国出口商提供中长期贷款，再由出口商以分期付款或赊销方式，将成套设备卖给进口商，然后由买方分期偿付货款，出口商在得到出口货款以后，若预测将来汇率变动对己不利，便按当时汇率将外汇卖出，换成本币以补充企业的流动资金，加速资金周转。该项贷款用进口商陆续支付的外汇货款偿还。这样，出口商的外币负债(从银行的借款)为其外币资产(应向进口商收取的贷款)所轧平，消除了外汇风险。这样，即使得到出口信贷后，市场汇率波动，出口商仍无外汇风险，甚至所借外汇贷款的利息支出也可用提前兑换的本币在国内的投资收益加以弥补。

#### 2. 利用买方信贷避免外汇风险

买方信贷包括出口银行直接向进口商或进口方银行提供的用以购买贷款国设备的贷款。其一般做法是：进口商与出口商签订现汇成交的贸易合同，并与出口方银行签订贷款合同，进口商先付15%左右的现汇订金，其余货款由进口商以借到的资金按现汇付款条件支付给出口商，然后，进口商按贷款协议分期偿还出口方银行贷款并支付利息。买方信贷不仅使出口商可以较快地得到贷款和减少外汇风险，而且买方信贷中，各项费用不计入货价，在贷款协议中分别列明，便于买方与出口方讨价还价。因而，此种方式日益流行。

### (四) 出口信用保险

出口信用保险和出口信贷是市场经济国家官方支持出口的政策性金融业务，是一种由国家财政支持的保险机构对本国出口商和银行在出口收汇和出口信贷等业务中所面临的商业风险和政治风险提供的保险。出口信用保险业务投保的都是风险较高的险种，通常由国家财政支持。在实际操作中，出口信用保险业务的管理高度集中化，由政府支持的专门机构直接管理，我国由出口信用保险公司具体实施。出口信用保险业务不以营利为目的，其承保决策以分析信息为基础。承保范围只为本国的出口项目或出口信贷提供保险。险种较多，目前承做比较专业的出口信用保险业务的是我国 1994 年成立的出口信用保险公司。短期出口信用保险的险种主要有信用证出口信用保险、托收出口信用保险、寄售出口信用保险、保理出口信用保险、出口融资信用保险；中长期出口信用保险业务主要有延期付款出口信用保险、出口买方信贷信用保险、出口卖方信贷信用保险、包买票据保险、海外投资信用保险。

### (五) 国际保理业务

国际保理业务属于对外贸易业务中综合性的金融服务业务，又名保付代理或承购应收账款业务，主要应用于出口商在贸易金额不大、延期付款时间不长(通常在半年内)的托收结算业务中，即指承办保理业务的银行或金融机构(保理商)从出口商手中购进以发票、提单、保险单表示的对债务人的应收账款，并负责信用销售控制、销售分账户管理和债权回收业务。

其特点是集结算、管理、担保和融资、海外信息调查、账务处理等为一体，是一种综合性售后服务业务。在出口商对进口商的资信不太了解时，可以向保理商提出保付代理的申请。出口商以延期付款卖出商品时，在货物装船后，立即将汇票、发票、提单、保险单等有关单据卖断给承购应收账款的保理商，收进全部或大部分货款，从而取得资金融通。该种业务结算方式很多，最常见的是贴现方式，保理商根据延期付款的期限和自己将要承担的风险，确定对出口商的贴现比例，有时最高可达发票面值的 90%，其余货款到期收进。

国际保理业务中，出口商支付一定的手续费或贴息，就能提前收回大部分货款，与托收结算方式比较起来，不仅避免了信用风险，减少了坏账损失，还大大减轻了汇率风险。

国际保理业务可分为国际单保理和双保理业务。国际保理业务给进出口方都带来了不少好处：

(1) 可以代理出口商的信用管理业务；

(2) 对进口商的资信调查和评估；

(3) 对进口商的赊销控制业务；

(4) 代理出口商的账务管理业务；

(5) 为出口商提供收账担保；

(6) 为出口商提供短期融资。

对进口商来说，能以承兑交单和赊账方式与出口商达成协议，使进口商可以在收到货物甚至将货物出售后的一定期限再付款，不必动用自有资金从事经营活动，也无须像开立信用证那样垫付保证金或办理担保及抵押等复杂的手续，降低了进口成本，加快了资金周转，减少了中间环节，迅速适应多变的国际市场要求，节省结算费用和购货时间。

### (六) 包买票据

包买票据又称福费廷(Forfaiting)，是指在延期付款的大型设备贸易中，出口商把经进口商承兑的、期限在半年以上到六年的远期汇票无追索权地卖断给出口商所在地银行(或大金融公司)，由此提前取得现款，并免去一切风险的一种资金融通方式。由于这种融资方式使出口商可以在进口商付款前取得货款，避免了因延期收汇而造成的汇率风险，因此，福费廷业务可以作为避免外汇风险的一种方法。

福费廷业务起源于第二次世界大战以后的东西方贸易。当时，东欧各国为医治战争创伤，重建家园，需要从西方进口大量建设物资、日用品及粮食等。进口商因为外汇资金短缺而向银行贷款，但当时银行融资能力有限，于是中立国瑞士富有长期贸易融资经验的苏黎世银行协会便以美国向东欧国家出售谷物为背景，率先开创了福费廷融资业务。而当时的福费廷业务的期限多为 90~180 天。

福费廷业务的程序包括：

(1) 出口商拟采用包买票据融资，包买商进行风险分析；

(2) 进出口合同与包买票据协定的签订及银行担保的申请；

(3) 出口商发货，并将货运单据寄交进口商；

(4) 进口商承兑汇票，申请加保并将加保票据交给出口商；

(5) 出口商提交合格票据给包买商请求其无追索权地买入票据；

(6) 包买商提示到期票据；

(7) 包买商到期收取票款。

该业务实际上转嫁了两笔风险：①出口商把远期汇票卖给银行，立即得到现汇，消除了时间风险，且以现汇兑换本币，也消除了价值风险，从而把外汇风险转嫁给了银行或大金融公司；②福费廷是一种票据卖断的行为，出口商把到期进口商不付款的信用风险也转嫁给了银行，这也是福费廷业务与一般贴现业务的最大区别。

福费廷业务虽属出口融资，但实际上对进出口双方均有好处：出口商把远期汇票卖断给银行就立即收到现款，把一笔远期买卖换成了现汇交易，又免除了外汇风险和信用风险。而进口商则能以延期付款的方式进口大型成套设备。对承做福费廷业务的银行或大金融公司来说，它虽然承担了相应的风险和责任，但因为有另一家信得过的银行做了担保，也可放手承做。

## 📖 专栏8-2

### 2020年的企业汇率风险管理现状调查分析

汇率风险管理问题是当前各界高度关注的一个问题，在一个汇率波幅加大的世界里，如何做好汇率风险管理，对企业尤其是国际业务占比较高企业的财务绩效十分重要。

1. 企业汇率风险管理中存在的问题

从外汇局的调查结果看，目前我国企业避险保值意识亟待加强。为了解企业汇率风险管理现状，外汇局对2400多家企业开展了问卷调查。调查显示，在人民币汇率市场化进程中，企业的汇率风险管理水平不断提升，但也存在一些值得关注的问题。

1) 管理意识相对薄弱

大多数企业汇率风险敞口对冲比例较低，甚至有企业不进行任何金融避险。一些大型外资企业超过100万美元的敞口就会制定汇率风险管理策略，而部分国内企业持有上亿美元的风险敞口，仍缺乏汇率风险管理意识。

2) 风险管理较为被动

调查显示，仅20%的企业能够严格遵照财务纪律，主动、及时规避汇率风险。相当一部分企业习惯在汇率波动加剧时才重视汇率风险管理，一些企业甚至利用外汇衍生品谋取收益或从事套利，偏离主业。

3) 汇率风险管理不到位导致"汇率浮动恐惧症"

市场供求变化决定了汇率双向波动的自然特征，但一些企业不习惯汇率波动，越缺少科学有效的汇率风险管理，越担心汇率波动。

2. 影响企业选择汇率避险的因素

1) 以往汇率单边走向助长企业押注汇率

以往人民币汇率长期处于单边走向，波动幅度很窄，人民币汇率趋势预测比较容易，客观上助长了部分企业押注人民币汇率的倾向。

2) 企业不熟悉外汇衍生产品

相当数量的企业认为，现有外汇衍生品总体够用，增加新品种的需求并不十分迫切。对外汇衍生产品越熟悉的企业，办理外汇衍生品套保的比例越高。但仍有相当数量的企业不熟悉外汇衍生品。

3) 部分企业仍存在"赌博投机"心态

很多企业对套期保值认识不到位，习惯将外汇衍生品价格和到期市场价格比较，并以此作为财务管理的业绩考核依据。这表明企业对套期保值认识不到位，风险中性意识仍有待提升。

4) 部分企业认为套保成本高

部分企业的资产负债管理存在过度顺周期问题。在人民币升值期间，通过增加外币债务(包括向境内银行借用外汇贷款)和加杠杆等方式，进行过度"资产本币化、负债外币化"资产配置，赚取人民币汇率升值收益；在人民币贬值期间，通过增加外币资产和加杠杆等方式，进行过度"资产外币化、负债本币化"资产配置，赚取人民币汇率贬值收益。

盲目地进行顺周期财务运作极易引发风险，从微观层面看，企业不结合主业、经营实际状况合理布局自身资产负债结构，而通过财务运作过度增加杠杆和负债，盲目增大外汇风险敞口，在人民币汇率波动时将面临风险；从宏观层面看，在汇率有单边走势预期时，如果都不采取套期保值，市场主体一致性行为将加速汇率单边走势，引发外汇供求矛盾以及外汇市场无序调整。

为了更好地满足市场主体的汇率风险管理需求，近年来我国外汇衍生品市场稳步发展，在丰富交易工具、扩大参与主体、优化基础设施等方面取得了不同程度的进展。2019年，国内外汇市场交易量为29.1万亿美元，较2005年增长21倍，其中即期和衍生品交易量分别为11.4万亿美元和17.7万亿美元。外汇衍生品不断丰富，目前已覆盖远期、外汇掉期、货币掉期、普通欧式期权及其组合等多种交易品种。外汇衍生品市场参与银行日益增多，2019年末，具有对客即期和衍生品资格的银行分别为518家和105家，包括大中小型和中外资各类银行，市场服务可覆盖全国各地区，基本不存在空白。

3. 汇率风险管理的建议

外管局建议企业应聚焦主业，财务管理应坚持汇率风险中性原则。应适应人民币汇率双向波动的市场环境，克服汇率浮动恐惧症，理性面对汇率涨跌。应审慎安排资产负债货币结构，合理运用衍生品管理汇率风险，保持财务状况的稳健和可持续性。应专注发展主业，不要将精力过多用于判断或投机汇率走势，避免背离主业或将衍生品交易变异为投机套利，承受不必要的风险。

外汇局将继续深化外汇市场改革，助力企业开展汇率风险管理。健全开放的、有竞争力的外汇市场，继续丰富外汇供求类型、扩大市场参与主体、完善市场基础设施，推动外汇市场深化发展和对外开放，支持企业有效管理汇率风险。推动金融机构丰富避险产品，满足企业多样化避险保值需求，降低企业避险保值成本。提高市场透明度，便利市场主体理性判断外汇市场形势。加强宏观审慎管理，保持人民币汇率在合理均衡水平上的基本稳定。

作者　王春英　国家外汇管理局副局长

来源　《中国外汇》2020年第23期

# 本 章 小 结

1. 外汇风险的管理是国际金融课程重要的知识点，外汇风险的内涵包括三个方面：(1)汇率波动造成损失或增加收益的可能性；(2)经济主体对持有外汇敞口头寸的管理；(3)外汇风险涉及所有的经济主体。外汇风险的构成要素主要有本币、外币、时间。

2. 外汇风险对有形贸易、无形贸易、国际资本流动等都会产生较大的影响，外汇风险的种类主要包括交易风险、会计风险、经济风险，其中交易风险的管理是本章重要的内容。

3. 外汇风险的管理应坚持三个原则，外汇风险的管理策略有完全避免外汇风险的管理策略、被动的外汇风险管理策略、主动的外汇风险管理策略。

4. 外汇风险的管理方法较多，主要根据企业的生产经营情况灵活选择成本较低、效率较高的方法。常见的管理方法有合同货币的选择、保值条款的选择、价格调整法、外汇市场交易工具、金融市场借款、贷款法、贸易融资法等。

# 本章主要概念

外汇风险　交易风险　会计风险　经济风险　借款法　投资法　出口押汇　打包放款
出口信贷　出口信用保险　国际保理　包买票据

# 习　　题

## 一、选择题

1. 以下不属于外汇风险的是(　　)。
　　A. 交易风险　　　　　B. 会计风险　　　　C. 经济风险　　　　D. 利率风险

2. 若本币对外贬值，通常有利于(　　)。
　　A. 进口商　　　　　　B. 出口商　　　　　C. 借款者　　　　　D. 中央银行

3. 不属于交易风险的是(　　)。
　　A. 有形贸易　　　　　B. 无形贸易　　　　C. 单方面往来　　　D. 长期资本借贷

4. 如果预测某种货币将会升值，那么以该种货币作为计价货币的出口业务则应力争(　　)。
　　A. 推迟收汇　　　　　B. 提前收汇　　　　C. 按原计划履行合同

5. 利用外汇市场交易工具防范风险不包括(　　)。
　　A. 即期外汇交易　　　　　　　　　B. 远期外汇交易
　　C. 金融市场投资法　　　　　　　　D. 外汇期权

6. 如果进口商坚持用软币结算，那出口商可以选择(　　)方法防范汇率风险。
　　A. 提高货物加价　　　　　　　　　B. 降低货物价格
　　C. 远期期货交易　　　　　　　　　D. 掉期业务

7. ( )就是在合同中规定采用多种货币来保值，其做法、原理与硬币保值相同，但不是以某一种硬币来保值，而是用多种货币组成"货币篮"，各种货币软硬搭配，汇率变化有升有降，升降可以相互抵消，因此能够分散汇率风险或把风险限制在一定幅度内。

    A. "一篮子"货币保值法         B. 物价指数保值法

    C. 金融市场投资法            D. 汇率投保

8. ( )和出口信贷是市场经济国家官方支持出口的政策性金融业务。

    A. 包买票据               B. 打包放款

    C. 国际保理业务          D. 出口信用保险

9. ( )属于对外贸易业务中综合性的金融服务业务，又名保付代理或承购应收账款业务。

    A. 国际保理业务     B. 出口押汇     C. 出口信用保险     D. 出口信贷

10. 以下属于大型成套设备出口中防范汇率风险的业务是( )。

    A. 贴现         B. 短期银行信贷     C. 包买票据         D. 金融市场投资法

## 二、判断题

1. 汇率波动一定会给经济主体带来损失。                       ( )

2. 贸易往来中用本币结算就可以完全避免汇率风险规模。      ( )

3. 工程承包项目中，通常承包方合同货币的选择应坚持签订币值趋于上升的货币作为工程款项结算币种。                       ( )

4. 多头头寸指经济主体持有的外汇资产小于外汇负债。     ( )

5. 外汇风险不会涉及不直接参与国际经济交易的单位和个人。     ( )

6. 利用即期交易防范汇率风险需要即期占用资金。           ( )

7. 外汇保值条款以软币计价保值，用硬币支付。             ( )

8. 利用外汇期货交易防范汇率风险中，可选择的币种很多。     ( )

9. 出口信用保险业务投保的险种风险都比较高，通常由中央银行支持。     ( )

10. 打包放款业务的特点是集结算、管理、担保和融资、海外信息调查、账务处理等为一体，是一种综合性售后服务业务。              ( )

## 三、填空题

1. 外汇风险是指_____给经济主体造成损失或增加收益的可能性。

2. 外汇风险的构成要素包括_____、_____、_____。

3. 外贸企业在贸易合同谈判中，涉及合同货币的选择时应坚持_____的原则。

4. 加价保值法就是指_____接受合同货币为软币支付时，将汇率损失摊入出口商品的价格中，以转嫁汇率风险。

5. 压价保值法就是指_____接受合同货币为硬币付汇时，将汇率损失从进口商品价格中予以剔除，以转嫁汇率风险。

## 四、名词解释

1. 外汇风险   2. 交易风险   3. 会计风险   4. 经济风险   5. 借款法

**五、简答题**

1. 简述外汇风险的内涵？
2. 简述外汇风险对有形贸易的影响。
3. 外汇风险管理应遵循什么原则？
4. 外汇风险管理的策略有几种？
5. 外汇风险管理的方法有哪些？

**六、论述题**

海外工程承包中如何选择外汇风险管理方法规避汇率风险？

# 案 例 分 析

### J公司外汇风险管理

J公司创始于2001年，是我国的一家中型建筑类施工企业。公司在海内外设立30多个办事处，其营业收入及利润中的海外部分占比过半，业务范围和分支机构遍布非洲、东南亚、中东、中亚和南亚等地区。从公司的运作来看，其业务运作具有如下特点。一是工程项目的履行周期较长。海外施工项目需要考虑众多环境因素，从营地选择到项目整体推进都需要较长时间。从项目实际完成情况来看，合同履行周期很少会短于两年，一些工程项目的施工时间可能要超过十年。二是合同金额大且回款周期较长。海外建筑类施工企业所承揽的基建合同金额大多较大，微小的汇率波动也将会对结算工程款造成巨大的汇兑损失。三是预先垫资较大。J公司2012—2018年总营业收入与外币汇兑损失损益见表8-1。J公司2018年经营状况区域统计见表8-2。

表8-1　J公司2012—2018年总营业收入与外币汇兑损失损益

单位：亿元人民币

| 年份 | 总营业收入 | 外币兑换损失 |
|---|---|---|
| 2012 | 15.2 | 0.32 |
| 2013 | 22 | 0.48 |
| 2014 | 38 | 0.62 |
| 2015 | 55 | 0.83 |
| 2016 | 73 | 1.05 |
| 2017 | 82 | 1.8 |
| 2018 | 106 | 2 |

表8-2 J公司2018年经营状况区域统计

| 区域市场 | 营收比重 | 营收增长率 | 外币兑换损失占比 |
|---|---|---|---|
| 非洲 | 38% | 31% | 63% |
| 东南亚 | 3% | 51% | 10% |
| 中亚 | 7% | 112% | 19% |
| 南非 | 2% | 108% | 6% |
| 其他(含中国大陆) | 50% | 27% | 3% |

J 公司赴海外发展已有十余年，对于发展中国家和欠发达国家的外汇风险管理积累了一定经验。目前，J 公司主要的外汇风险管理策略如下。

### (一) 经营对冲策略

J 公司针对其海外施工企业的运作模式与特点，制定相应的生产经营策略以强化自身外汇风险管理。具体策略如下。一是收硬付软。就是在合同进行报价时，对于政局不稳、政府诚信不佳或是通货膨胀率较高的国家与地区，J 公司项目投标时，要求以强势货币结算工程款，如美元和欧元等较为强势的硬通货币。但在采购时，J 公司尽可能选择具有贬值预期的当地币进行支付。二是灵活调整施工进度。J 公司项目管理人员会对合同条款做细致研究，在不违反合同条款的前提下，根据其专业人员对汇率波动的预判，灵活调整施工进度，判断项目交付时间，选择对其有利的时机进行收付汇和结汇活动，以达到降低外汇风险的目的。三是从外国银行借入外币，缩小汇率风险头寸。如果能从银行借入一笔与未来工程款币种相同、金额相等和到期时间相仿的贷款，可有效规避外币汇率波动对企业的负面影响，企业将借入的外币借款兑换成本币，再将所得工程款用于偿还贷款，这一做法可有效消除可能出现的外汇风险敞口。

### (二) 金融对冲策略

公司制定的金融工具策略是远期结售汇和应收账款保理业务。在开始进入海外市场的前几年，J 公司没有使用金融衍生品来对冲外汇风险，原因有：一是市场上适合 J 公司需要的金融衍生品很少；二是公司发展迅速，在海外市场的利润率较高，项目利润可以弥补汇率波动可能带来的损失。由于海外基建市场竞争加剧，项目利润率下滑，金融工具开始受到重视。

请回答：

1. 该公司外汇风险管理中存在哪些问题？
2. 你认为外汇风险管理还有哪些方面可以改进？

# 第九章

# 国际资本流动

【导读】

随着经济全球一体化程度的不断加深，国际资本可以更加自由地跨越国界流向具有高投资回报的投资场所，从而实现资源在全球范围内的有效配置。对于发展中国家，不论是国际直接投资还是间接投资，都能不同程度地解决资金匮乏、技术落后、管理水平不高的问题；对于发达国家，资本流动有助于进行国内产业结构升级并获取高额投资回报的机会。与此同时，需要注意国际资本流动的负面影响，尤其是短期资本的流动，严格严管"热钱"的动向，以免发生货币危机。

【学习重点】

掌握国际资本流动的成因、国际资本流动的经济影响，分析我国国际资本流动的现状及问题。

【学习难点】

国际债务危机的产生原因；分析中国对外投资的前景及政策。

【教学建议】

第一节、第二节、第三节以课堂讲授为主，第四节建议结合案例教学和引导学生查阅课外相关资料进行学习。

## 第一节　国际资本流动概述

### 一、国际资本流动的内涵

#### (一) 国际资本流动的概念

国际资本流动(International Capital Flows)是指资本从一个国家或地区转移到另一个国家或地区，即资本在国际上的转移。

### (二) 几个容易混淆的概念

为了更清楚地理解国际资本流动的含义，有几个概念值得注意。

#### 1. 国际资本流动与资本输出入

一般情况下这两个概念可以通用，但资本输出入通常是指与投资和借贷等金融活动相联系并以谋取利润为目的的资本流动，所以不能涵盖资本流动的全部内容。例如，一国用黄金、外汇来弥补国际收支赤字，显然，这部分资金外流只是作为国际支付的手段以平衡国际收支，而不是为了获取高额利润，所以不是资本输出。

#### 2. 国际资本流动与对外资产负债

资本流出反映本国在外国的资产增加(或负债减少)，而资本流入则正好相反，所以一国资本流动总是与其对外资产负债的变动密切相关的。

#### 3. 国际资本流动与国际收支

国际资本流动作为国际金融活动的组成部分，其内容被纳入国际收支的考核之列。一国在一定时期内同其他国家或地区之间资本流动的总体情况，主要反映在该国国际收支平衡表的资本与金融账户中，此外，还反映在经常账户单方面的、无偿支付的资金移动。官方储备项目则表明有关国家政府之间的为结算国际经济交易差额而发生的金融资产转移的金额。另外，通过对国际资本流动的控制，可以达到调节国际收支状况的目的。

#### 4. 国际资本流动与资金流动

就经济学意义而言，资本流动和资金流动是有区别的。资金流动是指一次性的、不可逆转性的资金款项的流动和转移，相当于国际收支中的经常项目收支，如进出口贸易到期货款的支付是一次性的转移，属于经常项目的支付。资本流动即资本转移，是可逆转性的流动或转移，如投资或借贷资本的流出伴随着利润、利息的回流及投资资本或贷款本金的归还。

## 二、国际资本流动的历史发展

国际资本流动是国际贸易、国际分工深化的产物。没有对外开放，没有国际贸易及跨国生产，就没有国际资本流动。概括起来，现代意义上的国际资本流动经过了 5 个发展阶段。

### (一) 第一次世界大战之前早期国际资本流动

工业革命过后，先发展起来的资本主义国家迈出拓展世界市场的步伐，资本随着廉价商品一起开始在世界各地落户。当时最主要的资本输出国是英国、法国和德国，主要输入国是比较富裕、资源丰富、与输出国"亲源"较近的北美洲和大洋洲。

### (二) 两次世界大战期间以美国为主的国际资本流动

两次世界大战的间歇时期是国际资本流动的第二浪潮。这时的资本流动方向发生了重大变化。在资本输出一方，美国不仅成为净债权国，而且取代英国成为最大的资本输出国。在资本输入一方，欧洲国家，特别是德国，成为最大的借款国。另外，由于支撑国际资本自由流动的国际金本位制度受到冲击，因此这时资本流动的动因发生了一定变化：过去是以追求高回报和超额利润为主，此时主要是寻求资本的安全避难地。

### (三) 第二次世界大战结束至20世纪80年代的国际资本流动

第二次世界大战结束到 20 世纪 80 年代是国际资本流动的第三阶段。在 1971 年布雷顿森林体系崩溃前近 30 年的时间里，国际资本流动具有"美元"特色。"石油美元回流"也是这一时期的特色之一。产油国积累的大笔美元资本，首先"回流"到西方国家的银行，再以贷款形式流入亚洲和拉美国家。总额大约 1600 亿的石油美元，对亚洲"四小龙"的崛起和巴西等国 20 世纪 70 年代的经济奇迹，产生了极大的推动作用。而随着"美元本位"国际金融体系的结束，德国马克、法国法郎、英镑和日元等主要货币，也都在国际经济活动中发挥着重要作用。于是，国际资本流动从 20 世纪 70 年代前美元的单向输出，转变为在各国之间相互流动，特别应指出的是，主要资本主义国家之间的资本流动占有绝对比重，一些战后新崛起的发展中经济体(如亚洲"四小龙")也逐步加入资本输出国行列。

### (四) 20世纪90年代以来全球化发展时期的国际资本流动

20 世纪 90 年代以来，国际资本流动进入第四阶段——全球化发展时期。国际资本流动速度和规模都快速上升。整体上，发达国家为净资本输出国，发展中国家为净资本输入国，但发达国家的资本流入规模同样突出，发展中国家的资本流出规模也在逐渐扩大。另外，以国际证券投资方式为代表的间接投资在规模上超过了直接投资，国际资本流动呈现出证券化趋势。由养老基金、共同基金、保险公司等跨国机构投资者实现的私人资本流动，极大地刺激了国际金融市场的成长与整合，对开放经济体的发展与稳定产生了深远影响。

### (五) 数字经济下国际资本流动的新趋势

2000 年以来数字经济的兴起创造了大量的新业态和新型商业模式，对传统产业及传统商业模式产生了深刻的影响。跨国企业全球价值链出现了数字化、服务化、去中介化及定制化("四化")新趋势。跨国企业国际投资模式及路径因此深刻演变，出现了轻海外资产、低就业、区位决定因素变化、服务业投资比重上升、非股权投资增多及跨国公司全球布局更加灵活等特征。跨国企业国际化进入了一个新的阶段，全球 FDI 呈现"低增长"并伴随着大幅波动的新常态。在新的形势下，数字经济及新兴制造技术成为国际投资流动日益重要的区位决定因素，发达国家在吸引外资及对外投资方面的优势重新提升，数字经济领域的国际竞争激化，同时新形式的市场垄断问题隐现，国际协调亟待加强。

## 三、国际资本流动的类型

### (一) 短期国际资本流动

短期国际资本流动主要采取持有短期金融资产的形式，影响短期国际资本流动的主要因素是短期内的投资收益与风险，因此短期国际资本流动具有较强的投机性及受心理预期因素影响非常突出的特点。短期国际资本流动可分为套利性资本流动、避险性资本流动和投机性资本流动，其中投机性资本流动可能导致货币危机的产生。

### 1. 套利性资本流动

国际套利资本主要指利用两个或更多的市场构筑投资头寸，比如以一定的价格在现货市场购买一种金融产品即多头，同时在期货市场做空该金融产品即空头，并从不同市场价格的差异中套取无风险利润，这种套利行为一般发生在资本市场。

### 2. 避险性资本流动

避险性资本流动又称资本外逃，它是指金融资产的持有者为了资金的安全而进行资金调拨转移所形成的短期资本流动。造成资本外逃的原因是一国政治局势不稳定、经济形势低迷、国际收支状况恶化、存在贬值预期等。

### 3. 投机性资本流动

国际投机资本主要指利用国际资本市场缺陷(如信息不对称等)和制度缺陷，通过"高卖低买"等手段来获取投机收益的资本。这种资本一般在外汇市场上流动，主要是预期汇率将会发生变化，刻意制造一种外汇净资产头寸即多头或净负债头寸即空头，以形成一定的风险暴露，通过大规模的反向操作来实现投机获利目的。这种资本的投机行为与生产、贸易或投资等正常活动所引起的外汇买卖有本质的不同，它主要是为了获取投机收益，即汇率剧烈变化过程中所谋取的一种利益。随着发展中国家资本账户的日益开放和金融衍生品的大量涌现，国际投机资本规模越来越大，危害越来越严重，并成为20世纪80年代以来发展中国家货币危机产生的主要因素之一。

### (二) 长期国际资本流动

长期国际资本流动，是指期限在一年以上的资本流入与流出，它是国际资本流动的重要方式。长期国际资本流动分为政府和私人的长期资本流动，其基本形式可包括直接投资、证券投资和跨国并购。长期国际资本流动形成的基本条件是各国拥有的相对优势，如所有权优势、内部化优势和区位优势等，而长期国际资本流动的动机则是多样化的，包括利润驱动、生产要素驱动、市场驱动及政治性投机等。

### 1. 直接投资

直接投资是指一个国家的投资者直接在另一个国家的工矿、商业和金融服务业等领域进行投资，并取得投资企业的部分或全部管理控制权的一种活动。直接投资按投资人不同可分为政府(官方)直接投资和私人直接投资；按投资形态不同可分为货币和实物投资。从投向来看，外国对本国直接投资，表明外国资本流入；本国对外国直接投资，表明本国资本流出。

### 2. 证券投资

证券投资是指投资者通过在国际证券市场上购买外币有价证券而进行的一种投资方式。对于一个国家来说，在国际证券市场上买进有关证券，就称投资，它意味着国际资本流出；反之，在国际证券市场上卖出有关证券，就称筹资，它意味着国际资本流入。国际证券市场，可包括短期的证券市场和长期的资本市场。证券市场里的投资者和筹资者，都可以是政府或企业，投资者还可以是个人，筹资者还可以是国际金融机构。证券投资是国际资本流动的重要方式，尤其 20 世纪 80 年代以来,受各种因素的影响,国际投资证券化趋势有增无减,发挥了重要的作用。

### 3. 跨国并购

跨国并购即跨国收购与兼并的简称,指一国的某个企业为了实现某种特定的目的,通过购买另一国某企业股份或资产的途径,以取代后者或取得对后者控制权的行为;或者是市场经济条件下企业通过跨国产权交易获得其他国企业的产权,并以控制其他国企业为目的的经济行为。实施并购行为的企业可称为并购企业,对方则称为目标企业或被并购企业。相应地,跨国并购投资输出国可称为并购国或投资国,跨国并购投资接受国可称为目标国或东道国。

## 四、国际资本流动的特点

伴随着世界经济的区域化、全球化发展,国际资本流动的规模日趋扩大。发达国家不仅是国际资本的最大提供者,同时是最大需求者,发展中国家出于发展各自国内经济的需要,纷纷放松资本管制,为全球资本的大规模输出、输入创造了条件。近年来,国际资本流动呈现出以下新的特点。

### (一) 融资证券化成为国际资本流动的主要形式

融资证券化是指融资由银行贷款转向具有流动性的债务工具,筹资者除向银行贷款外,更多的是通过发行各种有价证券、股票及其他商业票据等方式在证券市场上直接向国际社会筹集资金;资金供应者在购进债券、票据后也可以随时把拥有的债权售出,转换为资金或其他资产。

近 40 年来,以国际债券和股票发行为主的直接融资在国际资本市场逐渐取代以银团贷款为主的中长期间接融资,进而呈现出筹资证券化的特征。20 世纪 70 年代初,银团贷款在国际资本市场的交易中几乎占到 60%~70%。但自 20 世纪 80 年代中期以来,国际证券融资规模开始超过国际银行间的信贷规模,成为国际资本市场的一个转折。目前,证券化筹资在中长期资金国际借贷中的角色明显加强,衍生工具交易产生的国际资本流动数量已居优势地位,且增长迅速。

从全球范围看,证券投资在跨境资本流动中的重要性逐步上升。2001—2005 年,证券投资在金融项目中的占比为 16%,2006—2015 年上升至 20%,2016—2019 年进一步上升至 28%。2021 年以来,中国的情况也可以作为一个例证。尽管以中国为例有以偏概全之嫌,但由于中国的跨境资本流动规模大,且作为对疫情控制得当、经济恢复常态的经济体具有代表性,因而可以作为分析的典型。2021 年第一季度,外商来华直接投资 976 亿美元,我国对外直接投资 219 亿美元,直接投资项下跨境资本流动规模达 1195 亿美元;同期,我国对外证券投资 717 亿美元,境外对我国证券投资 752 亿美元,证券项下跨境资本流动规模达 1469 亿美元:证券项下跨境资本流动规模是直接投资项下跨境资本流动规模的 1.2 倍。

### (二) 机构投资者成为国际资本流动的主力军

机构投资者从广义上讲是指用自有资金或者从分散的公众手中筹集资金专门进行有价证券投资活动的法人机构,如以有价证券投资收益为其重要收入来源的证券公司、投资公司、保险公司、各种福利基金、养老基金及金融财团等,其中最典型的机构投资者是专门从事有价证券投资的共同基金。目前，机构投资者是国际资本流动的主要载体，而机构投资者中发展较快的是对冲基金。进入 21 世纪，对冲基金行业规模迅速膨胀，近几年更获空前发展，对冲基金成为全球资本市场的主力军。对冲基金主要有以下几个特点。一是对冲基金多为私募，因而与互助基金及养老基金相比，受到监管较少，无须像公募基金那样，进行严格的信息披露。二是对冲基金属于跨行业、跨地区和跨国界的投资基金，其既从事普通的证券投资业务，也涉及现代商品和金融期货投机；既在房地产领域投资，也在各个地区进行套汇和套利交易。三是大量运用投资杠杆。对冲基金的常见做法是，以现有资本或证券资产做抵押从银行获取贷款，用贷款购买新的证券资产，再用新增证券资产做抵押获取新贷款。由于杠杆效应，对冲基金的收益和风险都急剧放大。

### (三) 国际资本流动逐渐脱离实体经济

资本流动的规模巨大，相当一部分已经脱离实物经济基础。尤其是短期国际资本流动总规模脱离实体经济发展并不断扩大，表现出过度虚拟化的特点，它们的流动多受利益驱动，哪里风险低、利润高，便流向哪里，很难通过把握其运动规律进行预测，大大增加了国际资本流动给一国或地区经济带来的风险。国际资本流动规模的扩大，一方面表现为金融资本的增长大大快于世界贸易的增长，且不受经济周期的影响；另一方面还表现为在一些经济与贸易并不发展的国家和地区，产生了一大批在国际资本流动中发挥重要作用的离岸金融中心。在主要工业化国家，金融机构所持有的金融资产在 20 世纪 90 年代中期就已超过其 GDP，而在 20 世纪 80 年代初，没有一个国家的机构金融资产超过其 GDP。2008 年全球金融风暴使各国经济受到不同程度的影响，资本流动规模下降，在世界经济复苏乏力的形势下，全球资本流动总规模出现收缩态势，尽管如此规模仍然巨大。据 IMF 2018 年报告，全年全球资本流动总规模为 1.38 万亿美元，较 2017 年同比上升 8.5%。

### (四) 长短期资本流动期限互相快速转化

国际资本流动通常被划分为长期资本流动和短期资本流动来考察，显然，这两类资本流动的动机、目的及对一国国际收支平衡乃至整个世界金融经济稳定与发展的影响是不尽相同的，就是对其监管的要求和认知程度也不一样。毋庸讳言，整个国际资本流动中，人们对长期资本流动基本上是肯定、支持、欢迎和鼓励的，而对短期资本流动则往往是关注、警惕甚至设法限制。但是，随着全球金融与贸易管制的放松，金融创新层出不穷，尤其是金融产品创新和资产证券化，使得国际资本流动中长短期资本相互转化既方便迅速又极为频繁，如大额定期存单、货币与利率互换、票据贴现与展期及各种基金动作等，从而使国际资本流动的期限结构日趋模糊。现实经济生活中，已经很难明确区分长期资本流动和短期资本流动。同时，大量短期资本经常混杂在国际贸易或长期资本中一起流动，监管难度和成本也越来越高。

# 第二节　国际资本流动的成因及影响

国际资本流动的主要动因是追求利润，不同国家或地区间收益率的差异促使资本跨国流动，从收益率较低的地方向收益率较高的地方流动。同时汇率变动会引起国际资本流动，国际收支失衡也会造成国际资本流动。另外各种风险因素，如汇率风险、市场风险，或投机、规避贸易保护、国际分工等也会造成资本国际流动。

# 一、国际资本流动的成因

## (一) 国际资本流动的供需

发达国家的过剩资本迫切需要寻找投资场所，发展中国家急需引进外资弥补资金缺口。随着资本主义生产方式的建立，资本主义劳动生产率和资本积累率的提高，以及资本积累的迅速增长，大量的过剩资本就被输往国外，追求高额利润，早期的国际资本流动就由此产生了。随着资本主义的发展，资本在国外获得的利润也大量增加，反过来又加速资本积累，加剧了资本过剩，进而导致资本对外输出规模的扩大，加剧了国际资本流动。同时发展中国家国内资金需求旺盛，迫切需要资金来加速本国经济的发展，通过不同的政策和方式来吸引外资，如通过开放市场、提供优惠税收、改善投资软硬环境等措施吸引外资的进入，从而增加或扩大国际资本的需求，引起或加剧了国际资本流动。

在国际金融市场上流动的资金主要来源是国际范围内与实际生产相脱离的巨额金融资产。这些资金来源于各国，如主要可兑换货币发行国的长期通货膨胀、产油国大幅提高油价而形成的巨额石油美元，以及世界货币发行国，特别是美国通过巨额国际收支逆差而流到国际上的大量美元资金。金融市场及金融中介机构的发展又派生不少金融资产，使越来越多的社会资产与实际生产相脱离而成为国际游资。

## (二) 金融一体化提高了资金的配置效率

随着通信技术及互联网金融的快速发展，全球金融市场一体化的程度不断提高，资金拥有者可以用较低的成本将资金配置在全球各个金融市场，以实现最佳的风险—收益组合。金融资产在全球各个市场、各类产品间配置的过程，就是国际资金流动的过程，投资的分散化和配置频繁调整都促进了国际资金的流动。同时，全球金融市场间联系的加强使得市场参与者能够迅速注意到各个金融市场间金融产品的差价(主要包括利率和汇率的差异)，并在很短的时间内调动大量资金进行套利活动，这种活动在消除金融市场差价的同时，也形成了巨大的资金流量，促进了全球范围内资本的优化配置。从资本收益角度，在国际货币和资本市场上发行的金融证券一方面为公众的储蓄提供了一个获利能力较强的渠道，另一方面又为需要融资的部门提供了资金的来源，使资本通过金融市场流向需要的地方，提高了资本的边际产出，进而能够促进商品和服务的增长，提高人们的生活水平。从交易风险角度，在本国金融市场功能单一、发展不完善的情况下，微观经济主体需要自行承担经济变量(如汇率、利率)在未来变动的风险。如果经济主体能够进入发达的国际金融市场，就可以利用衍生金融产品等工具来消除或减少交易的风险。因此，国际金融市场的发展能够从收益和风险两方面对国际上的资金进行优化配置。

## (三) 金融创新提供了便利的融资工具

几十年来世界各国都不断涌现一浪高过一浪的金融创新，国际金融创新刺激了国际资本流动，尤其是加强了与实物生产和投资相脱离的金融性资本的流动性。首先，国际金融创新为资本规避在国际上流动时所遇到的风险提供了有效帮助，相当部分的汇率风险可以通过外汇远期、期货、期权等工具来规避，利率风险可以通过远期利率协议、利率期货、利率上下限等工具来规避，信用风险可以通过股权—债权互换等方法减轻；其次，国际金融创新提高了资本流动的效率，新的国际金融工具的出现、新的融资方式的采用，都使资本在国际上流动的成本大为降低；再次，国际金融创新和衍生工具的出现为投机者提供了新的舞台。在衍生品市场上，价格的变动更为剧烈，交易的杠杆比率很高，投机者可以用比较少的保证金来控制大量的合约，这使得它可能的盈亏幅度大大高于一般交易。在当今的国际金融市场，相当一部分资金就是为了谋取投机利润而在市场上流动的，国际金融创新对这种类型资金流动的刺激特别显著。

### (四) 资本管制逐步放宽

第二次世界大战后相当长的一段时期内，各国对国际资金流动进行了严厉的管制。20 世纪 70 年代以来，各国兴起了放松外汇管制、资本管制乃至金融管制的浪潮，对本国的银行信贷市场与证券市场逐步放开，允许外国金融机构进入本国金融市场，允许非居民到国内金融市场筹资，放松对金融机构的控制。到 1992 年，绝大多数发达国家都放开了对国际资金流动的管制。同时，新兴市场的资本管制放松也非常显著。国家间宏观经济政策的协调性增强及国际经济合作组织的发展，为资本自由化趋势创造了良好的条件和适宜环境。为了迎合全球化发展的需求，各国都采取相应措施来加强国家间经济合作和联系，国际经济组织也迅速发展，这在客观上推动了跨境资本的自由流动和转移。2020 年新冠肺炎疫情暴发以来，各国为了刺激经济的发展都制定引进外资的优惠政策，放宽资本管制，刺激国际资本流动。

## 二、国际资本流动对输出国的影响

### (一) 国际资本流动对输出国的积极影响

通过对外进行资本输出可以扩大一国的国际影响力，展示资本输出国雄厚的经济实力，提高资本输出国在国际社会中的地位与声誉。资本输出的积极影响主要包括以下几个方面。

#### 1. 以资本输出带动商品输出

有利于推动资本输出国扩大商品出口的规模。因为资本输出国一方面可将本国大型机械或成套设备作为资本对外进行投资；另一方面又可以在所投资的企业生产中力求使用资本输出国所提供的原材料和半成品，依靠投资带动本国产品，提高本国产品在对方国家的影响力和市场占有率。

#### 2. 维护资本输出国的垄断优势

有助于维护和发展资本输出国的垄断优势。因为源源不断的资本输出，可增强该国商品和技术在东道国内的竞争力，形成技术、市场、价格等方面的垄断优势。资本输出国利用资本优势，通过独资、控股等方式可以控制东道国的某些产品生产和产业发展，并利用自己的垄断地位获取超额垄断利润。这样就可以按照自己的意志主宰世界范围的国际分工，并把这种分工尽量引向对自己有利的途径上。

### 3. 实现输出国产业结构的升级换代

有利于资本输出国实现产业的升级换代。因为资本输出国可以通过资本输出途径，将国内即将过时或已淘汰的技术和设备作为资本对经济技术发展较低层次的他国进行投资，以延长技术和设备的使用寿命、扩大其效益，同时在国内代之以技术层次更高的产业。在输出资本的同时，往往伴随着产品结构和产业结构的升级换代，在本国已经成为"夕阳产品"或者"夕阳产业"，在国外却可以找到足够的市场需求空间，延长了产品寿命、扩大了产业生存空间。即便是在本国刚刚处于发展阶段的产业，通过资本输出伴随的产品贸易，也可以为自己的产品迅速打开国际市场，并占据足够份额，从而赢得有利位置。

### 4. 避免东道国的贸易保护障碍

有利于资本输出国跨越他国政府设置的贸易保护障碍。因为大多数国家政府为了保护本国民族产业的发展或维护本国市场的稳定，对进口贸易通常都规定一些限制条件，以防他国的商品倾销。这些限制性条件要求阻碍其他国家商品出口的顺利进行。为了避免这些限制，一些国家改变策略，用对外直接投资的方式将本国的技术、设备、制造工艺作为资本投入贸易保护国，在当地兴办企业，就地生产、就地贸易，变外资为内贸，不仅可以跨越贸易保护障碍，还有助于资本输出国对他国政府构筑政治、经济的制衡关系。

### 5. 提高资本输出国的产品竞争力

有利于输出国利用他国资源和降低生产成本，扩大生产，在全球范围内建立起销售网，以扩大其产品市场占有率。因为，资本输出国投资者可通过直接投资方式在东道国设厂经营，就地取用东道国廉价的自然资源和劳动资源，降低生产成本，赚取更大利润。

## (二) 国际资本流动对输出国的消极影响

### 1. 影响国内经济增长、减少就业机会

由于一国的资本数量有限，如果输出过多，可能会削弱国内投资项目和生产部门的资金供给能力，导致就业机会的减少，财政收入下降，甚至引起经济衰退和社会动乱，影响其国内经济增长和社会稳定。

### 2. 减少国内税收收入

资本输出国在国际上创造更多的商品竞争对手，从而影响输出国商品出口的进一步扩大；当今世界经济和世界市场错综复杂，资本输出一不小心，如投资方向错误，就会产生经济业务的风险，带来国内税收收入损失。

### 3. 面临东道国政策风险

东道国政治或经济政策的改变很可能会使资本输出国在国外的巨额资本蒙受损失。这体现在资本输入国发生政变或政治变革，就可能会实施不利于外国资本输出的法令，如没收投资资本，甚至拒绝偿还外债等。在国际债务历史上，曾经发生过有的国家因陷入债务危机而停止还债的现象。

## 三、国际资本流动对输入国的影响

### (一) 国际资本流动对输入国的积极影响

通过吸引资本流入，可以带动资本输入国经济的发展和技术的进步，这也是大多数发展中国家鼓励海外资本流入的原因。国际资本流动对资本输入国的积极影响主要表现以下几个方面。

#### 1. 弥补经济发展所需的资金缺口

缓解或弥补资本输入国的储蓄与资本缺口，促进输入国当地资本的形成，使其发挥出经济增长的潜能。各国在经济发展的过程中都会存在资金不足的问题，特别是一些发展中国家经常会出现资金短缺的情况。因为这些发展中国家在开发本国资源，建立自己的工业基础，扩大外贸出口时都需要大量资金。为了解决本身资金的不足，就需要输入外国资本。外国资本流入发展中国家后，会通过市场机制或其他手段流向资金缺乏的部门和地区，在一定程度上既解决了国内某些产业资金短缺的问题，也促进了经济的发展。国际游资在一定程度上能起到培育和繁荣金融市场的效果。这在金融市场发育成熟的发达国家主要表现为吸引国际游资流向证券市场，并经此将资金配置到有发展前途的产业上。而在发展中国家，国际游资则通过其获取暴利的投机行为，对一国国内资金产生示范效应，吸引一些处于观望态度的资金进入目前风险较高的新兴市场，从而客观上刺激这些市场的发展。韩国、新加坡等国家在经济起飞前都是吸收相当数量的外国资本，较顺利地解决资金短缺的矛盾。

#### 2. 提高技术及管理水平

资本输出国为了获取新技术所能带来的利润，会迎合输入国对外来资本中新技术的偏好，往往以技术转让、技术入股等方式向输入国提供比较先进的技术，可促进国内新兴产业的形成，以及产品结构和产业结构的升级换代。发展中国家为了迅速发展本国经济，主动积极地从发达国家引进先进的技术和设备，对引进外资给予法律保障和优惠政策以引进发达国家资本的流入。通常情况下，当资本从一个国家流向另一个国家时，往往也会伴随着先进技术的转移。这主要是因为国际直接投资往往是以技术入股、技术转让等形式向东道国提供比较先进的技术，以大大改善东道国的技术装备状态。日本从 20 世纪 60 年代起迅速提高了工业化水平，这与日本引进外资和消化吸收国外先进技术分不开。所以，国际资本流动会给输入国带来一定的技术溢出。

#### 3. 增加税收收入，改善国际收支状况

国际资本流动与国际收支有着密切的关系，很多国家往往利用国际资本流动作为调节国际收支的重要措施。当国际收支出现逆差时，利用资本的输入可以暂时弥补，如美国曾在 20 世纪 80 年代初期，利用高利率等手段，吸引国外资本流入，进而弥补了本国的国际收支逆差。一方面，输入资本，建立外向型企业，实现进口替代与出口导向，有利于扩大出口，增加外汇收入，进而起到改善国际收支的作用；另一方面，资本以存款形式进入，也可能成为一国国际收支的来源。在固定汇率制下，短期资本流动在一定条件下有助于外汇汇率恢复均衡，如一国的汇率安排不当，本币定值过低或过高，偏离了实际均衡水平，国际游资投机行为将不断冲击

这一不当的汇率水平。第二次世界大战后美元贬值，固定汇率制崩溃，便是国际游资使外汇汇率恢复均衡的有力佐证。

### 4. 增加就业机会，提高人才素质

资本输入为输入国带来资金、技术设备和其他生产要素，从而开辟了新的就业领域，创造了大量的就业机会。发达国家通过资本输出，把劳动、能源和原材料密集的生产工序和一般消费品的生产过程迁往发展中国家和新兴工业化地区，并把在那里生产的许多产品销到本国市场和国际市场，这对扩大资本输入国的产品出口是有利的。同时，资本输入国也可利用外资所带来的先进技术和海外销售渠道，提高自己产品的出口创汇能力。长期资本流动的很大一部分是直接投资，给资本输入国直接带来技术、设备，在很大程度上推动了资本输入国的产业结构升级，培养大量高素质人才。

### (二) 国际资本流动对输入国的消极影响

### 1. 导致对外资的过度依赖

盲目而过量的资本输入，可能使输入国在经济、技术等方面成为资本输出国的附属地。当大量外资渗入国民经济的重要部门后，可能使资本输入国的经济被外国资本控制。近两年，直接投资流入发达国家势头强劲，而证券投资则大规模流入新兴市场。发达国家施行宽松的货币政策，导致全球流动性总体相对宽松，新兴经济体的证券投资融资规模较大。证券投资组合短期内流入新兴市场套取利润，对新兴国家的宏观经济运行形成外部冲击。

### 2. 导致环境破坏

国际资本流动最典型的结果就是经济全球化，而经济全球化对生态环境的影响是双重的：它加剧了全球生态危机，同时促进了全球环境合作，推动了环境的全球化管理。迄今为止，全球化对生态环境的负面影响要大于其正面影响。经济全球化导致地球生态环境不堪重负，由于经济迅速增长而使地球生态支持系统迅速达到极限，加剧了全球生态危机。经济全球化把各类国家都卷入了资本主导的全球经济体系，国家间和企业间的恶性竞争极大地破坏了全球生态环境。所有被卷入全球化的国家都采用 GDP 或 GNP 的计算方法，都把增长作为核心目标。在竞争的压力下，资源的有限性和自然生态系统的价值被忽略，许多国家都采用了不计生态成本的生产方式，进而重复着环境破坏的后果。

### 3. 冲击民族产业

国际资本输入往往是为了绕过各种关税和非关税壁垒挤占输入国市场，掠夺资源。大量外资输入将导致民族工业生存和发展空间越来越小，逐步受到冲击。第一，冲击民族工业，冲击经济主权。国际资本的流动促进了全球经济的一体化进程，出现了经济一体化组织，它们要求成员国让渡部分主权以成立具有超国家权力的共同管理机构，这在一定程度上冲击了当事国的国家主权。第二，挤占国内市场。资本输出国资金雄厚、技术先进，在进入新兴市场处于垄断或领先优势，逐步挤占国内市场。

### 4. 引发债务危机

国际资本流动对东道国的冲击加剧。国际资本频繁、大规模地进出一国会使该国国际收支受到非常大的冲击；大量资本的进出改变了外汇资金的供求均衡，必然引起外汇汇率的波动，

加大了汇率风险，使一国微观经济主体的行为乃至于宏观经济变量都受到巨大影响，可能引发债务危机。同时大规模借入国际贷款或发行国际债券，如使用不当，不能取得预期效益，甚至没有效益，必然会陷入债务危机。早在1985年，拉美经济学家Alejandro就已做出预警：全球化及不可控的国际资本流动或引致金融危机。新兴市场金融自由化以后，拉美和东南亚地区先后爆发了金融危机，与国际资本在新兴市场大规模"快进快出"，从外部冲击发展中国家和新兴经济体的宏观经济运行，有着千丝万缕的联系，而且发达国家在其中的影响力日渐增强，对新兴市场经济发展造成了严重的冲击。

## 四、国际资本流动对世界经济的影响

### (一) 国际资本流动对世界经济的积极影响

#### 1. 加速世界经济一体化的进程

首先，国际游资的存在便利了国际贸易融资，尤其是短期贸易融资，从而在一定程度上推动了国际贸易的发展，进而推动世界经济、金融一体化的进程。其次，国际游资在世界各主要金融市场的套汇、套利的活动使国际金融交易中存在的汇率差异和利率差被迅速拉平，导致世界主要金融市场的价格呈现一体化趋势。更为重要的是国际游资在各国的货币和资本市场之间迅速移动，使得各国的资金市场在利率、交易方式、交易条件等方面会趋于一致。

#### 2. 提高国际金融市场资金配置效率

首先，极大地增加了国际金融市场的流动性，有效降低了市场主体交易成本，提高了国际金融市场的有效性。其次，有力地推动了国际金融市场尤其是衍生金融产品的发展。国际游资的投机活动造成的汇率、利率的频繁波动使衍生金融产品市场的发展有了必要性，而衍生金融产品又以其风险高、收益高为国际游资的投机活动进一步提供了良好的交易手段，使其自身的迅速发展成为可能。衍生金融产品与国际游资相辅相成，得到了共同的发展。最后，对资金在国际上配置的影响。国际游资由于其内在追求高额利润的冲动，必然寻找高风险、高利润的投资领域，一般说来，资金缺乏的地区市场风险较高，利润也较高，因此，国际游资的流动在一定程度上符合资金配置的动力要求，促进了资金在国际上的合理配置。

#### 3. 有利于构建完善的国际货币体系

国际游资对国际货币体系——国际收支调节机制产生了重要的影响。国际资本流动能使国际支付能力在各国之间有效调剂，有利于促进国际贸易的发展和平衡各国的国际收支。国际资本在不同国家之间、不同市场之间的自由流动使世界金融市场连为一体，也推动了国际金融市场价格与收益的一体化。同时大规模的国际游资对各国汇率也有较大的冲击，如泰国的金融危机。

### (二) 国际资本流动对世界经济的消极影响

国际资本流动在促进生产要素的国际化配置同时也会带来资产价格波动、国际收支失衡、资本大规模流出等一系列的风险效应，从而对一国乃至全球金融市场的稳定产生不利影响。随着全球化的深入发展，金融危机和地缘政治危机使世界格局变动，国际资本在新兴市场套利，冲击发展中国家和新兴经济体的宏观经济稳定和金融安全，究其原因，发达国家在其中的影响值得深思。

### 1. 扩大国家或地区发展的贫富差距

大量外国资本渗透到资本输入国国民经济的重要部门，控制众多的工商业，垄断某些行业，都有可能使资本输入国丧失民族经济的发展特色，或影响其经济政策的自主权。目前发达国家与新兴市场之间国际资本双向流动呈现"结构不对称性"，即发达国家流向新兴市场的国际资本多是私人资本，而新兴市场流向发达国家的半数资本为官方资本。在这种国际资本流动结构下，当国际金融市场风险增大或有危机显现时，私人资本流动就会迅速撤出兑现。如发达国家施行的"去杠杆化"政策，引发大规模的国际资本从新兴市场回流至发达国家，表现了国际资本流动明显的"结构不对称性"，引致金融市场流动性不对称、收益率不对称、稳定性不对称等一系列的不对称，成为新兴国家宏观经济稳定的重要外部扰动因素，也会扩大国家或地区发展的不平衡性，导致更大的贫富差距。

### 2. 加剧金融市场的动荡

资本的趋利性加剧金融市场的动荡。如果一国国际收支发生逆差，投机者预测该国货币将贬值，因此纷纷撤回资本，或将该国货币换成外国货币，资本外逃加剧了国际收支的不平衡；反之，如果投机者预期一国国际收支顺差，将导致货币升值，则发生资本内流。此外，各国利率水平的变化也会引起投机性的资本流动，这种投机性的资本在国际上流动越来越频繁，加剧了一国国际收支的不平衡，特别当世界局势发生动荡时，国际游资兴风作浪，从一些国家大规模地流进流出，给国际收支的管理造成了极大的困难。21世纪以来，三次全球性的国际资本流动负增长，都伴随着发展中国家和新兴经济体大规模的资本外逃，导致新兴市场剧烈的经济波动。

### 3. 产生地区或全球金融危机

一方面在货币可以自由兑换的情况下，以游资形式发生的资本突然大量抽逃会对国内金融市场，特别是外汇市场，造成强烈的冲击，使得一些敏感的经济变量，如利率、汇率变得十分不稳定，利率上升压力增大，汇率贬值压力也增大，外汇储备面临大量流失的压力，如果游资冲击力量十分强大，而官方外汇储备又不充足，外汇储备可能会在短期内被耗竭，国际收支状况在短期内会恶化。

另一方面发达国家危机后实施以国际资本流动为载体的非常规货币政策工具也有溢出效应，冲击新兴国家的宏观经济运行。在资本自由化和金融市场一体化加强的趋势下，发达国家的货币政策，尤其是非常规货币政策，使发展中国家和新兴经济体的宏观调控面临复杂的全球金融环境，增大了货币政策操作的复杂性，给新兴国家中央银行带来更大的挑战。世界金融市场流动性过剩与发达国家的量化宽松政策密切相关，过剩的资本炒作发展中国家和新兴经济体的虚拟经济，新兴市场资产价格迅速膨胀，居民消费价格指数(CPI)也高涨。一旦发达国家经济复苏，或者新兴市场不确定因素增加，国际资本又会迅速转向流出，加剧新兴市场的经济波动，大规模的资本外逃也会使新兴国家爆发金融危机的可能性陡增。

## 📖 专栏9-1

### 2008年以来国际资本流动的新特征

1. 全球国际资本流动的活跃度远未恢复到危机之前的水平

次贷危机以来的全球国际资本流动形势：高位急跌后踉踉跄跄重新起步。根据麦肯锡的有关统计，2009年，全球资本流动规模达到低点，略超2万亿美元；此后，在2010年虽低位反弹至6.4万亿美元，但其后在欧债危机的负面影响下再次一蹶不振，直到2016年，全球国际资本流动的规模仅为4.3万亿美元，是2007年高点水平的三分之一。

2. 债务性质的国际资本流动大起大落

2008年前的2000—2007年，债务性质的国际资本流动在资本流动总规模中的占比平均高达64%；危机后，其在国际资本流动总额中的占比大幅下降至31%，仅为危机前的一半不到，其规模也显著下降，从2007年高点时的近8万亿美元下降到2015年低点时的1万亿美元。从结构上来看，债务性质国际资本流动的大幅回落，是危机后全球国际资本流动活跃度远低于危机前的重要原因。

3. 欧洲商业银行是国际资本撤回的最主要源头

受到美国次贷危机和欧洲主权债务危机的双重打击，加之欧洲的商业银行传统上就在国际信贷市场非常活跃，所以，危机后这些银行不得不收回大量国际银行信贷时，这就成为全球国际资本撤回的主要"宗主国"或来源地。根据国际清算银行的统计，欧洲商业银行对外发放的信贷余额由2007年的23.4万亿美元下降到2016年的13.9万亿美元，下降了9.5万亿美元。而同期，日本商业银行发放的国际信贷余额则由2.3万亿美元上升到3.9万亿美元，增加了1.6万亿美元；美国商业银行发放的国际信贷余额一直维持在3万亿美元。从中不难看出，欧洲商业银行是国际债务性资本流动规模显著下降的主要源头。

4. 中国和俄罗斯等新兴经济体出现国际资本净流出

次贷危机之后，相对于发达国家之间国际资本流动规模的下降(如银行间的拆借和债券交易活跃度明显降低)，新兴经济体受到的冲击更为明显。根据国际货币基金组织对45个样本新兴经济体的统计，76%的经济体出现了国际资本净流入(流入减流出)规模的显著下降。这一比例甚至超过了20世纪80年代拉美债务危机和90年代亚洲金融危机时期。特别是2014年以来，部分新兴经济体从过去的国际资本净流入国转为国际资本净流出国。其中比较突出的几个地区包括部分东欧国家(如波兰、捷克等)、俄罗斯和中国。以中国为例。非储备性质的金融账户顺差规模在2007年为911亿美元，与GDP之比为2.7%；至2010年分别增长至2822亿美元和4.7%。但从2014年始转为逆差并持续3年，逆差与GDP之比分别为0.5%、4.4%和3.7%，逆差规模在2015年甚至一度高达4856亿美元。

5. 新兴经济体增加持有国外资产的规模呈上升趋势

国际资本流入被定义为非居民投资者增加购买某国的资产，资本流出被定义为居民增加购买国外资产。近年来新兴经济体国际资本净流入规模的下降乃至由顺差转为逆差，一方面是由于国际资本流入规模的下降，另一方面也是因为国际资本流出规模的上升。为便于理解，将前者比拟为"外部矛盾"，将后者比拟为"内部矛盾"。20世纪80年代拉美债务危机期间和90年代亚洲金融危机期间，新兴经济体的国际资本净流出基本是国际资本流入规模下降所致，即主要是"外部矛盾"。而次贷危机之后，新兴经济体居民部门增加对国外资产的购买和持有是一个新现象，"内部矛盾"正在成为资本净流出的主要原因。同样以中国为例。2015 年 4856 亿美元非储备性质金融账户逆差中，增持对外资产带来的资本流出为 3920 亿美元，贡献度高达 81%；而 2016 年中国的国际资本流入由负转正为 2441 亿美元，非储备性质的金融账户出现 4170 亿美元的逆差，则完全是因为国际资本流出大增 6611 亿美元所致。

**6. 新兴经济体所受冲击不小但危机不多**

次贷危机之后新兴经济体受到的冲击不小。如前所述，大多数新兴经济体出现了国际资本净流入规模的下降，有些经济体甚至出现比较大规模的资本净流出。与此相伴生，多数新兴经济体货币汇率出现显著的波动。2014 年以后，部分货币的贬值幅度和波动幅度巨大。以新兴市场货币指数为例，受次贷危机的冲击，该指数从 2008 年 9 月 112.5 的高位快速回落至 2009 年 3 月初的 83.9，跌幅超过 25%；此后反弹到 2011 年 4 月底的 108.6 之后，又开始一路下跌，到 2016 年 1 月底最低时达 62.9，下降幅度超过 42%；目前该指数虽已回升到 71 左右，但仍较 2011 年下降近 35%。虽然不论从国际资本流动规模下降的幅度还是从汇率下跌的幅度来看，新兴经济体在次贷危机后所经受的外部冲击都不能算小，但是爆发危机的次数却较 20 世纪 90 年代显著下降。根据国际货币基金组织的统计，2008 年以来新兴市场仅出现了 13 次外部危机；而在 1990—2003 年，新兴市场出现外部危机的次数高达 20 次。

# 第三节　国际债务危机

## 一、国际债务危机概述

### (一) 外债的含义

20 世纪 80 年代，国际货币基金组织(IMF)、经济合作与发展组织(OECD)、世界银行(WB)和国际清算银行(BIS)四个权威机构相互联合专门设立了专家组，主要对外债计量和统计方面所遇到的问题进行解决和研究分析。经过几年的研究，其最终在 1984 年 3 月联合发表了《外债：定义、统计范围与方法》一文，给出外债定义："外债是指在特定一个时间点上，一国居民对非居民承担已使用但尚未清偿的具有契约性偿还义务的全部债务，这种负债需要偿还本金以及支付利息。"这一概念包含四个要素：①外债是以居民和非居民为标准，是居民对非居民的债务，这里的居民和非居民都包括自然人和法人；②必须是具有契约性偿还义务的外债，通过具有法律效力的文书明确偿还责任、偿还条件、偿还期限等，而不包括由口头协议或意向性协议所形成的债务；③必须是某一个时点的外债余额；④所谓"全部债务"既可以是以外币表示的债务，也可以是以本币表示的债务，还可以是以实物形态构成的债务。

我国于 1987 年开始建立全国外债统计监测系统。1987 年 8 月 27 日，国家外汇管理局经国务院批准，对外公布并实施了《中华人民共和国外债统计监测暂行条例》。为了完善全国统计监测系统，1998 年 11 月 15 日又公布并实施了《外汇贷款登记管理办法》及《外债登记实施细则》，使我国外债信息管理制度日臻完善。《外债统计监测实施细则》中对于外债也有着一个十分明确的规定，"外债实际上指的是一国常住者按照契约规定，应向非常住者偿还的各种债务本金和利息的统称。"在本书研究及论述过程中对外债的实际定义是，一个国家境内的单位、企业，无论是政府还是个人，以外币表示的具有一定契约性及法律管束的债务关系。

政府主权外债是指一些国家或者是一些政府，将自身的地位规定为债务人，并且通过信用作为担保的方式，实现资金借入的一种模式，具有三个特点。第一，对于一个国家来说，政府主权外债实际上是其一种信用的彰显形式。一般来说，政府财政收入的来源是税收，或者是其他无偿的方式。然而在某些时候，也通过债务借入的信用形式，对财政收入进行筹集，而政府主权外债恰恰就是一个国家信用的重要表现形式。第二，对于政府来说，政府主权外债是其收入的一部分内容。不论是通过对国外购买人发行债券的形式，还是采用对国际金融组织进行债务借款的形式，都能够在一定程度上增加政府的整体收入，是政府筹集资金的一种十分重要的措施。第三，对于国家来说，政府主权外债实际上是一类比较具有实际作用的财政政策工具。其不仅能够使得现期政府收入得到一定程度的提升，避免"财政赤字"的现象发生，还是一种有着实际作用的财政政策工具，政府或者国家能够通过政府主权外债实现区域性的宏观调控操作，对一定区域内的经济稳定持续发展有着十分重要的促进作用，但是，其前提是需要合理规划资金借入的规模，否则容易出现国际债务危机。

### (二) 国际债务危机的含义

国际债务危机是国家破产的代名词，指在债权国(贷款国家)与债务国(借款国家)的债权债务关系中，债务国因经济困难或其他原因的影响，不能按期如数地偿还债务本息，致使债权国、债务国之间的债权债务关系不能如期了结，并影响债权国与债务国各自正常的经济活动及世界经济的正常发展。

在当今世界各国，举借债务已经成为一种比较普遍的现象，大多数国家不仅举借内债，同时在举借外债。对于政府来说，借用外债一方面能够在国际收支出现逆差时进行一定的弥补，另一方面也期望通过合理使用外债资金来改善经济结构，提高经济效益，加快经济增长速度。但是若举借外债不当，也会造成很多副作用，甚至出现债务危机。外债包括主权债务(Sovereign Debt)、政府债务、企业债务和民间债务；其中主权债务是作为官方主体的中央政府对国际社会所欠的债务，主权债务与政府债务合为官方债务(Official Debt)。国际债务危机是指债务国因缺乏偿还能力，无法如期偿还已经到期的外债本息，直接导致国际债权债务链中断，从而引起相关国家和地区甚至国际金融市场动荡的一种金融危机。一般提到的债务危机(Debt Crisis)，通常是指一国政府无力偿还外债，进而危及整个国际金融体系的稳定性。国家破产是指一国因经济低迷或崩溃，国家不能偿还国际债务，导致本国经济无法运转，其实质是国家面临国际债务危机。

### (三) 国际债务危机的衡量指标

一般来说，一国利用外债可以解决国内资金短缺，促进经济发展。这对于经济发展水平落后、生活水平相对较低的发展中国家来说，无疑是加快经济发展、尽快缩小与发达国家之间经济差距的有效途径。因此，大多数发展中国家吸引的海外资金中，对外债务占一定比例。但是外债规模过大，并且突破一定的规模，受金融市场上汇率、利率等金融风险的影响，就有可能产生债务风险，发生债务危机。从 20 世纪发生的几次金融危机可以看出，外债风险不仅产生于金融风险，还反作用于金融市场上各个要素，诱发各种金融风险，引起和加剧全面的金融危机。随着金融自由化、全球化的发展，金融创新工具不断出现，外债的规模和风险也不断加大。尤其是各种短期债务、或有负债的增加，其对利率、汇率的反应更加敏感，流动性风险增大。

一旦发现国际债务危机，各国经济不仅难以保持稳定增长，还必须被迫采取紧缩性经济政策，造成经济的衰退，甚至引发一国的政治和社会的动荡不安。如果能够正确评估债务国的偿债能力，就能有效控制债务国承担的债务风险，也就能最大限度地避免国际债务危机的发生。国际上对债务国偿债能力的衡量指标有很多，常用的有以下几种。

### 1. 债务率

债务率即一国当年外债余额占当年 GNP 的比率，这是衡量一国对外债的依赖程度，或一国总体的债务风险的参考指标。公式表示如下：

$$债务率 = 当年外债余额/当年国民生产总值 \times 100\% \leqslant 10\% \tag{9-1}$$

超过这个数值，就有可能对外资过分依赖，当金融市场或国内经济发生动荡时，容易出现偿债困难。

### 2. 负债率

负债率即一国当年外债余额占当年贸易和非贸易外汇收入的比率，这是衡量一国负债能力和风险的主要参考指标。公式表示如下：

$$负债率 = 当年外债余额/当年贸易和非贸易外汇收入 \times 100\% \leqslant 10\% \tag{9-2}$$

如果负债率超过 10%，说明债务负担过重。但这也不是绝对的，因为即使一国外债余额很大，如果长期债务和短期债务期限分布合理，当年还本付息额也可保持在适当的水平。

### 3. 偿债率

偿债率即一国当年还本付息额占当年贸易和非贸易外汇收入的比率，这是衡量一国还款能力的主要参考指标。公式表示如下：

$$偿债率 = 当年还本付息额/当年贸易和非贸易外汇收入 \times 100\% \leqslant 20\% \tag{9-3}$$

突破这一警戒线，就有发生偿债危机的可能性。当然这一限度只能作为参考，超过这一警戒线并不一定就会发生债务危机，因为一国的偿债能力还要取决于所借外债的种类、期限和出口贸易增长速度等重要因素，尤其要取决于一国的总体经济实力。

### 4. 短期债务比率

短期债务比率即当年外债余额中，一年及一年以下期限短期债务所占比重。公式表示如下：

$$短期债务比率 = 一年及一年以下短期债务/当年债务余额 \times 100\% \leqslant 25\% \tag{9-4}$$

这是衡量一国外债期限结构是否安全合理的指标，它对某一年债务还本付息额影响较大，国际上公认的参考安全线为 25%以下。

## 二、国际债务危机产生的原因

### (一) 国际债务危机产生的外部原因

#### 1. 融资条件逐渐恶化

国际资金的使用和偿还存在时间上的差异，如果在这个时间段内债务国出现经济困难或外汇资金短缺，就不能按期如数地偿还债务，致使债权国与债务国之间的债权关系不能如期了结，即存在爆发债务偿还困难——债务危机的可能性。当许多国家同时出现这种情况时，就会引发全球性的国际债务危机。20世纪80年代，以拉美国家为首的发展中国家的债务危机就曾经给各国的宏观经济发展和运行带来了严重的冲击。1982年8月，墨西哥公开声明，暂时无力偿还到期的外债，最先爆发了债务危机。紧接着又有40多个发展中国家先后宣称暂时没有偿还到期外债的能力，要求延期偿债或重新安排债务，从而爆发了规模空前的、广泛的、全面的国际债务危机。

国际金融市场利率的提高增加了拉美国家的债务成本。20世纪80年代初，美国等发达国家的反通货膨胀政策引起了国际利率的迅速提高，增大了债务国家的利息成本。国际金融市场利率上浮的作用非常关键，因为发展中国家的借款主要是由商业银行提供的。1979年以后，英美等主要发达国家纷纷实行紧缩的货币政策以克服日益严重的通货膨胀，致使国内金融市场利率提高。特别是1981年以后，美国货币市场利率显著提高，吸引大量国际资金流向美国，引起美元汇率的大幅提高。其他主要西方国家为了避免国内资金的大量外流，也不得不相应提高其国内货币市场利率水平，从而形成世界范围的利率大幅上升局面。发展中国家的债务多数为浮动利率的债务，基准利率(如LIBOR和美国优惠利率)的上升也会使已发放的商业贷款利率同幅度上升(见表9-1)。同时，由于发展中国家债务主要是美元债务，高利率形成的美元汇率上浮也大大加重了债务国的偿债负担。

表9-1　20世纪80年代债务危机爆发期间发展中国家的债务利率变动情况

| 年份 | 名义LIBOR | 实际LIBOR | 年份 | 名义LIBOR | 实际LIBOR |
|------|-----------|-----------|------|-----------|-----------|
| 1972 | 5.4 | -3.5 | 1979 | 12.0 | -7.4 |
| 1973 | 9.3 | -17.5 | 1980 | 14.2 | -5.8 |
| 1974 | 11.2 | -29.4 | 1981 | 16.5 | 19.9 |
| 1975 | 7.6 | 14.1 | 1982 | 13.3 | 27.5 |
| 1976 | 6.1 | -1.8 | 1983 | 9.8 | 17.4 |
| 1977 | 6.4 | -3.8 | 1984 | 11.2 | 8.4 |
| 1978 | 8.3 | 12.5 | 1985 | 8.6 | 9.3 |

资料来源：沈国兵. 国际金融学[M].上海：上海财经大学出版社，2008.

### 2. 国际商业银行贷款政策的变化

西方发达国家政府和国际商业银行贷款政策的变化加速债务危机的进程。从发展中国家整体的外债来源结构看，20世纪60年代是以外国政府贷款和多边机构贷款为主，20世纪70年代这两种贷款占外债总额的比重下降了，但其绝对额仍保持较高的年均增长率(14.6%)。进入20世纪80年代后，美、英等发达国家大幅削减对发展中国家的优惠贷款、援助及对国际金融机构的捐款，使发展中国家失去了一条重要的融资渠道。而国际商业银行在20世纪70年代的两次石油大幅涨价后，获得大量的石油美元。由于世界性的经济衰退，发达国家国内信贷需求萎缩，国际商业银行不得不寻求发展中国家作为放款对象。这一时期，许多发展中国家也不顾世界经济的衰退及国际收支赤字，大量借入外债，导致私人债务的急剧膨胀。但是，在1982年以后，债务危机初露端倪，国际贷款风险增大，国际商业银行随即收缩信贷，大幅地减少向发展中国家提供新的贷款,流入发展中国家的资金骤然减少,资金链断裂,一些重债国随即出现偿债困难,债务危机爆发。

### (二) 国际债务危机产生的内部原因

#### 1. 盲目借用外债,过度追求高速经济增长

20 世纪 70 年代的两次石油危机使石油输出国手中积累了大量的"石油美元",使国际金融市场资金充裕,利率很低。于是很多国际收支逆差的国家在国际金融市场借取了大量资金,在世界范围内平衡了国际收支。但是其中的一些发展中国家却认为国际金融市场永远可以依靠,特别是一些产油国,急于求成地追求工业化和高速度,过高地估计了本国的生产能力和出口创汇能力。这样,当世界经济转入严重衰退,石油价格大跌。国际金融市场利率急剧上升时,贷款便难以按期偿还。

#### 2. 国内宏观经济政策失误

外资只能作为内资的补充,对外资的过分依赖必将造成不良后果,陷入债务危机的主要国家无不是在国际资金市场蓬勃发展之时借入超出自身偿还能力的大量贷款,而且未形成合理的债务结构,即债务的期限结构、利率结构、来源结构等。如在期限结构上,世界银行公布的 17 个重债国均出现债务短期化趋势,即短期债务比重迅速上升。许多债务国自 20 世纪 70 年代以来,一直采取扩张性的财政政策和货币政策。进入 20 世纪 80 年代后,国际金融市场利率水平开始快速上升,世界贸易也处于停滞状态,这时主要债务国家没有采取适当的汇率和外汇管制措施,造成一系列严重的后果。

#### 3. 外债利用效率较低

所借外债没有得到高效利用,债务国的外债资金利用效率低,未能把外债资金有效地用于生产性和创汇营利性项目,而是将外债资金投向规模庞大而不切实际的长期建设项目,有的项目最终没有形成任何生产能力,显然不能保证外债资金投资项目的收益率高于偿债付息率,这样,在世界经济环境突变之时难以应付,无法如期偿还债务。

## 三、历史上爆发的主要债务危机

### (一) 拉美债务危机

#### 1. 拉美债务危机的爆发

拉美债务危机(Latin American Debt Crisis)是 20 世纪 80 年代主要发生在拉丁美洲国家的一次债务危机,成因源于 20 世纪 70 年代油价暴涨带来的过剩流动性和流入发展中经济体的石油出口国储蓄。

在低利率资金的诱惑下,阿根廷、巴西、墨西哥和秘鲁等拉美国家借入大量以硬通货计价的债务,然而,随着利率上升、资本流向逆转、发展中国家货币面临贬值压力,拉美的负债率上升到不可持续的水平。墨西哥、巴西、委内瑞拉、阿根廷、秘鲁和智利等国相继发生还债困难,纷纷宣布终止或推迟偿还外债。到 1986 年底,拉美发展中国家债务总额飙升到 10350 亿美元,且债务高度集中,短期贷款和浮动利率贷款比重过大,巴西、阿根廷等拉美国家外债负

担最为沉重，近 40 个发展中国家要求重新安排债务，拉美债务危机全面爆发。

### 2. 拉美债务危机爆发的原因

不切实际的经济发展战略目标、殖民统治遗留下来的畸形经济结构，以及外债政策的失误，无疑是导致拉美债务危机的内部原因。而国际经济环境的恶化则把拉美债务危机推向灾难的深渊。这主要表现在以下几个方面：

1) 美联储货币政策的变化，给拉美国家债务雪上加霜

1978 年底伊朗伊斯兰革命爆发引发第二次石油危机，1979 年保罗·沃克尔上任美联储主席。第二次石油危机加剧了西方国家的滞涨问题，而沃克尔以强硬手段抑制通胀水平的上升。1981 年 6 月，沃克尔将联邦基金利率从 1979 年 11.2%的平均水平提升至 19%的历史新高，贷款利率也提升至 21.5%。1982 年，联邦基金利率水平也维持在历史最高水平附近。美联储的紧缩货币政策从 1979 年一直持续到 1982 年，紧缩力度、持续时间远远超过第一次石油危机，大量资金流出拉美地区。而拉美国家这一时期债务结构也发生较大变化，短期债务比例上升，加重其短期偿债压力。

2) 西方国家加强贸易保护主义

进入 20 世纪 70 年代，西方世界经济陷入停滞与膨胀并存的局面。为了自身利益，发达国家在采取紧缩政策的同时，加强贸易保护，向发展中国家转嫁危机，使发展中国家尤其是债务沉重的拉美国家深受其害。除提高关税以外，西方发达国家还设置各种非关税壁垒，包括进口限额、进口最低限价及严格的海关手续、质量检查等。贸易保护主义对以出口贸易为外汇收入主要来源的拉美国家是一个严重打击。

3) 国际市场初级产品价格下跌，削弱拉美国家清偿债务能力

拉美国家大都依靠少数几种初级产品出口取得外汇，由于西方经济不景气，减少对原料的需求，以及有意的压价、抛售等，20 世纪 80 年代以来初级产品价格普遍下降。1982 年拉美出口的主要原料及作物的价格平均下跌 10%，其中糖下跌 40%，鱼粉、铅、玉米下跌 20%~50%，铜、可可、大豆、锌等下跌 10%~15%。另据统计，1985 年拉美 17 种主要出口产品的价格下跌了 10%以上，使拉美国家的出口收入损失近百亿美元。贸易条件恶化增大拉美地区的国际收支经常项目赤字，1982 年达 10 亿美元，直接或间接地加大了拉美债务并削减了其清偿能力。

4) 西方国家大量压缩对拉美国家的官方援助

第 6 届联合国贸易会议上，发展中国家要求发达国家提供的官方援助应占其国民生产总值的 0.7%，但据经济合作与发展组织统计，西方发达国家向发展中国家提供的官方援助占其国民生产总值的比重 1961—1980 年平均为 0.52%，1985 年降为 0.32%。美、英等主要西方发达国家基本不到 0.3%。在拉美国家从西方获得贷款额减少的同时，高利率等原因使拉美国家还本付息额逐年增加，并迅速超过贷款额，1983 年超过 18%，1984 年则增至 41%，1986 年高达 81%。1989 年世界银行报告，拉美国家偿付利息额为 235 亿美元，而同期得到的新贷款只有 50 亿美元。

### (二) 墨西哥金融危机

#### 1. 墨西哥金融危机的爆发

墨西哥金融危机是指 1994 年 12 月至 1995 年 3 月，墨西哥发生的一场比索汇率狂跌、股票价格暴泻的金融危机。这场金融危机震撼全球，危害极大，影响深远。1994 年 12 月 19 日

深夜，墨西哥政府突然对外宣布，本国货币比索贬值15%。这一决定在市场上引起极大恐慌。外国投资者疯狂抛售比索，抢购美元，比索汇率急剧下跌。1994年12月20日汇率从最初的3.47比索兑换1美元跌至3.925比索兑换1美元，狂跌13%，21日再跌15.3%。伴随比索贬值，外国投资者大量撤走资金，墨西哥外汇储备在20日至21日两天锐减近40亿美元。墨西哥整个金融市场一片混乱。从20日至22日，短短的三天时间，墨西哥比索兑换美元的汇价就暴跌了42.17%，这在现代金融史上是罕见的。

### 2. 墨西哥债务危机产生的原因

#### 1) 外汇储备不足、汇率贬值是根本原因

墨西哥金融危机(Mexico Financial Crisis)的"导火线"是比索贬值。而塞迪略政府之所以在上台后不久就诉诸贬值，在很大程度上是因为外汇储备不断减少，无法继续支撑3.46比索兑1美元的汇率。

在金融危机爆发前夕，墨西哥政府发行的短期债券已高达300亿美元，其中1995年上半年到期的就有167.6亿美元，而外汇储备则只有数十亿美元。事实表明，墨西哥政府用与美元挂钩的短期债券来稳定外国投资者信心的做法是不明智的。这种债券固然在短时间内达到了目的，使200多亿美元的短期外资留在国内，但由此而来的风险更大，因为比索价值的下跌，不管其幅度大小，都会降低间接投资的利润，从而加剧资本外流，也使短期债券市场面临更大的动荡。因此，到1994年下半年，墨西哥政府已处于一种越来越被动的局面：一方面，无法摆脱对外国间接投资和短期国债的依赖；另一方面，这两种资金来源使墨西哥经济更加脆弱，政府的回旋余地不断缩小，而金融投机者的影响力则持续增加。当政府宣布比索贬值后，金融投机者便大量抛售短期国债。

所以说，外汇储备的减少、比索的贬值是墨西哥金融危机的直接原因，而用投机性强、流动性大的短期外国资本弥补巨大的经常项目赤字，则是金融危机的根源。

#### 2) 金融市场开放过急，对外资依赖程度过高

墨西哥通过金融开放和鼓励外资流入，使1992—1994年每年流入的外资高达250亿~350亿美元。而外贸出口并未显著增长，外贸进口占国内生产总值的比重从1987年的9.4%增至1993年的31%，造成国际收支经常项目的赤字在230亿美元的高水准徘徊，使得整个墨西哥经济过分依赖外资。

#### 3) 政局不稳打击了投资者信心

1994年下半年，墨西哥农民武装暴动接连不断，执政的革命制度党总统候选人科洛西奥和总书记鲁伊斯先后遇刺身亡，执政党内部以及执政党与反对党之间争权斗争十分激烈。政局不稳打击了外国投资者的信心，进入墨西哥的外资开始减少，撤资日益增多。墨西哥不得不动用外汇储备来填补巨额的外贸赤字，造成外汇储备从1994年10月底的170亿美元降至12月21日的60亿美元，不到两个月降幅达65%。

#### 4) 忽视了汇市和股市的联动性，金融政策顾此失彼

墨西哥政府宣布货币贬值的本意在于阻止资金外流，鼓励出口，抑制进口，以改善本国的国际收支状况，但在社会经济不稳定的情况下，极易引发通货膨胀，也使投资于股市的外国资本因比索贬值蒙受损失，从而导致股市下跌。股市下跌反过来又加剧墨西哥货币贬值，致使这场危机愈演愈烈。

### (三) 欧债危机

#### 1. 欧债危机爆发过程

欧债危机是以主权债务危机的形式出现——起源于国家信用，即政府的资产负债表出现问题。欧洲国家的主权债务危机有其历史、体制和自身的原因，但最根本的原因是这些国家的经济失去了"生产性"。

2008 年美国次贷危机爆发以后，冰岛由于债务问题陷入国家破产状态，随后希腊、爱尔兰、葡萄牙、西班牙等国也纷纷陷入国家债务危机之中。2009 年 10 月 20 日，希腊政府宣布当年财政赤字占国内生产总值的比例将超过 12%，远高于欧盟设定的 3%上限。2009 年 12 月 8 日惠誉将希腊信贷评级由"A−"下调至"BBB+"，前景展望为负面，12 月 16 日，标准普尔将希腊的长期主权信用评级由"A−"下调为"BBB+"，12 月 22 日，穆迪宣布将希腊主权评级从 A1 下调到 A2，评级展望为负面。希腊的债务危机随即愈演愈烈。在希腊发生的金融危机严重影响居民消费，导致经济下滑，货币高估使得出口始终较差，而没有灵活的货币政策，政府不得不依靠投资和消费拉动经济，赤字不断累积。赤字与出口下滑的恶性循环最终使得希腊的主权信用风险逐步积累，并在本次经济危机中完全暴露出来。就欧盟而言，面临着科技水平很难短期内提升和币值要保持稳定的双重挑战。2010 年 1 月，葡萄牙、西班牙也接连遭穆迪警告，截至 4 月 27 日标普将希腊主权评级降至"垃圾级"，欧美股市全线大跌，危机进一步升级，整个欧盟都受到债务危机困扰。

#### 2. 欧债危机产生的原因

内因表现在：第一，产业结构不平衡，实体经济空心化，经济发展脆弱，如希腊以旅游业和航运业为支柱产业，难以抵御危机的冲击；第二，人口结构不平衡，逐步进入老龄化；第三，刚性的社会福利制度。欧盟内部，经济、文化、宗教均有显著差异，同一个货币体系下，北欧人比南欧人更严谨有序，北欧人爱储蓄、重制造，南欧人热爱消费、借贷，追求享受。

外因表现在：第一，金融危机中政府加杠杆化使债务负担加重，如希腊政府的财政原本处于一种弱平衡的境地，国际宏观经济的冲击，恶化了其国家集群产业的盈利能力，公共财政现金流呈现出趋于枯竭的恶性循环，债务负担成为不能承受之重；第二，全球三大评级机构不断下调债务国的主权评级，使得债务国借入资金的利息变得相当高，也可成为危机向深度发展的直接原因。

#### 3. 欧债危机的影响

欧债危机发生后，欧洲国家经济疲软，并对世界其他国家产生影响。在金融方面，欧元区主权债务和银行风险相互交织的复合型金融危机，导致全球金融系统性风险加大；欧盟要求各大银行提高核心资本充足率，银行被迫在全球范围内实行业务收缩，导致资金回流。在贸易方面，欧元区内部经济低迷直接影响了英国的经济景气，打乱了英国政府改善财政状况的既定计划；同时经济危机造成欧盟需求萎缩，贸易保护主义倾向抬头，给贸易伙伴国经济增长带来负面影响。在应对危机方面，欧盟成员国主要采取财政紧缩政策，争取尽快减少赤字，恢复财政平衡。但是，危机爆发后这些措施导致各国失业率上升、福利下降、有效需求萎缩，欧元区陷入经济衰退。

# 第四节 中国利用外资与对外投资

## 一、中国利用外资

### (一) 中国利用外资的历史发展

#### 1. 改革开放前的停滞阶段(1949—1978年)

中华人民共和国成立后,由于内外政治环境的因素,我国在利用外资上一直处于停滞状态,在 1978 年党的十一届三中全会之前,我国一直处于相对封闭状态,还没有和世界上大多数国家正式建立往来,在那个时期,吸收外商直接投资、对外借款以及其他方式筹措的境外现汇、设备、技术等利用外资工作基本陷于停顿,我国只是局限于同苏联、东欧少数几个社会主义国家以及日本之间进行技术转移方面的合作,而且,对外借款成为当时利用外资的主要方式。

#### 2. "南方谈话"之前的起步阶段(1979—1991年)

党的十一届三中全会以后,我国实行改革开放的政策,提出了要在自力更生基础上积极发展同世界各国平等互利的经济合作,利用两种资源,打开两个市场和学会两套本领,从此我国利用外资进入了一个新的历史发展时期。为了吸引外资,我国开始试办经济特区,开放沿海港口城市,确立沿海开放地区,扩大探索和试点范围,制定和颁布重要的涉外法规,进一步放宽引进外资政策。但是,由于投资环境、法律制度等均不完善,吸引外资刚刚起步,外国在中国的投资数量不多,外资进入规模较小,主要集中在纺织、服装等劳动密集型行业。同期,外国投资主要以借用外国贷款的间接投资为主,直接投资增长缓慢,主要集中于经济特区和部分沿海开放地区,处于起步发展的试点阶段。

#### 3. "南方谈话"之后的快速发展阶段(1992—1997年)

1992 年邓小平同志"南方谈话"之后,我国对外开放和经济体制改革进入了一个新的时期。这一阶段全国利用外资的范围持续扩大,投资领域不断放宽,外资开始大规模进入我国。同时政府提出了多渠道、多方式吸收外资的多元化、全方位战略,强调在继续吸收港澳台地区和一些亚洲国家对华直接投资的基础上,加大吸引发达国家的直接投资。此外,为了吸引更多外国投资,我国政府出台了一系列鼓励和优惠政策,各省、地区也在国家优惠政策的基础上,纷纷实行更多、更为优惠的激励政策,形成了全国争先吸引外资的新局面,使我国利用外国直接投资的数量达到了一个新的规模。

截至 1997 年,投资规模上我国成为发展中国家第一大外国投资国,成为仅次于美国的世界第二大外国投资对象;投资区域开始由沿海向内地辐射,直接投资总额逐渐超过间接投资总额;利用外资的多样化特征日趋明显,形成合资、合作、独资、合作开发多种方式并重的格局。这个阶段,由于政策和资金流向等市场作用的共同结果,外商投资的产业结构有了一定的变化,投资项目的产业结构有所改善,资金技术密集型大型项目开始增加和被大批引进。外商投资行业开始涉及国民经济许多部门,国家鼓励投资的基础设施、能源和交通等产业成为外商投资的热点,尤其是航空、保险等第三产业开始试点引进外国投资。我国已成为世界投资热点之一。

#### 4. 亚洲金融危机之后的成熟阶段(1998年至今)

为了减少亚洲金融危机对我国的冲击，遏制外资下降的势头，同时也为加入 WTO 和适应经济全球化的需要，我国在投资政策上进行了一系列调整。利用外资由注重数量型逐步转变为注重质量和结构优化型。1997 年 12 月，修订《外商投资产业指导目录》，扩大了国家鼓励外商投资的范围，突出了产业重点，同时体现了鼓励外商向中西部地区投资的政策。1999 年 8 月，外经贸等部门就进一步鼓励外商投资制定了相关政策措施，鼓励外商投资企业技术开发和创新，加大对外商投资企业在税收和金融方面的优惠措施。这些措施使我国成功削弱了亚洲金融危机后期带来的影响，外商对我国的信心迅速恢复。2001 年，我国成功加入 WTO，我国进入了一个更宽领域、更深层次对外开放的新阶段，涉外经济政策、法律法规等方面更具有透明度，投资环境也进一步改善，世界著名跨国公司积极调整在华的经营战略，把我国纳入其全球经营网络。同时由于我国逐步开放金融、保险、电信、物流等行业，外商投资的领域也由制造业逐步向现代服务业投资领域延伸，外国投资以前所未有的速度大量涌进我国市场。党的十八大以来，我国吸引外资总体规模保持增长态势，近几年来，引资规模稳居全球第二。2020 年，在全球外资下降40%的背景下，中国引资逆势增长 4.5%。

### (二) 中国利用外资的主要方式

中国利用外资方式分为外商直接投资和外商其他投资两大类。

#### 1. 外商直接投资

1) 中外合资企业

中外合资企业是指中国合营者与外国合营者依照中国法律的规定，在中国境内共同投资、共同经营并按投资比例分享利润、分担风险及亏损的企业。外国合营者的出资比例一般不低于25%。中外合资企业的特征为：第一，合营企业主体一方为中国的公司企业或其他经济组织，另一方为外国的企业或其他经济组织和个人；第二，在中国境内，按中国法律规定取得法人资格，为中国法人。必须遵守中国法律、法规；第三，是有限责任公司；第四，合营各方遵照平等互利原则，共同出资、共同经营，按各方注册资本比例分享利润、分担风险和亏损。

2) 中外合作企业

中外合作企业，又称契约式合营企业。它起初是广东省结合本省情况，对举办合资经营企业这种利用外资方式加以灵活运用的一种变通形式，后来逐渐扩展到全国其他省市。它在法律地位与组织形式上与中外合资企业基本相同，但在具体做法上有以下特点：第一，开办时中方一般只以土地使用权投资，外方则以实物或现金投资；第二，不以货币计算与确定合作各方的投资比例和股权比例，以及各方义务、权利和利润分配份额等，由各方根据不同情况和条件，协商一致后写进合同；第三，企业盈利按合同规定在合作各方之间进行分配，亏损一般由外方承担，以其投入的现金或实物为限；第四，合同期满或提前解散时的剩余财产，均无偿归属中方，而不在合作各方之间进行分配。

3) 外资企业

外商独资企业，简称外资企业，是指依照中国法律在中国境内设立的全部资本由外国投资者投资的企业。外资企业的外国投资者可以是外国的企业、其他经济组织和个人。外资企业依中国法律在中国境内设立，因此不同于外国企业和其他经济组织在中国境内的分支机构。外资企业是一个独立的经济实体，独立经营，独立核算，独立承担法律责任。在组织形式上，外资企业可以是法人，也可以是非法人实体，具备法人条件的外资企业，依法取得法人资格，其组织形式一般为有限责任公司，外国投资者对企业的责任以其认缴的出资额为限。不是法人组织的外资企业，可以采取合伙和个人独资的形式，即由两个或两个以上外国的法人或自然人共同出资在中国境内设立的企业，其法律依据类推适用《中华人民共和国民法典》关于个人合伙和企业联营的规定。个人独资企业则是指由一个外国投资者依法在中国境内投资设立的企业，外国投资者对企业债务负无限责任。

4) 外商投资股份制

外商投资股份制公司指一国及以上的外商与本国有关法人组成股份企业，各方作为股东按认购股票的价格出资。外商投资股份制公司可采取发起方式或募集方式设立。以发起方式设立的公司，除应符合公司法的条件外，其中至少有一个发起人为外国股东。以募集方式设立的公司，除应符合前述条件，其中至少有一个发起人，还应有募集股份和前三年连续盈利的记录。该发起人为中国股东时，应提供其近三年经中国注册会计师审计的财务会计报告；该发起人为外国股东时，应提供该外国股东居所所在地注册会计师审计的财务会计报告。

5) 合作开发

合作开发是指一国及以上的外商与本国有关法人通过签订合同，由外商投资对本国的矿产等资源进行勘探开发，并独自承担投资风险，若勘探成功，外商自动获得其后的开发权，并取得一定数量所开采矿产作为补偿，目前主要在我国海上和陆上石油勘探中采用。

**2. 外商其他投资**

1) 对外发行股票

对外发行股票是指一国企业在境内外股票市场公开发售股票，境外投资者以外币认购股票。对外发行的股票包括企业在境内公开发行以外币计价的股票和在境外证券市场向境外投资者发行并上市的以外币计价的股票。

2) 国际租赁

国际租赁是租赁公司给予用户的中长期商品信贷，是国际上通用的吸收外商投资的一种国际经济合作的方式。国际租赁贸易是商品信贷和金融信贷相结合，由出租人、承租人、供货人及金融界共同参与的一种新型贸易方式。出租人通过出租设备等向承租人提供信贷便利，而承租人则以定期支付租金的形式取得设备的使用权，供货人则向出租人提供货物买卖。其实质是出租人向承租人提供信贷的一种交易方式。国际租赁贸易实质上是一种分期付款的信贷方式。

3) 补偿贸易

补偿贸易又称产品返销，指交易的一方在对方提供信用的基础上，进口设备技术，然后以该设备技术所生产的产品，分期抵付进口设备技术的价款及利息。补偿贸易的基本形式或种类很多，包括返销(Payback)、回购(Counter Purchase)、综合补偿贸易、劳务补偿贸易等，特别是在我国，补偿贸易的内涵更广，做法更灵活一些，如双边补偿、多边补偿、卖方信贷补偿、买方信贷补偿、租赁补偿、全部补偿和部分补偿等。

4) 加工装配

对外加工装配业务，是一种委托加工的贸易方式。由国外委托方提供全部或部分原材料、辅料、零部件、元器件、配套件和包装物料，必要时提供设备，由承接方企业按委托方的要求进行加工装配。成品交委托方在国外销售，承接方收取工费，对于委托方提供的设备价款，可结合补偿贸易的做法，以劳务所得的工费抵偿。2019 年，在全球经济增长放缓、跨国投资低迷、国际环境不确定性增加、各国引进外资竞争加剧的条件下，中国吸收外资实现逆势增长。按人民币计，达到 9415.2 亿元，比上年增长 5.8%；以美元计，达到 1381.4 亿美元，同比增长 2.4%。

### (三) 中国利用外资的变化

#### 1. 发展阶段和市场结构的变化

一方面由高速增长阶段转向高质量发展阶段。在改革开放的进程中，中国实现了经济高速增长，从 1978 年到 2018 年中国 GDP 共增长了 226.9 倍，年均增速达到 9 个百分点，在 2010 年已经成为世界第二大经济体。自从中国经济步入"新常态"，经济增长进入了可控、相对平衡的运行区间，由高速增长转向高质量发展阶段。在高质量发展阶段，对外商投资提出了新的要求，吸引外资不仅关注数量的增长，更要重视质量与结构。另一方面市场结构发生了巨大变化。在 2008 年金融危机发生后，中国出口增速放缓，同时，随着经济发展和人均收入的提高，居民消费越来越多元化，最终导致产能过剩，供给侧结构性改革的迫切性凸显。在面临激烈市场竞争的条件下，应该避免外商投资加剧产能过剩。

#### 2. 工业化水平和市场结构的变化

中国已经成为世界制造业大国，制造业国际地位大幅提升，工业化加速扩张的方式已经不适用于如今的发展需求，产业结构升级替代了工业化加速扩张，经济结构的转型升级要求外资结构也应优化，而不是让外资在工业领域简单地进行数量扩张。同时，改革开放初期，中国劳动力成本较低，土地资源丰富，吸引了大量的来自西方发达国家和周围贸易伙伴国的投资。现阶段，中国劳动力红利日渐衰减，能源、资源类产品成本攀升，环境成本增加，融资成本居高不下，高企的要素成本替代了廉价生产要素。与此同时，随着人均收入水平提升，以往庞大人口规模下的潜在市场正转换为独具吸引力的庞大消费市场，为进口商和投资者提供了难得的机遇，中国的要素成本优势正转换为市场优势。

#### 3. 资金剩余与收入水平的变化

对外开放初期，中国是标准的发展中国家，存在储蓄缺口和外汇缺口的"双缺口"、推进工业化进程，需要利用外资。现阶段中国已成为外汇储备最多的国家，截至 2020 年底中国人民币储蓄存款超过 213 万亿元。"双剩余"替代了"双缺口"，利用外资的思路逐渐转变，以促进技术进步和经济结构优化，实现创新发展、平衡发展、绿色发展、开放发展和共享发展的经济高质量发展。同样，改革初期中国经济发展速度慢，人均收入水平低，民众消费水平也较低。经历了快速增长后，我国已经逐渐由低收入国家转变为中高收入国家，2020 年中国人均 GDP突破 1.1 万美元，成为中上等收入国家。随着居民收入水平提高，消费结构升级趋势明显，高端、优质、时尚、环保、健康的消费品成为人们追逐的对象，旅游、休闲、保健、养老、娱乐、文化、体育、金融等服务需求快速增长，为外商投资、货物进口和国际服务贸易发展提供了广阔空间。

#### 4. 体制改革与开放中心的变化

改革开放 40 多年以来，一方面，中国走出了一条符合国情的渐进式改革开放的道路。初期政府在改革中放权让利,同时也甩掉了许多包袱;国有企业管理者掌握了企业的实际控制权;普通劳动者获得了更多就业选择机会,收入水平普遍提高。而今,中国改革正处于全面攻坚阶段,改革攻坚意味着必须进一步转变政府职能,简化行政审批手续,提高行政效率,改善政府服务,把市场能够解决的问题真正交给市场,发挥市场在资源配置中的决定性作用;改革面临着巨大的阻力和困难,中国需要积极吸引并利用好外资,充分发挥其提高生产力、加快经济体制转换、倒逼改革的功能。另一方面,中国正由渐进式开放向全面开放转变。例如,服务业开放取代制造业开放成为产业开放的重心;以优惠政策推动外资投资、出口增长转变为依赖优化营商环境、塑造公平竞争环境的制度性引资、促进进出口平衡发展;发展外向型经济转向构建并完善开放型经济新体制;参与经济全球化转变为引领经济全球化进程。

### 5. 数字经济背景下跨国企业的崛起

数字经济的兴起创造了大量的新产业、新业态和新型商业模式,对传统产业及传统商业模式产生了深刻的影响。跨国企业全球价值链出现了数字化、服务化、去中介化及定制化("四化")新趋势。跨国企业国际投资模式及路径发生深刻演变,出现了轻海外资产、低就业、区位决定因素变化、服务业投资比重上升、非股权投资增多及跨国公司全球布局更加灵活等特征。在新形势下,数字经济及新兴制造技术成为国际投资流动日益重要的区位决定因素,发达国家在吸引外资及对外投资方面的优势重新提升,数字经济领域的国际竞争激化,国际协调亟待加强。

### (四) 利用外资前景展望

#### 1. 继续坚持扩大对外开放,积极引进外资

扩大对外开放,积极利用外资,促进内外资公平参与中国标准化工作,既是经济转型与结构调整不可忽视的重要力量,也会加剧国内市场竞争。所以坚持"发展是第一要义",以开放的眼光去看待这些问题,抛开不必要的纷争,及时转变思维,在开放中做大"蛋糕",才能获得更快发展。同时,要高度注意扩大开放中可能产生的国内经济利益分配不均衡问题,加强企业、个人参与经济全球化的能力建设,提升广大社会公众参与经济全球化的获得感,构建开放补偿机制,对开放和外商投资中受冲击的利益受损产业、群体给予救助扶持。

#### 2. 以扩大开放反对单边主义和贸易保护主义,维护多边经济体制

改进并加强保护知识产权,包括:保护外资企业知识产权;降低关税税率,承担与中国经济发展水平相适应的关税水平,减少非关税措施;严格遵守世界贸易组织《补贴与反补贴协定》,清理不合理的财政补贴;遵循国民待遇原则,在政府采购、推进自主创新等方面,公平对待投资企业和产品;改进产业政策实施方法,更多采用市场化手段推动产业结构升级;进一步缩减外商投资准入负面清单,按照最惠国待遇原则,扩大外商投资市场准入。在扩大开放中,坚决反对单边主义、贸易保护主义等思想,加强与各国经贸合作,推动建立开放、包容的世界经济体系。

#### 3. 发挥特殊经济区在利用外资中的独特功能

经济特区、经济技术开发区、自由贸易试验区、港口和保税区等是合作发展、互利共赢的新形式,要把握好特殊经济区在利用外资中的独特功能,打造对外开放的新高地,同时,要完善相关政策法规做到对外政策的统一,避免因政策因素和管理缺陷导致外资利用水平低下。此外,总结并推广特殊经济区成功的经验,总结出中国自己的发展道路,构建对外开放新格局,

完善外资利用新结构，形成市场机制决定资源配置的经济体制。

### 4. 依据"五大发展理念"，利用外资推动经济高质量发展

在"创新、协调、绿色、开放、共享"发展理念引领下，实现新一轮高水平的对外开放，坚持贸易、投资自由化和便利化，鼓励高技术领域的外商投资，释放外资企业溢出效应，将技术转化成生产力。从引资向引智、引量向引质、引污向引绿转变，完善引进、利用外资的配套产业政策，促进外资结构和产业结构的同步升级，推动地区产业均衡发展，鼓励外商向中西部和边境地区投资，促进区域经济协调发展。通过供给侧结构性改革，提高全要素生产率，缓解要素成本上升的压力，稳定制造业外商直接投资，发挥大市场的优势，使外商投资能够分享我国产业结构、消费结构升级的历史机遇，推动外商投资高技术产业和高端消费服务领域，提升外商投资质量和水平。支持外商投资环保产业，鼓励外资企业环保投入，推动绿色发展。鼓励外资企业承担更多社会责任，推动共享发展。

### 5. 数字经济时代利用外资的战略转型

首先，新常态下中国利用外资战略的着眼点应从招商引资转变为"招商引智"和"招商引能"，从股权投资主导转变为股权投资与非股权模式(如研发战略联盟、高新科技产能战略联盟、战略型基础学科研发联盟)相互结合、相互促进。"招商引能"主要是引进先进生产、研发能力而不是资金，为"中国制造2025"服务。其次，投资促进及便利化需要适应新的形势。例如，在大项目投资促进方面，可以借鉴斯坦福模式及欧洲原子能研究中心模式，推动科技院校、科研机构成为新一代招商引资(引智、引能)的重要平台。同时，加强投资便利化。可参照联合国贸发组织的《全球投资便利化行动纲要》，进一步简化和统一法律法规，增强外资管理的透明度和执行力度。最后，数字经济跨国企业的全球治理结构及经营网络更加灵活，也更加复杂，技术与商业模式的创新日新月异，对外资监管的有效性提出了多重挑战。例如，联合国贸发组织的研究表明，由于数字化跨国企业无形资产及流动资产占比很高，这些企业更容易利用复杂的跨境股权设计及转移定价(专利等)等方式转移利润，降低税负。同时，这些企业利用复杂的跨境所有权构架及交叉持股等手段，加上其技术优势，可以用远低于50%的股权对海外实体形成事实上的控制。复杂的股权构架也给这些企业国籍的认定带来挑战。因此，传统上主要利用股权限制对外资进行限制和监管的做法越来越难以奏效，需要在方式、方法上创新。

## 二、中国对外投资

改革开放以来，我国企业对外直接投资经历了由小到大、由弱到强、由区域到全球逐步发展壮大的过程。我国对外开放战略不断深化、综合国力不断增强、企业国际化经营水平不断提高、国内产业结构加快调整、政府投资促进政策不断完善等经济层面和政策层面的有利因素，推动了我国企业对外直接投资持续发展，投资合作持续提升，构建了互利共赢的产业链、供应链。

### (一) 中国对外投资的历史发展

#### 1. 起步探索时期(1979—1984年)

贸易企业在境外设立机构，实体经济对外直接投资处于萌芽状态。1979年8月国务院颁布

15 项经济改革措施，其中第 13 项明确规定允许出国办企业，第一次把对外直接投资作为一项国家政策确定下来。其间仅有少数外经贸公司从自身经营需要出发开始在国外设立窗口企业，主要是为贸易服务。20 世纪 80 年代初，一些大企业开始探索对外直接投资。对外投资主体主要是中央和地方外贸企业，投资领域主要集中在餐饮、承包建筑工程、咨询服务、贸易等服务行业，投资主要分布在港澳地区和我国周边的发展中国家。

### 2. 培育发展时期(1985—2001年)

这一时期投资由贸易向生产和服务领域拓展，对外直接投资主体多元化、投资市场多元化。1985—1987 年我国出现了第一次对外直接投资高潮，投资主体向大中型生产企业和综合金融企业扩展，投资领域逐步向资源开发、制造加工、交通运输等 20 多个行业延伸，投资区域已经扩展到部分发达国家。1992—1998 年我国经济进入调整恢复期，开始对海外投资进行清理整顿，严格审批手续。1998 年十五届二中全会明确指出，在积极扩大出口的同时要有领导、有步骤地组织和支持一批有实力、有优势的国有企业走出去，到非洲、中亚、中东、中欧、南美等地投资办厂。1999 年 2 月，国务院办公厅转发外经贸部、国家经贸委、财政部《关于鼓励企业开展境外带料加工装配业务的意见》，为我国"走出去"战略打下了基础。2001 年我国企业海外投资呈现出加速增长态势，对外直接投资额达 68.85 亿美元，相当于 2000 年的 7.5 倍、1985 年的 11 倍。这一时期的海外投资获得了突破性进展，特别是境外加工贸易和资源开发成效显著。一批民营企业逐步开始进行跨国经营的尝试，标志着我国对外直接投资主体开始多元化。

### 3. 成长壮大时期(2002—2008年)

"十五"期间我国加快实施"走出去"战略，鼓励支持有条件的各种所有制企业开展跨国经营，主动参与国际经济技术合作，不断完善海外投资政策。为了推进对外投资便利化进程，2004 年下发了《关于境外投资开办企业核准事项的规定》《关于内地企业赴香港、澳门特别行政区投资开办企业核准事项的规定》等，下放了境外投资核准权限并简化手续，为企业境外投资创造了良好环境。政府部门还通过资金补贴、长期低息贷款等方式支持企业承接海外项目，在海外建立工业园区。这些举措都有力促进了我国企业对外直接投资活动。2008 年我国对外直接投资净额为 559.1 亿美元，同比增长 111%，列全球第 12 位，投资的国家(地区)达到 174 个，投资领域涵盖服务业、工业和农业。

### 4. 加速发展时期(2009年至今)

这一阶段我国对外开放已经进入"引进来"和"走出去"并重、利用外资与对外投资均衡发展的新阶段。尤其是十八大以来进入快速发展阶段，2013—2020 年，中国对"一带一路"沿线国家直接投资累计达 1360 亿美元，"一带一路"沿线国家在华新设企业累计达 2.7 万家，实际投资累计约 600 亿美元。

### (二) 当今中国对外投资的现状

#### 1. 对外直接投资流量蝉联全球第二，存量保持全球第三

2019 年中国对外直接投资 1369.1 亿美元，同比下降 4.3%，流量规模仅次于日本(2266.5 亿美元)。2019 年末，中国对外直接投资存量达 2.2 万亿美元，次于美国(7.7 万亿美元)和荷兰(2.6 万亿美元)。中国在全球外国直接投资中的影响力不断扩大，流量占全球比重连续 4 年超过一成，

2019年占10.4%；存量占6.4%，与上年持平。从双向投资情况看，2019年中国对外直接投资规模低于吸引外资3.1%。

### 2. 投资覆盖全球188个国家和地区，对"一带一路"沿线国家投资稳步增长

截至2019年底，中国超2.75万家境内投资者在全球188个国家(地区)设立对外直接投资企业4.4万家，全球80%以上国家(地区)都有中国的投资，年末境外企业资产总额7.2万亿美元。在"一带一路"沿线国家设立境外企业超过1万家，2019年当年实现直接投资186.9亿美元，同比增长4.5%，占同期流量的13.7%；年末存量1794.7亿美元，占存量总额的8.2%。2013—2019年中国对"一带一路"沿线国家累计直接投资1173.1亿美元。

### 3. 投资领域多元，八成存量集中在服务业

2019年，中国对外直接投资涵盖国民经济的18个行业大类，超七成投资流向租赁和商务服务、制造、金融、批发和零售业四大行业。2019年末，中国对外直接投资存量的八成集中在服务业，主要分布在租赁和商务服务、批发和零售、金融、信息传输/软件和信息技术服务、房地产、交通运输/仓储等领域。

### 4. 中央企业和单位对外直接投资较快增长，地方企业存量占比超四成

2019年，中央企业和单位对外非金融类直接投资272.1亿美元，同比增长18%；地方企业897.4亿美元，同比下降8.7%，占全国非金融类流量的76.7%，较上年下降4.3个百分点。广东、上海、山东位列2019年地方对外直接投资前三名。2019年末，地方企业对外非金融类直接投资存量达到7855.5亿美元，占全国非金融类存量的40.4%。

### 5. 对东道国税收和就业贡献显著

2019年境外企业向投资所在国缴纳的各种税金总额达560亿美元，雇用外方员工226.6万人，占境外企业员工总数的60.5%。对外投资带动出口1167亿美元，占中国货物出口总值的4.7%，实现销售收入25120亿美元，同比增长4%。2019年中国境外企业的经营情况良好，超七成企业盈利或持平。

### (三) 中国对外投资存在的主要问题

### 1. 面临的国际政治经济风险因素加大

首先，受美国政府影响，部分欧美国家或将在投资准入、出口和技术转让管制方面采取限制措施。2019年8月13日美国总统签发国家安全授权法案，包括《外国投资风险评估现代化法案》(FIRRMA)和《出口管制改革法案》(ECRA)，并要求美商务部每两年向美国外国投资委员会报告中国投资活动，成立人工智能国家安全委员会。虽然FIRRMA不具体针对中国，且仅限于并购领域和部分敏感行业的财务投资，暂时不涉及绿地投资，但上述两法案在2020年出台实施细则、指导意见和法律解释，鉴于美国外国投资委员会(CIFIUS)依据FIRRMA已扩大权限，并与出口管制职能挂钩，对中国对美投资和对中技术出口将有更多限制。其次，中国企业在向"一带一路"沿线发展中国家投资过程中，通常面临东道国政局不稳、汇率大幅波动、重大突发事件干扰、法制环境和市场环境差等问题。最后，全球经济复苏的不稳定性及金融局势震荡使汇率风险成为中国企业对外直接投资的主要风险之一。

### 2. 体制政策创新不足

#### 1) 投资便利化仍存在较大障碍

一是海外投资项目审批制虽已改为备案制，但备案制程序仍很复杂，容易造成并购项目商机延误。二是境外企业返程投资面临较大障碍，无法享受内资企业的政策。三是个人境外投资有关规定不明朗，在用汇、备案、服务等方面并没有相应支持政策。四是越来越多的企业在"一带一路"沿线国家设立生产基地，需要对东道国员工进行培训，但因未设置研修人员签证而导致东道国受训员工无法入境。

#### 2) 相关法律建设和保障措施滞后

一是缺少海外投资立法。目前对外投资管理政策主要由各部门的规章或规范性文件构成，没有统一立法可循，对外投资备案程序复杂、事后管理比较薄弱。二是海外投资保险制度不完善。比如，对于汇率断崖式下跌给企业经营活动带来的损失，目前中信保并没有纳入承保范围。三是国家为纳税人在投资国提供税收收益保障和境外投资的税收服务体系不健全。

### 3. 国有企业投资效益低

国企对海外投资风险预估不足，在投资的方向性、战略性上出现重大失误。第一，有些企业偏好风险型投资，认为高风险等于高收益，投资高风险地区导致企业亏损。第二，国企投资行为并非以盈利作为主要考量因素，如援助项目大多由国企来执行，导致牺牲经济利益。第三，对国企海外资产和投资行为约束和监管不足、亏损追责不力，以及对央企境外资产的审计制度还不完善等，导致海外投资项目作为国企领导的"政绩工程"滋生权力寻租行为。

### 4. 服务保障体系和平台不完善

一是相关信息系统不完善。由于政府对东道国的投资环境、市场状况、文化习俗、法制规范、投资政策等方面的信息搜集缺乏及时性、准确性和有效性，导致企业对外投资完全依靠自身力量收集所需信息，成本高、难度大、信息可靠性差。二是各类技术专业咨询服务不完善。在对外投资政策、金融支持、智库咨询、投资便利等方面我国企业缺乏国内支持。三是政府支持力度不够。美国政府通过联邦机构商品信贷公司补偿中美贸易摩擦中的农户损失，我国政府尚缺乏符合 WTO 机制的措施补偿受冲击的中国企业。在外中资银行只有内保外贷、中信保两个融资渠道，成本高、绩效考核严格，无法有效支持中资企业投资项目，美元项目只能由美资银行贷款给中资企业。美政商界已形成系统性、专业性开展中美经贸摩擦的措施方案，我国国内智库咨询机构存在明显短板，对政府和企业指导性不够。国内多家受损企业在出口退税、通关便利、扩大国内市场和开拓多元化市场等方面缺乏支持。

### (四) 中国对外投资发展战略构想

优化对外直接投资战略布局，有效防范风险，实施"走出去"，是构建开放型经济新体制的重要任务。

### 1. 区位选择应坚持发达国家与发展中国家并重

一方面，目前我国传统产业已经具备转移条件，应根据比较优势原理向成本和产业结构层次更低的发展中国家进行投资，以利于调整国内产业结构；另一方面，向位于全球价值链高端的发达国家进行学习型投资，以获取先进技术、管理方式、服务模式等外溢效应，带动国内技术创新和产业升级。在投资方式上，应以获取战略性资源为主要目标，鼓励企业海外并购，选择经济基础雄厚、技术先进、投资环境好的发达国家和地区，收购优质企业的核心技术、品牌、研发中心和销售渠道，快速实现技术和品牌跃升；在经济欠发达的国家和地区选择绿地投资，充分利用当地劳动力、资源能源、土地等低廉生产要素，积极开拓国际市场。

### 2. 以"一带一路"倡议为引领，探索经济共同体

"一带一路"倡议为我国企业对外直接投资带来了新的机遇和市场空间。第一，利用推动沿线国家基础设施投资，以及建设国际大通道中的通路、通信、通航和通商等"主干道"的机遇，加快轨道交通、信息通信、能源电力、装备等制造和服务业"走出去"步伐。第二，逐步形成面向"一带一路"、辐射全球的境外经贸合作园区网络，推进区域经济一体化进程。第三，利用中亚、俄罗斯、缅甸、印度、孟加拉国、越南等沿线国家能源、矿产、农业、海洋等自然资源丰富的优势，加强能源资源投资开发与合作。第四，夯实东亚经济体两大基石，加强东盟-中国、东盟-日本、东盟-韩国三个中心的合作，引导有利于中方的演进方案。

### 3. 加快引导和构建新的全球产业链布局

有序引导企业向东南亚、南美洲、非洲等多元化市场转移产业链，开拓多元化市场。推动制造业投资，构建全球生产网络体系。加快在东盟、非洲、拉美等低成本的发展中国家投资建立工业园区和生产基地，积极推动核电、通信、航天、飞机、汽车、高端装备等一批具有技术优势的产业加快全球布局。推动服务业投资，构建全球营销网络体系和研发创新体系。鼓励我国企业在美欧日等发达国家和地区设立研发设计中心及科技园区，获取世界前沿技术创新成果与科研信息。积极挖掘农业投资潜力，开拓海外农业资源和市场。

### 4. 提升企业国际化经营能力和国际竞争力

引导大企业进一步提高技术创新、品牌创造、标准制定的能力，由加工制造向研发设计、品牌营销等服务型制造企业升级，向产业链上下游、价值链中高端拓展，形成具有自主知识产权、自主品牌、自主营销网络的世界级跨国企业。鼓励国内企业与跨国公司结成战略联盟携手对外投资，寻求海外资源、技术和市场。大力推动民营企业对外直接投资，尤其在对高新技术、能源资源、军工等敏感行业投资及重大海外并购上，西方保护主义势力对国企投资表现敏感，民企则拥有优势。加快民企在"一带一路"重点行业、重点区域的战略布局。鼓励民企投资高新技术、基础设施、海洋、能源资源、军工、农业等领域，支持民企设立或收购海外研发中心以获取技术外溢效应。

### 5. 加强海外投资平台建设

加强对外投资大数据建设，为企业提供各类相关资讯服务支持；加快发展金融保险、信息服务及相关法律、财务、技术、咨询等专业服务机构，为企业"走出去"提供国际化、专业化服务；加强境外工业园区基础设施和公共服务平台建设，发挥各级商会、贸促会、行业协会及中介服务机构作用。对外投资政策避免一刀切，分国别分行业鼓励企业自担风险开拓国际市场。鼓励中信保增加收汇风险保险、进出口银行扩大对中小企业支持等。取消差额出口退税，减免国内不生产的部分原料的进口关税，提高海关等部门服务水平，简化研发补贴手续，降低不合理税费，增强企业应对风险能力。

### 6. 数字经济新常态下在全球规制中发挥引领作用

中国数字经济企业已经成为数字经济领域国际投资的重要力量。但数字经济是各国监管最为集中的领域，而数字安全、电子商务、移动支付等相关国际规制仍未健全。中国数字经济企业国际化面临挑战。中国应通过新一代国际投资协定的谈判以及支持联合国贸发组织推动国际投资体系改革，并通过 G20 等多边机制积极推动并引领数字经济领域的投资规制；同时，应着重利用"一带一路"倡议及中非合作机制，帮助非洲国家发展数字经济基础设施，并利用贸发组织等多边机制加强有关国家的能力建设，改善这些国家数字经济领域的投资环境，在全球规制中发挥引领作用。

## 三、中国外债管理

新中国成立之初，中国奉行"自力更生为主、争取外援为辅"的方针，仅在 20 世纪 50 年代向苏联借款 76 亿卢布，主要用于国民经济恢复和发展。1964 年提前清偿全部贷款及利息后，在较长一段时期内处于"既无内债，也无外债"的状态。改革开放以来，中国转变外债管理思路，重视利用国际国内两个市场、两种资源，充分发挥外债在国民经济建设中的积极作用，并逐步建立起符合社会主义市场经济需要的外债管理体制。

### (一) 外债结构管理

外债结构亦称债务结构，是指外债总额中各种类别的外债分别所占的比重。它包括：①外债形式结构，即国外贷款和发行外债分别所占的比重；②外债来源结构，即向国外官方筹借和向私人筹借的外债比重，向不同国家(地区)筹借的外债比重；③外债利率结构，即高、中、低不同档次利率水平的外债比重，按固定利率计息和按浮动利率计息的外债比重；④外债期限结构，即短、中、长不同偿还期限的外债比重；⑤外债货币结构，即以不同指定外汇记账和偿还支付的外债比重。

外债结构主要表现为期限结构、利率结构、债权结构和币种结构。同一划分标准下不同的外债都有着不同的特性，它们之间不同比例的搭配、组合有着不同的意义和功能。这也是研究外债结构的意义所在。

### 1. 外债的期限结构

外债的期限结构是按照债务的偿还期限划分的，具体指短期、中期和长期债务分别占外债总额的比重。中长期债务由于偿还期限较长，易于管理，并且有利于国家根据社会经济发展的需要，统筹安排一些长期的项目；短期外债大部分形成于企业的贸易结算中，在对外经济繁荣时期由于交易量大，容易积累。由于偿债周期不同，中长期债务暂时不会形成近期的偿债高峰，而短期债务则有可能形成近期的偿债高峰。一旦外债形成偿债高峰，在本国外汇收入不能大幅提高，外汇储备又比较少的情况下就有可能造成债务危机，从而引发不良的国际影响，对国内经济造成负面影响。因此，不同期限的外债债种应保持适当的比例，以便相互协调，避免形成偿债高峰，并满足经济发展的多方位、各层次的需要。目前国际上比较流行的看法是：合理的期限结构应该以中长期为主，适当借用部分短期债务。一般认为短期外债以不超过全部债务的 25%为宜。

### 2. 外债的利率结构

利率结构指以利率为标准划分的固定利率的外债和浮动利率的外债之间的比例关系。国际金融市场变化多端，其中一个重要的表现便是市场利率的复杂多变，如果借入过多浮动利率的债务，这部分债务很有可能在将来因为利率上升而加大债务负担；如果借入过多固定利率的债务，很有可能在将来因为利率下降而遭受损失。当然在相反情况下是有好处的。所以单一的利率结构具有较大风险，只有利率结构的多样化，才能降低经济波动对于国家偿债负担造成的风险。

### 3. 外债的债权结构

债权结构主要指按债务来源的不同所划分的债种之间的关系，即债务的债权人分布，或不同类型的贷放者主体的构成。国外公债的债权人通常包括外国政府，国际货币基金组织、世界银行等国际金融组织，以及外国商业银行、工商企业及外国公民等。由于不同债权的债务具有不同的性质，它们之间也应保持适当的比例。政府间贷款利率低，期限长，带有援助性，条件优惠。国际金融组织的贷款条件比政府贷款严格，不够优惠，但比私人贷款优惠。国际金融组织贷款中的国际货币基金组织贷款主要解决成员国国际收支不平衡的短期资金需要；国际复兴开发银行贷款主要用于解决成员国所需长期开发资金；国际开发协会主要解决发展中国家的债务问题，其贷款免息，只收 0.75% 的手续费，期限长达 50 年；国际金融公司是专门对成员国私人企业提供贷款和投资的金融机构，贷款对象不需政府担保，期限一般为 7~15 年，贷款利率相当于国际金融市场利率。我国在积极争取国际金融组织贷款的同时，也应注意适当平衡国际金融组织内部贷款的结构。

### 4. 外债的币种结构

币种结构是指借入外债时所做的外币币种选择、不同外币在债务中各自占的比重，以及这种比重的调整和变化情况。各种货币之间的汇率是变幻莫测的。因此，根据国际市场汇率的变化趋势借入不同币种的债务，以形成优化的币种结构，规避汇率不确定性的风险，是安排外债币种结构的主要目的。为了避免损失，发展中国家常常根据实际情况实行币种多样化的策略，结合汇率、利率和需要进口商品的轻重缓急，从总体上安排币种的选择，平抑国际经济波动造成的外债负担不确定性的风险。长期以来，我国中长期外债以美元和日元债务为主。

### (二) 改革开放以来外债管理的发展历程

### 1. 外债管理"双轨制"阶段(1979—1993年)

20 世纪 80 年代，中国先后颁布了《中华人民共和国外汇管理暂行条例》《外债统计监测暂行规定》等相关法规，确立了我国外债管理的基本思路，其中一些原则沿用至今。例如，我国外债管理实行在国务院领导下的多部门联合管理模式；对外债实行规模控制，对中长期外债按发生额管理、对短期按余额管理等。

受当时经济环境影响，这一阶段的外债管理还有转轨经济的特点，如对中外资机构借外债实行双轨管理。中资机构(包括政府组织、中资银行和企业)借债有严格的额度指标，外商投资企业借债不受计划控制，外资金融机构对外借款不纳入外债统计。同时外债管理有较强的行政色彩。境内机构对外借款首先要取得借款资格，其次要获得借款指标，然后才能到外汇管理部门办理相关手续，上述环节均需要事前审批或审核。

### 2. 外债管理市场经济阶段(1994年至今)

20世纪90年代,中国外汇环境发生重大变化。1993年,中国成为美国之外利用外资最多的国家,外商直接投资超过外债成为利用外资的主要形式。1995年,中国外债余额1066亿美元,仅次于巴西、墨西哥。这一阶段,发展中国家先后爆发了多次债务危机,外债不再是"免费午餐"。中国外汇管理部门在对当时国内340个外债项目的调查中发现,近50%的已建成项目出现亏损,外债资金使用效益不高。在亚洲金融危机爆发前,中国就主动开始调整外债政策,收缩外债规模,鼓励多用长期优惠贷款,优化债务结构。亚洲金融危机爆发后,监管部门出台了限制企业购汇、提前还贷等临时性措施,抑制资本外逃。上述调整措施取得明显成效,主权外债和短期外债比重下降明显,外债违约风险大幅下降。

2001年底,中国加入世界贸易组织(WTO)后,人民币可兑换进程稳步推进,中国外债管理也取得了新进展。以2003年《外债管理暂行办法》颁布为标志,体现在三个方面。第一,逐步推进中外资机构外债国管理国民待遇。2003年,对外商投资企业外债按投资额和注册资本金的差额进行控制。2004年,统一境内中资银行和外资银行的外债与外汇贷款政策,将境内外资银行纳入外债规模管理。第二,按照国际标准改进外债统计口径。2001年,按照国际通行的居民/非居民原则,对中国外债统计体系进行调整:将境内外资金融机构的对外负债纳入外债统计,同时将境内外资银行发放的境内外汇贷款剔出外债统计;将中资银行离岸存款和三个月以内贸易融资纳入外债统计;将一年内到期的中长期外债计入短期外债。第三,在管理上兼顾便利化和防风险的需要。近年来,监管部门加强对外债尤其是短期外债的管理,先后将预收贷款、延期付汇等贸易信贷纳入余额管理,调减金融机构短期外债指标,严格对外商投资企业外债的真实性审核。

近年来跨境人民币业务迅猛发展,人民币外债规模不断增加,为更全面反映我国外债总体规模,从2015年起国家外汇管理局按季对外公布我国全口径外债数据。所谓全口径外债是指将人民币外债计入我国外债统计的范围之内的外债,包含两个部分:第一部分是以外币表示的对外债务;第二部分是随着我国人民币国际化程度的提高,直接以人民币形式存在的外债。人民币外债的提高说明非居民持有人民币资产的意愿较强,有利于更好地推进人民币国际化。今后随着我国经济金融的快速发展,以及对外开放程度的不断提高,尤其是"一带一路"倡议逐步落实等,人民币国际化程度将进一步提升,以非居民持有人民币资产形式表现出来的人民币外债仍然会继续增长。

### (三) 2020年中国外债结构分析

按照期限结构对外债进行分类,有两种分类方法。一是按照签约期限划分,即合同期限在一年以上的外债为中长期外债,合同期限在一年或一年以下的外债为短期外债;二是按照剩余期限划分,即在签约期限划分的基础上,将未来一年内到期的中长期外债纳入短期外债。大多数情况按照签约期限划分,更有利于外债管理。

按照外债负担机构部门分类,其包括广义政府外债、中央银行外债、其他接受存款公司(银行)外债、其他部门外债、直接投资公司间贷款外债。按照债务工具分类,其包括贷款、贸易信贷与预付款、货币与存款、债务证券、特别提款权(SDR)分配、直接投资公司间贷款外债、其他债务负债。按照债务币种结构分类,其包括本币外债、外币外债。国家外汇管理局日前公布的外债数据显示,截至2020年12月末,我国全口径(含本外币)外债余额为24008亿美元,较

2020 年 9 月末增长 925 亿美元，增幅为 4%。国家外汇管理局副局长、新闻发言人王春英表示"外债增长主要源于境外投资者增持境内人民币债券"，同时，我国外债结构进一步优化。从外债币种结构看，本币外债占比 42%，较 2020 年 9 月末上升 3 个百分点；从外债期限结构看，中长期外债占比 45%，较 2020 年 9 月末上升 2 个百分点。

2020 年末，我国外债负债率(外债余额与国内生产总值之比)为 16.3%，债务率(外债余额与贸易出口收入之比)为 87.9%，偿债率(外债还本付息额与贸易出口收入之比)为 6.5%，短期外债与外汇储备的比例为 40.9%。上述指标均在国际公认的安全线(分别为 20%、100%、20% 和 100%)以内，我国外债风险总体可控。

2020 年，我国统筹疫情防控和经济社会发展取得重大战略成果，企业率先复工复产，国内生产总值同比增长 2.3%，成为全球唯一实现正增长的主要经济体。这是我国吸引包括外债在内的境外资金流入的主要原因。"同时，外债便利化改革持续推进。"王春英说，中国人民银行、外汇局通过适时调整跨境融资宏观审慎政策、开展外债便利化试点、实施一次性外债登记试点等，多措并举为企业提供跨境融资便利，缓解企业特别是中小企业、民营企业融资难、融资贵问题，切实支持实体经济发展。近年来外部环境不确定因素依然较多，但我国经济长期向好的基本面没有改变，预计未来外债仍将延续平稳运行态势。

### (四) 中国外债管理存在的问题

#### 1. 中国外债风险的监管机制亟待完善

首先，项目立项决策机制不完善。在项目立项时，有些地方政府不能理性地考虑客观需要和偿债及资金能力，而是出于政府领导的偏好、部门利益、政绩考核或面子工程的需要。其次，配套资金不到位。多数政府主权外债项目都要求地方政府有配套资金，一般为整个项目资金的50% 左右。由于这些外债项目多针对贫困地区，地方政府财力薄弱，资金匮乏，配套资金无法及时足额到位，导致外债项目的执行困难重重。最后，项目执行过程中，缺乏系统的项目监管。财政部门作为中国主权外债的窗口单位承担主权外债资金管理职能，由于人员工作量大，监管主要流于资金申请纸面文件，缺乏必要的财务会计和法律监管。而负责主权外债项目具体实施的各个行业部门的人员流动性大，职能分工不明确，具体的管理程序流于形式。另外，财政部门和行业部门的项目实施单位缺乏分工协作，也导致项目实施和推进不力。

#### 2. 中国外债风险管理人员的专业性不强

一些地方政府对于风险管理的不重视，导致在招收地方政府主权外债风险管理人员时并没有太多的要求，这就使得在地方政府主权外债风险管理人员的能力、素质上，会出现良莠不齐的现象。地方政府主权外债风险是一个政府发展中最为重要的系统，这些地方政府中所招收的能力、素质低的主权外债风险管理人员，在各个方面都将对地方政府主权外债的管理造成较坏的影响，是地方政府在主权外债方面非常大的隐患。

#### 3. 中国外债风险管理的宣传力度不够

因为我们国家主权外债参照政府信用来对外筹措，再转贷给债权使用人，该模式比较容易导致责任约束进行弱化、风险防范意识淡化，社会公众对国家主权外债的认知和了解还不是很深入。因此，我们应当立足整个社会，结合现代科学技术全方位、多角度地做好宣传工作，让人们对它有更多的了解。

#### 4. 中国外债风险管理体系不够完善

首先，缺乏整体过程控制和成果的预期目标及工作规划，没有建立一个整体的意识和立足点，仅仅局限于眼前的利益和市场现状，没有看到未来的发展趋势和长远的利益，政府主权外债管理很难向精细化、科学化方向迈进，很难深入提升管理水平。其次，政府主权外债风险管理的法律体系也不够完善。早在 20 世纪 80 年代至今，相关政府部门颁布《国务院批转国家计委关于利用国外贷款工作分工意见的通知》《关于利用国外贷款工作分工意见的通知》《关于对外借款由中国人民银行归口管理的通知》《关于对外发行外币债券由中国人民银行归口管理的通知》《利用外资计划管理试行办法》《境内机构外汇担保管理暂行办法》《外债统计监测规定》《境内机构在境外发行债券的管理规定》。20 世纪 90 年代颁布实施《境内外机构对外提供外汇担保管理办法》《境内机构借用国际商业贷款管理办法》《境内机构对外担保管理办法》。进入 21 世纪，出台《国际金融组织和外国政府贷款赠款管理办法》。虽然该领域已具备相当多的规章和制度，但仍然存在大量问题：第一，部分规章相对陈旧，不符合社会经济和国际形势的发展需要；第二，部分规定与文件在立法方面的层级比较低，缺乏约束力；第三，没有形成完整法律体系，可使用法律手段比较匮乏，对主权外债监管工作及相关风险防控是极为不利的。

### (五) 中国外债管理对策

#### 1. 明确外债管理目标

政府主权外债风险管理目标，即参照国情和国际形势，构筑中国特色，符合法治社会与社会主义的市场经济发展要求，防范与控制风险。第一，应当严格遵照国情与国力，确保举借主权的外债合理规模，杜绝规模风险出现。第二，对主权外债的结构做全面优化处理，尽量减少举债成本，杜绝热钱等短期投资造成不利影响，监管主权外债管理中的债务期限、来源、利率等结构性问题，保证借款形式多元化和合理化。

#### 2. 合理制定主权外债监管机制

加强对政府主权外债管理模式的有效创新，保证政府主权外债风险管理工作的有序开展，实现对相关工作的协调和管理。首先，应该加强主权外债监管程序的制定和完善，重视政府主权外债内部管理工作，相关政府部门必须要严格按照国家相关法律法规，对政府主权外债进行如实统计和清查，对政府固定资产进行准确统计和管理，科学设计相关政府财务机构，对相关人员的日常工作进行严格监督，从而促进政府主权外债风险管理工作的有效落实及开展，以降低政府主权外债相关风险。

#### 3. 创新主权外债管理模式

主权外债管理模式主要有分散型、交叉型及统一型三种，针对不同范畴具有不同的应用效果。完善政府主权外债管理的模式，能够体现出管理的成果，这需要依靠绩效来体现。总之，为更好地加强政府主权外债管理，杜绝可能产生的财政风险，应切实贯彻中央有关推进公共财政相关体系建设要求，把政府主权外债管理纳入公共财政相关预算管理体系。

### 4. 规范金融衍生工具的使用

资本市场极易受到国际政治与经济环境影响，主权外债中货币汇率、利率同样受到影响，偿债成本随时都有可能增加，导致外汇损失，给主权债务人造成负担，对这类很难把握与预测的风险，监管和防范难度同样艰巨。但是伴随国际化金融市场的发展，金融衍生类产品逐渐增多，通过它创新性与灵活多变的组合方式，对于金融风险有很好的防范与化解作用。金融衍生类工具是双刃剑，诸多国家主要目的在于做金融资产增值保值和风险规避，但是因为它具备专业性强、杠杆高等特点，滥用和过度使用衍生工具现象频繁发生，加上使用与管理不恰当，容易导致金融风险发生。首先，应设立专业组织与队伍，合理结合金融类衍生工具。其次，合理结合国际化金融组织所提供金融类衍生工具的规避风险，可以向国际化金融组织在举借债务的时候有效利用它提供风险规避的工具。

# 本 章 小 结

1. 国际资本流动是指资本从一个国家或地区转移到另一个国家或地区，即资本在国际上的转移，与国际资本流动概念容易混淆的是资本输出入、对外负债、国际收支、资金流动。从第一次世界大战之前的早期国际资本流动到 21 世纪数字经济下的国际资本流动，国际资本流动经历了漫长的过程，也发生了很大的变化。国际资本流动的类型包括短期资本流动和长期资本流动。

2. 国际资本流动的成因主要有：①国际资本流动的供需；②金融一体化提高了资金的配置效率；③金融创新提供了便利的融资工具。

国际资本流动的影响主要包括：①对输出国的影响；②对输入国的影响；③对世界经济的影响。

3. 国际债务危机，是指在债权国(贷款国家)与债务国(借款国家)的债权债务关系中，债务国因经济困难或其他原因的影响，不能按期如数地偿还债务本息，致使债权国、债务国之间的债权债务关系不能如期了结，并影响债权国与债务国各自正常的经济活动及世界经济的正常发展。国际债务危机产生的原因有内部原因和外部原因。历史上爆发的主要债务危机有拉美债务危机、墨西哥债务危机、欧债危机。

4. 经历了 40 多年的改革开放，我国的利用外资和对外投资都呈现了翻天覆地的变化，中国从 40 多年前的大量引进外资到今天的对外投资，两个方面都取得了显著的成效。中国利用外资的方式更加灵活多样，利用外资的效率不断提高；中国对外投资也取得了较好的成效，在国际经济领域得到了广泛的合作机会，取得了成功的经验，对外投资中存在的问题也在不断完善。改革开放以来，中国转变外债管理思路，重视利用国际国内两个市场、两种资源，充分发挥外债在国民经济建设中的积极作用，建立了为本国经济服务的高效有序的外债管理对策。

# 本章主要概念

国际资本流动　　长期资本流动　　短期资本流动　　金融一体化　　资本管制　　国际债务危机

# 习 题

## 一、选择题

1. 下列属于外债的是( )。
   A. 一国母公司对国外子公司承担的具有契约性偿还义务的债务
   B. 直接投资和股票投资
   C. 已签订借款协议而尚未提款的债务
   D. 由口头协议或意向性协议所形成的债务

2. 第二次世界大战以来最严重的债务危机是由( )触发的。
   A. 墨西哥　　　　　B. 美国　　　　　C. 巴西　　　　　D. 阿根廷

3. 国际资本流动与国际收支密切相关。若一国国际收支出现巨额逆差，则该国货币汇率与资本流动的关系为( )。
   A. 汇率下跌，资本外流　　　　　　B. 汇率下跌，资本内流
   C. 汇率上升，资本内流　　　　　　D. 汇率上升，资本外流

4. 一国在一定时期内同其他国家或地区之间资本流动总的情况主要反映在该国国际收支平衡表中的( )。
   A. 商品和劳务　　　　　　　　　B. 经常项目
   C. 资本与金融项目　　　　　　　D. 平衡项目

5. 下列属于我国利用外资的方式有( )。
   A. 吸引外商直接投资　　　　　　B. 吸引外商间接投资
   C. 外国政府贷款　　　　　　　　D. 出口信用保险
   E. 国际金融组织贷款

6. 2008 年以来，产生欧债危机的国家有( )。
   A. 英国　　　　　　B. 希腊　　　　　C. 西班牙　　　　D. 冰岛

7. 外债结构包括( )。
   A. 外债形式结构　　B. 外债来源结构　C. 外债期限结构
   D. 外债币种结构　　E. 外债汇率结构

8. 国际资本流入可以( )。
   A. 增加东道国的税收收入　　　　B. 提高东道国的就业水平
   C. 提高东道国的技术水平　　　　D. 带动输出国商品输出

9. 国际短期资本流动可分为( )和( )。
   A. 套利性资本流动　　　　　　　B. 避险性资本流动
   C. 投机性资本流动　　　　　　　D. 直接投资

10. 欧债危机是( )年之后产生的。
    A. 1929　　　　　B. 1981　　　　　C. 1999　　　　　D. 2008

## 二、判断题

1. 国际资本流动的最根本动力是逃避管制。（　　）
2. 墨西哥债务危机爆发的时间是 1981 年。（　　）
3. 长期资本流动对国际收支的调节作用是持久的，而短期资本流动对它的调节作用是短暂的。（　　）
4. 短期资本的大量流入，会导致利率水平的降低和缓和通货膨胀，而短期资本的大量流出，也会导致利率的升高。（　　）
5. 在发生金融危机时，危机国一般都有出现资本大量流出，股票、房地产、本币价格下跌的过程。（　　）
6. 产业结构失衡是欧债危机产生的原因之一。（　　）
7. 债务率是一国当年外债余额占当年 GNP 的比率，也可衡量一国对外债的依赖程度。（　　）
8. 资本流动就是资金流动。（　　）

## 三、填空题

1. 国际资本流动与一国国际收支有关，主要反映在一国国际收支平衡表的＿＿＿＿与＿＿＿＿中。
2. 长期直接投资包括直接投资、＿＿＿＿、＿＿＿＿的形式。
3. 国际投机资本主要指利用＿＿＿＿和＿＿＿＿，通过"高卖低买"等手段来获取投机收益的资本。
4. 衡量一国还款能力的主要参考指标是＿＿＿＿＿＿、＿＿＿＿＿＿、＿＿＿＿＿＿和＿＿＿＿＿＿。
5. 主权债务是作为官方主体的＿＿＿＿对国际社会所欠的债务，主权债务与政府债务合为官方债务。

## 四、简答题

1. 数字经济新常态下，国际资本流动有哪些特点？
2. 分析国际资本流动的原因。
3. 国际资本流动的积极影响和消极影响有哪些？

## 五、论述题

1. 试论国际资本流动对中国的经济影响。
2. 国际资本流动通过哪些渠道导致或加剧金融危机的形成？
3. 试述我国利用外资和对外投资应该注意的问题。

# 案 例 分 析

### 畅通台州企业海外并购之路

上市是企业最好的转型升级之路，并购重组是企业最快的转型升级之路。台州市作为浙江省重要的制造业基地，紧紧围绕产业转型升级，通过海外并购一步步迈向产业链、价值链的中高端。肇始 2009 年 7 月的台州海外并购之路，至今已在欧洲、美国等 16 个国家和地区累计完成 50 起海外并购。

2020 年 2 月台州市境外并购回归企业产业园挂牌；6 月台州召开海外并购峰会提出实施跨国并购战略，打造对外投资策源地……跳出浙江，发展浙江，台州在实行更高水平开放、打造新优势的道路上不断提速。

### 1. 畅通内外循环之路

台州企业为何热衷海外并购？"因为通过并购，可以用最快的速度让自己打通内外循环之路。"位于临海的浙江永强集团股份有限公司，就在这方面尝到了甜头。"你们猜猜这个休闲椅是什么材质的？"2020 年 9 月 21 日，在永强集团展厅里，总经理助理朱炜卖起了关子。这款应用了浸塑工艺的休闲椅，看着像金属，但在使用过程中没有金属感，甚至触碰时有着冬暖夏凉的体感。"这项技术，是我们收购德国本土户外中高端品牌'MWH'后用上的。"以一顶遮阳伞起家的永强，目前是全球领先的户外休闲家具制造商。从家庭作坊蜕变为现代企业后，永强集团一直谋划着"走出去"。"早年的时候，我们出口不少，但都是贴牌生产。"永强集团总经理谢建强告诉记者，尽管各类产品出口销量位居同行业前列，但他们希望在国际市场打响自己的品牌。一次海外并购，构建了永强集团的新格局，打通了公司期待已久的外循环道路。依托"MWH"原有的营销渠道进行维护和拓展，永强集团逐步建立了配套的售前、售中和售后服务体系，形成了生产在国内、销售国内外的发展格局。

2020 年 8 月 18 日，永强集团发布的上市公司半年报显示，该公司欧美地区户外休闲家居用品业务销售量均有所上升，实现营业总收入 29.44 亿元，同比上升 6.33%。

借力海外并购畅通内外循环的，不仅仅是永强集团。"渠道的建立，既需要时间，也需要投入。"浙江亿利达风机股份有限公司董事会秘书、副总经理翟峰告诉记者。布局国际化的"亿利达"在 5 年前的一场海外并购中，整合利用并购公司在国际暖通空调市场上的销售渠道、服务及人员等方面的优势，增强公司核心产品及横向关联产品的海外市场销售，顺利加入全球各大知名空调制造商的"朋友圈"。

对于海外并购，台州正在悄悄下一盘大棋。早在 2017 年，台州就在德国北威州杜塞尔多夫设立了驻德商务代表处，围绕"哺台州、通浙沪、立德国、弈欧洲"的工作方向，以推动台州七大千亿产业与德国工业 4.0 及德国周边国家产业的对接，全面促进对德、对欧双向经贸合作与交流。

2017 年至今，台州驻德商务代表处参与对接的对德海外并购项目共 5 起，并购额达 19.51 亿美元，2020—2021 年新冠肺炎疫情期间也没有放缓海外对接工作。

### 2. 打通强链补链之路

对于台州企业而言，借力海外并购联通的内外循环之路，不仅局限于市场和资源，更联通了技术和人才，帮助台州制造打通强链补链之路。

2020年9月中旬，一辆满载控制面板、轴承等高端智能化缝制设备核心部件的货车驶入杰克控股集团临海厂区。这批新到的零部件，正是"杰克"通过海外并购企业"奔马"采购转运的。一台裁床需要几千种配件，企业部分高端智能化裁剪设备的一些核心部件仍仰赖进口。尽管受到国内外新冠肺炎疫情波及，但企业的生产并没有受到太大影响。"这对我们而言，只是海外并购带来的一点小福利。"杰克控股集团董事长阮福德说。通过海外并购，企业不仅延伸了产业链，更在品牌、营销、技术、人才、管理等方面有了全面提升。

作为拉开台州海外并购序幕的杰克控股集团，也最先尝到海外并购的好处。"在并购后，我们通过技术的引进，攻关依托进口的核心零部件，并应用至自身和并购企业。"阮福德说。如今，不少实施海外并购的台州企业家纷纷表示，跨国并购为企业带来的业务拓展及全球化布局效应明显，全球各种人才的引进更是大大提升了企业的国际市场竞争力。

台州制造的海外并购基本上围绕产业链展开，不少企业通过海外并购做强了产业链，扩大了产业布局。台州拥有59家境内外上市企业、68个国家级产业基地、21个规模上百亿元的块状特色经济，299个产品细分市场占有率国内外第一。"通过海外并购加技术创新，台州制造企业抗风险能力、发展后劲增强，也有效获取境外品牌、技术、营销渠道，加快培育国际竞争新优势。"台州市商务局局长陈肖力说。

位于台州黄岩的联化科技设置了专门的并购部门，并对自身的综合实力、发展战略进行了全面细致的评估，根据发展战略需要、结合行业特点，筛选并购标的。"成功收购英国邦德控股，是联化科技真正意义上的'走出去'。"在联化科技董事会秘书、高级副总裁陈飞彪看来，通过有的放矢的海外并购，让标的公司和公司主营业务互补，更好发挥产业链协同效应。在并购英国邦德控股后，联化科技的业务链进一步拓展到产品前期的研发合作，更早地介入新产品的产业化工作，支持客户尽快实现新产品上市，为客户提供全球化、全产业链、有竞争力的解决方案。

"随着中国制造向中国智造的转型升级，仅仅规范化的企业运作已经不能满足于台州民企的发展和持续。"陈飞彪说，海外并购使得台州民企从国内先进走向全球先进，更好嫁接国内外先进技术，实现产业链更好发展。

在台州，通过并购实现产业链纵向延伸、横向延展的案例还有不少。原本就有不少"隐形冠军"的台州，通过海外并购实现了上下游产业链的整合和优化，助推企业成为全球行业领头羊。例如，杰克股份通过收购意大利威比玛，实现了向服装智能制造成套解决方案服务商的转型。台州市商务部门的一项调查显示，不少台州企业通过跨国并购，获得了高端技术和品牌，有效拓宽市场渠道，优化公司治理结构，提升了企业竞争优势和抗风险能力。

### 3. 开启转型升级之路

在路桥西马智能科技股份有限公司车间内轰鸣的机器声中，一台台智能马桶成型下线。而在办公室里，董事长刘日志正和高管"研究"着意大利一家卫浴企业。"我们的智能马桶起步晚，因此更要跑得快。"刘日志表示，海外并购能实现最快速的转型升级，而这事他们想了好几年，也琢磨了好几年。

在台州，不少制造企业有通过海外并购实现快速转型升级的愿景，但由于获取境外并购标的的信息平台和渠道有限，台州民企在海外并购中面临着对并购标的了解不对称、不全面的困扰。"境外并购重组是一场信息不对称的利益博弈。"陈肖力表示。海外并购是专业性很强的复杂工程，需要大量从事并购交易的专门人才，专业的中介机构固然很重要，而企业内部的专业人才，尤其是熟悉海外市场、海外文化和全球化规则的专业人才同样重要，而现实是台州缺少从事境外并购的专业人才。

2020年6月4日，在浙江省境外投资"丝路护航"行动启动仪式暨海外并购台州峰会上，台州市商务局与安永、普华永道、毕马威、德勤国际四大会计师事务所签订战略合作框架协议，借助专业机构的专业优势，为台州经济进行战略规划、招商引资，为企业"走出去"提供咨询、审计、法律等一揽子专业优质的服务，助推台州优势企业、优势产能"走出去"，参与全球布局。"一场海外并购的跨度，往往都是以年来计算的，并购完成后还有相当长时间的磨合期。"郭英姿说，最近这段日子，他正和普华永道进行对接，为黄岩一家有海外并购需求的企业出谋划策。与此同时，台州市商务局也在推进并购扩面、强化产业引导、搭建海外平台等6个方面实施"跨国并购"战略，突出抓好引进海外高精尖专业人才、建立高质量的并购标的项目库、打造海外并购服务联盟等举措，切实帮助台州企业更好地借船出海、借梯登高，逐步构建一个强大的、完整的并购能力体系，推动台州民营企业更好更快转型升级，实现"台州制造"高质量发展。

**问题：** 通过对本案例的学习与分析，你得到哪些启示？

# 第十章

# 国际金融危机

## 【导读】

国际金融危机，是宏观经济、金融状况失衡的具体表现，金融危机的产生会给宏观经济带来严重的消极影响，甚至会导致经济急剧恶化。历史上发生过多次金融危机，对有代表性的几次金融危机进行深入分析，可以给今天的金融监管及保障宏观经济稳健运行提供一些启示或参考。近年来，金融危机产生的过程中有一个重要因素就是国际游资，对国际游资的特点进行分析并实现严格监管，对于预防金融危机就显得尤为重要。

## 【学习重点】

学习金融危机的基本知识，掌握金融危机的概念、特点及类型，分析总结具有代表性的国际金融危机事件形成的原因及对经济社会的影响，了解当今国际游资的特点及金融监管。

## 【学习难点】

对国际游资的认知需要建立在对国际资本深入理解的基础上，因而有一定的难度。通过对国际游资的攻击特点的学习，进一步学习如何监管和防范国际投机资本的流入及炒作。

## 【教学建议】

第一节、第三节以课堂讲授为主，第二节结合案例教学和引导学生查阅课外相关资料进行分析。

## 第一节　金融危机概述

### 一、金融危机的概念

#### (一) 经济危机的定义

在马克思主义政治经济学中，经济危机(Economic Crisis)指的是经济发展过程中周期爆发的生产过剩危机，是经济周期中的决定性阶段。自 1825 年英国第一次爆发普遍的经济危机以来，资本主义经济从未摆脱过经济危机的冲击。其表现为生产减少、工人大量失业、购买力和需求下降、通货膨胀恶化等问题。但现代意义上的经济危机的内涵要比传统意义上的经济危机宽泛得多，指的是国民经济或整个世界经济在一段比较长的时间内不断收缩(负的经济增长率)，表现为：在生产领域中，工厂生产的商品大量滞销，大批企业倒闭，大量工人失业，整个社会经济陷入瘫痪和混乱状态，生产力遭到极大的破坏；在流通领域中，商业停滞，商品积压，物价急剧下跌，商店纷纷倒闭；在金融领域中，现金缺乏，利息率高涨，有价证券价格暴跌，银行纷纷倒闭，出现信用紧缩；在国际收支领域中，资本大量外逃，纷纷要求用黄金结算，黄金外流，金价上涨，进而出现货币危机。

### (二) 金融危机的定义

目前国内外学术界尚未就金融危机的定义达成共识。雷蒙德·戈德史密斯(Raymond Goldsmith)从金融危机的可识别性来界定，曾将金融危机比作西方文化中的美女，如同美女一样难以定义，但一旦遇上却极容易识别。戈德史密斯将金融危机定义为：所有金融指标或某一组金融指标，如短期利率、资产(证券、房地产、土地)价格、商业破产数和金融机构倒闭数的急剧、短暂和超周期的恶化。克罗凯特(Crocket)认为金融危机是指金融体系出现严重困难，绝大部分金融指标急剧恶化，各类金融资产价格暴跌，金融机构大量破产。密希肯(Frederc Mlshkin)则认为金融危机是由于逆向选择和道德风险问题变得太严重，以至于金融市场不能够有效地将资源导向那些拥有最高生产率的投资项目，因而导致金融市场崩溃。

国内学者刘鸿儒在1987年编撰的《经济大辞典(金融卷)》中将金融危机定义为"资本主义金融制度的混乱和动荡"。它的主要表现是：强制清理旧债；商业信用剧烈缩减；银行资金呆滞；存款者大量提取存款；部分金融机构倒闭；有价证券行市低落；有价证券发行锐减；货币严重短缺，借贷资金缺乏，市场利率急剧提高，金融市场动荡不安。国内学者扬帆等认为，世界上的金融危机主要可以概括为两类：一类是发展型金融危机；另一类是投机性金融危机。他们认为，所有的金融危机最终都表现为金融机构呆账引起的流动性不足的危机。

自东南亚金融危机以来，国内学者对于金融危机进行了更多的研究。目前大多数学者采用的是刘园、王达学于1999年对金融危机的定义，即金融危机起源于一国或一地区及至整个国际金融市场或金融系统的动荡超出金融监管部门的控制能力，造成金融制度混乱，主要表现为所有或绝大部分金融指标在短期内急剧的超周期变化，其结果是金融市场不能有效地提供资金向最佳投资机会转移的渠道，从而对整个经济造成严重破坏。金融危机往往与金融风险不断累积但并未集中爆发的金融脆弱性紧密联系，二者通常被统称为金融不稳定。

本书阐述的金融危机(Financial Crisis)是指一个国家或几个国家与地区的全部或大部分金融指标(如短期利率、货币资产、证券、房地产、土地价格、商业破产数和金融机构倒闭数)的急剧、短暂和超周期的恶化，具体表现为金融萎缩，股价下跌，资金供给不足，流动性低，并引发企业大量倒闭，失业率提高，普遍经济萧条，甚至社会动荡或国家政治动荡。

### (三) 金融危机与经济危机的区别与联系

从传统意义来说，二者存在着区别，经济危机主要出现在实体经济领域，金融危机则出现在虚拟经济领域；而且，经济危机表现为生产能力过剩，金融危机则表现为一系列金融指标的恶化。从现代意义上来说，二者关系密切，难以分割。金融危机本身就是虚拟经济领域的经济危机，并能引发实体经济领域的危机。现代社会，经济危机往往以金融危机为前奏，二者相互作用，相互影响，都会对社会经济和生活造成严重破坏。

## 二、金融危机的特点

### (一) 金融危机的预警及监管难度加大

从历次发生的金融危机来看，一国政府很难准确预测金融危机，如最近的一次金融危机——美国次贷危机引发的全球金融危机。金融自由化在某些方面提高金融市场效率的同时，也加大了客户和金融业自身的风险，金融监管和风险管理的难度也随之加大。通常金融危机爆发后，政府都会对金融机构(如雷曼兄弟公司)或相关企业施加严厉的金融监管或执行严苛的货币政策及法规。似乎这些公司或机构是危机的始作俑者，而非受害者。其实，这些问题机构只是信贷资金投放的渠道，它们通过购买信贷资产创造出更多的信贷资金，这一切只有在宽松的货币政策、自由化的金融体系和放手式的政府监管下才能实现。例如，南海泡沫事件中，当局放任股价飙涨并参与其中，事后又颁布《反金融诈骗和投机法》("泡沫法案")；2007 年美国次贷危机的爆发，与金融机构宽松的贷款制度及政府监管部门对随后的次贷债券及其衍生品的听之任之密切相关。

### (二) 投资狂热和信贷扩张

金融危机多是由于资产"泡沫"破裂而引发的。"泡沫"是指投机狂热时期的证券、货币或房地产等价格上涨，而这种上涨无法通过经济基本面的变化来解释。投资狂热与信贷供给之间密切相关。经济境况好转时，信贷供给快速增加，投资者更为乐观，更想抓住盈利机会，都认为"要尽早上车"，而放款人也愿意承担风险，主动投放更多的贷款。这种盲目乐观会进一步刺激投资和消费，大家一致认为"要在开车之前挤上车"，资产价格继续上涨，投资者不断融资，且更多的交易是通过信贷支持完成的。例如，20 世纪 80 年代中期至 90 年代中期，日本出现房地产和股票价格泡沫。随着房地产和股票价格不断上涨，投资者争相购买，这种行为又刺激了房价和股价的进一步上涨。

### (三) 金融危机的关联性

从过去的 30 多年发生的四次金融危机可以看出相互之间存在一定的关联性，每一次危机的爆发都伴随着信贷供给的快速上涨，而危机的发生又为下一次其他国家的信贷供给快速上涨奠定了基础。20 世纪 80 年代早期，许多发展中国家的债务危机将泡沫推向了日本，助推了 20 世纪 80 年代中后期日本房地产市场和股票市场。随着 20 世纪 90 年代初日本资产泡沫的破灭，大量游资撤离日本，转向泰国、马来西亚、印度尼西亚等东南亚国家，导致这些国家货币升值，房地产和证券价格上涨，自此引发东南亚金融危机。东南亚泡沫破灭后，大量资金又涌入美国，引起美元不断上涨，房价和股市大涨。2007 年美国次贷危机爆发后，曾在美国股市基金市场投资的欧盟国家纷纷陷入主权债务危机，致使冰岛等国家破产。随着国家金融市场的开放性日趋增强，主要经济体爆发的金融危机，不仅会对全球经济产生影响，还会为下一次金融危机的爆发埋下伏笔。

## 三、金融危机的类型

金融危机可以分为货币危机、银行危机、债务危机及系统性金融危机。当今金融危机越来越呈现为混合形式，其特征是人们基于对未来经济悲观的预期，进而整个区域内货币出现幅度较大的贬值，经济总量与经济规模出现较大的损失，经济增长受到影响甚至出现经济停滞不前。

### (一) 货币危机

货币危机(Currency Crisis)的概念有狭义、广义之分。狭义的货币危机与固定汇率制相对应，其含义是，实行固定汇率制的国家，在经济基本面恶化的情况下，或者在遭遇强大的投机攻击情况下，对本国的汇率制度进行调整，转而实行浮动汇率制，而由市场决定的汇率水平远远高于原先所刻意维护的官方汇率的水平，这种汇率变动的影响难以控制、难以容忍，这一现象就是货币危机。广义的货币危机泛指汇率的变动幅度超出了一国可承受的范围这一现象，指对某种货币购买力或汇兑价值的投机性冲击导致货币币值的急剧下降，而当局为维护本币币值的行为又迅速地耗尽外汇储备。如 1992－1993 年欧洲货币体系危机就是典型的货币危机。大量的经济学专家、学者对货币危机也进行了深入的研究，并得出研究成果，其中克鲁格曼的第一代货币危机模型、奥伯斯特菲尔德的第二代货币危机模型和包含道德风险等内容的第三代货币危机模型都是最著名的研究成果。

在全球化时代，由于国民经济与国际经济的联系越来越密切，而汇率是这一联系的"纽带"。因此，如何选择合适的汇率制度，实施相配套的经济政策，已成为开放经济条件下，决策者必须考虑的重要课题。

随着市场经济的发展与全球化的加速，经济增长的停滞已不再是导致货币危机的主要原因。经济学家的大量研究表明：定值过高的汇率、经常项目巨额赤字、出口下降和经济活动放缓等都是发生货币危机的先兆。就实际经济运行来看，货币危机通常由泡沫经济破灭、银行呆坏账增多、国际收支严重失衡、外债过于庞大、财政危机、政治动荡、对政府的不信任等引发。

### (二) 银行危机

有关银行危机(Banking Crisis)的界定，目前有很多种：在英语中，一家银行或多家银行的危机一般用 "bank failure" 或 "bank failures" 来描述，银行业的危机方用 "banking crisis"，本书所指的是后一种，主体是指除中央银行、各种保险公司、各种类型的基金以外的金融中介机构，其核心部分是商业银行。国际货币基金组织于 1998 年对银行业危机下了如此定义：实际的或潜在的银行挤兑与银行失败导致银行停业偿还负债，或为防止这一情况的出现，政府被迫提供大规模的援助。

近几年来，一些国内学者也对银行业危机进行了相关研究。大多数学者认为对银行业危机应该从其共同特征的角度来定义：银行体系在受到经济冲击后，其负债超过其资产的价值而引起恐慌，银行的不良贷款增多，损失上升，投资价值下降，结果是银行因缺少清偿力而引起一系列的清算、兼并和重组，使产出下降或经济增长速度放慢。银行业危机的重要特征一般为系统性的银行挤兑导致大量的银行存款难以兑现，引起大量银行倒闭。不过，与其说银行挤兑是银行危机发生的原因，不如说是银行危机的结果，因为在正常情况下，不会发生大范围的挤兑现象。

对银行业危机进行定义跟金融危机一样，都显得非常艰难，因而理论研究者主要从一些界定标准这一角度出发。所以，这里的银行业危机是指由于金融泡沫破灭而导致银行业产生大量不良资产从而使得银行业出现支付危机而形成的。

### (三) 债务危机

衡量一个国家外债清偿能力有多个指标，其中最主要的是外债清偿率指标，即一个国家在一年中外债的还本付息额占当年或上一年出口收汇额的比率。一般情况下，这一指标应保持在20%以下，超过20%就说明外债负担过高，20世纪80年代发展中国家就曾受到债务负担过高的困扰。

债务危机理论主要是有针对性地研究20世纪以来频频发生的债务危机，由于国家无法偿还所举的外债而引起的债务危机。大量的经济学专家、学者对此进行了深入的研究，其中欧文·费雪在1933年面对大萧条提出了"债务-通货紧缩"(Debt-Deflation)理论，沃尔芬森的"资产价格下降论"及Suter从经济周期角度提出的综合性的国家债务理论都是比较著名的研究成果。

所谓债务危机(Debt Crisis)是指因国家政府无力偿还外债而发生的危机。危机发生时往往伴随着资金迅速外逃、国际借贷条件的突然恶化。债务危机往往是在本国借入大量外债，尤其是短期外债，偿债期限过于集中，而原有的偿债计划失败时突然爆发。债务危机是金融危机的重要组成部分，债务危机强调的是国家政府部门无法偿还所举的外债，而金融危机强调的是整个金融系统的崩溃，导致金融主体失去偿债能力。当然，两者之间还是存在一定联系的，由于政府机构偿还能力的丧失，必然暗示着整个金融系统的偿还能力早已丧失。

### (四) 系统性金融危机

系统性金融危机(Systematic Financial Crisis)亦可称为"全面金融危机"，是指主要的金融领域都出现严重混乱，如货币危机、银行业危机、外债危机的同时或相继发生。系统性金融危机是那些波及整个金融体系乃至整个经济体系的危机，如20世纪30年代引发西方经济大萧条的美国金融危机，20世纪90年代导致日本经济萎靡不振的日本金融危机，1997年下半年袭击东南亚的亚洲金融危机等。这些危机都是从一种金融市场波及另外一种金融市场，如从股市到债市、外汇市场、房地产市场甚至整个经济体系。此外，系统性金融危机往往发生在金融经济、金融系统、金融资产比较繁荣的市场化国家和地区，金融市场自由化、国际化程度较高的国家和地区，以及大量金融资产被严重高估且流动性非常强的情况下及赤字和外债较为严重的国家。

# 第二节　重大金融危机的历史回顾

## 一、1720年英国南海泡沫事件

### (一) 南海泡沫的产生背景

南海泡沫(South Sea Bubble)是经济学上的专有名词，指1720年春天到秋天之间，发生在英国脱离常规的投资狂潮引发的股价暴涨和暴跌，以及之后的大混乱。17 世纪末，英国经济一度兴盛，然而人们的资金闲置、储蓄膨胀，当时股票的发行量极少，拥有股票还是一种特权。为此南海公司觅得赚取暴利的商机，即与政府交易以换取经营特权。1711 年，南海公司在当时的财政大臣罗伯特·哈利支持下成立，得以垄断经营英国对南美洲及太平洋群岛地区的奴隶贸易和捕鱼业务。作为交换，南海公司需承担约 1000 万英镑的国债。在 1710 年，英国军费开支几乎占据国家税收的 9%，英国政府只能贷款。南海公司表面是贸易公司，实际上是为英国政府融资的私人机构，帮助英国政府分担战争债务。但是由于 1713 年英西之间签订的《乌特勒支条约》限制了南海公司的贸易权利，南海公司贸易业务惨淡，甚至直到 1717 年才第一次派船进行远航贸易，而且到了 1718 年贸易又因英国、西班牙关系破裂而中断。受连年战争影响，到了 1719 年 12 月，英国政府长期债务已达约 4990 万英镑。尽管贸易业务不顺，但南海公司提出愿意承担将近一半的国家债务，该公司在 1720 年 1 月 21 日向下议院提出这份"南海计划"，并在之后以更诱人的条件打败英格兰银行、东印度公司。最终转换方案是南海公司承担将近 3160 万英镑的国债。与政府密切的关系使南海公司的股价受到疯狂追捧，从 1720 年初的 128 英镑飙升至 7 月的每股近 1000 英镑。南海公司为维持自己的垄断地位，促使议会通过制定《反金融诈骗和投机法》（"泡沫法案"），结果泡沫破裂，南海公司的股价暴跌至 1720 年 12 月的 124 英镑，绝大多数投资者血本无归。

### (二) 危机的演变过程

1720 年 1 月，英国南海公司向英国政府提出利用发行股票的方法来减轻国债的压力，愿意向英国政府支付 750 万英镑来换取管理英国国债的特权。这一做法并不是南海公司首创，而是效仿了法国的密西西比公司。最后，南海公司通过向英国国会的主要议员和英国皇室贿赂，拿到了管理 3100 万英镑国债的特权。此后，南海公司不断通过媒体透露各种各样极为有利于自己的消息，声称在墨西哥和秘鲁发现了巨大的金银矿藏，编制了一系列的谎言愚弄投资者，诱导投资者争先恐后抢购南海公司发行的股票认购证，给南海公司送来了几百万英镑的起家资本。

1720 年 3 月，在英国国会刚开始讨论南海公司经营国债的法案时，南海公司的股票价格就开始逐步上升，从每股 120 英镑增加到 200 英镑。3 月 21 日法案通过后股价翻了一番。在 4 月初，股价飙升到每股 900 英镑。为了取得现金，融通债务，南海公司于 1720 年 4 月 14 日和 4 月 29 日分两次向公众提供股票预约认购。第一次发行 22500 股，每股的股价为 300 英镑，认购者需要立即支付股价的 20%。第二次发行 15000 股，每股的股价为 400 英镑，认购者需要立即支付股价的 10%。南海公司很容易地从这两次认购中筹集到了一大笔资金。

1720 年 4 月下旬，南海公司承诺持有国债的人都可以把尚未兑换的国债年金转换为南海公司的股票，结果，有 52% 的短期年金和 64% 的长期年金被转换成了南海公司的股票。在南海泡沫膨胀过程中，政府高官、议员和贵族们的积极参与和大肆鼓吹促使南海公司的股票价格再次上扬。6 月 17 日南海公司进行了第三次股票的现金认购，共发行了 50000 股，每股价格 1000 英镑，认购者需要立即支付 10% 的现金，其余部分可以分期付款。

与此同时，英国民间许多公司看到了南海公司的短期巨额利润，也纷纷私下发行股票，进行融资。为了禁止没有取得经营许可证的公司蔓延，英国国会在 1720 年 6 月通过了一个"反泡沫法案"，并且决定在 8 月 18 日付诸实施。1720 年 6 月法国密西西比泡沫破裂，法国股市一落千丈，坏消息使得投资者不知所措。8 月 18 日反泡沫法案正式执行，持有这些公司股票的股民们不得不抛售手中的股票，股票价格剧烈下跌，同时也影响了南海公司的股票价格。南海公司的股票价格从 8 月 31 日的 775 英镑暴跌到了 10 月 1 日的 290 英镑。随后，议会强令南海公司资产改组，南海泡沫彻底破灭。

### (三) 南海泡沫破灭的原因

#### 1. 投资者预期的改变

股票价格的高低取决于股份公司未来的发展前景。南海公司为了快速融资，编造谣言，故意夸大公司的业绩或者经营状况。在对巨大财富的憧憬中，公众的理性防线彻底崩溃，完全任由股份公司发布的消息牵引，迷失了方向。当公众不关注考察股份公司的盈利能力，也不分析股份公司的经营范围，只为股价的一时上涨而买入股票时，他们的投资行为已经演变为一种投机性行为，无论股票的价格多高，无论它是否已经偏离了公司的基本价值，只要相信它还会继续涨下去，公众就会不顾一切地买进。

同时，法国密西西比泡沫的破灭也使得投资者对股票市场的信心大跌。加之南海公司为了维护其垄断地位，促使议会颁布了《反金融诈骗和投机法》（"泡沫法案"），许多公司被解散，公众开始质疑，反而使得南海公司这个最大的"泡沫"破灭。

#### 2. 政府监管不足

在证券市场中，政府的监管是不可或缺的。南海泡沫事件发生前，英国政府对南海公司非但没有实施有效的监管，反而放任其肆意造谣吹嘘。从深层次看，南海公司股票价值的每一次升值都伴随着政府信用的支持。在政府的支持下，投资者更容易相信南海公司具有良好的发展前景。议会的议员甚至连国王都争相购买了南海的股票，以致南海公司的股票在短短十个月时间由 100 多英镑暴涨到 1000 英镑。此外，贪污腐败之风在英国政府内部盛行，从"南海计划"实施到"泡沫法案"的颁布，这些促使泡沫产生以至破灭的决策都是在一次次的贿赂下实现的。

### (四) 南海泡沫事件的影响

1637 年的荷兰郁金香狂热、1720 年的法国密西西比及英国南海泡沫事件是西方历史早期爆发的三大泡沫经济事件。"泡沫经济"一词便是后世用来形容经济过热而收缩的现象。英国南海泡沫事件对英国的影响极为深远，主要包括以下两个方面。

#### 1. 投资者方面

社会各界人士，包括军人和家庭妇女，完全丧失了理智，他们不在乎这些公司的经营范围、经营状况和发展前景，只相信发起人说他们的公司如何能获取巨大利润，人们唯恐错过大捞一把的机会。一时间，股票价格暴涨，平均涨幅超过 5 倍。著名物理学家牛顿在南海泡沫事件中也是受害者之一，他在第一次进场买入南海股票时曾小赚 7000 英镑，但第二次买进时已是股价高峰，结果大蚀 2 万英镑离场(相当于牛顿 10 年的薪水)。牛顿曾因而叹谓："我能算准天体的运行，却无法预测人类的疯狂。"南海泡沫事件对英国带来很大的震荡，英国人对股份公司留有阴影，而在事件中制定的"泡沫法案"一直到 1825 年才予废除，投资者经过长时间才慢慢对股份公司重拾信心。

### 2. 行业发展方面

在调查南海泡沫事件中，国会秘密委员会委任了查尔斯·斯奈尔为南海查账，这是国会历史上首次委托民间第三方独立会计师进行调查，结果成功查得南海公司犯下严重的诈骗及做假账等舞弊行为。委任第三方专业会计师的做法在后世被采纳，成功减低了企业舞弊的风险，在日后大大促进了特许会计师及审计行业的长足发展。

## 二、1929年美国经济大萧条

### （一）危机的发展历程

#### 1. 1929年美国经济大萧条产生的背景

大萧条(The Great Depression)，是指 1929—1933 年发源于美国，并后来波及整个资本主义世界，其中包括美国、英国、法国、德国和日本等资本主义国家的经济危机。社会主义国家苏联未受到影响，相反还完成了五年计划。这一危机具有持续时间长、范围广、破坏力强的特点，其根源在于资本主义制度的基本矛盾，也就是生产社会化和资本主义生产资料私有制之间的矛盾。

由于美国的技术革新和政府的自由放任政策的推动，以及第一次世界大战的刺激和战后相对稳定的政治经济局面，20 世纪 20 年代美国经济出现了繁荣的局面，逐步掌握了世界经济霸权，纽约成为世界金融中心。在经济繁荣的背后，美国长期盲目投资，经济比例失调，农业不景气，失业人员增加。日益膨胀的供应量大大超过国内外的支付能力，潜伏着生产相对过剩的危机。到 20 世纪 20 年代后期美国经济出现危机和萧条，盲目扩大的生产同容量相对稳定的国际国内市场发生尖锐的矛盾，导致了 1929 年经济危机的爆发。危机以美国纽约市场股票价格狂跌开始，很快波及全美国，并迅速席卷整个资本主义世界。

1929—1933 年集中爆发在美国和欧洲的"大萧条"的确灾难深重。"大萧条"是对 20 世纪 30 年代大危机的一个特定的称呼，即商品实际价格下跌、购买力减弱，供给大于需求，失业增加，库存扩大，生产萎缩，公众恐慌，以及商业活动普遍低迷的状况。"大萧条"不仅给美国的经济带来了极为不利的影响，以至于到了 1939 年美国的生产才全部恢复到 1929 年的水平；也给美国的人口、家庭、教育、道德、信念、生活水平等方面造成了严重的危害，结婚率和出生率大幅降低，这期间出生的孩子成为著名的"萧条的一代"。

#### 2. 危机的演变过程

20 世纪 20 年代的繁荣虽然造就了一个资本主义发展的黄金时期，但这一繁荣本身却潜伏着深刻的矛盾和危机。农业不景气、农村购买力不足，工业增长和社会财富的再分配极端不均衡，以及国际收支中的潜在危机都为"大萧条"埋下了伏笔。当美国日益增长的供应远超过需求时，危机爆发了。1929 年 10 月 21 日，纽约证券交易所全天抛售量高达 600 多万股；10 月 24 日，是股市灾难的开始，史上著名的"黑色星期四"，纽约数家主要银行迅速组成"救市基金"，希望力挽狂澜；10 月 28 日，史称"黑色星期一"，当天道琼斯指数跌幅达 13%；10 月 29 日，史上最著名的"黑色星期二"，道琼斯指数一泻千里，当天股市创造了 1641 万股成交的历史最高纪录。1929 年 10 月 29 日到 11 月 13 日短短的两个星期内，共有 300 亿美元的财富消失，这相当于美国在第一次世界大战中的总开支。此后，疯狂挤兑、银行倒闭、工厂关门、工人失业、贫困来临、有组织的抵抗纷纷到来。

1929—1933 年这三年中，有 5000 家银行倒闭，至少 13 万家企业倒闭。1929 年，通用汽车公司的生产量从 1929 年的 550 万辆下降到了 1931 年的 250 万辆。到 1933 年，工业总产量和国民收入暴跌了将近一半。经济水平倒退 10 年。从 1929 年第四季度到 1933 年第一季度，连续出现了 14 个季度的经济负增长，累计负增长率为-68.56%。股市崩溃的 1929 年，失业率为 2.5%，之后失业率迅速上升，到 1933 年达到创纪录的 25%，这意味着每四个人中就有一人失业。危机很快蔓延到了其他工业化国家，包括德国、日本、英国和法国。世界国际贸易从 1929 年的 686 亿美元下降到 1930 年的 556 亿美元、1931 年的 397 亿美元、1932 年的 269 亿美元和 1933 年的 242 亿美元。1929—1941 年，世界经济进入了噩梦般的长达十余年的大萧条时期。

1933 年 3 月 4 日，罗斯福就任美国第三十二届总统，就应对危机实施了一系列政策，后来被称作"罗斯福新政"。罗斯福的"新政"从整顿金融入手，国会通过《紧急银行法令》《1933 年银行法》，建立由联邦承担责任的联邦储备体系。由于采取了这些措施，银行信用很快恢复，银行存款在不到一年的时间里增加了近 20 亿美元。"罗斯福新政"帮助美国的资本主义制度度过了 1929—1933 年的一场空前大灾难。

### (二) 危机产生的原因

#### 1. 证券投机过热

股票市场的崩溃是导致美国经济大萧条的直接原因。在柯立芝和胡佛担任美国总统的时代，倒卖股票成为这个国家最时兴的投机生意。由金融巨头操纵的证券交易市场吸引了各阶层人民。汽车司机、店员、主妇、小业主和学生都成了证券市场的主顾。他们接受的宣传是："买股票就能赚钱，早买早赚，不买就让别人赚。"这个时期，几乎任何一种股票都在几倍甚至几十倍地往上升值，越是上涨，人们越是不肯抛出。市面上的股票不够应付，工业、铁路、银行等部门就加紧制造新股上市。从 1925 年 1 月到 1929 年 10 月，列入纽约证券交易所目录表上的股票从 4.43 亿股增加到 10 亿股以上。一些大公司把自己的股票当作现金发给工人，居然很受欢迎。人们见面时，不谈别的，只谈股票。许多新发行的面值较小的股票，都到了小投资者和小投机者手中。他们对这些股票所代表的厂家的情况一无所知，只是一味等着股票涨价。这种猖獗的金融投机活动为货币和信贷系统的崩溃准备了条件，控股公司与投资信托公司互为依靠，整个经济结构建立于毫无节制的投机泥潭之上。

#### 2. 经济政策失误

美国政府以"自由放任"为主导的经济政策是导致经济大萧条的主要原因。在金融危机爆发前，美国政府一直奉行自由放任主义，以此为指导经济发展、调节经济活动的主流思想。1929—1933 年，由于相当多的银行倒闭或停业，美国货币供应减少了 1/3。美国政府依旧严格控制货币发行，恪守财政平衡原则，美联储没有采取措施阻止银行和企业破产，对失业和贫困袖手旁观。不合时宜的财政政策使得这场危机呈蔓延扩展的趋势。凯恩斯认为，受供求关系的影响，美国 20 世纪 20 年代的"经济繁荣"在 1929 年开始降温，投资需求下降。此时联邦政府本应用扩张性的财政政策减税和扩大政府支出来刺激投资需求，但是，美国联邦政府的财政政策依旧以追求财政平衡为目的，通过税收来弥补开支。这一消极、紧缩的财政政策不仅没有缓解危机，反而使得经济状况更加恶化。直到罗斯福就任总统后才开始实行扩张性的财政政策。

此外，"自由放任"的经济思想导致货币政策不力，加剧银行的信用危机。从 20 世纪 20 年代末开始，由于商业银行的过度信贷，部分贷款难以收回，造成银行系统呆账增加，而联邦储备当局却采取了紧缩的货币政策：美联储实行高利率，抑制了投资；美联储没有采取措施制止银行破产，使货币供应量减少；美联储在美国 1931 年 9 月宣布放弃金本位制后，把贴现率从 1.5%提到 3.5%，收紧了对银行的放款，进一步削弱了银行的清偿能力。1929—1933 年，破产加上停业整顿和改组的银行高达 4004 家，占银行总数的 28.2%，导致公众对金融体系的信用产生怀疑。由于公众对银行的不信任，货币现钞持有量持续增加，同时也使货币的周转速度大大降低，导致实际货币供给量无法满足市场经济正常运转所需的货币量，结果引发并加剧了经济大萧条。

### (三) 经济大萧条的影响

#### 1. 经济社会方面

从 1929 年 10 月 24 日到 11 月 13 日短短的两个星期内，共有 300 亿美元的财富消失，但美国股票市场崩溃不过是一场灾难深重的经济危机爆发的火山口。随着股票市场的崩溃，美国经济随即全面陷入毁灭性的灾难之中，可怕的连锁反应很快发生：疯狂挤兑、银行倒闭、工厂关门、工人失业、贫困来临、有组织地进行抵抗，国家处于内战边缘。到 1932 年，美国工业生产总值降低了 45%，人均收入减少了 40%，1300 万人失业，200 万人无家可归。经济大衰退最严重的时期(1932－1933 年)，英国、比利时两国的失业人口占 22%~23%，瑞典为 24%，美国为 27%，奥地利为 29%，挪威为 31%，丹麦为 32%，德国更高达 44%以上。同样令人瞩目的是，即使在 1933 年景气恢复之后，20 世纪 30 年代的失业率也始终不见显著好转，英国和瑞典一直保持在 16%~17%左右，奥地利、美国及北欧其余的国家，则维持在 20%以上。

同时，这场世界经济危机亦对以德国为代表的欧洲经济体打击沉重。危机高峰时的 1932 年一年中，德国工业产量比 1929 年下降将近一半。危机期间，德国失业者用废旧物品搭成住房，而政府实行征收新税、削减工资、削减救济金和养老金等政策，力图把危机转嫁到普通民众的肩上，致使社会矛盾激化。

#### 2. 政治方面

危机带来了许多政治影响，罗斯福针对当时的实际，顺应广大人民群众的意志，大刀阔斧地实施了一系列旨在克服危机的政策措施，历史上被称为"新政"，新政的主要内容可以用"三R"来概括，即复兴(Recovery)、救济(Relief)、改革(Reform)。罗斯福新政措施是总统权力全面扩张，终于逐步建立了以总统为中心的三权分立的新格局，他是总统职权体制化的开拓者。其中一个是结束了经济自由主义，罗斯福新政用凯恩斯主义将其取而代之，新政扩大了联邦政府对国民经济的影响力，提高了政府对经济的政策参与性。

## 三、1997年亚洲金融危机

### (一) 亚洲金融危机的背景

亚洲金融危机(Asian Financial Crises)指发生于 1997 年的一次世界性金融风波。1997 年 7 月 2 日，亚洲金融风暴席卷泰国。不久，这场风暴波及马来西亚、新加坡、日本和韩国、中国等地。泰国、印尼、韩国等国的货币大幅贬值，同时造成亚洲大部分主要股市的大幅下跌；冲击亚洲各国外贸企业，造成亚洲许多大型企业的倒闭，工人失业，社会经济萧条。

20世纪90年代以来，泰国经济中投资占国内GDP的比重高达40%，并呈现逐年增长的趋势。但是投资的扩张并没有带来需求的有效增加，而是造成了市场供给过剩。此外，泰国的投资结构也不合理。大部分的资金都流向了房地产业，不仅造成了银行大量的坏账，还加速了经济泡沫的产生。第一，1995年泰国房地产泡沫破裂及此后高利率对其金融产生了影响。金融危机爆发前，泰国现存的商品房达85万套，银行系统所承担的房地产公司的坏账高达155亿美元，对泰国的金融产生了严重的影响。1996年，外商投资在泰国房地产业资金的占比达30%。第二，在经济政策方面，泰国政府也存在一定的失误。第三，在财政政策方面，政府对基础设施及相关产业的投资过少，导致泰国经济发展后劲不足。第四，在金融政策方面，泰国政府缺乏对外债的控制，过早开放证券市场，外债比例占GDP比重过高(1997年5月为46%)。第五，在金融监管方面，中央银行和金融监管部门没有采取措施调控和引导贷款的投资方向。第六，在汇率政策方面，泰国政府坚持维持固定汇率制度。第七，在对外贸易方面，泰国在整个东南亚地区竞争力逐步下降，过早降低关税也加剧了对外贸易的不平衡。

1997年，泰国经济疲弱，许多东南亚国家如泰国、马来西亚和韩国等长期依赖中短期外资贷款维持国际收支平衡，汇率偏高并大多维持与美元或一揽子货币的固定或联系汇率。1997年7月2日引发了一场泰国金融市场前所未有的危机，汇市巨幅波动迫使泰国放弃维持已久的与美元挂钩的固定汇率而实行自由浮动，之后危机很快波及所有东南亚实行货币自由兑换的国家和地区。

### (二) 危机的演变过程

1997年7月2日，泰国宣布放弃固定汇率制，实行浮动汇率制，引发了一场遍及东南亚的金融风暴。当天，泰铢兑换美元的汇率下降了17%，外汇及其他金融市场一片混乱。在泰铢波动的影响下，菲律宾比索、印度尼西亚盾、马来西亚林吉特相继成为国际炒家的攻击对象。之后，新加坡、印尼、韩国、日本也先后受到波及。于是，东南亚金融风暴演变为亚洲金融危机。

1998年初，印尼金融风暴再起，面对有史以来最严重的经济衰退，国际货币基金组织为印尼开出的"药方"未能取得预期效果。2月11日，印尼政府宣布将实行印尼盾与美元保持固定汇率的联系汇率制，以稳定印尼盾。此举遭到国际货币基金组织及美国、西欧的一致反对。国际货币基金组织扬言将撤回对印尼的援助。印尼陷入政治经济大危机。2月16日，印尼盾同美元比价跌破10000：1。受其影响，东南亚汇市再起波澜，新元、马币、泰铢、菲律宾比索等纷纷下跌。直到4月8日印尼同国际货币基金组织就一份新的经济改革方案达成协议，东南亚汇市才暂告平静。1997年爆发的东南亚金融危机也使得与之关系密切的日本经济陷入困境。日元汇率从1997年6月底的115日元兑1美元跌至1998年4月初的133日元兑1美元；5月—6月，日元汇率一路下跌，一度接近150日元兑1美元的关口。随着日元的大幅贬值，国际金融形势更加不明朗，亚洲金融危机继续深化。

## 四、2007年美国次贷危机

### (一) 美国次贷危机产生的背景

次贷危机是指由美国次级房屋信贷行业违约剧增、信用紧缩问题而于 2007 年夏季开始引发的国际金融市场上的震荡、恐慌和危机，在到 2009 年 6 月的两年时间里，美国联邦储备委员会连续 17 次提息，将联邦基金利率从 1%提升到 5.25%。利率大幅攀升加重了购房者的还贷负担。而且，自从 2005 年第二季度以来，美国住房市场开始大幅降温。随着住房价格下跌，购房者难以将房屋出售或者通过抵押获得融资。受此影响，很多次级抵押贷款市场的借款人无法按期偿还借款，次级抵押贷款市场危机开始显现并呈愈演愈烈之势。

经历过 20 世纪 20 年代的经济大萧条，美国在第二次世界大战爆发后经济逐渐得到恢复，并经历了前所未有的经济高速增长。在信息技术革命的推动下，20 世纪 90 年代以来，美国资本市场更是空前繁荣。在经历了 "9·11" 恐怖袭击和 IT 泡沫之后，美国经济本应该进入衰退期，但是，为了维持经济高速发展，美联储采取了极具扩张性的货币政策。经过 13 次降息，到 2003 年 6 月 25 日，美联储将联邦基金利率下调至 1%，创 45 年来最低水平。在这种政策的刺激下，银行发放了大量各种形式的住房抵押贷款。贷款条件过于宽松使得许多人购买了超出自己偿付能力的住房，住房抵押债务急剧增加，美国的住房抵押债务与收入之比创下了历史最高纪录，导致美国住房价格急剧上升。2007 年 8 月，美国次贷危机突然爆发，不但房地产泡沫终于破灭，美国还陷入了自 20 世纪 30 年代大萧条以来最为严重的金融危机。

### (二) 危机的演变过程

2007 年 2 月，汇丰银行宣布北美住房贷款按揭业务遭受巨额损失，减记 108 亿美元相关资产，次贷危机由此拉开序幕。2007 年 4 月，美国第二大次级抵押贷款公司新世纪金融公司因无力偿还债务而申请破产保护，裁减员工比例超过 50%。随后 30 余家美国次级抵押贷款公司陆续停业。受次贷风暴影响，当年 8 月，美国第五大投行贝尔斯登宣布旗下两支对冲基金倒闭，随后贝尔斯登、花旗、美林证券、摩根大通、瑞银等相继爆出巨额亏损。2008 年 3 月中旬，贝尔斯登因流动性不足和资产损失被摩根大通收购，投资者的恐慌情绪开始蔓延。

2008 年 7 月中旬，美国房地产抵押贷款巨头 "两房" (房利美和房地美)遭受 700 亿美元巨额亏损，最终被美国政府接管。作为美国最大的汽车厂商，通用公司的股价跌至 50 余年来的最低水平，破产危机隐现。2008 年 9 月中旬，美国第四大投资银行雷曼兄弟陷入严重财务危机并申请破产保护。美林证券被美国银行收购。华尔街的五大投行倒闭了 3 家。雷曼兄弟的破产，彻底击垮了全球投资者的信心，包括中国在内的全球股市持续暴跌，欧洲的情况尤为严重，诸多知名金融机构频频告急，欧元兑美元汇率大幅下挫。2008 年 9 月下旬，总部位于西雅图的华盛顿互惠银行被美国联邦存款保险公司接管，成为美国有史以来倒闭规模最大的银行。

2008 年第四季度，美国 GDP 下降 6.1%，失业率节节攀升并于 2009 年创下 50 多年来的最高纪录。随后，美国政府在 2009 年出台了全面经济刺激计划。美联储经过多次降息后，将利率降至接近于零的水平，并一直维持不变。除此之外，美联储先后出台了四轮量化宽松政策，通过购买大量的资产支持证券、出售国债，为市场注入流动性。之后，一连串危机拯救措施的效果开始显现，美国经济逐渐复苏，主要股指恢复到危机前水平。随后危机逐渐从私人部门扩散到其他国家的公共部门。2009 年 12 月 8 日，全球三大评级公司下调希腊主权评级。从 2010 年起，欧洲其他国家也开始陷入危机，西班牙、爱尔兰、葡萄牙和意大利等国同时遭遇信用危机，整个欧盟都受到债务危机的困扰，受影响国家的 GDP 占欧元区 GDP 的 37%左右。由于欧元汇率大幅下跌，欧洲股市暴跌，整个欧元区面临成立 10 多年来最严峻的考验。

# 第三节 国际游资与金融监管

## 一、国际游资概述

### (一) 国际游资的概念与内涵

国际游资又称"热钱"(Hot Money)或国际投机资本，指长期游离于本国实体经济之外，承担高度风险，追求高额利润，主要在他国金融市场做短期投机的资本组合。热钱主要是在各个国家和经济体之间频繁流动，以追逐短期汇率、利率、股票市场与其他金融市场价格波动的短期国际投机资本，是国际短期资本中最活跃的部分。

国际投机资本与国际游资共同组成国际资本。从两者的资金来源上分析，很难区分哪些是国际投机资本，哪些是国际游资。因为它们的来源构成大体相仿，此外当国际游资的投机行为状态还原到一般静止状态时，仍是一般资本。所以对国际投机资本和国际游资的界定要依据它们的投资目的、投资对象和操作手段。

#### 1. 国际游资主要投资短期高收益率高风险的金融产品

国际游资的投资目的相当明确，即绝大部分操作瞄准短期的高额利润，这种高额利润可以高于社会平均利润数倍或几十倍。对一般国际投机资本来说，这种高额利润是难以获得的。国际投机资本的高额利润是由短期操作形成震荡来造就的高幅价差所构成，而一般的投资利润则产生于缓和渐进、日积月累的收益。

#### 2. 国际游资选择证券商品或金融衍生产品

国际游资往往为投资汇率、股票、债券期货、期指、期权等金融产品；而一般国际投机资本虽也涉足这些领域投资，但相当比例选择产业作为投资主要方向。据有关资料分析，国际游资基本上动用其 80%以上的资金量用作证券、汇率和金融衍生商品的投资，而极少涉足产业的投资。

#### 3. 国际游资通常投资周期短、快速隐蔽

国际游资通常采用短促、快速隐蔽、突然发动的手段来操作投资行为，人们很难确定某个时期内国际投机资本在某一领域投资的资金规模、时间和地点。而一般投机资本是不会采用这种投机手法，因为投资是个缓慢、持续、累积的过程。在高新科技和先进的通信设备介入下，国际投机资本频繁、快速、突然的移动变得更加变幻莫测，它顷刻之间从一个国家转移至另一个国家往往成为现代金融动荡的重要原因。

### (二) 国际游资的来源

国际游资的主要来源包括各种类型的投资基金、金融机构的资金、私人资本和国际黑钱。

#### 1. 各种类型的投资基金

投资基金是通过公开募集和私下募集方式将金融市场投资者的资金汇集起来组成共同基金。由专业的资产管理人员负责投资和管理，国际投机资本可以投资于各种不同类型的资产。它既可主要投资于已经公开上市的有价证券，如债券、股票等，也可以投资于商品资产领域，如商品期货等。作为投资者出于取得稳定收益的目的而选择的一种理财工具，有部分风险型投资基金具有一定的投机性。随着国际金融市场的日益全球化及金融创新和各种复杂投资组合技术的出现，绝大部分投资基金都投身到投机活动中。国际投机资本中以对冲基金最为著名。

#### 2. 金融机构的资金

首先是投资者从银行获得的信贷资金；其次是银行为了自身业务需要，大量从事衍生金融工具交易，其中大部分业务带有很强的投机性；最后是各种投资银行及其他非银行金融机构(如证券公司、保险公司等)所拥有的庞大自有资本金、历年来盈余资产及其他短期资金等，这些金融机构拥有广泛的融资渠道，专业从事短期投机投资活动。

#### 3. 私人资本

私人资本主要包括在国际金融市场上谋利的短期居民资金，以及跨国公司及大企业在经营活动中掌握的流动资金和一些暂时闲置的资金。企业和私人将手中掌握的部分货币资金直接转化为投机资本，参与到国际金融投机活动中来。近年来，私人资本的流动在总量上远远超过了政府和商业银行的贷款，而且这种趋势还在加大，政府和商业银行的贷款已经不再居主导地位，国际游资以私人资本为主。

#### 4. 国际黑钱

黑钱是贩毒、走私、贩卖军火、诈骗、盗窃、抢劫、贪污、偷税漏税等犯罪所产生的收入，这些黑钱必须经过一番"清洗"后，才能转入合法的流通渠道。而国际金融投机活动是洗白黑钱的一种重要方式。国际金融市场为这些黑钱提供了良好的"清洗"途径，同时其中一部分作为国际游资长期停留在投机市场上。黑钱也是国际投机资本中最重要、最原始的一部分。

## 二、国际游资攻击的特点

### (一) 攻击目标集中在实施固定汇率制的发展中国家

在金融全球化进程日益加快的今天，发展中国家固定汇率制度的内在缺陷隐藏巨大的风险，成为金融危机爆发的制度缺陷。固定汇率制度下，政府承诺维持一定的汇率水平，在庞大的投机性资金抛售的压力下，一国的外汇储备往往是杯水车薪，最终只能放弃干预，而投机性资金从政府的失败干预中可以获得高额利润。而如果投机失败，投机者们也能以原有的汇率水平进行抵补性交易，不产生任何风险。

在经过较长时间对目标国经济状况的了解和经济学家对于进出口等经常项目数据及有关资料的分析后，国际游资选准时机对目标国货币进行攻击。首先，投机者通过远期汇率间接作用于即期汇率，成为目标货币的主要抛售者。其次，投机者逐步抛出通过各种渠道借入的该国货币，待压低汇率水平后，再购入该国货币以偿还借款，从中谋取价格差，获得巨额利润。最后，当本国货币持有者对当前汇率丧失信心时，投机者迅速掀起将该国货币资产变成外币资产的狂潮，以彻底冲垮该国货币汇率，谋取更大利益。

### (二) 攻击引起的市场心理预期效应明显

经济学家分析，其实光凭投机力量并不会真正对央行构成多大威胁，真正打败央行的是大量跟风者对本币的抛售，这种抛售使央行承受了巨大的压力。投机者抓住大众的"羊群心态"，引导和利用公众预期，用各种渠道动摇公众对本币的信心，使跟风者成为投机者打压本国货币的助推手。随着投机资本的抽出和国内投资者纷纷效仿，资本外流加剧，这时中央银行继续支撑固定汇率就会引起国际储备的巨额损失，货币当局干预失效，无法维持固定汇率制度，只好改行浮动汇率制度，这样，更加促进资本大量外流，汇率大幅贬值，"羊群恐慌"不可控制，迅速扩展到国内货币市场和证券市场，造成银行支付困难，股价暴跌，引起全面金融危机。

### (三) 采用组合拳实施金融攻击

随着国际资本流动自由化的加速，加上金融市场机制的不完善，投机性资本巧妙地利用了金融市场漏洞。其一，投机者利用媒体宣传，公开制造舆论，利用"羊群心态"引导跟风者，引起市场恐慌，加速目标货币贬值；其二，投机者可以同时在金融市场上迅速进入、撤离，在股票市场和外汇市场低买高卖；其三，投机者利用所有可以利用的金融工具和金融衍生工具，以及各种金融资产价格在各个市场之间的内在联动性，即期、远期市场相结合，传统市场、衍生市场相结合，做全方位的投资，使投机手段更加隐蔽和复杂，影响更加广泛，综合冲击力更大。

## 三、对国际游资的监管和防范

### (一) 加强对金融体系的监管与调控

近年来金融危机的爆发表明现行的国际金融秩序已不适应当前的经济形势，如亚洲金融危机爆发前，金融体系缺乏切实可行的防范措施，危机发生之后，又援助迟缓、措施无力，以至于引起连锁反应，并波及亚洲以外的一些国家。因此，想要防止金融危机，就必须改革世界金融秩序，建立一套行之有效的预警、防范和援助体制。要加强对金融体系的监管与调控，以便对金融危机迅速做出反应并实施有效调控。

从防范系统性金融风险的角度看，应将银监会和保监会现有的审慎监管基本制度的职责划入央行，使得央行集货币政策职能和宏观审慎职能为一身，形成"双支柱"调控框架。首先，健全"双支柱"调控体系，继续完善货币政策框架，强化价格型调控和传导，发挥金融价格杠杆在优化资源配置中的决定性作用；其次，继续完善宏观审慎政策框架，将更多金融活动、金融市场、金融机构和金融基础设施纳入宏观审慎政策的覆盖范围；最后，完善货币政策和宏观审慎政策治理架构，推进金融治理体系和治理能力的现代化。

### (二) 审慎开放资本项目的自由兑换

从理论上说，资本流动既是实现世界经济一体化的必要条件之一，又能提高世界资源配置的效率。长期以来，IMF、世界银行和不少经济学家一直要求发展中国家快速和最大限度地开放其资本项目。毫无疑问，开放资本项目能使国内储蓄率较低的发展中国家吸引更多的国外资本。但是，由于国际资本市场的运作尚未达到完善的地步，而且国际社会对国际资本的流动缺乏有效的管理和协调机制。因此，发展中国家在决定何时及如何开放其资本项目时必须三思而行。几次金融危机的教训，充分证明资本项目的开放速度不能太快，发展中国家必须慎重对待资本项目的开放。

### (三) 保障实体经济的良性运行

实体经济是国家生产力的集中体现，是一国金融赖以生存、应对风险的坚强后盾，是虚拟经济的基础。一国只有实体经济稳健运行，生产和流通各环节顺畅、协调，各产业领域均衡发展，才能使证券、外汇、衍生工具等虚拟经济领域真正实现繁荣，避免"泡沫"横生，防止国际投机资本有机可乘。因此，金融业的发展要以实体经济为基准，正确处理实体经济与虚拟经济的关系。各国政府应合理制定经济发展目标和相应的经济发展战略，应放弃对经济增长速度的过分追求，注重内涵式经济发展，强化金融业与实体经济之间互利共赢的关系。

### (四) 建立金融风险预警机制

首先，建立货币危机预警制度。通过对货币危机的理论分析和实践检验，建立一套预测货币危机的指标体系，当其中的一项指标偏离其正常水平并超过某一"临界值"时，即可将其看作货币危机发生的预警信号。各国应依据自身的具体情况来设定各指标的临界值，并通过检测各指标超出临界值的次数及超过临界值的指标来分析货币危机发生的具体原因，采取相应的对策。

其次，健全信贷风险预警制度。贷款作为银行主要的传统业务，其质量是判断银行资产质量和安全性的基本依据。经验表明，在信贷经营过程中，风险隐患发现得越早，其造成的损失就越小。

最后，健全国际金融体系，加强金融创新和金融监管，提高信息透明度，提高外汇投机交易成本。此外，应重视保险、养老金、失业基金、教育基金、住房基金等社会保障制度的发展。

# 本 章 小 结

1. 金融危机是指一个国家或几个国家与地区的全部或大部分金融指标的急剧、短暂和超周期的恶化。金融危机本身就是虚拟经济领域的经济危机，并能引发实体经济领域的危机。现代社会，经济危机往往以金融危机为前奏，二者相互作用，相互影响，都会对社会经济和生活造成严重破坏。金融危机的种类包括货币危机、银行业危机、债务危机及系统性金融危机。

2. 南海泡沫事件与 1720 年的法国密西西比公司及 1637 年的荷兰郁金香狂热，是西方历史早期爆发的三大泡沫经济事件。其中南海泡沫事件指南海股价如泡沫快上快落的情况。"泡沫经济"一词，是用来形容经济过热而收缩的现象。南海泡沫事件给英国带来很大震荡，国人对股份公司留有阴影，而在事件中制定的"泡沫法案"一直到 1825 年才予废除。

3. 经济大萧条是 20 世纪持续时间最长、影响最广、强度最大的经济衰退，是指 1929—1933 年发生于美国的全球性的经济大衰退，也是第二次世界大战前最为严重的世界性经济衰退。大萧条的开始时间依国家的不同而不同，但绝大多数在 1930 年起，持续到 30 年代末，甚至是 40 年代末。

4. 亚洲金融危机指发生于 1997 年的一次世界性金融风波。泰国、印尼、韩国等国的货币大幅贬值，同时造成亚洲大部分主要股市的大幅下跌；冲击亚洲各国外贸企业，造成亚洲许多大型企业倒闭，工人失业，社会经济萧条。泰国、印尼和韩国是受此金融风暴波及最严重的国家。

5. 次贷危机，又被称为次级房贷危机，也可称为次债危机。它是指一场发生在美国，由次级抵押贷款机构破产、投资基金被迫关闭、股市剧烈震荡引起的风暴。它致使全球主要金融市场隐约出现流动性不足危机。美国次贷危机是从 2006 年春季开始逐步显现的。2007 年 8 月席卷美国、欧盟和日本等世界主要金融市场。受此影响，很多次级抵押贷款市场的借款人无法按期偿还借款，次级抵押贷款市场危机开始显现并呈愈演愈烈之势。

6. 金融自由化和宽松的政府监管措施是金融危机产生的根本原因，投资狂热和信贷扩展是危机爆发前的主要特征，近 40 年来的历次金融危机都具有相互关联性。在应对投资过热和市场恐慌时，政府的干预措施是必要的，但可能也会产生一些不可预见的后果。

7. 国际游资又称国际投机资本，指长期游离于本国实体经济之外，承担高度风险，追求高额利润，主要在他国金融市场做短期投机的资本组合，在各个国家和经济体之间频繁流动，以追逐短期汇率、利率、股票市场与其他金融市场价格波动的短期国际投机资本，是国际短期资本中最活跃的部分。国际投机资本与国际游资共同组成国际资本。两者的来源构成大体相仿，所以对国际投机资本和国际游资的界定要依据它们的投资目的、投资对象和操作手段。

8. 国际游资的攻击目标集中在实施固定汇率的发展中国家，攻击时引起的市场心理预期效应明显，并采用组合拳实施金融攻击。因而，要加强对金融体系的监管与调控，审慎开放资本项目的自由兑换，保障实体经济的良性运行，并建立金融风险预警机制。

# 本章主要概念

经济危机　金融危机　货币危机　银行危机　债务危机　南海泡沫　亚洲金融危机次贷危机　国际游资

# 习　　题

## 一、选择题

1. 主要金融领域都出现严重混乱指的是(　　　)。
   A. 货币危机
   B. 债务危机
   C. 系统性金融危机
   D. 银行业危机

2. 金融监管的首要目标是( )。
    A. 维护金融体系稳定          B. 金融机构公平竞争
    C. 消费者保护                  D. 减少金融犯罪

3. 国际游资的主要来源是( )。
    A. 私人资本       B. 投资基金      C. 金融机构资金     D. 国际黑钱

4. 投机者制造舆论，利用( )引导跟风者，引起市场恐慌。
    A. 谣言           B. 数据分析      C. 羊群心态      D. 投资偏好

5. 以下不属于金融危机的是( )。
    A. 短期利率、资产(证券、房地产、土地)价格急剧恶化
    B. 金融萎缩，股价下跌，资金供给不足
    C. 生产能力过剩
    D. 商业破产数和金融机构倒闭数急剧增加。

## 二、判断题

1. 只要存在金融交易，金融危机就必然发生。                                   ( )
2. 经济危机(Economic Crisis)指的是经济发展过程中周期爆发的生产过剩的危机。 ( )
3. 金融自由化和宽松的政府监管措施是金融危机产生的根本原因。          ( )
4. 国际投机资本中以对冲基金最为著名。                                   ( )
5. 实体经济是一国金融赖以生存的应对风险的坚强后盾。               ( )

## 三、填空题

1. 1637 年的荷兰郁金香狂热、1720 年的法国密西西比及_____是西方历史早期爆发的三大泡沫经济事件。

2. 金融危机有_____、_____、_____和_____四种基本类型。

3. 1997 年，亚洲金融危机是以_____为首的量子基金对泰铢进行外汇炒作，击溃其固定汇率制来获取超额利润而引发的，具有浓厚的国际金融资本或者国际热钱进行货币投机的色彩。

4. 次贷即次级抵押贷款，是指一些贷款机构向_____和_____的借款人提供的贷款。

5. 国际游资攻击目标集中在实施_____汇率制的发展中国家。

## 四、名词解释

1. 金融危机    2. 经济危机    3. 泡沫经济    4. 次贷危机    5. 国际游资

## 五、简答题

1. 金融危机和经济危机的关系是什么？
2. 简述次贷危机的演变过程。
3. 简述几次金融危机的共同点。
4. 如何防范国际游资的攻击？

## 六、论述题

试述几次金融危机的启示。

# 参考文献

[1] 王晓光. 国际金融(第五版)[M]. 北京：清华大学出版社，2018.

[2] 涂永红. 人民币国际化报告[M]. 北京：中国人民大学出版社，2019.

[3] 林楠. 国际货币体系多元化与人民币汇率动态研究[M]. 北京：经济管理出版社，2014.

[4] 李凤云. 金融危机深度解读[M]. 北京：人民邮电出版社，2009.

[5] 秦凤鸣. 人民币汇率：过去、现在与未来[M]. 北京：中国金融出版社，2012.

[6] 陈雨露. 国际金融[M]. 北京：中国人民大学出版社，2019.

[7] 孔刘柳. 外汇管理：理论与实务[M]. 上海：格致出版社，2008.

[8] 时寒冰. 欧债真相警示中国[M]. 北京：机械工业出版社，2012.

[9] 蓝发钦，岳华，冉生欣，等. 国际金融[M]. 北京：华东师范大学出版社，2015.

[10] 姜波克，刘沁清. 国际金融新编习题[M]. 上海：复旦大学出版社，2017.

[11] 陈燕. 国际金融[M]. 北京：北京大学出版社，2005.

[12] 吕江林，胡援成，杨玉凤. 国际金融[M]. 北京：科学出版社，2006.

[13] 牛晓健，姜波克. 国际金融学[M]. 上海：立信出版社，2016.

[14] 阙澄宇，邓立立. 国际金融[M]. 大连：东北财经大学出版社，2005.

[15] 刘惠好. 国际金融[M]. 北京：中国金融出版社，2012.

[16] 刘拓，刘毅军. 石油金融知识[M]. 北京：中国石化出版社，2007.

[17] 管涛. 汇率的本质[M]. 北京：中信出版集团，2016.

[18] 巴里·艾肯格林，阿尔诺·梅尔. 货币变局：洞悉国际强势货币交替[M]. 北京：机械工业出版社，2019.

[19] 张晖. 国际金融习题与案例[M]. 上海：复旦大学出版社，2005.

[20] 李杨征. 国际金融学[M]. 北京：科学出版社，2005.

[21] 侯高岚. 国际金融教程[M]. 北京：机械工业出版社，2007.

[22] 朱叶. 国际金融管理学[M]. 上海：厦门大学出版社，2003.

[23] 罗明，宫少林. 华尔街[M]. 北京：中国商业出版社，2010.

[24] 程兆民等. 黄金时代[M]. 太原：山西教育出版社，2012.

[25] 王志军. 国际银行学[M]. 北京：科学出版社，2007.

[26] 米希尔 A. 德赛. 国际金融案例[M]. 北京：机械工业出版社，2008.

[27] 陈志武. 金融的逻辑[M]. 北京：国际文化出版公司，2011.

[28] 时寒冰. 当次贷危机改变世界中国怎么办[M]. 北京：机械工业出版社，2009.

[29] 张惠茹，李海东. 金融期货[M]. 北京：科学出版社，2005.

[30] 本·斯泰尔. 布雷顿森林货币战：美元如何统治世界[M]. 北京：机械工业出版社，2019.

[31] 吴志攀. 金融全球化与中国金融法[M]. 广州：广州出版社，2000.

[32] 董寿昆. 货币自由兑换理论与实践[M]. 北京：中国金融出版社，1997.

[33] 《货币》纪录片主创团队. 货币[M]. 北京：中信出版社，2012.

[34] 郎咸平. 郎咸平说新帝国主义在中国[M]. 北京：东方出版社，2008.

[35] 费利穆·鲍意尔. 金融衍生产品：改变现代金融的利器[M]. 北京：中国金融出版社，2006.

[36] 王慧. 钉住一篮子货币与人民币汇率制度改革[M]. 北京：经济科学出版社，2009.

[37] 姜建浩. 金融风潮沉思录[M]. 上海：上海人民出版社，1999.

[38] 李富有. 国际金融学[M]. 北京：科学出版社，2012.

[39] 金学骥. 国际金融与贸易术语缩写小词典[M]. 北京：中国金融出版社，1998.

[40] 崔远森. 国际资本流动与宏观经济：国际经验与中国实践[M]. 杭州：浙江工商大学出版社，2018.

[41] 杨海珍，李苏骁，史芳芳. 国际资本流动：风险分析与监测预警[M]. 北京：中国金融出版社，2019.

[42] 付琼. 中国经济发展中的人民币汇率制度[M]. 北京：中国金融出版社，2013.

[43] 程定华. 双刃剑：金融国际化的利益与风险[M]. 上海，北京：上海社会科学出版社，高等教育出版社，1999.

[44] 陈绍昌. 国际金融计算技术[M]. 北京：中国对外经济贸易大学出版社，1992.

[45] 天时投资公司市场研究部. 外汇市场[M]. 上海：上海远东出版社，1993.

[46] 姜波克. 汇率原理与人民币汇率读本[M]. 杭州：江苏人民出版社，江苏凤凰美术出版社，2014.

[47] 理查德·K. 莱昂. 汇率决定理论的微观结构方法[M]. 王玮，马明，译. 北京：中国金融出版社，2013.

[48] 胡滨，郑联盛. 全球量化宽松：十年演进[M]. 北京：中国金融出版社，2019.

[49] 华锦波，黄蓓. 捍卫人民币[M]. 成都：四川大学出版社，1998.

[50] 刘胜军，徐怡红. 国际财务管理[M]. 北京：科学出版社，2007.

[51] 徐松. 世界经济概论[M]. 北京：机械工业出版社，2007.

[52] 刘文革，王磊，张欣. 世界经济概论[M]. 北京：机械工业出版社，2014.

[53] 萧国亮，隋福民. 世界经济史[M]. 北京：北京大学出版社，2007.

[54] 汪玲，王玮. 国家风险是否影响汇率选择[J]. 国际金融研究，2021(8)：44-52.

[55] 王盼盼. 中美贸易摩擦、美国经济政策不确定性与人民币汇率波动[J]. 上海对外经贸大学学报，2021(7)：75-92+136-137.

[56] 张冲，胡昊，丁剑平. 从人民币汇率形成机制看中国事实汇率制度[J]. 国际金融研究，2021(5)：3-12.

[57] 谢非，胡小英. 新形势下贸易壁垒对我国国际收支动态影响研究[J]. 经济问题，2020(4)：29-41.

[58] 武芳，祁欣. 后疫情时代中国对外投资发展趋势研判[J]. 经济问题，2020(3)：4-7.

[59] 张原. 中国对外投资的特征、挑战与"双循环"发展战略应对[J]. 当代经济管理，2021(7)：44-54.

[60] 高旸，莫里茨·舒拉里克，孙靓莹. 金融危机的原因和后果：我们学到了什么？[J]. 国际经济评论，2021(4)：75-91+6.

[61] 肖超，肖挺，唐洪雷. 施工企业海外项目外汇风险管理分析[J]. 财务与会计，2020(11)：24-29.

[62] 方意，贾妍妍，赵阳. 重大冲击下全球外汇市场风险的生成机理研究[J]. 财贸经济，2021(5)：76-92.

[63] 徐伟呈，刘海瑞，范爱军. 人民币汇率变动对工业行业工资水平的影响：基于跨境贸易人民币结算发展的实证研究[J]. 亚太经济，2021(1)：49-58+150.